［美］萨拉·T. 达米亚诺 —著
(Sara T. Damiano)

麦秋林 —译

信用女士

18 世纪新英格兰城市的妇女、金融和法律

Women, Finance, and the Law in Eighteenth-Century New England Cities

中国原子能出版社　中国科学技术出版社
·北　京·

To Her Credit: Women, Finance, and the Law in Eighteenth-Century New England Cities
by Sara T. Damiano.

© 2018 Johns Hopkins University Press

北京市版权局著作权合同登记 图字：01-2022-0161

图书在版编目（CIP）数据

信用女士：18世纪新英格兰城市的妇女、金融和法
律 /（美）萨拉·T. 达米亚诺（Sara T. Damiano）著；
麦秋林译 . — 北京：中国原子能出版社：中国科学技
术出版社，2023.8

书名原文：To Her Credit：Women，Finance，and
the Law in Eighteenth-Century New England Cities

ISBN 978-7-5221-2920-4

Ⅰ . ①信… Ⅱ . ①萨… ②麦… Ⅲ . ①女性—作用—
经济—研究—英国—近代②女性—作用—政治—研究—英
国—近代 Ⅳ . ① F156.1 ② D756.1

中国国家版本馆 CIP 数据核字（2023）第 163995 号

策划编辑	刘　畅　宋竹青	特约编辑	孙倩倩
责任编辑	付　凯	文字编辑	孙倩倩
封面设计	今亮新声	版式设计	蚂蚁设计
责任校对	冯莲凤　焦　宁	责任印制	赵　明　李晓霖

出　　版	中国原子能出版社　中国科学技术出版社
发　　行	中国原子能出版社　中国科学技术出版社有限公司发行部
地　　址	北京市海淀区中关村南大街 16 号
邮　　编	100081
发行电话	010-62173865
传　　真	010-62173081
网　　址	http://www.cspbooks.com.cn

开　　本	710mm×1000mm　1/16
字　　数	362 千字
印　　张	24
版　　次	2023 年 8 月第 1 版
印　　次	2023 年 8 月第 1 次印刷
印　　刷	北京华联印刷有限公司
书　　号	ISBN 978-7-5221-2920-4
定　　价	89.00 元

前言

············§············

我们很荣幸能够将萨拉·T. 达米亚诺的研究《信用女士：18世纪新英格兰城市的妇女、金融和法律》纳入美国早期经济与社会研究系列丛书。达米亚诺对 18 世纪下半叶马萨诸塞州萨福克郡（Suffolk County）和罗得岛州纽波特郡（Newport County）三千多宗债权人追讨债务的诉讼案展开深入研究，从中找到了惊人的证据，证明妇女普遍参与了新英格兰地区经济发展的进程。达米亚诺将此类女性称为"金融劳动者"（financial labor）。学界通常认为这一时期新英格兰的社会结构特点是妇女以家庭为中心，主理家庭内部事务和吃穿用度；男人则负责养家糊口，主理家庭外部事务和社会关系网。然而，达米亚诺坚持认为事实情况并不完全如此，妇女深度介入了各种各样的经济活动，包括记账、通信、日常谈判和法庭诉讼等。

达米亚诺提出，18 世纪中期，为了投入正在兴起的消费革命，越来越多的新英格兰家庭想方设法增加收入，而妇女是各种必要经济活动中的活跃分子，她们会向各种人（包括男人和女人）赊账、清偿、举债、还钱，会决定购买什么物品、从何处购买，会生产商品卖到更远的地方。当然，在整个 18 世纪里，妇女介入的绝大部分经济交易仍是当面交易，关于这些女性的正式文献资料没有男性的那么繁多，尽管如此，女性还是掌握了讨价还价、制作家庭和店铺账目、解读各类书面信用文件的技能。这些案宗，以及妇女亲自出庭做证和她们的证词，乃是郡级法庭债务诉讼的组成部分。而且，在新英格兰，除了在乡村和城市大街上发生的日常个人交往，女性的金融劳动也成为法庭诉讼的重要内容。诚然，的确是男性向法庭提起数量众多的讨债诉讼，可是，仔细阅读这些诉讼所生成的大量书面文件后可以发现：在提供信贷和接受信贷的过程中，女性起到了核心的作用，一个家庭作出何种经济决策，进行哪些持续的市场交易，都是妇人拍板决定的。妇女会到店里购买商品，会支使女仆或亲自上门收债，会与男性商品生产商和服务提供商订立金融协议，会就财政事务向镇议会和殖民地立法会请愿，她们还会参与其他许许多多的公共经济交易，而现代学界通常认为当时诸如此类的经济交易都是只有男性才会涉足的领域。

尽管从 18 世纪后期的法律文件和宣传手册中，我们可以清晰地看出，新英格兰的白人社会试图通过法律将男性和女性的经济身份明确区分开来，并对已婚妇女的权利加以限制。这一时期，有夫之妇在法律上无民事行为能力；然而本书的研究发现了一个足以令人震惊的现象——许多寡妇和单身女性成为放贷人、借贷人、诉讼人、证人和市场参与者。此外，在决定如何安排投资和生意时，有时候女性（不管是已婚妇女还是单身女性）在维护家庭福祉和向亲属转移财富的层面承担着与男性同等的经济责任。有些寡妇和单身女性经营洗衣店、零售店，有些当酒馆老板、供膳宿舍房东。在经营这些生意的过程中，她们经常需要决定是否使用信用。当出现债务纠纷时，她们会变成法庭诉讼的当事人；当雇用律师时，她们会对律师作出指示，提交各种债券、期票、账目和收据作为证据，而且这些票据经常出自她们本人之手；当被传唤出庭做证时，她们关于经济协议的证词是有分量的。

总而言之，达米亚诺通过从法庭卷宗、遗嘱认证记录及当时的私人信函和报纸提取出来的信息，向我们呈现了妇女如何参与到纷繁信贷、债务事务中去，讲述了一系列令人信服的故事。过去，我们对此类事例知之甚少。

凯茜・马特森（Cathy Matson）

美国早期经济与社会研究系列丛书编辑

特拉华大学"美国历史"理查兹讲席荣誉教授

费城图书馆公司美国早期经济与社会研究项目主任

致谢

…………§…………

　　如果我们坚持不懈地回顾人生的点点滴滴，会发现此前忽略了一些曾经为自己作出重要贡献的人。对于此书来说，更是如此。在我从事研究和写作的这些年里，得到许多个人和机构的慷慨相助，若非如此，此书不可能成稿。当我撰写这篇致谢时，周遭新冠病毒感染肆虐，令我对导师、同事、朋友和家人的支持倍加感激，时空无法阻隔他们支持的力量，所以很荣幸，能在此表达我的感激之情。

　　在我还是布朗大学本科生的时候，第一次有机会接触到纽波特郡法庭的卷宗。在那里，塞思·罗克曼（Seth Rockman）向我介绍了美国早期社会历史，迈克·沃伦伯格（Mike Vorenberg）耐心细致地指导了我的毕业论文。随后，我有幸到约翰斯·霍普金斯大学继续深造，在托比·迪茨（Toby Ditz）和菲利普·摩根（Philip Morgan）两位导师的专业指导下，我完成了博士论文，而本书正是在这篇博士论文的基础上发展而来的。托比老师在性别与商业研究上的渊博学识至今仍是我学习的榜样，在编书立著方面，她有着极其敏锐的洞察力，而且她一直对我的能力满怀信心，为此，我由衷地感激她。同样地，我也很感激菲利普老师的探究性问题，它们激发了我的求知欲。我还要感谢约翰斯·霍普金斯大学的其他老师，尤其是玛丽·费塞尔（Mary Fissell）、弗朗索瓦·弗斯滕贝格（Francois Furstenberg）、约翰·马歇尔（John Marshall）、玛丽·瑞安（Mary Ryan）和朱迪思·沃科维茨（Judith Walkwitz）这几位老师，他们开阔了我的思想，并从多个角度为我提供了宝贵的见解。

从很早的时候起，凯茜·马特森教授就是此项研究至关重要的支持者，当时我从费城图书馆公司的美国早期经济与社会研究项目中申请到第一笔奖学金，跟着教授做短期访问学习。她渊博的学识、精辟的评论和持续不断的鼓励让我受益匪浅。来自约翰斯·霍普金斯大学出版社匿名审读者的敏锐反馈指引我对书稿进行修改，在书稿出版的过程中，我还得到了劳拉·达武利斯（Laura Davulis）和埃丝特·罗德里格斯（Esther Rodriguez）的指导。我还要感谢平面设计艺术家凯特·布莱克默（Kate Blackmer），为了制作书稿里每一张详尽的插图，她付出了特别多的心血；还有凯萨琳·卡佩尔斯（Kathleen Capels）和梅丽莎·约翰逊（Melissa Johnson），感谢她们为书稿所做的编辑和索引工作。

研究写作通常都是很孤独的工作，所以圈子就变得特别重要。在约翰斯·霍普金斯大学的时候，大西洋历史工作坊和通史工作坊的参与者们向我提出尖锐的问题，也为我解答难题，推动我前进。多亏以下这些我在研究生阶段结识的朋友和同人，我的研究生涯才坚持了下来：约瑟夫·阿德尔曼（Joseph Adelman）、莎拉·阿德尔曼（Sarah Adelman）、扎拉·安妮斯汉斯林（Zara Anishanslin）、詹姆斯·阿什顿（James Ashton）、威廉·布朗（William Brown）、克莱尔·凯奇（Claire Cage）、杰西卡·克拉克（Jessica Clark）、罗伯特·甘博（Robert Gamble）、斯蒂芬妮·甘博（Stephanie Gamble）、诺拉·格拉拉（Norah Gharala）、克莱尔·盖里尼（Claire Gharala）、乔纳森·吉纳普（Jonathan Gienapp）、凯蒂·亨菲尔（Katie Hemphill）、阿曼达·赫伯特（Amanda Herbert）、凯蒂·辛德马奇－沃森（Katie Hindmarch-Watson）、科尔·琼斯（Cole Jones），凯蒂·乔根森－格雷（Katie Jorgenson-Gray）、任·佩皮通（Ren Pepistone）、凯瑟琳·斯莫克·拉德伯恩（Katherine Smoak Radburn）、尼古拉斯·拉德伯恩（Nicholas Radburn）、詹姆斯·罗伯茨（James Roberts）、杰西卡·罗尼（Jessica Roney）、大卫·施利（David Schley）、约书亚·西格尔（Joshua Segal）、约书亚·斯派特（Joshua Specht）、莎拉·坦普尔（Sarah Templier）、克里斯托弗·托齐（Christopher Tozzi）、杰西卡·瓦尔德斯（Jessica Valdez）、莫莉·沃什（Molly Warsh）和瑞秋·卡尔文·怀特黑德（Rachel Calvin Whitehead）。乔·阿德尔曼（Joe Adelman）是我在学术上的"老大姐"，她为我解答了许许多多的问题，还为多个版本的书稿提出了建议，我要特别对她表示感谢。

在此书撰写过程中的多个关键时期，我还加入了其他几个学术圈子。2013—2014 年，麦克尼尔美国早期史研究中心的同人帮我厘清了自己的论点，助我建立了许多跨学科的学术联系。麦克尼尔美国早期史研究中心主任丹尼尔·里希特（Daniel Richter）尤为乐意分享学术资源，他为人风趣幽默，简直是个楷模，他的分享精神和人格魅力仍旧深刻影响着位于伍德兰德沃克大街 3355 号的麦克尼尔美国早期史研究中心。美国早期经济与社会研究项目的博士后岗位让我获得更多必要的时间来深入思考自己的研究项目。林赛·沙肯巴赫·雷格尔（Lindsay Schakenbach Regele）是个完美的办公室同事，也是理想的决策咨询人。在我任博士后期间，美国早期经济与社会研究项目为我的书稿举办了研讨会，凯茜·马特森教授召集了此次研讨会，指导我如何把博士论文转变为学术著作。感谢参加此次研讨会的学者们［杰西卡·布莱克（Jessica Blake）、霍莉·布鲁尔（Holly Brewer）、凯瑟琳·布朗（Kathleen Brown）、伊丽莎白·琼斯－明辛格（Elizabeth Jones–Minsinger）、凯茜·马特森、林赛·沙肯巴赫·雷格尔、丹尼尔·里希特和杰西卡·罗尼］，他们阅读了我的论文，提出了很多有建设性的意见，还通过头脑风暴的方式为这部著作的书名出谋划策。在参加奥莫亨德罗美国早期史和文化研究所学者研讨会的过程中，我对本书的方向有了更加清晰的认识，所以要感谢以下参与研讨会的同人的深入见解：斯蒂菲·迪波尔德

（Steffi Dippold）、朱莉·费希尔（Julie Fisher）、约翰·加西亚（John Garcia）、埃博妮·琼斯（Ebony Jones）、艾莉森·马达尔（Alison Madar）和朱莉娅·曼斯菲尔德（Julia Mansfield）；以及凯瑟琳·凯利（Catherine Kelly）、约书亚·皮克（Joshua Piker）、尼古拉斯·波普尔（Nicholas Popper）、卡琳·沃尔夫（Karin Wulf）和纳丁·齐默里（Nadine Zimmerli）的指导。

2016年，我来到得克萨斯州立大学任职，非常感谢所有的同事及学生，你们为学术研究和教学工作营造出如此激奋人心、热心协助的环境。感谢系领导玛丽·布伦南（Mary Brennan）和安吉拉·墨菲（Angela Murphy）的指导，还要感谢由香农·达菲（Shannon Duffy）负责协调的斯温尼员工写作小组的成员们，他们为本书的多个篇章提供了反馈意见。撰写此书的过程中，热纳瓦·加诺（Geneva Gano）、杰弗里·赫尔格森（Jeffrey Helgeson）、玛格丽特·门宁格（Margaret Menninger）、杰西卡·普利利（Jessica Pliley）、何塞·卡洛斯·德拉普恩特（José Carlos de la Puente）、卡罗琳·里特（Caroline Ritter）和安娜·罗莫（Ana Romo）在关键节点提出了有益的批评意见。我尤其要感谢安娜，她给予了我许多指导。我还要感谢陪着我灌下不计其数杯咖啡，并在书稿送同行评审前为我通读了全稿的卡丽。在研究生讨论课上，与同学们的交流让我对此书的宗旨有了更加清晰的认识，非常感谢同学们富有洞察力的见解。除了大学的同事和学生，还有得克萨斯州早期美国人研究研讨会的参与者们，如桑·马科斯（San Marcos）、埃文·海费利（Evan Haefeli）、阿普里尔·哈特菲尔德（April Hatfield）、罗伯特·奥尔威尔（Robert Olwell）等，他们接纳我进入圈子，并对本书的多个篇章进行评价。其中，与朱莉·哈德威克（Julie Hardwick）教授的沟通交流是我来到得克萨斯州后最愉悦的经历之一，得益于她的深刻见解及在史学上的高深造诣，我的书稿内容才会更加丰富翔实。

本书能最终成稿，还要感谢更多学术同人的慷慨相助。早在研究生阶段，我就有幸结识了埃伦·哈蒂根-奥康纳（Ellen Hartigan-O'Connor）和卡琳·沃尔夫，埃伦和卡琳对此书的大部分内容都给出了评价，他们的建议和鼓励推动我深入研究，修订书稿。撰书的过程中还有很多人提出了宝贵的意见和建议。下面罗列的名单肯定会有所遗漏，但我还是要由衷感谢以下同人的分享与协助：玛丽·比尔德（Mary Bilder）、凯琳·卡博内尔（Caylin Carbonell）、乔纳森·朱（Jonathan Chu）、黛博拉·科恩（Deborah Cohen），劳雷尔·丹恩（Laurel Daen）、科妮莉亚·代顿（Cornelia Dayton）、卡罗琳·伊斯曼（Carolyn Eastman）、艾米·弗罗伊德（Amy Froide）、萨利·哈登（Sally Hadden）、贾里德·哈迪斯蒂（Jared Hardesty）、C. 达利·亨菲尔（C. Dallet Hemphill）、雷切尔·赫尔曼（Rachel Herrmann）、唐纳德·约翰逊（Donald Johnson）、马乔琳·卡尔斯（Marjoleine Kars）、林赛·凯特（Lindsay Keiter）、莎拉·诺特（Sarah Knott）、菲利帕·科赫（Philippa Koch）、布鲁斯·曼（Bruce Mann）、西蒙·米德尔顿（Simon Middleton）、玛丽·贝思·诺顿（Mary Beth Norton）、梅林·奥德尔（Mairin Odle）、凯特琳·罗森塔尔（Caitlin Rosenthal）、萨曼莎·希利（Samantha Seeley）、亚历山德拉·谢泼德（Alexandra Shepard）、乔丹·史密斯（Jordan Smith）、林赛·范汀（Lindsay VanTine）和塞丽娜·扎宾（Serena Zabin）。我曾把书稿的部分章节提交给麦克尼尔美国早期史研究中心和奥莫亨德罗美国早期史和文化研究所的研讨会进行讨论。研讨会上，科妮莉亚·代顿、玛格丽特·亨特（Margaret Hunt）、莎拉·诺特、凯茜·马特森、亚历山德拉·谢泼德和玛丽·贝思·西文斯（Mary Beth Sievens）对这些章节的评论意见已经融合进这本书中。当本书快要完稿出版的时候，杰西卡·罗尼还为其中一章提出了有益的反馈。朱莉·费希尔是位非常杰出的编辑，我和她会定期进行远程讨论，与她沟通让我受益匪浅。虽然朱莉只选读了本书中的两页，但她的激情与见解已体现在书稿的每一页中。

在我开展研究的过程中，多位图书馆馆员和档案管理员为我提供了帮助，让我得到各种关键资源，他们还给我提出了有益的建议。尤其要感谢罗得岛州最高法庭司法记录中心的安德鲁·史密斯（Andrew Smith），以及马萨诸塞州立档案馆的伊丽莎白·布维尔（Elizabeth Bouvier）和约翰·汉尼根（John Hannigan），我无数次向他们索要案件档案，他们都欣然为我提供服务。还有罗得岛州立档案馆的肯尼斯·卡尔森（Kenneth Carlson）和格温·斯特恩（Gwen Stern），他们教会我如何在罗得岛州立法记录中进行有效搜索。马萨诸塞州立档案馆的玛莎·克拉克（Martha Clark）也给予过我类似的帮助。还有费城图书馆公司的詹姆斯·格林（James Green）和康妮·金（Connie King）、纽波特历史学会的伯特·利平考特（Bert Lippincott）、大卫·美国革命图书馆的凯西·路德维希（Kathy Ludwig）以及马萨诸塞州历史学会的彼得·德鲁米（Peter Drummey）和康拉德·赖特（Conrad Wright），他们让我接触到在别处无法找到的文件和藏品。在得克萨斯州立大学的阿尔凯克图书馆，玛格丽特·瓦瓦雷克（Margaret Vavarek）女士对我提出的各种问题予以解答，而图书采购部和馆际互借办公室的工作人员则快速为我搜寻所需的资料。

许多机构为本书的研究和写作提供了资金支持。我要对美国历史学会、美国法律史学会、大卫·美国革命图书馆、得克萨斯州立大学历史系和研究支持计划、约翰斯·霍普金斯大学、马萨诸塞州历史学会、麦克尼尔美国早期史研究中心以及费城图书馆公司美国早期经济与社会研究项目表示感谢。约翰斯·霍普金斯大学的梅根·泽勒（Megan Zeller）、麦克尼尔美国早期史研究中心的艾米·巴克斯特－贝拉米（Amy Baxter-Bellamy）和芭芭拉·纳泰洛（Barbara Natello），以及得克萨斯州立大学的罗伯塔·鲁伊斯（Roberta Ruiz）和马德琳·帕特兰（Madelyn Patlan）帮助我协调了这些机构的事务。

本书多个章节的早期版本曾以论文的形式在多家期刊上发表。第五章的内容曾以《向真正优秀的管理者致敬：1730—1776 年罗得岛州纽波特郡的女性管理者和遗产清算》为题发表在《新英格兰季刊》（*New England Quarterly*）（第 86 期，2013 年第 1 期，2013 年 3 月，第 89-124 页）上；本书得到《新英格兰季刊》许可，可以再次使用这篇论文的内容。第六章的内容曾以《书写变革中的女性历史：家庭财务、信札书函与婚姻观念》为题发表在《威廉与玛丽季刊》（*William and Mary Quarterly*）（第 74 期第 3 卷，2017 年第 4 期，2017 年 10 月，第 697-728 页）上；另外还以《内室代理人：18 世纪新英格兰港口城市的妻子、律师与金融能力》为题发表在《早期美国研究》（*Early American Studies*）（第 13 期，2015 年第 4 期，2015 年秋天，第 808-835 页）上。本书得到奥莫亨德罗美国早期史和文化研究所以及宾夕法尼亚出版社的许可，可以再次使用这些论文的内容。

写书是个费力的事，在美国各地的朋友们的帮助下，我才能维持生活的平衡。他们倾听我的心声，让我开怀大笑。当我写作顺利时，他们为我庆贺；当我心情不好时，他们给我激励。为此，我由衷感激艾莉·布朗（Allie Brown）、布莱恩·伯克霍尔德（Bryn Burkholder）、卡莉·迪伦（Carly Dillen）、巴里·刘易斯（Barry Lewis）、金·马奇尼克（Kim Machnik）、达斯汀·米克尔（Dustin Meeker）、莉莲·皮诺（Lillian Pinault）、约书亚·雷特（Joshua Reiter）、曼迪·萨缪尔斯（Mandie Samuels）、梅丽莎·坦纳（Melissa Tanner）、斯泰西·沃德（Stacy Ward）、凯特·华奈尔（Kate Warnell）、凯莉·韦斯特（Kelly West）和艾米·沃兰德（Amy Voiland）。玛丽安·艾略特（Marianne

Elliott）和劳伦·弗莱斯曼（Lauren Fleshman）让我从崭新的角度来审视自己的写作进程。

而我最深切的感激之情要献给我的家人：达米亚诺一家、塔巴克（Tabak）一家和米兰达（Miranda）一家。如果没有父亲大卫·达米亚诺（David Damiano）和母亲芭芭拉·塔巴克（Barbara Tabak）的支持，这本书不可能问世，我所有的努力也不可能成功。由于本书的主题关乎新英格兰地区，所以我常常借机回家。在漫长的研究生涯中，父母的温馨陪伴和热情款待（夏季时，他们总会从农场摘来新鲜浆果，从花园摘下美味的西红柿，源源不断地送到我面前）支持和鼓励着我。哥哥史蒂文·达米亚诺（Steven Damiano）总能为我指引道德方向，他提供的睿智见解让我受益匪浅，我时时期盼他对本书提出建议。奶奶格雷丝·达米亚诺（Grace Damiano）是家里最优秀的档案管理员和历史学家。值得高兴的是，研究生阶段的那几年我总会穿过 95 号高速公路去看她，这让我们能有那么多待在一起的时光，我尤为珍视我们之间的交流，特别盼望与她分享我的这部著作。过世的爷爷罗伯特·达米亚诺（Robert Damiano）、外公莫顿·塔巴克（Morton Tabak）和外婆克拉拉·塔巴克（Clara Tabak）同样也对我的研究表示了浓厚的兴趣，如果他们还活着的话，看到这本书终于出版，定会以各自不同的方式表达，他们是多么高兴。我还要感谢米兰达一家：哈利（Harry）、瓦莱丽（Valerie）和保罗（Paul），他们热忱地接纳我成为家里的一分子，还对我的工作充满兴趣。

尽管现在的情况与 18 世纪大为不同，但家庭仍然是日常生活的核心。能与丹尼尔·米兰达（Daniel Miranda）组建家庭，我觉得特别幸运，我认识他的时候，此项研究还处于雏形。我曾在博士论文的致谢中感谢丹尼尔，他总是在我想得到鼓励的时候鼓励我，在我想休息的时候陪伴我，直到今天，他还是那么贴心。在我们家，丹尼尔与我一直是平等的伙伴，在无数日常生活细节中，他总对我体贴入微，正是他这份始终如初的承诺，才让我可以安心写完这本书。我们彼此之间的思想交流和一起经历的勇敢闯荡使我的人生无限丰富，我迫不及待要与他一起继续前行。

目录

························ § ························

绪论

..............§..............

《美国商务宝典》(*The American Instructor*)是一本18世纪的工具书,它还有另一个书名:《年轻人的最佳伴侣》(*Young Man's Best Companion*)。这本书出版八年后,一位宾夕法尼亚州的未婚女性在扉页上写下"德博拉·莫里斯(Deborah Morris)的书,1756年"。[1]莫里斯女士并非这本书的目标读者。此书的作者乔治·费希尔(George Fisher)关注的是"男性商人"和"男人信用",撰书的目的是为那些想变得"善于经商"的"年轻男子"出谋划策。[2]当时,英属殖民区的人通常有这样的习惯:在私人藏书中写下书籍主人的名字。莫里斯拥有这本书,并在书中题上自己的名字,这打破了人们原有的观念,人们原以为18世纪的商界是男人的天下。[3]

然而,对于承担着多重经济角色的莫里斯来说,《美国商务宝典》让她受益匪浅。莫里斯出租房屋,她还经营零售店、做投资,同时是侄子侄女的监护人和经济支持者。[4]这本题有她名字的工具书描绘了一个充斥着金融交易的世界,书里有起草各种商务文件的指南。莫里斯或许会先查阅书中的债券、期票或收据样本,然后才去制作自己的票据。[5]当她采用各式日记账和分户账来记录交易时,可能会参考费希尔的"记账技巧"指南,或想起他的忠告:不要轻信毫无经验的记账大师,他们"因缺乏实践经验,根本就是纸上谈兵,什么都不懂"。[6]分配时间的时候,她很可能会想起费希尔关于"要让别人觉得你是个勤奋的人"的指示:"最微不足道"的行为都会影响个人形象,给债权人留下一个好印象可以让你的"还款期限延长六个月"。[7] 尽管我们只能猜测莫里斯是如何使用《美国商务宝典》的，但哪怕她只是简单读一下这本书，也会发现，在经济世界中，书面交易、日常实践和社会声誉是相互联系、密不可分的。

费城印刷商本杰明·富兰克林（Benjamin Franklin）和大卫·霍尔（David Hall）将由英版改编过来的《美国商务宝典》印制发行，并指明此书旨在满足殖民区人们独特的信息需求。[8] 如此一来，他们等于认可了以下情况属实：18世纪三四十年代至18世纪末，整个英属北美地区的经济和法律状况得到迅速发展。大约从18世纪30年代起，北美地区的经济交易步伐开始加速。这一时期，消费品的种类越来越多，为了积累足够的收入来购买这些消费品，家庭越来越重视市场化的经济交易。[9] 港口城市是海外贸易的重要枢纽，在这些城市里，商业世界变得越来越复杂。[10] 关于个人信贷或私人借债的书面规范制度支撑着此类经济交易。信用为人们提供了另一种选择：大家无须携带货币赴很远的地方进行买卖交易，当有人想买东西却没法支付的时候，信用可为交易创造便利条件。[11] 而这种对书面信用日益提升的依赖还激发了法律的变革。由于当时没有像银行这样的现代金融机构，郡级法庭的债务诉讼是债权人可用来强制债务人履行偿债义务的少数手段之一。于是，债务诉讼剧增，法庭日益把遵循规范放在第一位，而不是实质性地考量公平正义。很多律师因服务于这一日益壮大的诉讼当事人群体而成就一番事业，律师业演化为一份光鲜的职业。[12] 此外，在殖民区，使用信用、债务和法庭新用途的行为彰显出深层次的社会意义和性别意义，因为一个人懂得利用信用价值就意味着此人不仅勇气可嘉，而且拥有良好的财务状况。[13]

然而，莫里斯女士与《美国商务宝典》的目标读者群显然是相悖的。由此可见，当时经济层面和法律层面的汹涌变革迫使英属北美殖民地的人不得不去面对一些关键性的问题：性别在金融交易和社会秩序中的作用。女人在多大程度上有权去放贷和赊账？在家庭里，到底是谁承担着建立和管理经济关系的日常工作？对于非专业人士来说，不管是男性还是女性，在殖民区法庭越来越强调技术性的诉讼中，他们扮演着什么样的角色？当社区及其法庭想要创建可预测的金融和法律制度时，会如何平衡对个体（包括女性）状况的考量？更为重要的是，随着女人和男人都介入了与信用有关的日常实践活动中，这些现象会怎样影响性别社会等级的构成？换言之，这些现象会如何使性别社会等级变得越来越复杂？

这些都是政治经济学要研究的核心问题。所谓"政治经济学"，是指政府与经济之间的相互关系。按照政治经济学理论，一切经济事务说到底都是政治事务，政府的一个重大任务就是要决定如何对经济进行干预，进而对整个社会进行干预。[14] 这些围绕"女性在经济和法律中的地位"的问题与郡级法庭等关键政府部门、殖民地法律等关键治理工具息息相关。同时，它们还对社会秩序和社会等级制度产生重大影响。不仅有法官和殖民地立法委员这样的政府官员，还有律师和非专业的普通民众，他们都参与到对这些问题的讨论中，而大众认可的实践惯例就是由这些人所开展的日常交易、常规债务诉讼和偶发的法庭上诉等活动共同确定下来的。

本书通过追溯 18 世纪英属北美殖民地的人处理个人信贷关系的实践，对"18 世纪的政治经济关系以男性为主导"的观点进行研究并得出有别于此观点的结论。个人信贷是 18 世纪金融体系的核心组成部分。作为一部关于女性的历史学著作，本书将女性定位为可以从事经济活动和有法律能力的行为人，对她们开展的信用交易和经历的债务诉讼进行分析，并将她们的活动与男性的活动进行比较。[15] 同时，作为一部关于经济与法律的社会史著作，本书通过许许多多的史实细节，重构了一幕幕通常被人们忽视的历史场景：妇女们广泛地参与到经济、法律实践中去，她们开展这些实践活动需要一定的空间、技巧和策略，她们有时不得不拿起法律作为诉讼工具，[16] 凡此种种与当时社会的各个环节交织在一起，和社会上每个家庭的男性成员共同构建了那个时代的信贷网络，推动 18 世纪金融网络的运转。与此同时，这些零零散散的、碎片化的金融与法律活动不仅共同塑造了男性和女性之间的社会关系，还形成了社会对男性和女性的理解。本书研究的焦点主要是在郡级法庭的卷宗中最为常见的自由白人妇女，但也尽可能涵盖社会下层的白人妇女、原住民妇女和黑人妇女。[17]

我研究的对象是 18 世纪三四十年代至 18 世纪末的马萨诸塞州波士顿（Boston）和罗得岛州纽波特的居民。1630 年清教徒创建"山上之城"波士顿，1639 年从马萨诸塞湾逃离的宗教异见者将纽波特建成"宗教宽容的天堂"。这两处聚居地是新英格兰地区最大的两个港口，在英属北美地区人口最稠密的城市排行榜上，它们位列第三位和第五位。当时，英属波士顿的人口达到峰值，有将近 17000 人，而美国革命前，纽波特的居民数达到 9200 人。[18] 考虑到创建这些殖民地的宗教动机，历史学家认为在新英格兰城市里，但凡关乎政治经济学的问题都特别有分量，会产生重大影响。随着波士顿及其腹地越来越多地融入大西洋世界，波士顿居民竞相向加勒比海地区供应食品和原材料，从英国购买进口商品，从而形成了新型的政治经济关系。与此同时，纽波特也在经历转型，其标志是该地区出现了一个无视西欧帝国法规的富商阶层。逐渐繁荣的市场让波士顿和纽波特的居民越来越把世俗价值观而非宗教价值观放在首位，经过一系列辩论，人们认为政府的职责是辅助推动经济活动，而不是监督管理经济活动。[19]

在本书的研究中，我将提出这样的论点：自 1730 年起，直至美国革命拉开帷幕，城市白人妇女所开展的金融和法律工作是新英格兰政治经济关系的重要组成部分。尽管关于女性工作的研究通常集中在妇女的生产性劳动和繁衍后代上，但是料理财务关系同样需要大量的时间、技能和资源。[20] 妇女的劳动及其掌握的资本和关系巩固了波士顿和纽波特的重要地位，助它们成为连接新英格兰腹地和其他大西洋地区的关键节点。虽然拥有中层或精英层社会经济地位且自由的女性最有机会接触到信贷事务，可在日常生活中，由于妇女在家庭经济生活中处于核心地位，因此，所有年龄段和身处不同社会阶层的已婚妇女及单身女性都必然会参与到商业事务和可能的法律诉讼中去。妇女成为放贷人、借贷人、诉讼人、证人和财务代理人。她们就像男性一样，从事着诸如此类需要专业技能的实践活动。在这个过程中，妇女在三个重要方面为波士顿和纽波特的经济带来了稳定。第一，男性因外出航海或服兵役经常不在家，面对变幻莫测的经济状况，妇女的劳动保护了家庭及家庭的资源。第二，妇女熟练地使用信用与债务为金融关系带来了可预测性，有助于缓冲市场动荡对她们的冲击。第三，围绕信用与债务的日常实践活动让殖民地的社会等级制度有了"受金融关系影响"的特性：负债让妇女变得更加脆弱，而债权人的身份又让妇女能对男子行使权力。

本书还发现，18世纪中期，殖民区的法律和文化发生了变化，开始对女性在金融事务中的权利加以限制；到了美国革命时期，这种变化甚至加快了步伐。法庭越来越多地赋予可预测的催债活动特权，如此一来，寡妇的财务状况更加不稳定了，因为她们的生计往往取决于债权人所催收的同一笔财产。马萨诸塞州和罗得岛州各自作出自己的努力，力求在这种偏向于债权人的风气中寻求例外，不过成效有限，而通行的法律制度进一步肯定了男性成为律师和经营商业的合法性。同时，精英层强调性别的阶级身份，这样一来，就等于使金融和法律成为只有男子才能涉足的领域，由此还导致19世纪在更广的范围内对信贷实践文化进行重新定义。

对妇女参与金融实践的情况进行调查研究可以重塑世人对大西

洋地区资本主义发展历程的理解，让世人重新认识支撑该地区资本主义发展的社会关系。近年来，学术界极大地拓宽了对商业发展及现代早期帝国的研究和认识。一开始的时候，男性商界精英吸引了历史学家大部分的关注，但我们发现越来越多的证据正在表明：在这个国家及其金融网络形成的过程中，来自各个阶层的男性和女性都参与其中。[21] 有证据表明，直至 19 世纪，有些家庭联合亲属共同开展经营和投资活动，而妇女必是关键纽带，尤其是通过婚姻来促进财富转移和联盟巩固。在这种情况下，女性既是投资人，又是出资人，于是，基于信用的延期付款制度应运而生，她们的资金还为各种机构的成立作出了贡献，包括弗吉尼亚公司、英格兰银行和美国财政部。其他妇女则为家族企业提供支持和帮助，特别是在港口城市，她们还会做各种生意，譬如经营商店和酒馆。[22] 尽管找到了这些证据，可历史学家仍旧难以将女性的力量与贡献融入波澜壮阔的资本主义制度和经济发展画卷中。[23] 面对这些挑战，解决办法就是仔细研究女性的日常实践活动。

揭开妇女使用信用文件并介入债务诉讼的历史会愈加凸显以下事实：男人和女人曾经共同参与了 18 世纪金融体系构建的进程，且这个进程呈现出极度性别化的特征。在波士顿和纽波特，乃至整个英属大西洋世界，婚姻关系为男性和女性涉足信用创造了条件。婚姻决定了夫妻双方的法律地位，推动了不同辈分之间、不同家庭之间的财产转移，反过来，婚姻又让家庭得以扩大信用的使用范围。通过婚姻关系，男性掌控了他人的财富、劳动和资源，这让男子在经济上看起来更像独立自主的行为人。与此同时，婚姻关系也决定了女性具有使用信用的条件。在可查阅到的史料中，尽管有夫之妇、单身女性和寡妇是以类似的方式使用信用的，但唯有独身妇人才可以独立地订立协议和提起诉讼。但是，男人和女人对信用的使用在另外两个关键方面有所不同：在波士顿和纽波特，男子既会做当地的交易，也会做远程的交易；在法律诉讼中，男子作为债权人和债务人的比例大体相同。相反，妇女的信用网络主要位于本地，在追债诉讼中，女性当事人基本都是债权人，而非债务人。然而，男性和女性的信用实践活动模式是一致的，因为他们对债权人、债务人、原告、被告和证人等角色所具有的特定权责有清晰的认识。社会接纳妇女的金融劳动使家庭和生意可以抵御经济动荡和男性流动所带来的不断冲击。

18 世纪信贷网络的这两个基本特征（从外部看只有男子涉足其中，内部操作则接纳所有参与者）彼此交融，彼此牵制，给当时的信用文化赋予了特殊的内涵。此外，在波士顿和纽波特居民开展日常借贷活动的过程中，为推动各类信用模式的广泛使用，整个大西洋世界流传着一些印制资料，上面介绍了男性和女性都能使用的信用类别。有些文章和宣传小册会用"女人信用"（Lady Credit）这样的讽喻词语来探讨向女性提供贷款的好处与风险。给"信用"贴上女性标签会传递积极的暗示——"人们认为女人总是遵守道德，勤奋多产"，或消极的暗示——"女人变幻无常，勾引男人，借款给她们，后果可想而知"。[24] 一些小说、指南手册等将消极的暗示与女性的信用混为一谈，认为她们在"诱惑"猎物，注定会丧失信用。以此类推，但凡在财务上失败的男人都会被认为是软弱的，像女人一样；而信用记录良好、财务状况颇佳则被视为是男人本色。[25] 总而言之，在当时的经济生活中，性别被赋予了非常丰富的含义。而这正是因为男人和女人都经常使用信用的缘故，这些文化上的争论会映射到女性的日常活动当中。

当深入了解了妇女围绕信用展开的经济活动后，我们对现代早期女性权利的认识就会改变。有些学者认为，18 世纪中期"男主外，女主内"，泾渭分明，可在殖民地区的城市里，这个特征是不成立的。[26] 当我们审视当时的核心法律经济单元——家庭所从事的金融实践活动时，这一点就很明显。在这个时期，家庭既是居住场所，又是商业场所，同时还成了决定诉讼结果的场所。当事人在家里谈判，订立协议；警长到家里传唤债务人上庭；家中的旁观者目睹这些活动的过程，包括文件的签署。他们日后可能会作为正式的证人出庭做证。作为家庭成员，在如此机缘的推动下，妇女身为家里的一分子，会参与到所有这些活动中去。就像现代早期的欧洲一样，在 18 世纪的英属北美地区，家庭不可避免地是公共场所，也是男人和女人同时活动的场所，妇女因身处其中而获得了具有重要意义的知识与权利。[27]

这些城市女性在管理信贷业务的同时，还走出家庭，进入公共视线，在那个号称"男主外"的社会里，为了自身的利益或者作为代理人，她们会上别人家拜访，会到商店购物，会发起签订协议动议，会支付款项，还会向债务人收款。她们会出席镇议会，会参加郡法庭的常规庭审，会到办公室拜访律师、治安官和书记官。为了完成这些活动，她们必须四处奔波。她们会穿行于摩肩接踵的城市大街，会走街串巷，会租用马匹马车，会雇用船夫。连印刷品（譬如报纸）上都会出现妇女的身影，她们通过印刷品寻找遗失的物品，在财务纷争中给对手施加压力。如果我们把注意力集中到那时的金融活动上，就会重新看到这一幕：家庭场所也是某种意义上的公共场所，男人和女人会在这里开展公共活动。同时我们也会清晰地看到妇女在家庭之外、在政府部门、在社区中的身姿。

在我们的观念里，英属大西洋世界是个男权社会。之所以会有这样的观念，是因为一开始我们只注意到英国普通法中对有夫之妇法律身份的规定：妻子的法律身份归属其丈夫所有。在法律框架下，寡妇和单身女性拥有与男人同样的法律权利，所以我们往往认为独身妇人的市场参与度会高于有夫之妇。[28]甚至当我们真的找到已婚妇女从事经济活动的证据时，仍把她们当作"丈夫的副手"，强调妻子提供服务是为了支持丈夫或作为他们的代理人。[29] 但有关当时金融实践的研究却为世人展现出一幅迥然不同的画卷。"有夫之妇的法律身份"的确限制了妇女拥有财产和转移财产的权利，可这种规定对女性从事信贷活动的影响却较为有限。[30] 尽管殖民区的居民在诉讼中偶尔会从战略的角度质疑"有夫之妇的法律身份"，但是独身妇人和有夫之妇在使用信用时，会涉及通用的技能、实践和责任。为了说明这一点，本书会列举出妻子、寡妇和单身女性在信用关系的各个阶段开展类似活动的例子。

女性要参与信用经济，需掌握关于法律和经济的各种技能，而其中两个最不可或缺的技能就是识字和识数。18世纪初，在新英格兰大约只有45%的白人女性和70%的白人男性能签署自己的名字。当然，在整个18世纪，新英格兰人的签名识字率在持续攀升。[31] 由于新英格兰的宗教渊源以及对个人品读圣经的重视，所以该地区的识字率要高于英属北美的其他地区。同时，这些数字凸显出一个事实：和大西洋世界的其他地方一样，在新英格兰，女性在阅读、写作和数学方面受到的教育不及男子。[32] 然而，要胜任金融和法律事务还需其他更加具体的技能，包括懂得如何向债务人施压和回绝债权人，使用和储存财务记录，雇用和指导律师，与当地政府部门打交道等。为了诠释和证明当事人之间的金融关系，金融活动观察人会记下当事各方的手势、言语和处理文件的方式。哪怕是识字的男人和女人也会请其他人来起草金融文件、信函和法庭文件，以确保这些文件的形式与内容符合正式规范。在众多需要掌握的技能工具中，识字和识数必不可少，认识到这一点，我们便会发现大量的证据表明妇女在战略上影响着金融谈判和诉讼。推而广之，认识到这些技能的重要意义有助于我们更好地理解18世纪非专业的普通人为什么会那么关注印刷资料、指南手册和法律制度，而且，这种敏感性也为在其他专业领域（包括科学和医学）的分析提供了一个研究范式。[33]

本书把关注点集中到金融活动上，包括金融活动发生的空间、有夫之妇和独身妇人的介入、其间妇女们所使用的技能与战略等方面，从而揭示美国早期社会等级制度会受金融关系影响的特性。我们惯于用男权社会的框架来思考殖民区的性别关系，而18世纪的波士顿和纽波特的确就是男权社会。[34]但与此同时，这个地区的金融网络和法庭却是男人和女人共同的竞技场。妇女通常会跟男子有生意往来，女子从事信用活动和债务诉讼也是家常便饭。随着妇女在信用交易中长袖善舞，运用各种相关技能，她们登上了这个由各方当事人的社会地位和财务关系主宰，同样也受人们对性别差异的抽象观念所牵制的舞台。不管对男人还是女人来说，欠债都是身具弱点的表现。对于债权人的索债要求，债务人提出挑战的能力有限，他们的财产面临被没收的风险，个人面临被惩罚的可能。而女性债权人会运用所有债权人惯常的策略来坚持自己的主张；女性客户会像男人一样指挥自己的律师；女性证人会像男人一样，拥有认可交易和影响案件结果的权利。通过信用交易及相关联的法律活动，许多妇女由此培养出一种权威。当时的女性只有在少数几个领域才有可能培养出如此的权威。鉴于信用交易和债务诉讼随处可见，这种"受金融关系影响"的权威成为社会关系中极为重要的因素。

在本书的各个章节中，也会交织着各种关于现代早期和整个18世纪妇女地位变化的讨论。有些历史学家认为，殖民时期构建了许多正式的制度，包括日益程序化的法庭系统和基于书面文件的远程经济网络，制度构建不可避免地会伤害到女性的地位，因为她们的权威仍旧根植于非正式的经济活动与家庭框架中。[35]本书会对此类关于"18世纪特征"的观点提出挑战，论证妇女的资金和劳动是当时法律和经济发展的重要组成部分，并改写妇女在家庭中的地位——在那个时期，家庭是男性和女性同时开展金融活动的公共场所。书中还会质疑那些关于"制度构建会降低女性地位"的论调。

本书既阐明了当时的文化和政治发展进程是如何给经济制度打上"唯有具有技能的男子才能涉足"的烙印，也揭示了18世纪末期男性与女性合力慢慢地、不平等地将她们所付出的金融和法律劳动改写为"男人的作为"。由此，从另一个角度让世人认清：美国，同大西洋世界的其他地区一样，在革命时期重构了一个愈加白人化、男性化的政治体制。[36]

18世纪早期，波士顿和纽波特与大西洋资本主义的关系颇为相似。作为商业的中转站，波士顿和纽波特将新英格兰腹地与整个大西洋世界联系起来。新英格兰的原材料，尤其是鱼类、木材和农产品等，通过波士顿和纽波特运往加勒比海地区和西欧。反过来，新英格兰人可以用出口所得的利润买到加勒比海地区的糖蜜和来自英国的商品。纽波特是重要的奴隶贸易港口，这些商品的交易与非洲奴隶的运输买卖密不可分。这座港口城市的基础设施在支持其他经济活动的同时，也支持着纽波特商人向非洲海岸派遣装载奴隶的船只，把他们捕获的奴隶运送到北美地区（主要是加勒比海地区）。[37]

波士顿和纽波特所有居民的劳动和生计都与大西洋地区的贸易密不可分。城里的商业源自贸易的辅助产业和服务，从建造船只、制作木桶到运送货物，再到经营服务水手的小酒馆和供膳宿舍。波士顿和纽波特几乎所有的行业和企业，大到跨大西洋的贸易公司，小到手工商店，都是家族产业。而在家族里，妇女通过婚姻在家族之间建立联盟，促进财富转移，家中的吃穿用度掌控在她们手里，她们的决定与家族企业的成功紧密相连。女人在许多贸易活动中掌管财务，不管她们的责任是临时的还是固定的。还有一些女人会从事仆人、洗衣工、店主、房东、酒馆老板和供膳宿舍老板等工作，为城市居民和来访者提供必要的商品和服务。[38]

在波士顿和纽波特，妇女的金融劳动稳定了新英格兰的政治经济，能够对抗性别失衡和经济波动引起的剧变。和18世纪的其他港口一样，在这两个城市的家庭里，女子的数量多于男子。随着时间的推移，这种性别失衡状况变得越来越严重，因为男子的海上作业危险重重，并且从 1739 年起，新英格兰地区要为英国与西班牙之间的战争提供兵员，男子还需服兵役。"七年战争"（Seven Years War）结束后，城市里的女子人数超出男子 20%。实际上，在特定时刻，担任家庭主事人的妇女比例甚至更高，因为那么多的男子要出海或参加战斗。[39] 海上劳役和兵役不仅耗尽了城市里的男子，还带来了财务问题，因为水手和士兵只能在航程完成或服完兵役后获得报酬。男人服兵役时，女人可能因男人不在家而暂时承担管理家庭的责任，不过考虑到航海和战争极高的死亡率，女人可能作为寡妇永久地承担管理家庭的责任。不管怎么样，妇女管理家庭缓解了服兵役对社会和经济的冲击。此外，作为酒馆老板、房东和店主，妇女允许水手、士兵及其家庭赊账，用他们的未来收入偿还，使得延期付款变成一种盛行的制度安排。[40]

城市妇女的金融策略还帮助家庭、家族和企业抵御经济的动荡。1739 年，"詹金斯的耳朵战争"（War of Jenkins' Ear）打响，接着是"乔治王之战"（King George's War，1744—1748 年）和"七年战争"（1756—1763 年），帝国之间的冲突战争给波士顿和纽波特的经济带来了阶段性的猛烈冲击。与此同时，商人的交易网络被战事打断，导致信贷紧缩，无法支付欠款的情况越来越多，并波及其他城市。通货膨胀加上物资短缺，使得包括食物和木柴在内的生活必需品价格上涨。另外，短暂的和平让战争带来的经济刺激消失，城市陷入萧条。波士顿和纽波特都经历了战争导致的经济繁荣与萧条更迭的冰火两重天，不过这两个城市的总体发展轨迹却大相径庭。尽管遭受战事的冲击，纽波特加强了与西印度群岛的贸易联系，深度介入跨大西洋的奴隶贸易，城市总体上越来越繁荣。与之相反，波士顿进一步陷入经济衰退的泥潭。虽然战事暂时刺激了经济的发展，可波士顿在与其他新兴港口的竞争中步履维艰，新兴港口包括新英格兰地区的纽波特和普罗维登斯（Providence），以及拥有更强生产力腹地的大西洋中部港口。这些困难挑战让越来越多的波士顿市民沦落为下层阶级，他们的财务状况更加恶劣。[41]

竞争性的货币政策加剧了经济的不确定性和萧条。每个殖民区政府都发行了自己的货币用于本地交易和区域贸易，这些货币在整个新英格兰地区自由流通。由于马萨诸塞州和罗得岛州的居民接受彼此的货币为法定货币，因此一个殖民区的货币政策同样会影响另一个殖民区。马萨诸塞州及其州府波士顿具有"身为独立政体"的鲜明传统，成为新英格兰政治经济关系争论的核心，该地展开了新英格兰地区关于货币政策最激烈的争辩。1690 年，为应对硬币短缺和与相邻法属殖民地的金融战争，马萨诸塞州开始印发纸币。这种法定货币由于没有黄金或白银作支撑，迅速贬值，引发商品价格暴涨。在接下来的 60 年里，马萨诸塞州定期发行大量纸币，而该殖民区的领导者们一直就货币政策展开热议，包括是否印发新纸币，如何将贬值的货币驱出流通领域等。与此同时，尽管罗得岛州的面积和人口都不及马萨诸塞州，可这个殖民区印发的货币量却远远大于后者。1741 年，由于帝国的管制，马萨诸塞湾殖民区的货币供应量开始萎缩，罗得岛州为挫败帝国的企图，继续大量印发自己的货币，而其中大部分在马萨诸塞州流通。之后，1751 年英国议会通过货币法案，禁止新英格兰各州印发货币，于是该地区的纸币流通量慢慢降了下来。[42]

在日常交易的过程中，新英格兰人要应对货币量的波动以及因货币政策争论所导致的不确定性。不管是个人接纳本地货币进行交易，还是简单地用它来充当记录交易的货币单位，关于纸币流通合法性的变化都会影响商品的价格和消费者的购买力。妇女常常负责家庭日常的财务管理和购买规划，所以要站在最前沿应对这些困难挑战。纸币的大量发行会降低工资的相对价值，让波士顿和纽波特的劳动家庭陷入困境，因为他们的购买力下降了。货币供应量收缩会导致货币短缺，尤其是流通领域的小面值货币短缺，会打断市场交易。[43]

地区货币政策还会影响债权人和债务人的选择，包括妇女在信用关系管理上作出的选择。不管在实际发生通货膨胀的时期，还是在预期将要发生通货膨胀的时期，该政策都有利于债务人，不利于债权人。债务人会想方设法拖延付款，以求从债务贬值中获利，而债权人哪怕收到付款，得到的也是价值低于原始债务的贬值纸币。于是，当经济衰退和出现金融危机的时候，债权人会纷纷催收欠款，因为债务人实在难以偿还，从而推倒了无法支付欠款的多米诺骨牌。1762 年和 1772 年的英国金融危机让经济形势雪上加霜。（英国）大都会的商人向殖民地的工匠催收账款，而这些工匠反过来又向当地客户催收债务。由此，殖民区本地和跨大西洋的金融形势决定了法律诉讼的状况，以及债权人和债务人的法外策略。虽说法律诉讼的应用越来越广泛，但在经济明显衰退或通货剧烈膨胀期，债权人提出的诉讼案件数量是最大的。[44]波士顿和纽波特的妇女们（身为债权人、债务人、证人或作为家庭代表，去面对律师、当地官员和法庭），不管何种身份，都不得不去应对并成为这股新兴的诉讼趋势的推手。

新英格兰主要港口的商业发展强化了这些港口身为法律活动中心和法律变革先锋的地位。作为各自郡政府的所在地，波士顿和纽波特也分别是萨福克（Suffolk）郡法庭和纽波特郡法庭的所在之地，两地的郡法庭还为周边规模较小的市镇提供服务。波士顿每年有四次庭审，纽波特每年有两次，两地居民目睹本地人和外地人一起蜂拥参加庭审。郡法庭审理的诉讼案件绝大部分是由波士顿和纽波特居民提起的，于是大批专业律师应运而生。[45]作为以印刷文化为核心的大都市，波士顿和纽波特分别拥有自己的报纸，报纸上会定期刊登法律新闻和通告，市民可在书店买到法律专著和商务指南手册。[46] 这些因素促使这两个城市的居民特别熟悉法律事务的运作，使得法庭内外紧密交织在一起。

城市里密集的地理空间、拥挤的居住环境，促使波士顿和纽波特居民的商业活动更为频繁，同时与法律接触的机会也更多。大多数情况下，男人和女人会走着去进行当面交易。18世纪的波士顿方圆只有2英里①长，从海岸到城里任何一个地点的距离都不会超过0.5英里。纽波特沿纳拉甘西特湾（Narragansett Bay）延展大约1英里。不管是从居户的角度还是从街区的角度，居住环境都非常拥挤。[47] 根据埃伦·哈蒂根－奥康纳和其他人的描述，城市家庭里住着"一大家子人"，或是家庭成员与其他无关人员混住在一起，包括佃户、学徒、仆人、男奴隶和女奴隶。美国革命前，纽波特平均家庭规模是7人；而波士顿则超过9人，尽管这样的家庭规模已小于农耕家庭的常规规模（因为农耕家庭需要依赖子女作劳力，但港口城市的居户很有可能接纳核心家庭成员以外的临时人员）。据估计，当时80%的成年居民是租户，没有属于自己的房产，还有像水手、劳工这样的流动人员也是短期租户。房屋租赁本身就是一种信用关系，而且，当租赁关系发生变动时——这在城市居户中是经常发生的——会把男人和女人拉进另一类财务和法律事务中。[48]

尽管在大西洋经济世界中，波士顿和纽波特具有独特的地位，但是本书的研究方法和观点也可应用到现代早期北美地区和欧洲的其他地区。为体现新英格兰的港口和农耕区都会开展本书所提到的金融和法律活动，我偶尔会把来自马萨诸塞州和罗得岛州其他市镇的案例融合进来，尤其是萨福克郡和纽波特郡市镇的案例。[49] 作

————————

① 1英里约等于1.61千米。——编者注

为英属殖民地，马萨诸塞州和罗得岛州的法律框架源自大英法律体系。波士顿和纽波特的金融网络也隶属于大西洋金融体系，这两个城市的经济和人口结构与其他中等规模港口相类似。现在，关于现代早期女性和性别的研究日益盛行，我的研究也是其中一部分，学术界越来越多地指向现代早期帝国的共同点，包括家庭在经济活动中的重要地位，妇女在微观层面广泛且娴熟地参与金融和法律谈判等现象。[50]

由于在 18 世纪时，信用交易和债务诉讼已随处可见，因此有关这些活动的记录也很多。本书的研究基本上是基于法庭卷宗进行的。我对现存的 800 多份提交到马萨诸塞州和罗得岛州立法会的债务诉讼请愿书，以及萨福克郡和纽波特郡法庭审理的 3600 多个债务案件展开调研，波士顿和纽波特分别是萨福克郡和纽波特郡法庭的所在地。为了对信用和债务进行多方面、多角度的分析，本书还利用了许多其他来源的资料，包括遗嘱认证记录、家庭信件和财务文件、律师的业务记录及其与客户的往来信函、报纸以及法律和商务方面的指南手册。

本书充分利用了卷宗的潜在价值，有利于对现代早期的经济生活和女性处境展开全面的研究。从债务诉讼的卷宗里，可以找到关于诉讼模式的明显证据，包括参与到诉讼中的男子和女子的情况。英属北美地区的学者（包括若干位性别历史学家）就曾利用法庭卷宗的这个优势，对郡级法庭的卷宗记录进行了卓有成效的分析。[51] 本书从汗牛充栋的档案资料中系统地挖掘，以找寻证据来揭示当时的日常金融和法律活动，尤其是法庭之外的活动。当债权人提起债务诉讼时，会向法庭提交相关的债券、期票和账目作为证据。这些资料汇聚在一起，便可较为全面地展现英属北美地区的人们使用信用和债务的真实情景。诉讼人的辩论会讲述当事各方先前达成的协议，或企图和解的情况。证人的证词会解释金融谈判的方式方法，以及参与谈判各方的所作所为。从这些卷宗文件在内容和形式上的各种小细节（警长草草写下债务人的"妻子被传唤出庭做证"，证人或代理人在期票上的签名，债券上留下的多人的笔迹）中，我们可以清晰地看到参与信贷活动的各方人士的姿态，以及他们所运用的各式技巧。[52]在多如牛毛的信用交易中，发生法律冲突的交易只是其中很小的一部分，绝大部分的交易从未诉诸法庭。尽管如此，法庭案例还是为我们提供了当时关于金融、法律实践和规范的宝贵证据，否则，殖民地的人们没有理由将这些内容记录保存下来或表达出来。

本书将三种研究方法结合在一起来对这些法律资料展开分析。第一种方法是，通过定量分析法对女性和男性的活动进行比较，构建诠释具体案例所需的大背景。第二种方法是，读者会看到本书的研究通过资料尽可能详尽地再现单个女性的经历。其中几位女士，特别是坦佩伦丝·格兰特（Temperance Grant）、阿比盖尔·休斯（Abigail Hewes）、安·梅勒姆（Ann Maylem）和莎拉·皮尔斯（Sarah Peirse），她们进行了旷日持久的法律斗争，生成了大量的文件，她们的法律纠纷充分阐明了18世纪围绕信用和债务的实践与利害关系。第三种方法是，本书会从资料中提炼各种细节，以揭示当时金融和法律实践的真实样貌，譬如人们是如何起草债券的、如何雇用律师的。否则，人们对当时的实践状况仍会模糊不清。如此一来，一个关于"妇女从事金融和法律劳动"的鲜为人知的世界向我们敞开了大门，这种综合方法对于把已婚妇女的活动凸显出来尤其有用，因为此类女性的资料往往只被顺带提及。律师和书记员在为郡级法庭的债务诉讼记下大量相关记录的同时，不仅创建了法律纠纷档案，而且记录下男人和女人的日常实践活动概况并留存下来。

在以如上方式对资料进行细查筛选的过程中，很重要的一点是我们要注意档案资料（即史料）中蕴含的权利关系，正如玛丽萨·富恩特斯（Marisa Fuentes）所描述的："历史文件既决定了当时形成该文件的意义，也影响了我们当下对历史的解读。"[53] 所以，我们要考虑一个重要因素：在"有夫之妇在法律上无民事行为能力"的背景下，这些记录实践是如何将女性的活动放到次要位置，甚至把她们的活动隐蔽起来，让她们的作为变得模糊不清的。在这些文件中，不仅已婚妇女极少独自出现在金融记录和法庭记录中，除非和她们的丈夫一起；而且男性被定位为"独立、自主"的法律和经济行为人，只有当妻子的劳动或财务资源为交易作出贡献时，才偶尔会看到妻子的身影。本书通过历史文件将已婚妇女的经济贡献重现出来，以强调如下观点：作为现代早期男权制度的基石，在这种婚姻制度构建的过程中，当时的记录方式起到了推动作用。

社会等级制度和档案资料的撰写方式让有中等收入的自由白人妇女在殖民地记录中比贫穷的白人妇女和有色人种妇女要显眼得多。18 世纪中期，纽波特大约 12% 的人口是奴隶，在波士顿，这个比例为 8%。[54] 这些劳动者在法律上没有权利订立协议，而此权利是信用交易的起点。此外，尤其是波士顿自 18 世纪 40 年代起遭受经济衰退之后，纽波特在"七年战争"期间，港口城市的不平等问题日趋严重，贫困现象非常普遍。[55] 在这种社会分层制度中，大多数女性债权人和债务人可能都处于社会中层或精英地位，因为她们拥有的财富、社会关系和从事的商业活动等所有因素都有助于她们参与到借贷交易之中。

在波士顿和纽波特，只有少量拥有自由身份的黑人和原住民，包括万帕诺亚格人和纳拉甘西特人，具有订立合同的法律行为能力，不过，他们不一定具备订立合同的条件。[56] 在城市里，拥有自由身份的黑人和原住民一般处在相对贫困的生活状态，白人越来越多地将他们划分为外来者，他们在很大程度上缺乏参与正式信用交易所必需的社会关系。正如历史学家记录的那样，对于这些边缘人来说，现金与实物交易尤为重要。他们会经常购买一些小额商品，而不会参与需要信用关系的交易。他们还会积极参与到非正规的经济活动中。所谓非正规的经济活动是指那些不受管制的、有时是非法的经济活动，包括挟持人质、挨户销售、强行推销、经营无照酒馆、情色交易等。[57]

只有零星的证据显示黑人和原住民，包括黑人妇女和原住民妇女，偶尔会以自己的名义使用信用。例如，1745 年纽波特的一位寡妇安·基斯（Ann Kees）的债权人名单中出现了两名黑人妇女，只提到她们叫"黑人迪娜"（Negro Dina）和"黑人苏"（Negro Sue）。基斯去世后，迪娜和苏分别从她的遗产中收到几先令以偿还欠她们的款项，可能是为了支付她们提供的劳动或者交付的物品。我们之所以知道这两笔清偿交易，是因为基斯的遗产管理人在账目中把它们列了出来，但至于基斯为何会欠下这两个女人债务的确切情形，我们便不得而知了。[58]同年，一位名叫默茜·弗里曼（Mercy Freeman）的原住民妇女借给居住在纽波特的汉娜·伊斯顿（Hannah Easton）21 英镑。后来，弗里曼就债务起诉了伊斯顿，这笔交易便出现在官方记录中，不过，在保存下来的记录中，只用"老处女"和"印第安女人"来称呼弗里曼，而且没有详细描述她与伊斯顿的关系。[59]从迪娜、苏和弗里曼的例子中，我们可以领略到当时有色人种妇女所处的经济地位，记录里对她们的描述仅有寥寥数语，这充分表明和清晰再现了 18 世纪的权力关系。

信用和债务还巩固了英国的殖民主义和劳役制度。英国殖民者会先鼓励当地原住民购买英国的商品，使他们欠下债务，然后以偿还债务的名义逼迫原住民男子和女子放弃他们的土地，在没有了土地之后，英国殖民者再让他们用劳役来抵债。18 世纪上半叶，签订契约以劳役来偿债的制度变得越来越盛行。债务压力让一些拥有自由身份的黑人签下劳役契约，契约中的强制劳役条件近似奴隶，主人利用劳役制度与奴隶制度的相同之处，将签下劳役契约的仆人当作自己的奴隶。很显然，当时的人把被奴役的劳工当成自己的财产，为了收回债务，白人会出售、拍卖和抓捕这些契约劳工（无论男女）。[60]从更广泛的制度安排角度来说，随着波士顿和纽波特的居民对此类个人信用形式加以利用，金融关系反过来巩固了社会等级制度，而本书研究的核心正是个人对信用的运用模式。

要还原妇女参与金融劳动的场景，需将长达数十载的碎片化信息收集起来，再加上围绕信用的日常活动进展非常缓慢，所以严格的时间顺序结构并不符合本书的宗旨。在分析 18 世纪的英属北美地区时，有一点很重要，不能夸大普通人（不管是男性还是女性）对宏观因素的认识，或夸大这些知识对人们日常实践的指导作用。当时郡级法庭是强制债务人履行债务的特别重要的舞台，而在汗牛充栋的郡级法庭档案中，显然鲜有诉讼人或证人提及当时的货币政策或经济状况。相反，不管诉讼案例发生在经济衰退期还是繁荣期，当时的货币供应量是充足还是短缺，它们都证明了当时的人一直在开展金融活动，并且对金融活动抱着持续不断的期待。通过这些法庭内外不断重复发生的金融和法律活动，我们可以看到，在动荡时期，波士顿和纽波特的妇女给社会带来了一定程度的规律性。

所以，本书采取的是多层次的分析结构，一方面从信用关系的周期来分析，另一方面从 18 世纪新英格兰人所面临的各种政治经济问题来分析。第一章至第五章研究的时间段约为 1730—1775 年，这个时期以信用为基础的市场交易加快了发展步伐，在强制债务人执行债务方面，债务诉讼变成更为核心的手段。第六章接着描述 18 世纪最后几十年里金融和法律实践的连续性与变化。

第一章研究城市妇女从事财务活动的整体情况与利害关系，论证面对男子的高死亡率和流动性，妇女开展的金融交易维持了家庭和社会的稳定。在第二章里，我会更加仔细地探讨"到底是谁在从事日常的信贷活动"这个问题。在法庭之外的信用交易中，妇女付出的技术劳动对于交易的所有阶段都至关重要，从交易双方就贷款条件讨价还价开始，到债务人完全还清欠款为止。随着城市居民日益频繁地运用书面信用，当到期款项无法收回时，妇女会将诉状递到法庭。在第三章，读者会发现女性在金融和法律方面的见识延展到债务诉讼各个环节，包括她们与律师、当地官员打交道。第四章揭示了女证人在经济和法律日趋正规时期所起到的作用，阐明耳濡目染是女性学习的重要手段，同时还让她们在社会和法律中获得了权威。在第五章中，我会研究激烈纠纷的最后阶段：马萨诸塞州和罗得岛州最高法庭的听证会。在最高法庭上，殖民区的人们与"偏向债权人的法律制度"展开博弈。一开始的时候，官员和非专业的普通人在评估案件时会基于一个前提：男人和女人具有相似的能力。然而，随着时间的推移，法庭判决结果提升了男性律师和男性商人的地位，限制了负债寡妇的法律辩护空间，而这类女性是最常提出请愿诉求的。最后，第六章描述了各个阶层的男人和女人在美国革命战争时期的百态。革命战争带来暂时的剧变之后，中下阶层的妇女基本恢复了像以前一样使用信用进行交易，与此同时，精英阶层的家庭将各式信用交易视为男性的领地，让女人远离金融活动被视为精英阶层特权的标志。

随着英属波士顿和纽波特法庭审理的债务诉讼案件越来越多，大量的卷宗文件（包括诉状、传票、辩状、判决书，以及账目、金融文件和证人证词等）产生了。案子一结案，法庭书记官就会把所有这些大小不一的纸张叠在一起，为了统一，较大的纸张会被折叠起来。他会在卷宗外面折另一张纸做个套，把所有文件包裹起来，然后穿上一根大头针来固定或用绳子把包裹绑起来。他会在包裹外面写下当事各方的名字，然后归档保存。现在，成千上万份这样的18世纪卷宗被保存在波士顿和纽波特法院的档案馆里，其中一些卷宗自书记官归档后便从未拆开过。当我们把某份卷宗生锈的大头针拿掉，或将已经变硬的绳子解开时，那些杂乱无章的文件资料便活了过来，为我们呈现了一个关于金融关系的生机勃勃的世界。在这个世界里，女人和男人一样，都是不可或缺的、技术娴熟的贡献者。

第一章

"女性的优势与家庭的支持"
——妇女和城市信用经济

············· § ·············

1746 年 3 月，船长西米恩·波特（Simeon Potter）严厉斥责一位名叫坦佩伦丝·格兰特的富裕女店主。在某位商人领袖的家宴上，客人都是来自罗得岛和费城的贸易商人，怒气冲冲的波特当众宣称格兰特女士的行为是"错误的"。后来，在大卫·摩尔（David Moore）的店里，波特"当着好几个人的面"又谴责了格兰特女士；接着又"在咖啡馆门前的大街上"，当着满大街的人再次向她发难。在波特看来，格兰特犯下了一个严重的罪行：不恰当地使用了信用。[1]

波特在多个场合出声谴责格兰特女士，鲜明地道出了一个事实：格兰特女士已经完全融入纽波特的经济之中。在这场貌似经过精心策划的诽谤中，当波特谴责格兰特的时候，在场观众几乎都是男士，从商界精英到碰巧遇到的旁观者。波特在室内和室外批评格兰特，包括一个典型的公共场所：咖啡馆门前的大街上。在这些时刻，格兰特本人并不在场，没法为自己辩护，[2] 但是波特对她开展商业活动的批评却会损害到她的名誉，因为她在城里已经有了商业空间和社交圈子。同年 5 月，格兰特起诉波特诽谤，看来她的确觉得波特的言语对她造成了伤害。[3]

坦佩伦丝·格兰特女士是位寡妇，可如果我们把焦点放在这个事实上，那么就会错失格兰特女士及其同时代女性——不管是有夫之妇、单身女性还是寡妇——在 18 世纪的波士顿和纽波特经济中更完整的定位。当时，已婚妇女没有独立的法律身份，但寡妇的身份让格兰特可以经营商店，解决法律纠纷。历史学家已经注意到这一点。[4]然而，对于新英格兰各个港口的居民来说，不管是男人还是女人，已婚还是未婚，他们都要面对错综复杂的经济和社会挑战。通过坦佩伦丝·格兰特、玛丽·普林斯（Mary Prince）、巴赛亚·麦克丹尼尔（Bathiah MacDaniel）和阿比盖尔·休斯四位女士的故事，我们可以窥探到在这些城市的经济文化中，对于白人男子和妇女来说，个人信用无处不在，支撑着不计其数的交易顺利开展——从本地的小额交易到跨大西洋的巨额交易。对于这四位女士，以及与她们同时代的人来说，信用与个人品格和声誉息息相关，这一点提升了金融交易和纠纷的重要性。

1740 年的时候，波士顿和纽波特的经济还是紧紧围绕它们的地位（即将新英格兰腹地与整个大西洋世界联系起来的商业中转站）开展。城里的商人向加勒比海地区出口原材料，从英国进口成品，同时开展各种辅助产业，从制作木桶到经营酒馆，以支持港口的商业运行，服务港口的劳工。在借贷方面，所有这些市场化的活动迫使港口居民不得不参与到书面信用交易当中，更频繁地承担相关的经济风险。与此同时，由于波士顿和纽波特都是以航海业起家的，所以当地居民要面对一些迫切的问题，这使得他们必须使用信用，并且把管理信贷关系的劳动放到核心地位。当男人接受水手或船长这样的职位时，他们就被纳入延期付款的制度中，这种制度安排对城市信用网络提出了特殊需求。男人出海时，家里没了男主人，妻子只能自行管理。[5]1739 年，英国发起对抗西班牙帝国的战事，1744 年又发起对抗法兰西的战事，新的机遇出现了，男人可以去参军，或参与私掠巡航，这一切加剧了经济与人口的压力。[6]

面对男性居高不下的流动性和死亡率，自由的白人妇女所从事的金融活动稳定和保护了家庭、商业网络和城市经济。诸如坦佩伦丝·格兰特、玛丽·普林斯、巴赛亚·麦克丹尼尔和阿比盖尔·休斯这样的女性想方设法支撑自己和家庭，保住赢利的生意，获取必要的商品和服务。在此过程中，她们找到了有利于自身的信用使用方式，并努力通过个人声誉将自己的金融地位和个人品格联系在一起。尽管女人之间的经济联系已引起相当多的关注，但她们围绕信用展开的许多劳动都涉及与男子打交道。[7] 通过这些妇女的日常活动，以及法律对她们介入经济交易的认可，城市经济成了男人和女人共同涉足的社会领域。其他城市居民，不管是男人还是女人，广泛接受自由的白人妇女使用信用。尽管性别差异在无数方面对男人和女人的生活作出了系统安排，人们还启用了具有性别差异的话语体系来监管女性的活动，但波士顿和纽波特的居民极少拒绝或批判妇女的经济活动。[8] 哪怕出现这种情况，也很有限，而且回过头来看，如果出现这种状况，要么是因为当事人可以获得直接的经济利益，要么是因为女性的行为已经严重偏离既定的准则。

巴赛亚·麦克丹尼尔和玛丽·普林斯：婚姻法与妇女的经济权利

18 世纪 40 年代，在波士顿和纽波特有两位已婚妇女开展了一些貌似平常的信用交易，后来这些交易引发了法律诉讼。巴赛亚·麦克丹尼尔是水手布莱恩·麦克丹尼尔（Bryan MacDaniel）的妻子，1740 年，她和寡妇阿比盖尔·弗赖伊（Abigail Fry）花了 5个星期的时间来到纽波特。巴赛亚·麦克丹尼尔把家里的物品抵押给弗赖伊，作为租金的担保。第二年，弗赖伊还占着这些抵押的物品不还，于是布莱恩·麦克丹尼尔将弗赖伊告上法庭。1746 年，波士顿的一位船长（同时也是零售店店主）约瑟夫·普林斯（Joseph Prince）的妻子——玛丽·普林斯——在约瑟夫·普林斯出海期间，向商人纳撒尼尔·惠尔赖特（Nathaniel Wheelwright）付了 96 英镑以偿还家里购茶的欠款。1748 年，约瑟夫·普林斯把惠尔赖特告上法庭，他认为自己妻子多支付了购茶款，可惠尔赖特拒绝退回超额的钱款。[9] 这两个案例充分说明了在英属北美地区港口城市里已婚妇女的经济权利状况与限制。

各种关于女性涉足信用的描述常常会突出她们的婚姻状况，当然这种对婚姻的强调是有作用的。英属北美殖民地的法律以基于判例的大英帝国普通法为起点，英国普通法将女性分为独身妇人和有夫之妇，譬如巴赛亚·麦克丹尼尔和玛丽·普林斯。寡妇和单身女性这种独身妇人依法拥有等同于男人的权利，包括在经济事务中的权利；然而，根据法律，有夫之妇的法律身份归属其丈夫所有。于是，"有夫之妇的法律身份"即"有夫之妇在法律上无民事行为能力"，决定了她们涉足信贷事务的条件，同样重要的是，还决定了历史档案是如何记录这些交易的。[10]

我们还要小心，千万不要将"有夫之妇在法律上无民事行为能力"作为对殖民地有夫之妇经济活动的明确描述。对这条法律原则最有力的表述直到美国革命前夕才出现，远在我们提到的这两个案例之后。众所周知，1765 年，威廉·布莱克斯通（William Blackstone）在他所著的《英国法释义》（*Commentaries on the Laws of England*）中宣称有夫之妇的法律身份"归属其丈夫所有，以巩固其丈夫的法律身份，妻子的所作所为全在丈夫的羽翼保护之下"。[11] 自此之后，人们才会引用布莱克斯通的话来概括殖民地妇女的法律地位。然而，布莱克斯通其实背离了此前的主流文献，此前的主流文献既没有表明妻子完全从属于丈夫，也没有统一的理论证明男人对妻子、孩子和仆人具有绝对权威。1771 年，费城的一位印刷商出版发行了首版北美地区的《英国法释义》，而直到合众国早期，这种观念才占据主导地位。[12] 在数不胜数的法律领域里，存在着专业术语与实践不一致的矛盾，不过我们必须特别注意 18 世纪婚姻法中的这些差异，布莱克斯通的言论对当时的婚姻法产生了长期的影响，而法律和金融的相关记录会主动将已婚男子定位为"自主"的行为人，掩盖其妻子所作出的经济贡献。

关于已婚妇女在从事金融交易时所产生的纠纷的研究，凸显了经济上的迫切需要与法律、历史记录实践之间的相互作用。巴赛亚·麦克丹尼尔和玛丽·普林斯的例子着重说明了一点：信用以家庭制度为基础，尽管史料会把金融交易归功于身为"一家之主"的男子。尤其是在像波士顿和纽波特这样的港口城市，商业与战争逼迫越来越多的男人离开家庭，城里的居民只能允许妻子使用信贷，因为妇女的信贷劳动和资源有助于保护家庭和商业网络。与此同时，无论是男人还是女人，都十分熟悉"有夫之妇的法律身份"这一规定，当符合其经济利益的时候，他们会利用"有夫之妇的法律身份"这一规定，企图撤销此前进行的交易。由于已婚妇女的金融活动对城市经济的运行至关重要，所以，虽然在法律辩护时可以提出"有夫之妇的法律身份"这条原则，但只有少数情况下会起作用。

家庭信用制度将丈夫与妻子的财富绑在一起，包括普林斯夫妇及麦克丹尼尔夫妇。考虑到18世纪的时候人们没有太多手段来有效地评估彼此的信用，所以声誉既是家庭的，也是个人的。不管男人还是女人，当他们评估是否值得给潜在的交易伙伴提供信用的时候，都会衡量对方整个家庭和家族的财富与声望。已婚男子的财富当然对其家庭是否可以涉足信用起到决定性的作用，可妻子的财富资源也会起到至关重要的作用，因为她同样也将自己的资产带入了婚姻。不管布莱恩·麦克丹尼尔和约瑟夫·普林斯有没有读过给商人忠告的书籍，他们都会很熟悉这些书籍的立场。男人选择配偶"很关键，他的幸福与富贵皆系于此"，究其缘由，多少是因为"一个口袋空空的漂亮妻子宛如一栋没有家具的房子：华而不实，毫无用处"。[13]与布莱恩·麦克丹尼尔和约瑟夫·普林斯同时代的人在闲聊间也会承认他们的妻子为新家带来了价值。1738年，当谈到威廉·班纳特（William Bennet）还清了欠下的债务时，一位纽波特的男子问另一个男子"威廉·班纳特娶的那个女人是不是给他带来了大笔财富"，另一个男子回答"是的"。由此可见，妻子的资产赋予了威廉·班纳特新的偿债能力，而周围的人都注意到了这一点。[14]

除了给家庭带来财富，妻子（包括巴赛亚·麦克丹尼尔和玛丽·普林斯）还增强了联姻夫妇共同的社会关系与声誉。因为人们很难获得关于潜在交易伙伴的准确情报，也很难确保代理人的忠诚，所以"一个值得信赖的家族成员"的身份可以表明一个人的信誉。做远程贸易的商人更喜欢与自己的亲属做生意，联姻加强了生意伙伴之间、公司之间的联盟。[15]1735 年，《费城报》（*Philadelphia Gazette*）刊登的一篇文章中提到：只要谨慎地选择配偶，男人不会"失去朋友，而是得到朋友；因为这个女人所有的关系都会归他所有，这些关系好整以暇地要为这对新婚夫妇提供助力"。这只是该文为婚姻辩护的部分内容。文中还指出：已婚男子"在商业上很快会获得大家的信任，从而获得比单身时时间更长、额度更大的信用"，因为当时的人认为他"稳定下来"了，会"为了家庭的利益，承担更多的诚实行事义务"。[16]正如指南手册所指出的，已婚妇女的选择也会提升家庭的信誉。指南手册敦促男人应当选择"勤俭持家"的妻子，并提醒妻子应当依据家庭资产来调整支出。[17]哪怕在自传中强调自己是靠自我奋斗才出人头地的本杰明·富兰克林，也提过妻子——黛博拉·里德·富兰克林（Deborah Read Franklin）——"照顾店铺，助我良多，我们共同发展"。[18]可以说，夫妻的经济地位取决于丈夫与妻子共同掌握的社会资源、作出的财务决定和付出的劳动。

家庭信用虽由夫妻双方共同决定，但与此同时，人们对法律责任的理解和财务记录的实践将妇女作出的贡献隐藏了起来。"有夫之妇的法律身份"规定已婚妇女在婚姻期间不能以自己的名字向别人借款或给别人贷款。有鉴于此，18 世纪的财务文件一贯将法律责任归于男子，哪怕文件中提到的交易是由妻子开展的。在账目里，账户的名字和承担经济责任的都是男子，即使其中还包括妻子购买的物品、交给妻子的现金，或从妻子处收到的款项。在使用债券和期票等交易内容一目了然的协议中，哪怕是已婚妇女的劳动或经济资源支撑着这笔交易，文件里的债权人或债务人还是她们的丈夫。尽管当时殖民地区的人认识到丈夫与妻子的信用是彼此交织在一起的，但金融记录还是将男子定位为自主的经济行为人，同时将妻子描述为"依赖"丈夫信用的从属者。[19]

在巴赛亚·麦克丹尼尔和玛丽·普林斯的案例中，充分展现了这些关于夫妻信用的社会理解与法律理解之间的对立矛盾。女房东阿比盖尔·弗赖伊解释道，1740年巴赛亚·麦克丹尼尔向她求租住所，因为布莱恩·麦克丹尼尔离了家，一家子"被拒之门外，无处可住"。也许这位水手只是出海去了，没有留下足够的钱财来支撑家庭，考虑到做水手的困境，这也说得通。在港口城市里，水手是最贫穷、经济最不稳定的自由劳动者。一般来说，他们只能在整个航行结束后才能收到工钱，所以他们本人及家庭常常指望社区看在这笔未来收入的份上允许他们赊账。[20] 或者，从"被拒之门外"一词看来，也许巴赛亚·麦克丹尼尔和布莱恩·麦克丹尼尔已非正式地分开了。在那个时代，若非有很特殊的情况（如通奸、遗弃或极端虐待），人们是不能离婚的，所以这样做也很常见。[21] 尽管出于"生存必需原则"，面对如此婚姻困境的妻子可以在没有丈夫直接许可的情况下购买生活必需品，但是法庭和社区对于何时适用此普通法原则并无定论。不管是哪种情况，巴赛亚·麦克丹尼尔的困境让阿比盖尔·弗赖伊担心麦克丹尼尔一家支付不了租金。于是弗赖伊采取了罕见的措施，要求这家未来的房客提供担保。为把房子租下来，巴赛亚·麦克丹尼尔便将几件家具物品作了抵押，包括一张皮质床，那也许是这个家庭最值钱的物品。[22]

　　而普林斯夫妇的行为则是一个说明"夫妻信用归于丈夫名下"的很好例子。1745年，玛丽·普林斯的丈夫约瑟夫·普林斯从商人纳撒尼尔·惠尔赖特处购买了绿茶，并承诺日后支付购茶款。在惠尔赖特看来，普林斯一家是值得信赖的，他作出这种评估的主要依据是玛丽·普林斯的行为和资源。约瑟夫是个船长，出海任务会让他长期离家，当他不在的时候，玛丽·普林斯会管理普林斯零售店，把家里的生意稳住。其他时候她也会照顾店里，为夫妻共有的生意贡献财务资源。尽管如此，惠尔赖特还是把这笔账记为只是他与约瑟夫·普林斯之间的交易。第二年约瑟夫出海的时候，惠尔赖特到普林斯家的店里讨债。惠尔赖特向玛丽·普林斯出示了账目，上面记着约瑟夫·普林斯买了两箱茶叶，于是玛丽·普林斯向他支付了"本应支付"的欠款——96英镑。然后，惠尔赖特在约瑟夫·普林斯的账目上相应地记下了这笔入账。这位商人的账目记录进一步确认了玛丽·普林斯作为其丈夫代理人的地位。[23]

　　巴赛亚·麦克丹尼尔的租房安排和玛丽·普林斯的付款行为适用于更广的范围，她们只是殖民时期已婚妇女从事各种金融活动的两个鲜活的例子，尤其是在港口城市里。男人不在家的状况，就像水手布莱恩·麦克丹尼尔和船长约瑟夫·普林斯那样，给这些城市带来了错综相连的社会问题和经济问题。船上的船员有可能数月甚至数年音信全无，在这期间由于种种原因，有夫之妇已变成独身妇人。丈夫不在时，若船员的妻子不能处理业务，信用网络就会慢慢瘫痪。若家庭没有能力支撑自己，就只能依靠城里为穷人提供的有限救济。

　　为了应对这些问题，新英格兰人通过法律途径来扩大水手妻子的权利。1711 年，罗得岛州议会指出"许多商人和船员出海航行数年不见人影，音信全无"，导致"他们的妻子与家庭"在经济上"步履维艰"，直到他们的死讯抵达罗得岛。于是议会给丈夫"离家且音信全无长达三年"的妻子授予必要的管理权，让她们可以对欠其失踪配偶债务的人提起诉讼。到了 1717 年，立法会扩大了此类女性的权限，授权她们去讨债，去掌控家里的财产。立法会还为此作出解释，"人们已经意识到必须给她们权利"，可此前法律的授权"不够充分，不够广泛"。不过，事实证明修订后的法律还是不完备。罗得岛州和其他地区的议会源源不断地收到来自船员妻子的请愿书，请求允许她们出庭或出售房产，议会一边倒地批准了她们的请求。[24] 但这些法规和请愿书只能缓解特殊情况下的压力。对于丈夫离家数月就回来的妇女来说，这些途径帮不到她们，玛丽·普林斯和巴赛亚·麦克丹尼尔就是这样的例子。

18 世纪 40 年代初，战争又给波士顿和纽波特"围绕已婚妇女法律权利及相关经济困境"的问题带来了新的紧迫感。1713 年"安妮女王之战"（Queen Anne's War）结束后，英属殖民地进入一个长达 25 年的相对平静期。1739 年，英国与西班牙就商贸权产生冲突，"詹金斯的耳朵战争"打响。这场战争反过来又与欧洲帝国之间更广泛的冲突搅和在一起，"奥地利王位继承战争"（War of Austrian Succession）一直持续到 1748 年。长期以来，商船航海已经耗尽了波士顿和纽波特的成年壮丁，战事更是让局面雪上加霜。许多新英格兰男子被要求作为私掠巡航人员，或加入海军、陆军，然而，从人口分布来说，港口城市为私掠巡航或兵役贡献的人员远超新英格兰地区的平均水平。1740 年，约有千名来自波士顿地区的男子加入英国海军攻打西属卡塔赫纳（Cartagena）港的战役中，在 1741—1744 年的多场后续战役中，又有好几百人参与进来。1745 年，另有3000 名马萨诸塞州的居民——其中许多来自波士顿——加入英军攻打路易斯堡的战斗，路易斯堡是法军在圣劳伦斯河口控制的一个要塞。接下来的 10 年里，冲突再次爆发，"七年战争"烽烟再起，政府又向城市男子广泛征兵，这一次不仅从波士顿征兵，还从纽波特征兵。[25]

兵役和私掠巡航给新英格兰最大的港口（波士顿和纽波特）带来了两个相互交错的困难挑战。第一，就像商船上的水手一样，陆军和海军的士兵及私掠巡航船上的船员只有在完全完成兵役和巡航任务之后才能收到报酬。这种支付报酬的体系无法解决男子服兵役或参加私掠巡航期间，他们的家庭如何度日的问题。第二，战争必然会带来人员死亡。而这个时期的多场战役死亡率奇高（据估计，在卡塔赫纳港战役中，只有五分之一的人活了下来），这让波士顿和纽波特本已扭曲的性别比例进一步恶化。到了 1742 年，波士顿有 1200 名妇女成为寡妇，据估计，这个数字占了该市成年女性人数的 30%。到了 1764 年，在波士顿，每 100 位成年白人男子对应 122 位成年白人女子。在"七年战争"之前，纽波特的男女比例基本相等，而到了 1775 年，该市每 100 位成年男子对应 125 位成年女子。[26] 延迟的报酬支付制度与较高的男性死亡率交织在一起，加剧了妇女在经济上的困境。到了 18 世纪 40 年代，商船船员的妻子（如巴赛亚·麦克丹尼尔和玛丽·普林斯这样的女人）和寡妇成了另一个更庞大的群体的组成部分，这个更庞大的群体还包括海陆军士兵和私掠巡航船船员的妻子和遗孀，以及因城市人口结构不平衡而无法结婚的单身女性。

波士顿和纽波特想了各种各样的办法来支持"丈夫不在家或死亡"的妇女。在两市领导层苦思冥想有组织的解决方案（济贫院、互助会、纺织制造业等）的同时，普通居民也想出了同样重要的非正式补救办法：他们愿意和已婚妇女做生意。[27] 接纳已婚妇女开展信用交易和进行钱财交易最终让许多人获得了更大的经济利益。通过与惠尔赖特结清账目，玛丽·普林斯赢得了付款迅速的声誉，从而巩固了家庭的利益。她还阻止了这位商人反复上门讨债或为收债将她告上法庭。通过抵押物品，巴赛亚·麦克丹尼尔为自己和孩子租到了房子。两位债权人——纳撒尼尔·惠尔赖特和阿比盖尔·弗赖伊——同样也获了利。惠尔赖特挣到了 96 英镑，可以用到别处的生意上；弗赖伊得到了一个将要支付租金的租户和抵押物品，若这位租户无法支付房租，她会获得担保的物品。在其他数不胜数的例子里，经济的迫切要求促使城市居民接受已婚妇女作为金融交易的伙伴。

尽管巴赛亚·麦克丹尼尔和玛丽·普林斯在一开始进行赊账和付账交易时并没有遇到问题，可在后续的法律诉讼中，"有夫之妇的法律身份"却发挥了作用，因为两位女士的丈夫都企图通过追溯的手段，使其妻子进行的交易变成无效交易。当约瑟夫·普林斯回到家，得知妻子为两箱茶叶支付了 96 英镑后，便坚称自己只买了并收到一箱茶叶，而不是两箱。他要求惠尔赖特退还超出的金额。当遭到惠尔赖特拒绝后，约瑟夫·普林斯便将他告上了法庭。[28] 类似地，在巴赛亚·麦克丹尼尔与阿比盖尔·弗赖伊住在一起的第二年，有一天布莱恩·麦克丹尼尔发现这个女房东占有他们家的物品。弗赖伊坚持麦克丹尼尔一家还欠她的债，不能拿回抵押的物品，于是布莱恩·麦克丹尼尔将她告上了法庭，要求她把物品还回来。[29] 这两个诉讼都关涉"有夫之妇的法律身份"的法律条文与已婚妇女在城市经济中公认的角色之间的差异。当约瑟夫·普林斯和布莱恩·麦克丹尼尔笨拙地将法律条款与他们妻子的现实活动匹配起来时，对手能轻而易举地推翻他们给出的诉讼陈词。

在巴赛亚·麦克丹尼尔通过抵押物品来租下房子的案例中，身为丈夫的布莱恩·麦克丹尼尔绕过"有夫之妇的法律身份"问题，没有直接对这一点发起攻击，相反，他将诉讼的焦点集中于弗赖伊拒绝放弃本属于他的财物。1741 年 5 月，布莱恩·麦克丹尼尔在诉讼中要求，弗赖伊要么把包括那张床在内的物品还回来，要么依照这些物品的价值补偿他。布莱恩·麦克丹尼尔以"非法占用他人财产"为由起诉弗赖伊，以索回或追索相关物品，而没有就弗赖伊是如何获得这些物品的情况予以起诉。在布莱恩·麦克丹尼尔的案例里，弗赖伊通过何种途径获得这些物品与案子无关。于是，他的诉讼书很巧妙地忽略了自己妻子与弗赖伊所做的交易，甚至都没有提到妻子的存在。虽然布莱恩·麦克丹尼尔没有把"有夫之妇的法律身份"原则放到明面上，可从他的诉讼内容中，我们可以看出他含蓄地表明已婚妇女不能独立门户，不能抵押家里的物品。[30] 然而，女房东弗赖伊在申辩时，提醒法庭考虑已婚妇女独立于丈夫之外的自由权利。她解释说，巴赛亚·麦克丹尼尔当时处境困难，需要住房，于是这位租户将家里物品抵押作为担保，而且她在离开租用的住所时没有还清房租。[31]

在波士顿的案子中，约瑟夫·普林斯提出了诸多诉讼理由，而玛丽·普林斯有夫之妇的身份乃是其中之一。他最初在 1748 年起诉说，妻子"多付"的只是借给惠尔赖特的钱。[32] 他的诉状没有提及是玛丽把这笔账款给了惠尔赖特，这意味着他承认这笔交易是有效的。可随着案子的进展，约瑟夫·普林斯的策略发生了变化。1749 年，普林斯要求马萨诸塞州立法会准许重新审理此案，并在请愿书中对相关事件进行了充分的陈述。约瑟夫·普林斯的请愿书首先描述了购茶账目的谬误之处，然后他解释说，当惠尔赖特上门找玛丽·普林斯收款时，玛丽·普林斯不清楚背后的故事。在约瑟夫·普林斯的陈述中，"请愿人之妻不小心向惠尔赖特支付了两箱茶叶的货款"。虽然请愿书顺带提到了玛丽的已婚身份，但并未争辩有夫之妇的身份必然导致其开展的经济活动无效。此外，玛丽支付的货款看起来只是约瑟夫不断声称的各种不幸与不公（从一开始抱怨账目粗制滥造，到抱怨证人缺席和审判员有失偏颇）中的一个细节而已。相较于"无论怎么争辩都要拿回 48 英镑"这个目的来说，约瑟夫似乎不太关心要取消妻子的财权。[33]

　　就像纽波特的案子一样，约瑟夫·普林斯采取的策略迫使其对手不得不强调已婚妇女对经济的重要贡献。在回应约瑟夫·普林斯的请愿书时，惠尔赖特将玛丽·普林斯描述为一位很有能力的店主，丈夫不在时她会独立经营生意，包括储存和销售案中所涉的茶叶。惠尔赖特坚称"若有任何错误"，玛丽·普林斯"最应该知晓"。在惠尔赖特看来，约瑟夫·普林斯要求退款是完全荒谬的——"他比自己的妻子还清楚自己不在时妻子的所作所为"，这非常讽刺。惠尔赖特嘲讽道，"得漫长岁月相助"，普林斯夫妇"获得了一种能力，想起他们自始至终只买了一箱茶叶"。[34] 在诉讼对抗中，惠尔赖特和弗赖伊一样，将案件中存在争议的交易归结为港口城市已婚妇女的日常经济活动。

　　在围绕玛丽·普林斯和巴赛亚·麦克丹尼尔的论战中，已婚妇女的法律行为能力问题与男性统治权威的问题交错在一起，但情况并非总是如此。约瑟夫·普林斯和布莱恩·麦克丹尼尔都拒绝承认自己的妻子是精明的经济行为人，从这一点可以看出，他们俩其实均认为自己才是家中之主。不过，在其他情况下，对方当事人，甚至妇女本人，会从策略上援引婚姻法。在另一件1733年发生在纽波特的诉讼中，男被告说服法庭驳回一位已婚妇女提出的债务请求，尽管这位妇人已与丈夫分居。被告成功申辩：丈夫去世前，女人不能得到寡妇所拥有的法律行为能力。[35] 一位水手的妻子贝西娅·赫奇（Bethiah Hedge）分别于1735年和1739年说服纽波特法庭驳回两位不同的男子关于她未偿债务的起诉，赫奇申辩说对方当事人错把她当成寡妇。她坚持认为自己是有夫之妇，所以不能背负债务或被起诉。有人说赫奇的水手丈夫在1731年死在了牙买加（Jamaica），可这个消息一直无法被证实，所以几年之后，赫奇还可以再次利用自己的婚姻状况作为法律盾牌。[36] "有夫之妇的法律身份"为金融纠纷提供了一套非常有用的说辞，根据案件的具体情况，男人或女人、已婚人士或未婚人士、原告或被告均有可能将这个原则纳入自己的主张之中。

　　和诉讼当事人在申辩中对待"有夫之妇的法律身份"的态度会视情况而定一样，法庭对同一个案件和不同案件的判决也各不相同。由纽波特法庭任命的审判员命令阿比盖尔·弗赖伊要么把家具等抵押物品归还给布莱恩·麦克丹尼尔，要么支付他 15 英镑①5 先令。[37] 在波士顿，约瑟夫·普林斯在中级民事法庭赢了官司，当惠尔赖特上诉到高级法庭时，约瑟夫·普林斯又赢了。然后，惠尔赖特再次提起上诉，这一次法庭判惠尔赖特胜诉。这个判决结果迫使约瑟夫·普林斯向马萨诸塞州立法会提出请愿，立法会将案子交给一组新的审判员，不过在卷宗里没有收录他们的裁判。[38] 从这两个案件中我们可以看出一个更大的问题：法庭对待"有夫之妇的法律行为能力"问题反应不一。有时候法庭会支持通过追诉取消妻子权利的丈夫，而在其他情况下，法庭会支持社区的既定做法：接受有夫之妇作为经济行为人。

　　通过围绕玛丽·普林斯和巴赛亚·麦克丹尼尔的论战，人们可以从多个层面审视已婚妇女的经济活动。由于家庭的声誉和资源决定了个人的信誉，故所有家庭成员及亲属网络必然是相互依存的。在港口城市，包括波士顿和纽波特，尤为如此。特别是在帝国战争中，像布莱恩·麦克丹尼尔和约瑟夫·普林斯这样的水手和船长不在家或伤亡，打乱了家庭网络和信用网络，从而提高了已婚妇女从事经济活动的重要性。

　　同时，男人与女人的经济活动在法律上有着不同的界限。对于男子来说，婚姻状况与其在法律上的行为能力无关，可为了约束已婚妇女，殖民地的人将女性区分为独身妇人和有夫之妇。有位历史

――――――――

① 18 世纪时，1 英镑约等于 20 先令。——译者注

学家曾将"有夫之妇的法律身份"描述为现代英国早期的一个"蛰伏"原则，在英属殖民地的港口城市里，这个词恰如其分地诠释了该原则在当时所发挥的功能。[39] 正常情况下，已婚妇人介入金融事务可以稳定她们的家庭和信用网络，像纳撒尼尔·惠尔赖特和阿比盖尔·弗赖伊这样的城市居民接受她们的活动。可有时候，纠纷的一方会援引"有夫之妇的法律身份"原则，因为他们这么做可以从中直接获益，就像布莱恩·麦克丹尼尔和约瑟夫·普林斯。这样，法律与实践的脱节带来了激烈且站不住脚的争辩。

日常实践与婚姻法之间的这种相互作用决定了历史档案的形成，这一点对于历史学家来说具有重要的方法论内涵。只要已婚妇女的劳动和决策不存在争议，那么财务与法律记录就会隐晦地遮蔽她们的活动，或将她们置于从属于丈夫的次要位置上。如此一来，常规文件便延续了"男性自主抉择、女性被动依附"的文化结构。可矛盾的是，恰恰是在法律纠纷中，每当"有夫之妇的法律身份"原则被重新激活的时候，人们最有可能注意到已婚妇女对经济所作的贡献。如围绕巴赛亚·麦克丹尼尔和玛丽·普林斯所展开的类似冲突，揭示了该原则在法庭上发挥作用的特殊情境。不过这些冲突也暴露了港口经济运作的真实情况：已婚妇女的金融劳动既普遍又必要。

坦佩伦丝·格兰特诽谤案：寡妇的金融实践与信用的含义

巴赛亚·麦克丹尼尔和玛丽·普林斯在各自的丈夫出海期间，承担起管理家庭事务的责任，就在同期的十年里，居住在纽波特的坦佩伦丝·格兰特成了寡妇。坦佩伦丝·格兰特的丈夫——苏尔顿·格兰特（Sueton Grant）是个杰出而富有的商人。这家人住在一栋两层楼高的大房子里，就在纽波特中心的泰晤士大街上，离后来砖市的所在地不远。[40] 苏尔顿·格兰特去世前，他的生意似乎蒸蒸日上。

帝国战争带来了挣钱的新机遇，英国政府再次宣布愿意向私人船只颁发私掠巡航许可证。和当时的许多人一样，苏尔顿·格兰特联合其他精英人士购买了一艘私掠巡航船。1744年9月，苏尔顿·格兰特和商业伙伴及一位来访的官员一起，正在一个装满火药的纽波特仓库里清点最近一次出海巡航所得的货物，这时，有支手枪走火，引发了巨大的爆炸。苏尔顿·格兰特和另外三名男子在一周内便因严重烧伤去世了。连远在南部的费城都在报纸上描述了这场"令人悲痛的意外"，对死亡男士的性格和家系进行了深入报道，称"失去这些男士"以及"他们可怕的死亡方式和场合"让纽波特遭受了"重创"，简直就是一场灾难。这些报道还补充说，苏尔顿·格兰特留下了"一位郁郁寡欢的妻子及一个子女众多的家庭"。[41]

不管身为有夫之妇还是寡妇，对于纽波特的经济来说，坦佩伦丝·格兰特都作出了重要的贡献。丈夫在世时，她帮助丈夫经营家里的零售业务。丈夫溘然离世后，她管理丈夫的财产，成为家中店铺的独立所有人。正是她在店里的行为使她与西米恩·波特发生了冲突。追踪坦佩伦丝·格兰特所经历的种种事件，我们看到了连接有夫之妇与独身妇人经济活动之间的纽带。在妇女的各个人生阶段，她们对信用的使用都与家庭利益息息相关，她们的金融活动都有助于维护当地乃至跨大西洋的经济网络。与此同时，坦佩伦丝·格兰特的寡妇身份让她获得了法律上的独立性以及更高的知名度。这些都是使她与西米恩·波特的纠纷备受公众瞩目的前提条件。在这场纠纷中，坦佩伦丝·格兰特和西米恩·波特对如何理解信用作出了阐释，正是这些理解支配着男人与女人的经济活动。

1744年秋，当时36岁的坦佩伦丝·格兰特接管了已故丈夫的事务。苏尔顿·格兰特没有留下遗嘱，所以没有指定处理身后事务和分配遗留资产的人。在这种情况下，纽波特的遗嘱认证法庭会履行其职责，为其遗产任命管理人。该法庭指定坦佩伦丝·格兰特和一位名叫帕特里克·格兰特（Patrick Grant）的男性亲戚为遗产管理人。他们俩面对的是一项艰巨的任务。苏尔顿·格兰特去世时，拥有一笔价值超过 3050 英镑的财产。[42] 同时，这位杰出的商人还留下了一个错综复杂的信用关系网络，这是他通过开展商业贸易活动和参与私掠巡航冒险积累下来的。作为遗产管理人，坦佩伦丝·格兰特和帕特里克·格兰特承担起了替死者还清欠款和为死者回收债务的法律责任。职责所在使得他们要在短期内与许多债权人和债务人接触、沟通，唯有完成这个任务，他们才能将遗产合法地分给各位继承人。

此时，坦佩伦丝·格兰特成为一个大群体中的一员：纽波特遗嘱女执行人和遗产女管理人。18 世纪 40 年代，战争、沉船和疾病是夺走众多新英格兰男子生命的罪魁祸首，许多家庭和当地政府常常只能依靠这些男人的妻子来处理他们的身后事务。一般来说，丈夫会指定妻子为自己的遗嘱执行人。整个新英格兰东北部的商业区里，超过半数的丈夫会写下遗嘱指定妻子为遗嘱执行人。[43] 殖民地法律同样要求遗嘱认证法庭首先设法将遗产的管理权授予"死者的遗孀或近亲"。[44]18 世纪中期，纽波特的遗嘱执行人和遗产管理人中有 40% 为女性。[45] 和坦佩伦丝·格兰特一样，超过 80% 的女遗嘱执行人和遗产管理人是遗孀，她们执行丈夫的遗嘱，管理丈夫的遗产。在此类妇女中，绝大多数人拥有的是独立行使执行遗嘱和管理遗产的权利，没有共同遗嘱执行人和遗产管理人。[46] 记录文件中并没具体说明为什么会同时任命坦佩伦丝·格兰特和帕特里克·格兰特，可能是遗嘱认证法庭考虑到苏尔顿·格兰特的死亡太过突然或他的身后事务太过复杂，又或者是坦佩伦丝·格兰特提出要有一位共同管理人。

将妇女（包括坦佩伦丝·格兰特在内）选定为遗产管理人和遗嘱执行人具有更广泛的意义：18 世纪的时候，人们认为夫妻之间的利益是一致的。1734 年，坦佩伦丝·格兰特刚结婚便开始经营家里的纺织品店，她的职责包括接待顾客和清点存货。1735 年，在一封写给离家出行的丈夫的书信中，坦佩伦丝·格兰特提到"店里、家里，忙忙碌碌"。[47] 丈夫不幸去世之后，虽然家里的生意不会给她带来什么安慰，但是她的作为赢得了丹尼尔·迪福（Daniel Defoe）的赞许。丹尼尔·迪福专门撰写指南手册，和其他指南手册的作者一样，他曾经提出，"每个商人"都应该"让妻子了解自己的业务……如果她愿意的话，还可以深入了解下去"，因为这些知识会让她成功地成为丈夫的遗产管理人和遗嘱执行人。[48] 正如迪福所阐述的那样，在妇女的劳动可以保护家庭财富、信用网络和社区利益的情况下，18 世纪的男人和女人都接受女性从事经济活动。玛丽·普林斯和巴赛亚·麦克丹尼尔开展的交易缓解了丈夫不在家造成的不良影响，同样地，在商业巨头突然离世后，坦佩伦丝·格兰特所开展的活动也维持了家里的生计，尽可能地降低了对纽波特经济的破坏。

由于格兰特家族的生意庞大，作为遗产管理人，坦佩伦丝·格兰特的活动非常广泛。她和帕特里克·格兰特一起向苏尔顿·格兰特的债主提起了无数诉讼，尤其是在苏尔顿·格兰特死后的最初几年。坦佩伦丝·格兰特花了 20 年的时间来管理丈夫的遗产，时间之久异乎寻常。1764 年，依照法律的规定，她最终向纽波特市议会提交了一份账目说明，阐明自己开展活动的情况。据此账目文件所述，苏尔顿·格兰特的总债务为 10051 英镑，超过其资产总值 864 镑（这位商人在法律上从未被定义为破产，大概是坦佩伦丝·格兰特和帕特里克·格兰特用自己的收入弥补了这一差额）。这份只有两页纸的说明账目留存了下来，向人们展现了坦佩伦丝·格兰特承担的任务有多么繁重：账目中罗列出总数为 2213 英镑的各项债务，包括向 22 名不同的债主支付这些款项的细目。[49]

虽说共同遗产管理人承担着同等的责任，然而管理遗产对帕特里克·格兰特和坦佩伦丝·格兰特的意义却有所不同。有别于男性遗产管理人，管理遗产对于女性而言标志着一个过渡期，其间她们介入信用经济的范围会扩大。绝大多数妇女是因为丈夫去世才变成遗产管理人和遗嘱执行人的，而这一刻通常意味着她们不再是有夫之妇，她们有了新身份——独身妇人。对于婚姻期间已广泛介入信用交易的妇女（譬如坦佩伦丝·格兰特）来说，管理遗产所开展的活动都是她们熟悉的。尽管如此，这些活动却有了新的意义：这些妇女是以法律责任方的身份在进行交易。她们的劳动预示着一个新的人生阶段，妇女在此阶段可以用她们自己的名字订立协议和安排债务。另外，管理遗产会极大地增加妇女在人们面前参与经济活动的机会。由于男子成人之后可以独立订立协议和提起诉讼，所以在男子提起的债务诉讼中，因管理遗产而引起的诉讼只占很少的一部分：在纽波特该比率只有4%。[50] 相较之下，在妇女向萨福克和纽波特郡法庭提起的债务诉讼中，大约三分之一都是以遗产管理人和遗嘱执行人的身份提起的。[51] "有夫之妇的法律身份"将大多数女子的经济活动隐藏起来，但是，妇女中还有很大一部分是遗产管理人和遗嘱执行人，她们有资格独立参与信用交易并提起诉讼。

管理丈夫遗产的寡妇除了情感上遭受的特殊创伤外，处理丈夫的身后事务也不同于其他形式的管理人和执行人，她们有着不一样的利害关系。像帕特里克·格兰特那样的男人在管理遗产中当然有自己的经济利益。作为继承人或债权人，当所有欠债还清之后，他们势必会得到剩余的部分财产。而作为管理丈夫遗产的寡妇，其投入的因素更广泛。对于妇女来说，包括坦佩伦丝·格兰特，她们的生计及生活水平首先依赖于她们管理的这笔财产。向债权人付款或难以从债务人那里收回欠款都意味着支持家庭的钱财会变少。若要变卖家中物品来偿债，这些物品也是寡妇的生计及生活水平所依仗

的。[52] 就像在婚姻中一样，在管理遗产的过程中，妇女的金融活动
与其丈夫紧密相连。

在转变为寡妇和管理遗产的过程中，坦佩伦丝·格兰特继续管
理着家里的零售生意。由于需要打理家里的店铺，坦佩伦丝·格兰
特还成了一类数量更为众多的城市妇女的代表：生意人。此类妇
女还包括各种店主和酒馆老板。除了为城市居民提供服务，这类
妇人还在大西洋地区的经济中发挥着另一个重要的作用——为流动
海员提供膳宿和补给。到了 18 世纪 40 年代，海员不仅包括商船的
船员，还包括越来越多的私掠巡航船船员。

格兰特之所以引来西米恩·波特的羞辱，是因为她决定向私掠
巡航船船员出售物品。1745 年 3 月，苏尔顿·格兰特去世后 6 个月，
"洛林查尔斯王子号"（Prince Charles of Lorraine）在纽波特停靠。西
米恩·波特是这艘船的船长，此次航行的目的地是加勒比海地区，
那里是战争、贸易和私掠巡航的主场。船上的水手中有些是荷兰
人，他们来到坦佩伦丝·格兰特的店铺要买东西。[53]

向私掠巡航船船员出售物品所涉及的风险是显而易见的。在波
士顿和纽波特，逛商店的人通常身上不备现金，所以商人一般会给
他们赊账，把他们买的东西记在账上，顾客则承诺日后付账。这种
交易方式早已稀松平常、司空见惯。而把东西卖给水手时，赊账也
是绝对必要的，因为航海的延期支付酬金制度意味着这些人常常缺
乏现金。能否从赊账客人处收回账款从来都是说不准的事，可给水
手赊账所带来的不确定性却非同一般。除了没什么人认识他们，海
员还很穷，流动性很大。如果给他们赊账，而他们又不付钱就逃离
城镇，那么像坦佩伦丝·格兰特这样的店主是无法追查到他们的，
也无法通过债务诉讼收回自己应得的账款。然而，有别于商船上的
船员，店主认为向私掠巡航船船员卖东西所承担的风险最大。既然
坦佩伦丝·格兰特的丈夫之前投资过私掠巡航船，所以几乎可以肯

定的是，坦佩伦丝·格兰特十分清楚商船水手是在航行结束时收到工资，而私掠巡航船水手却是在巡航船最终劫获货物之后，才能从中分得报酬。这种水手有时会空手而归。哪怕航行成功后真的获得奖金，水手的酬金也会被拖延很久，因为还要慢慢等待海事法庭的审理。也许正因如此，苏尔顿·格兰特和合作伙伴及来访官员才会到纽波特的货仓里清点那批导致他殒命的劫掠货物。[54]

坦佩伦丝·格兰特选择用赊账的方式向这些荷兰水手出售物品，不过为了降低该决定带来的财务不确定性，她改变了常规做法。在大西洋世界的港口城市，其他店主（包括女店主）在给水手赊账时，会要求他们签署授权书（即授权一个人在特定事项上代替另一个人行事的法律文件）作为条件。授权书使店主有权在未来向水手的收入提出索求，以偿还其欠下的账款。[55]若坦佩伦丝·格兰特采用的是这种授权书模式的话，那么只要水手拒绝偿还欠款，她便有权从水手的未来收入中收回他们欠她的账款。但是坦佩伦丝·格兰特的做法偏离了授权书的标准用法。她说服这艘船的船员签署了卖据，用他们个人可得的巡航船利润份额来支付购物的账款。这些利润份额的价值可能大大超过了原始的债务。卖据让坦佩伦丝·格兰特能够从她的债务人那里获得尽可能多的利益，相当于她向潜在利润丰厚的私掠巡航进行了投资。[56]

尽管坦佩伦丝·格兰特采用卖据的方式非比寻常，可她作为店主和守寡的遗产管理人，与男人做生意却是司空见惯的事。法律要求遗产管理人和遗嘱执行人在完成任务之后提交账目文件说明管理资产的情况。如果将坦佩伦丝·格兰特的行为放到更广泛的城市信用交易情景中，这些遗嘱认证记录便是最佳的辅助资料。遗产管理账目会简要阐明一个人去世时的财务关系。账目中会罗列所有从遗产中收取款项的债权人和所有向交付款项的债务人，以及每笔债务清偿所支付或收取的金额。[57]尽管这些账目文件并没有把所有的信用交易悉数记录在案，但它们的确勾勒出了城市信用网络的大致轮廓。[58]

18 世纪中期纽波特的遗嘱认证记录有力地佐证了这一现象：在当时的城市经济中，男人与女人经常打交道。在遗产经过法庭认证的男子中，其 12% 的信用关系是与女子建立的，剩下的 88% 是与其他男子建立的。[59] 而妇女的遗产管理账目表明，她们信用关系的 78% 是与男子建立的，22% 是与其他女子建立的。[60] 因为遗产管理账目会将信用交易置于法律责任方，而非已婚妇女或其他女性中间人的名下，所以我们可以非常有把握地作出以下假定：实际上，妇女参与金融交易的真实比例会高于这些数字所显示的比例。然而，单就纽波特居民遗产管理账目中得出的这些数值便可表明：对于当时的人们来说，妇女在信用经济中进行活动乃家常便饭。

这么说来，相较于我们被误导而对有关 18 世纪经济的说法信以为真，坦佩伦丝·格兰特与私掠巡航船船员进行交易的行为着实没有什么大不了的。殖民时期的一些历史学家只描述男子的商业活动，他们在有意无意间暗示女性不涉足信用网络。还有一些人则重构了女人之间交换物品和服务的活跃网络。基于这两种见解，我们原以为纽波特妇女的大部分交易是与其他妇女进行的。[61] 纽波特的遗嘱认证记录的确表明了女性之间的经济网络很重要，因为与管理男子遗产相比，在管理女子遗产时，女债权人和女债务人的比例更大。不过，来自纽波特遗嘱认证记录的整体数字凸显的是：当时普遍存在男女合作的金融联系。包括坦佩伦丝·格兰特在内的女子会参与到信用交易之中，而她们几乎不可避免地会与男子打交道。对于像来访船员这样的男子，他们在城市经济活动中则常常需要与女人做生意。

虽然坦佩伦丝·格兰特向男子售卖物品的事实本身并无争议，可她突破常规的行为却使她成为西米恩·波特羞辱的对象。正如我们在本章前文看到的，波特在纽波特多个地点口头攻击了她做生意的方式。当时，波特之所以会去败坏坦佩伦丝·格兰特的名誉，除了出于保护船员的冲动，波特自己也想从中捞到好处，因为他正与身为遗产共同管理人之一的坦佩伦丝·格兰特打着好几场官司。[62]波特反复宣称坦佩伦丝·格兰特"利用卖据占有了那几个"私掠巡航船"船员的份额"，是她"逼迫他们签下（那些卖据），而不是授权书"。波特把坦佩伦丝·格兰特的行为表述为一个经济负担过重、法律诉讼缠身的人不得不使出的绝望策略，他指出在接下来的庭审里，坦佩伦丝·格兰特提起了 19 起诉讼，真是"让她忙得不可开交"。[63]

　　波特让人们注意到：坦佩伦丝·格兰特与水手交易时使用了一种不寻常的金融文件，该文件使其获得了不寻常的权利。他坚持说是坦佩伦丝·格兰特"逼迫"水手签下卖据的，由此含沙射影地表示格兰特不是哄骗了顾客，就是利用了他们的无知（在后来的庭审中，有些水手还出庭做证，说自己以为是在签授权书，这明显是为了支持波特的说法）。[64]波特还将人们对阶级、国籍等因素的传统理解掺杂其中，并把相关的性别等级本末倒置。波特暗示坦佩伦丝·格兰特是个富有的女店主，是纽波特本地人，她利用自身高超的商业头脑欺骗荷兰水手，而这些男人都是外来者，他们的母语都不是英语，也没什么手段。至少在有些圈子里，波特对坦佩伦丝·格兰特罪行的描述令听众感到震惊。在（本章一开始提到的）商人晚宴上，在座的一位商业领袖宣称"他不敢相信竟会有这样的事"，还说"若果真如此，那便是错的"。[65]

　　波特的羞辱蕴含着一个假设的前提条件：坦佩伦丝·格兰特是在一个男人和女人的经济行为有着同样规范的世界里做生意。丹尼尔·迪福在《完美的大英商人》（*The Complete English Tradesman*，正是那本敦促丈夫让妻子了解家里业务的商务指南手册）中对"诚实商人"下了定义，即"对于邻居，或甚至任何一个与之打交道的人，既不欺骗也不欺诈，既不刻意拉拢也不故意回避"的人。有鉴于此，法律上认可债权人依据自己对潜在债务人可靠性的评估，变更贷款的方式、期限和利率。然而，大家也期待债权人对善意的债务人收取公平的价格，并对他们表现出宽容，把债务诉讼作为最后的求助手段。[66] 只要妇女遵守这些准则和规矩，那么她们的商业决策很少会引起同时代人的注意。可坦佩伦丝·格兰特使用的是卖据，还可能存在欺骗，这实在偏离人们公认的规范太远了。她既然这样做了，波特便要谴责她，而波特使用的冒犯话语与男子之间进行诽谤时所用的话几乎一模一样，而且同样也是以商业交易中的"诚信"为核心。[67] 波特声称坦佩伦丝·格兰特欺骗了水手，还草率地卷入了债务诉讼，从他的这些断言中我们可以看出，他十分清楚，无论对于男人还是女人，金融活动、个人品格和声誉之间有着强大的联系。

即使坦佩伦丝·格兰特反驳了波特的指控，她也认同波特对信誉的理解。在 1746 年 5 月的诉讼过程中，坦佩伦丝·格兰特指控波特"千方百计地破坏（她的）声誉和信用"。在殖民地的诽谤诉讼中，人们总是将"声誉和信用"相提并论，所以，坦佩伦丝·格兰特的陈词凸显出她与其他英属北美殖民地的人一样，认为这两个词是不可分割的。一个人的金融地位彰显其个人品格，在缺乏现代的机构组织和集中的金融信息资源的情况下，声誉和品格就是金融信誉的代名词。[68] 坦佩伦丝·格兰特非但没有对自己的买卖活动轻描淡写，而是将自己的业务描述为"商品贸易中的重要组成部分"。利用可在男商人信函和男商人指南手册里找到的词汇，她将自己描绘成一个拥有"好名声和好名誉"的人，"以美德和诚实的原则规范自己"。坦佩伦丝·格兰特坚称自己"但凡与做生意的人打交道，均诚实公平相待"，并因此而"深受人们的尊敬"。[69]

为了证明自己是个诚实的交易者，坦佩伦丝·格兰特还指出自己是"为了给家庭提供体面的生活"才经营生意的。这些话让她成了一个谨遵丹尼尔·迪福和其他劝诫者谆谆教诲——"诚实的商人勤奋工作的一个重要目的是给家庭提供支持"[70]——的人。与此同时，坦佩伦丝·格兰特还含蓄地提及自己的丈夫去世还不到两年。从女性策略上说，这些话均是非常有益的补充。殖民文化通常认为应当仁慈宽容地对待寡妇，强调丈夫死后她们有责任给家庭提供支持。鉴于格兰特家族的声望以及那场爆炸引起的社会关注，坦佩伦丝·格兰特的陈词隐晦地表明都是因为自己意外守寡，所以才不得不采取如此的生意策略。[71]总而言之，坦佩伦丝·格兰特在法庭上坚称自己的商业行为是高尚的，其作用有二：第一，要在法庭上公开挽回自己的声誉；第二，根据法律对诽谤的定义，去证明波特所言并非事实。

要构成诽谤，其言语必须既具破坏性又不真实。坦佩伦丝·格兰特在这方面的诉求同样也将金融信用与个人品格联系在一起。坦佩伦丝·格兰特解释道，波特暗示她"假装为各色人等服务……从而欺骗大家"，这些话语让她"蒙羞"。这还让"她的生意和贸易受到伤害"，使她失去"本应得"的顾客和远方的生意伙伴。[72]在一个"各方均以他人的行为方式和赢利能力作为其信誉的证明"的世界里，坦佩伦丝·格兰特"受损声誉与经济损失相联系"的陈词合情合理。坦佩伦丝·格兰特贬损波特，称其"居心叵测"。她的这些措辞与男子在诽谤案中的措辞如出一辙，同是将声誉与经济损失联系在一起。[73]

坦佩伦丝·格兰特最终还是输掉了官司。在最早提出的诉讼中，她指控波特对她的声誉造成了严重损害，要求其象征性地赔偿她10000英镑，这在当时是一个高得离谱的金额。在基层法庭，一个由16位成员组成的陪审团判决坦佩伦丝·格兰特胜诉，但只给她

10 英镑的赔偿。这个结果不能让坦佩伦丝·格兰特满意，她认为此金额不足以补偿自己的损失；也不能让波特满意，他认为陪审团偏袒女店主。双方均向高等法庭提起上诉，高等法庭派出的另一个陪审团认为波特并非是在诽谤中伤，于是判波特胜诉。[74] 然而，坦佩伦丝·格兰特在法庭上公开为自己的声誉辩护，就维护其商业地位而言，此举可能与获得任何金钱补偿一样重要。尽管西米恩·波特想毁了她，可坦佩伦丝·格兰特还是一直生活在纽波特，直到去世（1791 年）。多年来，坦佩伦丝·格兰特一直是纽波特经济和法律体系中一个富有而引人注目的参与者。她拥有奴隶，继续经营店铺，起诉拖欠借款的债务人，还在其他诉讼中作为证人出庭做证。[75]

虽然坦佩伦丝·格兰特以遗产管理人和诉讼当事人的身份行事，经历异常复杂，时间非常漫长，这是很少见的，但是从其他方面看，她的所作所为具有更广泛的意义，代表着广大妇女的经济贡献模式。和其他无数纽波特妇女一样，坦佩伦丝·格兰特参与了家里的生意；丈夫死后成为丈夫遗产的共同管理人之一；作为寡妇，她以自己的名义为顾客（其中许多顾客是男子）提供信用，销售必需品。因此，坦佩伦丝·格兰特的所作所为证明了妇女在信用网络中的核心地位。与此同时，她的故事的其他方面，包括她的精英地位、丈夫不幸离世，以及丈夫离世后不久她与西米恩·波特发生的漫长的冲突，都使她变得与众不同。

尽管大多数妇女从未卷入诽谤诉讼，可坦佩伦丝·格兰特的坎坷经历向人们清楚地展示了妇女使用信用会涉及的方方面面。其实坦佩伦丝·格兰特经营店铺这个行为本身并不存在争议，只是当她偏离公认规范太远的时候，才成为波特羞辱的对象，这表明女性使用信用的行为是城市生活中稀松平常且被广泛接受的组成部分。再者，即便坦佩伦丝·格兰特和波特之间发生了激烈的争辩，可他们的行为均源自男女对信用的共同理解。在包括纽波特在内的港口城市，人们身处一个男人和女人共同参与信用交易的世界，在这个世界里，社会对一个人声誉的评价决定了其在市场中的地位，而一个人的经济行为则反映了其品格。

休斯家族的皮革厂：身体状况、家庭空间和金融实践

在约瑟夫·普林斯和布莱恩·麦克丹尼尔努力夺回资产，坦佩伦丝·格兰特奋力挽回因西米恩·波特的侮辱而受损的声誉的同时，波士顿的休斯家族与纳撒尼尔·坎宁安（Nathaniel Cunningham）也陷入了旷日持久的信用纠纷。尽管该案的直接法律纷争发生在具有正式法律地位的男子之间，可这场激烈的争辩却蔓延至家庭内部。由此，多名妇女牵涉其中，最有名的便是乔治·休斯（George Hewes）的妻子阿比盖尔·休斯。因为在城市，男人和女人在同一空间居住、开展商业活动，所以利害关系错综复杂的金融冲突不仅会涉及名义上的债权人和债务人，还会把其他人员扯进来。此外，在特殊情况下，不同性别对身体状况、家庭空间的理解会与金融实践发生相互作用，有时会赋予妇女权利，使其成为经济行为人，有时则会限制妇女作为经济行为人的权利。

羽翼未丰的工匠家族——休斯家族与其前生意伙伴、富有的波士顿商人纳撒尼尔·坎宁安展开了一场长达 12 年的斗争。休斯兄弟［乔治·休斯和罗伯特·休斯（Robert Hewes）］并非出身富贵家庭。父亲没给他们留下遗产，乔治·休斯十几岁便去当了学徒。[76]1734 年，为了开皮革厂，休斯兄弟与坎宁安合作，向他借了几千英镑。作为回报，休斯兄弟承诺把皮革厂的最终利润分一半给坎宁安。在殖民地的城市里，皮革匠是拥有最高地位的工匠，对于休斯家族来说，与坎宁安联手有望提高自己的社会地位。要开皮革厂，就需要购买土地、物资和劳动力，若没有坎宁安的投资，休斯兄弟是不可能支

付得起这笔创业费用的。于是，他们三人的商业安排成为信用和资本跨大西洋流动的典型例子，正是这种流动将波士顿和整个大西洋世界联系了起来。英国大都会的商人向坎宁安等波士顿同行提供信贷，波士顿的商人反过来又将资金借给像休斯这样的本地工匠。[77]到了 1738 年，昔日前途大好的合作伙伴关系破裂，引发了一场异常漫长而激烈的纷争。休斯兄弟和坎宁安各自追讨对方"所欠"的债务。[78]如此，一场涉及 25 起或更多的诉讼案拉开帷幕，至少有 32 位证人做证。这场官司历经了许多次上诉，直至上诉至马萨诸塞州最高法庭。[79]

休斯家族与坎宁安的冲突之所以会如此激烈，冲突的本质及其所处的背景（18 世纪 40 年代的波士顿）都发挥了作用。这场官司涉及的金额巨大，且涉案双方的财务状况盘根错节地纠缠在一起，这一切意味着双方都会顽强地争取胜出。在经济环境日益恶化的情况下，信用的社会影响进一步加剧了这场争端的利害关系。18 世纪 30 年代末和整个 40 年代（正是这场皮革厂冲突所跨越的时间段），波士顿陷入经济衰退。和其他大西洋中部的港口（譬如纽约和费城）相比，波士顿腹地的生产能力较低，所以与这些主要港口竞争，波士顿非常吃力。而在城市衰退的过程中，劳动者和工匠所遭受的冲击最为严重，休斯家族可能担心合作伙伴关系终结后将有利于对手的发展，那么事情便没有转圜余地了。为了凸显自己的困境，并以此赢得同情，休斯兄弟将自己描述成"处于巨大劣势的贫困劳动者"，而他们要抗争的是一个"拥有大量财富和社会关系的人"。[80]与此同时，对于坎宁安来说，这场合作伙伴关系终结的时间点正是波士顿商人在与大都会商人交易中越来越没能力保持优势的时候。失去皮革厂的收入可能会削弱坎宁安向借贷给他的英国商人偿还贷款的能力，以当时人们对信用的理解，违约会对他的品格产生不良影响。[81]总之，休斯家族和坎宁安不仅要弥补自己的损失，还要维护自己"诚实经商"的声誉，这与坦佩伦丝·格兰特在诽谤诉讼中的目标非常相似。

在休斯家族与坎宁安的争端中，争议的核心一开始是休斯家族位于波士顿市中心的房产。尽管休斯家族声称自己是贫困的劳动者，可他们所拥有的财产却相当可观。在皮革厂的广告里有这样的炫耀之词——"波士顿最方便、最宽敞的商圈"。休斯家族的房产位于泉水街（Water Street），就在该市主要商业干道国王大街（King Street）以南的一个街区。[82] 此处房产包括一栋两层楼的房子（那是乔治和阿比盖尔·休斯夫妇住的地方），以及几栋外围的房子，用于皮革的制作和零售。休斯家族把账本放在"账房"，在几个小店和仓库里鞣制和储存皮革，在零售店里卖皮革、肉类和肥皂等。[83] 房产的所在地段和周围环境都是一派热闹繁忙的景象。仆人、寄宿者和休斯家族的人住在房子里；学徒、雇工和奴隶在皮革厂工作；顾客和其他波士顿人则穿梭于泉水街之上。许多波士顿人对休斯家族的房产状况有所耳闻，这加剧了休斯家族与坎宁安之间的紧张关系。

正如西米恩·波特企图通过在纽波特的公共场所谴责坦佩伦丝·格兰特来败坏她的声誉一样，坎宁安同样采用了"庭外游击战"的策略，想给休斯兄弟贴上"不诚实"的标签。1739 年，坎宁安及其同伙在泉水街休斯家族的房产周围监视巡查，以致双方冲突白热化。无论白天还是黑夜，他们都在大喊大叫，挥舞棍棒，向窗户扔石头，拿棍子沿路敲击篱笆，发出咣当咣当的声音。他们还企图用马车将皮革、肥皂和账簿等从皮革厂运走。坎宁安坚持认为法庭已经给他授权，让他拿休斯家族的财产来偿还债务，并宣称自己正在阻止对方将皮革转移到法律管不到的地方。[84] 同时，坎宁安的所作所为还意欲左右公众舆论向不利于休斯兄弟的方向发展，因为皮革厂的工人、顾客、邻居、过路行人和休斯家族的人不可避免地会知晓这些乱糟糟的状况。坎宁安所采取的非常规做法凸显出了争端的激烈程度，还将其他人牵扯进来。

正是在这个时候，乔治·休斯28岁的妻子阿比盖尔卷进了这场与坎宁安的纷争中。对于玛丽·普林斯、巴赛亚·麦克丹尼尔和坦佩伦丝·格兰特来说，她们本人开展的交易致使其卷入了由此而生的争端之中，可对于阿比盖尔·休斯来说，是家庭关系与城市环境使其陷入一场男人之间的纷争之中。因为她所拥有的财产与自己的丈夫是绑在一起的，所以阿比盖尔·休斯在休斯家族与坎宁安的冲突中存在直接的利害关系。同时，她的家庭居所与皮革厂位于同一个地段，所以她必定会注意到坎宁安带来的骚扰。坎宁安曾多次起诉乔治·休斯，在其中一起诉讼中，乔治·休斯被监禁了，于是"保护自身利益以及作为丈夫的代理人代丈夫行事"的责任便落到了阿比盖尔·休斯身上。

1739年的春天和秋天，阿比盖尔·休斯曾四度在住所内外与纳撒尼尔·坎宁安交锋。4月的一天，因为坎宁安及其同伙企图拿走皮革厂的物资，于是即将妊娠晚期的阿比盖尔·休斯从房里出来，走到院子里阻止他们。[85]6月，就在孩子出生前的10天内，她曾两次在家里与坎宁安对话。[86]第四次，也是最后一次，发生在9月。卧床不起的阿比盖尔·休斯再次想要阻止坎宁安及其同伙拿走家里的财物，不过这次她派了一位仆人到院子里传达。[87]她与坎宁安的四次交锋表明了这场关于信用的讨论所涉及的场所范围。

几次交锋中，阿比盖尔·休斯的身份从争端的旁观者转为参与者。4月的时候，她只是坚定地站在自己家人的一边。当她成为丈夫的代理人后，阿比盖尔·休斯向坎宁安提出了以下质问，表明她对这场纷争有着深刻的了解："你已经起诉我丈夫，向其索取10000英镑，现在你有何权利把这些皮革全部拿走？"当坎宁安继续在皮革店里搜罗东西时，她呵斥道："敢拿走一张皮，我丈夫会让你好看！"[88]6月的时候，阿比盖尔·休斯再次谴责坎宁安，说他使用的伎俩超出了正当的法律途径，还说她"希望当他得到法律可以给予他的一切时，能够心满意足"。[89]

6月时，阿比盖尔·休斯采用了第二种策略，控诉坎宁安给她带来了不应有的痛苦，而坎宁安的诉求实际上只与皮革厂有关。她抱怨"没人帮她"，乔治·休斯和罗伯特·休斯都被监禁了，坎宁安还抓走了家里的奴隶，他的所作所为非常"野蛮"。另外，阿比盖尔·休斯还抗议坎宁安和他的同伙"吵得她白天夜里都睡不着"，"把她家包围起来，向她扔石头"，弄得"她和孩子们"根本没法"过日子"。[90]针对阿比盖尔·休斯的这些话，坎宁安给出了一个符合逻辑的提议。他建议：既然她被一件按理说与她无关的事所困扰，她和孩子们应当搬回她父亲在罗克斯伯里（Roxbury）附近的家里。如此一来，阿比盖尔·休斯就不归她那个被监禁、欠了钱的丈夫照顾了，而变由她的父亲来看护。她马上拒绝了这个提议。她宣称休斯家的财产便是自己的财产，拒绝"为了取悦他或任何其他人而走出自己的家"。[91]阿比盖尔·休斯从多个不同的角度对坎宁安的所作所为提出抗议，表明她——一个被卷入长期纠纷的已婚妇女——所处的环境很复杂。

阿比盖尔·休斯与坎宁安在6月的两次对话有些反常，让人感觉她可能利用了女性在家庭空间中的活动为自己争取优势。一般来说，人们都是在家里协商与信用有关的事宜，所以"休斯在自己家里与坎宁安对话"这件事情本身并没有什么不寻常之处。然而，人们通常是在一层接待访客的，而坎宁安是在"二层的卧室"——不是"一层的房间"——跟她谈话的。当时阿比盖尔·休斯已近临盆，卧室近似于产房。历史学家曾用"妇女协助下的分娩"来描述当时的分娩习俗：其他女人会围绕在待产的准妈妈身边。依照此习俗，当阿比盖尔·休斯与坎宁安对话时，她的女性亲属、朋友、寄宿者和仆人都聚在她的卧室里。待到快要生产时，女伴们会拉起帘子，堵住钥匙孔，燃起炉火，点上蜡烛。正如历史学家劳拉·高英（Laura Gowing）所言，男人出现在这种地方是"粗野下流、不守规矩、毫无教养"的表现。[92] 阿比盖尔·休斯与坎宁安说话的时候，她的卧室还没有完全与外界隔离开来，可当时在场的多位女性旁观者后来的证词都指出她已处于临盆阶段。

坎宁安出现在这样一个全是女子的空间里很可能会感到不自在，而且他的出现会被诉病为不合时宜，对此阿比盖尔·休斯心知肚明，所以她在卧室跟坎宁安谈事为的是在谈话中保持优势。多位旁观者的证词称是阿比盖尔·休斯把坎宁安请上楼的。阿比盖尔·休斯的母亲，阿比盖尔·塞弗（Abigail Sever），解释称"那时病着"的女儿"从床上起来，探出窗外，对坎宁安先生喊，希望他上楼到卧室来见她"。[93] 寄宿的露丝·洛林（Ruth Loring）有过同样的描述："休斯夫人让女仆去告诉坎宁安先生，希望他能到卧室来见她。"洛林还指出坎宁安一进入房间，便努力保持"冷静温和"，而休斯夫人在激怒他。洛林解释道，休斯夫人"说了几件冒犯（坎宁安）的事"，可他仍旧坚持"她不会惹怒他"。只有当她表示希望坎宁安"得到法律可以给予他的一切并能够心满意足"时，他从椅子上站了起来，"看起来好像很惊讶的样子"。[94] 没有一个目击证人明确指出坎宁安是未经邀请进入房间的，或阿比盖尔·休斯曾命令他离开。[95] 不管阿比盖尔·休斯是真心邀请坎宁安上楼，还是只要创造一个有利的局面，总之，6 月的对话为她丈夫的诉讼案提供了基本设定。

阿比盖尔·休斯和纳撒尼尔·坎宁安的对话导致了一场诉讼案，这是休斯兄弟和坎宁安之间众多官司中的一起。1740 年 1 月，乔治·休斯起诉坎宁安在前一年 6 月有非法侵入行为。他声称坎宁安在屋外监视他们家，弄出刺耳的噪声，打搅了他当时怀孕的妻子，并"威胁"她，使她"非常害怕，没法休息，发起了高烧"。乔治·休斯争辩称这些行为导致阿比盖尔·休斯早产，没法哺乳。他为照顾妻子和生病的婴儿付出了"巨大的代价"，所以他提出获得500英镑赔偿的要求。[96]

乔治·休斯的诉求与当时关于分娩的主流观点是一致的。乔治·休斯没有直截了当地断言坎宁安进入了一个产房，可他暗示坎宁安与阿比盖尔·休斯的对话是不合时宜的，这时他实际上利用了人们对这个特殊性别空间的理解。他的这场诉讼还反映出当时的人们认为女性身体宛如一个特别容易穿透的容器，非常脆弱。基于这样的观点，任何施加到女人身上的外力（包括情感上的压力），都会扰乱女性体内的体液流动，导致她们生病。孕妇和产妇尤其容易受到此类冲击的影响。愤怒会让血液猛地流入子宫，导致孕妇流产或早产；恐惧会引起体液收缩，给哺乳期的妇女带来麻烦。[97]乔治·休斯隐晦地暗示正是因为坎宁安一直觊觎休斯家族的财产，对阿比盖尔·休斯恶语相加，才导致了这些困苦。

在这场诉讼中，阿比盖尔·休斯看起来就像丈夫的所有物，被迫承受坎宁安的各种滋扰。休斯兄弟和坎宁安在合作关系破裂后，都努力去证明是对方欠了自己钱，他们之间发生了25起或更多的诉讼，这起发生在1740年1月备受争议的案件只是其中的一部分。其他同时发生的案件涉及的都是休斯家族或坎宁安所欠的个人债务，以及坎宁安从休斯家族拿走的财产财物。在一起诉讼中，休斯兄弟指控坎宁安抓走了4个在皮革厂工作的男奴，要求他为此赔偿500英镑。[98]在宣称坎宁安对阿比盖尔·休斯造成伤害并要求赔偿的时候，乔治·休斯将妻子定义为自己持有财物账目中的另一件物品。

在这种形式的争辩中，阿比盖尔·休斯无法表达自己的声音，没法展现她与坎宁安的积极交锋。与约瑟夫·普林斯和布莱恩·麦克丹尼尔的诉讼主张非常相似，乔治·休斯的起诉遵循对"有夫之妇的法律身份"的理解，依据此法律原则，他是妻子的保护者，甚至是妻子的所有者。此外，乔治·休斯的诉讼引来女人同男人一起对阿比盖尔·休斯的身体状况进行审视。照顾其他妇女的亲密工作，妇女有权就女性的身体状况在诉讼中出庭做证（譬如强奸案和通奸案等），乔治·休斯非比寻常的指控意味着妇女的话语在该案中发挥了重要的作用。[99] 不过，阿比盖尔本人不能出庭做证，因为法律禁止妻子为丈夫是当事人的案子做证。[100]

随着此诉讼审理过程的推进，阿比盖尔·休斯的四名女伴、一名助产士和一位男医生对她与坎宁安的谈话及其对她情绪和健康的影响作出了评估。这些目击证人详细回忆了阿比盖尔·休斯与坎宁安之间的交流情况，并就"她对坎宁安说辞的反应是'大为吃惊'，还是一直'非常冷静自持，没有表现出丝毫惊讶或焦虑'"给出自己的评判。到底是"坎宁安的恫吓"让阿比盖尔·休斯陷入"情绪低落、身体虚弱的境地"，以至于她的生命都处于危险之中，还是她本就是"一个身患肺病的柔弱女子"，她的分娩过程比预期要"好"，比预期"顺利"，这些目击证人各执一词。他们还就休斯的女儿是不是早产进行争辩，有人说"（早产的婴儿）情况很糟糕……只有一丝气息"，有人说（她）"按时"（生下了女儿）；针对哺乳，有人说她被吓得"连奶水都没了"，有人则说她之前生孩子的时候也遇到过类似的困难。法庭还请专业医师和普通妇人就"财务纷争与女性身体状况"发表意见。虽然有些证人出庭做证时，阿比盖尔·休斯就在现场，可她不能就自己的情绪、健康或病史发声。[101]

在这场指控坎宁安对阿比盖尔·休斯造成伤害的诉讼中，波士顿商人最终胜出。起先，中级民事法庭判给乔治·休斯 100 英镑，是其索赔金额的五分之一。坎宁安上诉到最高法庭，最高法庭的法官推翻了原判，并要求乔治·休斯为坎宁安支付诉讼费。[102] 即使考虑到"焦躁不安的情绪会对身体状况产生重大影响"，也很难将阿比盖尔·休斯和坎宁安之间的对话与阿比盖尔·休斯几天和几周之后所经历的并发症联系在一起。另外，若判乔治·休斯胜诉的话，法庭便不得不接受他的主张，即坎宁安闯入的二层卧室是一个只有女人才能进入的空间。通常来说，城市住宅及其周边地区是男人和女人共同活动的空间，可同时用于多种用途，这场官司中诸多备受争议的事件有力地证明了这一点，而且法庭的判决似乎也对此予以肯定。

虽然在这场事关"阿比盖尔·休斯身体状况"的官司中乔治·休斯输了，但是在与坎宁安更大范围的冲突中，休斯家族成为最终的赢家。斗争的最后阶段涉及巨大的利害关系。1748 年，双方同意将多年未决的多起诉讼提交仲裁，由法庭指派的仲裁员推翻了此前所有判纳撒尼尔·坎宁安胜诉的判决，判定坎宁安共欠休斯兄弟 2234 英镑。这是整场斗争倒数第二个审判决定。1750 年，这场法律纠纷终于迎来了最后的和解，距离合作双方首次断绝关系已过去十几年。此时，双方的关键当事人——纳撒尼尔·坎宁安和乔治·休斯——已经去世，小纳撒尼尔·坎宁安（Nathaniel Cunningham Jr.）继承了父亲的遗志。在最后一次以失败告终的上诉中，小坎宁安申辩自己缺乏足够的背景知识来和休斯家族展开有效的斗争，马萨诸塞州立法会驳回了他的请愿。在某种程度上，他在请愿书中声称自己对案子缺乏了解是一个赢得立法会同情的策略，可这种申辩同时也反映出这场旷日持久的斗争的激烈程度。小坎宁安在请愿书中对此事的描述是"盘根错节的纠纷争执"和"诸多你来我往的行动措施"。[103] 就这场冲突的复杂程度和范围而言，多处场所及诸多男女被牵涉其中，如此克制的措辞恐怕是有失公允的。

休斯家族与坎宁安的旷日持久的法律纠纷之所以非比寻常，不仅在于其具有不一般的规模，还在于乔治·休斯提出的主张从本质上来看有悖常规。正如我们所见，在 18 世纪的绝大多数金融纠纷中，基本不会公开提及女性的特质。可这起发生在 18 世纪 40 年代的案子则相反，不同性别对身体状况以及城市空间的理解是其核心所在。当阿比盖尔·休斯进入妊娠晚期，这场皮革匠与商人之间的斗争便升级了，并在她临盆时到达顶峰。这场风暴引起了世人对性别关系的极大关注，因为分娩的强烈体验与"男女有别"的工作模式、空间使用以及知识形式有着密切联系，从这个角度来说，这个案子堪称完美。二层卧室的多种用途以及阿比盖尔·休斯的双重身份（怀孕的母亲和利益相关的经济行为人），极有可能为她创造了在与坎宁安谈话时有利于自己的环境条件。事后，同样的原因还让其他人从更广阔的信用纠纷角度来审视阿比盖尔·休斯的身体状况。休斯家族与坎宁安之间的这场冲突把不同性别对身体状况、男女共享家庭空间的理解推到了前沿，而更多情况下，这些理解只会停留在 18 世纪经济生活的背景之中。

小结

实际上，在 18 世纪的波士顿和纽波特，所有居民的劳动和经济追求都在支持这些城市融入大西洋地区的商业网络。市场化的信用交易是常规惯例，而且常常发生在男人与女人之间，不同社会阶层的妇女会与各式各样的男子做生意，从商业精英到没什么财富的人。遗产管理人会记下反映死者信用网络大致状况的遗产管理账目，这些账目文件体现出"新英格兰港口经济由男人和女人共同参与"的基本特征。而巴赛亚·麦克丹尼尔、玛丽·普林斯、坦佩伦丝·格兰特和阿比盖尔·休斯让这个特征更加明晰。处于社会中间阶层的普林斯家族和处于社会精英层的格兰特家族从事零售贸易，会从大批发商那里购买进口商品。玛丽·普林斯向供货商纳撒尼尔·惠尔赖特支付了款项，有关坦佩伦丝·格兰特所采取的商务策略的新闻激起了一起聚餐的纽波特和费城商人的兴趣。作为工匠家族的一分子，阿比盖尔·休斯与知名商人兼投资人纳撒尼尔·坎宁安发生了纠纷。同时，妇女还把底层的男人视作客户群，坦佩伦丝·格兰特向荷兰水手销售物品的实例最为生动地阐明了这一点。四位女士中，只有一位（巴赛亚·麦克丹尼尔）陷入的是与另一位女性的信用关系纠纷，考虑到经济活动将男人和女人联系在一起的程度，这个比例是合情合理的。

当时的妇女普遍接受自己涉足金融交易之中。本章描述了四位女士（巴赛亚·麦克丹尼尔、玛丽·普林斯、坦佩伦丝·格兰特和阿比盖尔·休斯）所处的环境，充分展现了推动自由白人妇女在城市经济中发挥关键作用的各种因素。家庭远非私人空间或纯粹的内室，其既是金融活动中心，也是一个个经济单元，这种社会环境促进了女人以及男人对信用的广泛使用。波士顿和纽波特的居民乐于接纳女性参与具有重要经济意义的活动，包括向妇女借钱、把钱借给妇女、向她们催债、因财务事宜在法庭内外与妇女纠缠等。只是事后可能会有第三方——妇女的丈夫或利益相关的其他人（譬如西米恩·波特）——企图取消妇女行为的效力，或对妇女的行为加以限制。当时的新英格兰人普遍意识到妇女使用信用尤为必要，因为1740年之后，波士顿和纽波特的女性人数不断超越男性。水手、船长、商人和士兵等常常会长期身处海外，把妻子留在家里照顾家庭和生意，布莱恩·麦克丹尼尔、约瑟夫·普林斯和苏尔顿·格兰特便是这个人数庞大的群体的成员。由于不断有人在航海和战事中死去，波士顿和纽波特的寡妇人数日益上升，坦佩伦丝·格兰特就是其中一员，许多寡妇通过为城里的居民和来访者提供商品和服务来维持生计。

巴赛亚·麦克丹尼尔、玛丽·普林斯、坦佩伦丝·格兰特和阿比盖尔·休斯所遭受的磨难均源于这两个新英格兰最大的港口城市（纽波特和波士顿）信用交易的特点：既无处不在，又伴随着巨大的风险。信贷事务渗透到波士顿和纽波特的各个层面。家庭是金融活动的中心，与此同时，码头、仓库、店铺、庭院、街道、咖啡馆等也是金融活动的中心。由于妇女介入经济活动，所以这些地方都会出现她们的身影，她们既可能是直接参与者，也可能是利益相关方。在这样的社会环境下，金融地位、金融实践与个人的品格、声誉息息相关，从更广泛的意义上说，个人的品格、声誉与一切都息息相关。信用的财务意义和社会意义交织在一起，使得西米恩·波特持续不断地对坦佩伦丝·格兰特进行侮辱，这些侮辱又导致坦佩伦丝·格兰特对他提起诉讼，要求他对自己受到的伤害赔偿10000英镑。同样的原因促使坎宁安去骚扰休斯家族，导致双方展开长达12年的诉讼和反诉讼。尽管许多常规交易进展顺利，没有发生任何意外，可信用的社会意义带来了冲突爆发的潜在可能，这些冲突会将男人和女人一起牵扯进来。

同时，男人和女人在信贷活动上存在一些显著差异。通常来说，信用是集体的。家庭依赖男女双方的劳动和资源来维持，个人的声誉与家庭、家族的声誉紧密相连。然而，在婚姻中，妇女在家庭和家族信用系统里的地位与男人不同。对于像巴赛亚·麦克丹尼尔和玛丽·普林斯这样的已婚妇女来说，她们在日常生活中承担着各式各样的金融责任，可"有夫之妇的法律身份"将她们的这些活动在文件记录中隐藏起来，同时男人还能以"有夫之妇的法律身份"为由，通过追溯限制有夫之妇的经济权利。婚姻的社会意义和法律意义也意味着在妇女（如坦佩伦丝·格兰特）的生活中，遗产管理占据着独特的地位。妇女主要替死去的丈夫解决问题，而男人常常要替其他亲戚朋友解决问题。因此，遗嘱认证成为妇女从有夫之妇到独身妇人身份过渡的桥梁，而她们未来的生活与死者的经济状况有着独特的联系。所以说，家庭关系以不同的方式调节着男人、女人与城市经济的关系。

金融纠纷中可能会出现不同性别对物理空间、身体状况和社会等级的理解,而且在极少数的情况下,这些理解会决定纠纷的发展走向。在本章提到的四起纠纷中,有三起并没有强调不同性别对女性行为和男权家庭的理解。西米恩·波特没有直接提出坦佩伦丝·格兰特违反了女性对男性应有的尊重准则,不过在暗示她欺骗了水手时,他隐晦地指出了这一点。坦佩伦丝·格兰特主要强调自己是个诚实的商人,不过她也表示过像波特这样有权有势的人却来阻止一位寡妇履行供养家庭的义务。在约瑟夫·普林斯和布莱恩·麦克丹尼尔的诉讼中,都涉及妻子的经济权利,可没有一位男士明确地从这个角度来陈述自己的案子。不同的是,对物理空间和身体状况"男女有别"的理解直接决定了休斯家族与坎宁安之间的纷争走向。由于阿比盖尔·休斯即将临盆,临时将卧室当作产房,所以当纳撒尼尔·坎宁安进入二层卧室时,便成了"外人"。阿比盖尔·休斯在与坎宁安对话时,可能利用了人们对这一场景的理解,而她丈夫起诉坎宁安对母亲和孩子造成了身体上的伤害时,显然利用了这些理解。在这个案子里,怀孕把性别问题推到了前沿,从某种意义上说,这种情况在城市信用交易中并非典型。

在 18 世纪的波士顿和纽波特,男人和女人常常在信贷活动中打交道。因为在信用交易中,人们会考量个人品格和经济诚信等因素,所以债务关系便会对男女之间的权利关系造成影响。从数量众多的债务冲突中,我们可以探究自由白人妇女所开展的信用交易,然而,研究妇女涉足信用的方式和意义只是分析妇女权利范围和影响力的第一步。要想更加充分地理解经济生活如何助力 18 世纪社会关系的形成,我们还须对信用关系的全流程(从围绕信贷活动的日常工作开始)展开更加深入的研究。

第二章

"她老来讨债"
——法庭之外的信用关系

.............§.............

随着波士顿和纽波特逐渐发展成热闹繁忙的港口，城市居民依靠信贷关系来构建范围广阔的市场化交易。由于缺乏足够数量的现钱，借贷成为经济活动的基石，支撑着整个金字塔式的商业世界和劳动关系。在波士顿和纽波特，经店铺老板的允许，人们也越来越多地使用信用来购买各式各样的进口消费品。[1] 信贷活动是无形的交易，常常隐匿于经济社会的大环境中，人们很少会去研究它们。实际上，信用关系的每个阶段，从双方商讨协议开始，都值得关注，都需要花时间、用技巧去探究。在追讨债务或借贷资金时，这些城市居民还会开展其他活动，譬如向级别较低的法庭提出财务诉求，或上诉到更高等级的法庭。

航海和兵役让许多波士顿和纽波特的男子身在海外或英年早逝，妇女只好承担起大部分的金融劳动，从一开始在法庭之外建立信用关系，到最终诉至法庭。这一时期的金融和法律记录大多平平无奇，偶尔也会出现一些令人深思的话语。一男子回忆说，有位工匠的妻子"继承并管理"了她丈夫所有的生意；多位女债权人强调自己"经常"向债务人"讨债"。一位纽波特的寡妇需要为了管理好遗产四处奔波，戏称自己是"追在大家身后催促结账、讨债还钱的'麻烦'"。[2] 本章便以这些寓意深远的措辞为起点，剖析自由妇女在法庭之外所从事的金融劳动。通过从法律卷宗中挖掘债务诉讼发生前的各种零星证据，我们可以描绘出一幅全景画卷，展现波士顿和纽波特信用经济中妇女从事的技术性工作。

这两个城市里的妇女要处理各种各样的财务记录，为此，她们需借用一套行之有效的实践做法（这些做法是男女通用的）。在日常生活中，家庭活动让所有家庭成员成了债权人或债务人，使他们能够或甚至要求他们开展与这些角色相关的实践活动。有些女人会以独身妇人的身份开展信贷活动，其他女性则因在家庭中的角色而涉足信贷活动。虽然书面文件中记载的是家主的名字，可妻子、女儿和女仆有可能会代表家主去付款或收债。另外，金融活动的确需要读、写、算术等技巧，可要管理信用，还需要其他能力，包括追踪或逃避生意伙伴、在需要时表现出自信或顺从的姿态、处理文件、争取盟友援助等。尽管相较于同一社会阶层的男子，识字女性的人数通常更为有限，受过正规教育的女性一般没那么多，但城市居民（不管男女）以放贷人和借贷人的身份奔波于社区和地区之间，在金融和法律方面表现出了卓越的悟性。

在波士顿和纽波特，债权人和债务人的身份决定了这个人的社会地位。债权人对债务人的权威表现在他们拥有的自由裁决权和自信上。债权人有权决定发放贷款的条件，有权对债务人展开追踪并与之对抗，在确定债务人是否履行其义务方面还享有最终的发言权。而债务人可凭借自身行动和书面记录来回应债权人的催债。不过，只要债权人拥有欠款的证明文件，债务人便没有什么能力拒绝债权人提出的催债要求。因此，当我们专注于借贷活动时，就会展现出新英格兰城市社会等级制度受金融关系影响的特性。男人或女人可以以"债权人"的身份对其他人行使权利，与此同时，也会因"债务人"的身份而顺从他人。

妇女使用信用：形式和频率

新英格兰人开展信贷活动的方式主要取决于两个因素。第一，在某一特定的金融关系中，"债权人"或"债务人"的定位会决定一个人的行为和目的。第二，关于金融义务的书面文件构建了信贷活动的运作方式以及债权人和债务人的相对权利。因此，在我们进一步深入研究妇女的金融实践前，有必要先考察一下他们使用信用的形式和频率。

波士顿和纽波特的居民会使用四种金融文件来建立和记录信用关系：账目、期票、债券和汇票。账目是借方或贷方写下数额，并记下双方正在交易的内容。账目的形式多种多样，从纸片上简单的基本记录，到需要专业技能的复式记账。所有记录均具有一些基本特征。因为金融交易双方当事人中的一方会在没有另一方参与或未征得另一方同意的情况下记下账目，所以账目不能成为债权人对支付款项的正式承诺。账目上没有利息率，也没有债务人应当清偿债务的截止日期，而且在法庭上，重写的账目与账目原件具有同等效力。这些特征意味着，在清算债务时，账目给债权人和债务人创造了巨大的谈判空间。

期票和债券则与之不同，它们是具有约束力的法律文件。债务人通过期票承诺支付一定数额的款项，不过对于无法兑现承诺的情形，双方没有预先约定惩罚方式。债券不仅定下了债务人承诺支付的具体数额，还明确了相关的惩罚方式，一般来说，若债务人无法兑现承诺，罚金为原始债务的两倍。除了这些不同点，原始的债券和期票具有相似的法律效力。因为这些文件上有债务人的签名，所以它们在法律上构成了具有约束力的承诺。债权人可将这些文件让与第三方，如此一来，第三方便拥有了充分的权利去收取相关债务。与账目相比，债券和期票允许债务人推脱的余地要少得多。

在海外贸易中，波士顿和纽波特的居民主要使用第四种金融文件：汇票。汇票的功能类似于今天的支票。当某人开出一张支票，他就可以指示银行从其账户中取出具体金额支付给支票的持有人。

当时，个人或公司取代了银行的角色。当某人希望向远方的债务人"提款"时，他会开出一张汇票，或发出指令，要求债务人在指定期限内将具体金额支付给该票据的持有人。然后，这张票据的开具人将该票据在本地卖出，使其进入流通，而票据的价格则反映出对债务人信用的评估。如此，票据开具人便可相对迅速地回收欠款。随着票据从一个人手里转卖给另一个人，最终某个买下票据的人会将它送到大西洋彼岸。在那里，这张票据会继续被转手，直到某人将之交给指定的债务人，那么该债务人便要依法按照票据上的付款条件支付款项。

此类文件均具有特定的法律特性，反映出距离、期限及当事人之间的信任度。汇票、债券和期票均代表一次性义务，然而，在跨大西洋的贸易中，人们主要使用的是汇票。一般来说，债券和期票辅助的是本地和一定区域内的交易。账目记下的是正在进行的交易，适用于不同距离范围。有些账目是邻居间发生的，有些则连接着大西洋两岸，譬如英国商人会在账目中罗列出售给北美一位店主的商品。在决定采用哪种形式的金融文件时，债权人会评估债务人的可信度。当与受信任的生意伙伴交易时，他们会选择使用账目；当与相对陌生或不大可信的人做生意时，他们更喜欢使用债券和期票。[3]

这些特征意味着各式金融文件的相对流行程度会随着时间的推移而变化。17 世纪的时候，在新英格兰，邻居间的交易无处不在，所以人们主要用账目来记录。到了 18 世纪初期，普通人，尤其是生活在城镇里的人，会更频繁地参与到市场化的交易中。这样一来，他们越来越多地使用债券和期票进行交易，与此同时，账目仍旧广泛使用。[4]

因为账目、债券、期票和汇票的使用需要不同的技巧，构建交易的方式也各不相同，所以对男子和女子使用这些信用的形式进行比较是探讨金融实践的重要起点。债务诉讼为我们提供了数量繁多的金融文件档案，所涉及的当事人跨越各个社会阶层，所以从这些卷宗中我们可以得到粗略的数据，表明男子和女子使用账目、期票和债券的相对频率（郡级法庭的诉讼案基本不涉及汇票）。郡级法庭的卷宗表明：美国革命前的四十年里，男子与女子在使用信用方面的模式大体相似。在萨福克郡和纽波特郡，不管是男人的债务诉讼还是妇女的债务诉讼，涉及正式金融文件（债券和期票）的案子所占比例最大，不过男人的债券和期票诉讼比例略高于妇女（表 2-1 和表 2-2）。与此同时，这两个郡中，涉及账目的案子在男人的债务诉讼和妇女的债务诉讼中比例均略低于 50%。

表 2-1 1731—1771 年纽波特郡中级民事法庭的债务诉讼类型

诉讼当事人	债务案件数量[1]（起）	账目案件占比（%）	债券和期票案件占比（%）	其他债务类型案件占比[2]（%）
男人	1078	43.7	48.7	7.6
妇女[3]	252	42.8	44.0	13.9
非遗产管理人的妇女	145	47.6	42.1	11.7
身为遗产管理人的妇女	110	36.3	47.2	16.4

资料来源：罗得岛州最高法庭司法记录中心纽波特郡中级民事法庭的法庭记录书和卷宗。

---

① 见附件中的案件样本。为构建数量足够庞大的妇女案件样本，本表中妇女诉讼案涵盖的庭审期数多于男性诉讼案涵盖的庭审期数。所以本表不应作为债务案件中男女诉讼当事人总体比例的证据，这一点会在第三章中讨论。由于有些案件涉及多种债务类型，所以百分比可能不等于 100%。

② 包括租金、汇票、口头承诺及其他未知类型的案件。

③ 有些案件的诉讼当事人既有身为遗产管理人的妇女，也有非遗产管理人的妇女，所以妇女案件的总数小于分类案件的总和。

信用女士：18 世纪新英格兰城市的妇女、金融和法律

表 2-2　1730—1770 年萨福克郡中级民事法庭的债务诉讼类型

诉讼当事人	债务案件数量①（起）	账目占比（%）	债券和期票占比（%）	其他债务类型案件占比②（%）
男人	875	36.7	52.9	10.0
妇女	134	32.1	44.8	23.1
非遗产管理人的妇女	84	28.3	40.5	25.0
身为遗产管理人的妇女	50	34.5	50.1	20.1

资料来源：马萨诸塞州档案馆萨福克郡中级民事法庭的法庭记录书和卷宗。

　　这种相似性表明：与历史学家的推测相反，当时人们使用信用的模式并没有为特定的资产或记录标上"女性"或"男性"的标签。有些历史学家争辩称 18 世纪的妇女更喜欢在信用文件上投钱，而不是购买土地，因为这样更容易变现且便于携带。照此逻辑，我们会期待看到这一幕：妇女的债券和期票诉讼比例会高于男性，可事实并非如此。还有一些人认为债券、期票和汇票等金融文件比较复杂，需要金融悟性，相较于男人，这会从根本上限制妇女对这些文件的使用。[5]可是，男人和女人的债务诉讼状况极为相似，这种相似性对以上两种假设提出了挑战，表明当时的新英格兰人认为，不管男女，都可运用任何一种信用方式。

　　经过进一步的比较，我们发现妇女使用债券和期票的方式与男

---

① 见附件中的案件样本。为构建数量足够庞大的妇女案件样本，本表中妇女诉讼案涵盖的庭审期数多于男人诉讼案涵盖的庭审期数。所以本表不应作为债务案件中男女诉讼当事人总体比例的证据，这一点会在第三章中讨论。由于有些案件涉及多种债务类型，所以百分比可能不等于 100%。
② 包括租金、汇票、口头承诺及其他未知类型的案件。

人略有不同。妇女更有可能以遗产管理人和遗嘱执行人的身份（而不是自身作为债务人或债权人）来使用这些文件。在以女遗产管理人和女遗嘱执行人为诉讼人的案件中，涉及正式金融文件的比例与男诉讼人的同类案件比例相似，而这些男诉讼人大多不是遗产管理人。这些发现反映出一个事实：绝大多数身为遗产管理人和遗嘱执行人的妇女是在替男人解决债务问题，所以男人的交易决定了她们使用信用的形式。相比之下，在纽波特郡，非遗产管理人的妇女提起的账目债务案件比例略高于男性或女性遗产管理人作为诉讼人的账目债务案件比例，可能是因为账目这种记账模式在妇女经常参与的零售业和服务业中运用得十分广泛。尽管妇女使用债券和期票来确定金融责任的可能性会低于男人，但是女遗产管理人对金融文件的广泛使用证明了妇女对这些文件的熟悉程度。

从向郡级法庭提起诉讼的交易来看，身为债权人的妇女比身为债务人的妇女更有可能使用债券和期票。在纽波特郡，68% 涉及期票的诉讼和 65% 涉及债券的诉讼中，妇女为原告兼债权人。[6] 类似地，在萨福克郡，73% 涉及期票的诉讼和 79% 涉及债券的诉讼中，妇女为原告兼债权人。[7] 相较之下，不管是在纽波特还是波士顿，涉及账目的债务诉讼中，大约一半的原告为妇女；而对于男人来说，不管什么形式的信用文件，债权人和债务人的比例均大致相同。[8] 有几个因素可能促成了妇女在债券和期票使用方面的不平衡。与男人相比，寡妇和单身女子所掌握的资产和资源往往更为有限，通过正式金融文件来获得信贷时可能会遭遇困难。或者，女债务人可能会从策略上回避债券或期票，因为这些文件的借款条件不够灵活。又或者，由于他们大多是以劳动者和消费者的身份从他人处获得信贷，所以基本不需要通过此类文件来借款。

法庭记录揭示了妇女使用各种不同信用模式的相对频率，而遗嘱认证记录则展示了独身妇人的财富与其信用关系网络的广度之间的关系。拥有更多财富的寡妇和单身女子往往比没什么财富的寡妇和单身女子使用信用的范围更为广泛。纽波特有个名叫安·凯（Ann Kay）的 66 岁寡妇，她的丈夫是位富有的殖民地官员和房东。1740 年安·凯去世时，纽波特的一家报社还报道了她的死讯，足见其地位之显赫。她去世时，拥有价值高达 5933 英镑的庞大财产，其中 3883 英镑是十几张债券和期票，大多数票据的金额为几百英镑。此类金融文件的价值几乎占了安·凯遗产的三分之二。所以说，这些债券和期票不仅是其财富的重要组成部分，还证明了她在为社区注入资金方面所发挥的重要作用。[9] 同样，纽波特的另一位寡妇安·查洛纳（Ann Chaloner）[其先夫为纽波特商人沃尔特·查洛纳（Walter Chaloner）] 在 1770 年去世时，拥有价值 1116 英镑的债券和期票，超过其遗产总值的四分之一。[10]

拥有巨大财富的显赫妇女还会说服其他纽波特居民把钱贷给她们。相较于她们的财产价值，这类妇女所欠的债务金额很小。1740 年安·凯欠着 6 个人的钱，债务总额为 91 英镑。清点安·凯居所的人发现了 162 英镑现金，可见随时可以清偿这些欠款。[11] 同样，1745 年，纽波特最重要的商人家族的一位女性成员——佩兴丝·雷德伍德（Patience Redwood），欠了 7 个人共 30 英镑，而她的遗产价值为 4689 英镑。[12] 对于这类女性来说，借钱并不是主要的现金来源，而是在金融关系开展过程中的一种务实安排。

没什么财富的妇女在信用的使用上会遭遇更多限制。纽波特的芭芭拉·特罗特（Barbara Trott）在 1740 年去世时，留下一笔价值 51 英镑的微薄遗产。她只拥有少量家具：一张皮质床、一个抽屉柜、几张椅子和一张桌子，每件家具都又"旧"又"小"；而留下的现金仅有 4 英镑，对于富有的妇女（例如安·凯）来说，这钱不值一提。[13] 不过在日常交易中，特罗特还是会使用少量的信用。去世时，她欠 4 位纽波特居民钱，金额从几先令到几英镑不等，还有一个名叫彼得·伊斯顿（Peter Easton）的人欠她 3 英镑。[14]1746 年西尔维娅·伍德曼（Sylvia Woodman）留下一笔价值 149 英镑的遗产，她欠着 4 个人的钱，同时是 1 个人的债权人，涉及的每笔金额都不超过 20 英镑。[15] 不过，哪怕不属于精英层的妇女也会参与更大额度的交易。1747 年伊丽莎白·杜普洛伊斯（Elizabeth Duploise）去世时只持有一张信用票据，然而这张价值 85 英镑的债券，却占其遗产总值超过三分之一的比例。[16] 相较于安·凯或安·查洛纳，这张债券对于伊丽莎白·杜普洛伊斯的意义可能更为重大。然而不管怎么样，所有这些妇女持有的信用文件都是她们参与纽波特经济的见证。

女生意人——如酒馆女老板和女店主——对信用的运用更加广泛，这并非仅仅取决于她们所拥有的财富。一位名叫丽贝卡·艾默里（Rebecca Amory）的波士顿店主曾经打广告称店内有各式进口商品"可供选择"，"价格合理"，随着业务增长，这位女店主越来越多地通过赊账来购入商品。1732 年，她有 39 笔赊账，总价值为 825 英镑；1736 年，赊账交易达 122 笔，总价值超过 3000 英镑。[17] 另一位波士顿店主玛莎·索尔兹伯里（Martha Salisbury）通过信用从莱恩（Lane）、森（Son）、弗雷泽（Fraser）等英国商人手里购入商品，塞满自己的货架。采购商品时，玛莎·索尔兹伯里会在波士顿开出汇票，然后将汇票运到大西洋彼岸向供货商付款。1753—1773 年，她还为 80 人建立账目售卖物品，如此她便将波士顿人也纳入了自己的信用圈里。[18] 考虑到此类女性在持续不断地建立和处理信贷关系，可以确定，在她们的金融生活里，所发生的金融交易和活动必定比我们从遗嘱认证记录中看到的还要多。

账目、期票、债券和汇票共同构建起新英格兰港口乃至整个英属大西洋世界的信用关系。总体来说，男人和妇女在使用信用方面有着共同的特征，而城市居民会将他们的金融活动以大致相同的比例分散到各式可用的信用形式中。和男人一样，妇女的金融活动模式取决于她们所掌握的财富和对经济的追求模式。虽说没什么财富的妇女也会开展信贷活动，可拥有巨大财富的妇女和女生意人所开展的信贷活动最为广泛。然而，有些女性金融活动的模式还是有别于男人的。譬如说，寡妇和单身女性在放贷给别人的时候，会使用正式的信用文件，在借款的时候则会避开这些信用文件，而且她们的经济模式导致她们使用账目的频率略高于男人。另外，遗产管理对于妇女的意义大于男人，这标志着她们实现了从日常生活脱离出来的重大转变。处理遗产的过程增加了妇女接触债券和期票的机会，在这种情况下，她们的金融活动模式与男人更为相似。

债务协商

进行债务协商时，受谈判精神的影响，协商双方均有权对可能达成的协议进行系统评估。协议条款对接下来该信用交易开展的每个阶段都至关重要。在正式订立交易协议前，潜在的借贷人和购买人（即债务人）会对他们不想要的条款百般抗拒，否则一旦订立协议，便不再可能拒绝这些条件。与此同时，债权人同样会在正式协议的形式和内容上体现自己的意愿，因为这些考虑会决定他们日后收回欠款的能力。在金融关系建立初期，和开展类似活动的男人一样，妇女会展现出对金融知识的理解以及计算能力，她们还要熟悉各种各样的金融文件。

当妇女参与到经济交易时，会利用自身对金融和价值的认识来确定协议的条款内容。在有些金融活动中，妇女扮演着消费者的角色。18 世纪中期，消费经济兴起，波士顿和纽波特的商人进口了越来越多的奢侈品，普通家庭会购买这些商品（通常是通过赊账的方式）以彰显自己的社会地位与生活品位。由于家庭的大部分吃穿用度都由妇女来负责，所以她们经常会购买这些进口奢侈品以及日常必需品。[19]

尤妮斯·罗兹（Eunice Rhodes）就是这样的妇人。1761—1762年，她频繁光顾家具工匠约翰·戈达德（John Goddard）的店，对可能购买的家具进行仔细评估。18世纪中期，纽波特的家具产业非常繁荣，可供居民选择的家具品种丰富多样，这意味着人们可通过购买的家具来展现自己的鉴赏力。[20]尤妮斯·罗兹频频拜访戈达德，询问家具价格和下订单。1761年，当时尤妮斯·罗兹还没结婚，她想买一张餐桌和一个书柜。当戈达德告诉她餐桌的价格是120英镑、书柜的价格是700英镑时，她回答自己觉得这些家具"特别称心"，但下订单前她想要看看别处有没有人会以更低的价格出售。四处询问过后，她发现戈达德的价格就是行价，于是她回到店里，正式委托戈达德制作家具。[21]

第二年，尤妮斯·罗兹嫁给托马斯·哈泽德（Thomas Hazard）之后，继续光顾戈达德的店。1762年年初，她下订单制作了一个价格为250英镑的抽屉柜。戈达德同意用红木来制作柜子。红木是一种时尚且具有异国风情的硬木，需从加勒比海地区和中美洲进口，象征着纽波特与大西洋之间的商业联系。数月之后，尤妮斯·罗兹·哈泽德再次来到戈达德的店里，查看自己订的家具是否已经做好。这一次，戈达德与尤妮斯·罗兹·哈泽德商量了柜子的设计，然后戈达德把柜子的价格提高到300英镑。尤妮斯·罗兹·哈泽德同意支付更高的价格，但取消了她原先订制的餐桌，委托制作一张小一点的茶几。[22]从她与戈达德的对话中，我们可以看出尤妮斯·罗兹·哈泽德是位颇具鉴赏力的消费者，她对商品价值有着敏锐的洞察力，同时对自己在配备家具方面愿意承担多少债务有着清晰的认识。

另一位城市妇女在进行商业投资时，会与男人讨价还价，对投资价值进行评估。18世纪50年代中期，纽波特的凯瑟琳·布里斯托（Katherine Bristow）负责管理一艘家里拥有部分所有权的单桅帆船，这艘名为"乐于助人女仆号"（Willing Maid）的帆船是用来做沿海贸易的。她的丈夫——水手约翰·布里斯托（John Bristow）——给了她一份权利宽泛的授权书。约翰·布里斯托在授权书中指出自己因航海任务经常不在纽波特，故而授权凯瑟琳·布里斯托在"一切事务"中"全权"代表他行事，哪怕是超出授权书所列权利范围的"其他权利"。有鉴于此，当彼得·菲利普斯（Peter Philips）想要通过延期付款的方式来购买布里斯托家所拥有的"乐于助人女仆号"帆船的部分所有权时，凯瑟琳·布里斯托对这笔买卖进行了讨价还价。菲利普斯指示代理人去"问布里斯托太太"愿意以什么价格出售。凯瑟琳·布里斯托告诉代理人，她的预期售价为850英镑。咨询过菲利普斯的意见之后，代理人出价750英镑。凯瑟琳·布里斯托接受了这个价格，双方最终达成交易。[23] 菲利普斯选择去找凯瑟琳·布里斯托，表明他承认她的决策权。菲利普斯后来向其他纽波特人说过，他"买下了布里斯托太太那艘帆船四分之一的所有权"，约翰·布里斯托也作出回应说，菲利普斯买了"他太太"的份额。[24]

在对家庭和家族生意作集体决策时，妇女也能决定协议的内容。1739年，纽波特的旅店老板伊莱沙·卡德（Elisha Card）与妻子一起评估了潜在的商业机会。民兵队长约翰·弗里伯恩（John Freeborn）知道这家旅馆是夫妻俩共同掌管的。当他想要卡德夫妇为自己的民兵队准备训练日晚餐时，他亲自来到旅店见了卡德夫妇。卡德夫妇一开始"拒绝"为其准备晚餐，因为此前他们接过类似的生意，可是没有拿到全额餐费。经"重大会议"商榷后，他们默许会接下这单生意，但前提是弗里伯恩承诺如果没有其他人愿意支付晚餐的费用，他会亲自掏腰包。现场的目击者后来讲述说夫妻双方始终一起参与谈判，卡德从未不顾妻子而自行作决定。[25]

尤妮斯·罗兹·哈泽德、凯瑟琳·布里斯托和伊莱沙·卡德的妻子所开展的活动展示了未婚和已婚妇女在订立基于信用的协议时所发挥的核心作用。通常来说，英属北美地区的人们几乎没有理由去详尽记录金融活动的运作方式，这三个关于妇女介入金融活动的小故事之所以会进入史料之中，是因为这些交易最终都演化为有争议的法律诉讼，有目击证人出庭做证。家具工匠约翰·戈达德因尤妮斯·罗兹·哈泽德购买家具的费用问题将她的丈夫告上法庭；当彼得·菲利普斯没有为他购买的"乐于助人女仆号"帆船所有权支付费用时，约翰·布里斯托起诉了他；由于卡德夫妇害怕约翰·弗里伯恩永远不会支付那顿晚餐的费用，于是伊莱沙·卡德对约翰·弗里伯恩提起了诉讼。在这些诉讼中，原告和被告的法庭档案均没有提及妇女介入其中，只是出庭做证的证人揭露了协议进展过程中双方你来我往的原委。[26] 在每一个案子中，涉案各方在订立协议的过程中会将个人声誉、所涉风险、经济必要性以及商品服务的价值等因素混合在一起，反复思量。谈判只是第一步，因为一旦交易双方正式达成协议，权力的天平就会直接倒向债权人。所以女债权人和女债务人都会利用自己的金融知识，在唇枪舌剑之间，努力达成有利于自己的条款。

一旦潜在债权人和债务人达成协议，便会以适当的方式把协议内容记录下来。将协议内容以书面形式正确记录下来具有重大的法律和社会意义。记录文件的法律属性确定了债权人最终按期收回债务的条件，当交易演化为诉讼案时，这些书面文件就会成为至关重要的证据。在男人之间达成的协议中，依据参与者和旁观者的描述，口头协商之后一定是起草协议文件，这是不能含糊的一步，当事各方可以自行解决，或请他人代劳。[27]

和现代早期大西洋世界的人一样，新英格兰人将良好的金融记录与男人的诚实经商联系在一起。商务书册和记账指南强调，妥善保存账目不仅可以让账目主人追踪自己的收益，从而得到"满足"，还可在商业决策时了解"事务的真实状况"，从而获得优势。[28] 只要对"保存记录与信用之间的详尽关系"有所了解的商人都会为自己保存着一丝不苟的账目而感到自豪，因为如果没有这样的账目，便意味着"道德上的松懈或疏忽，还有专业上的无能"。[29] 而在实践中，18 世纪的人极少保留完全准确的账目和分户账，也不会依照建议定期清偿债务。[30] 然而，约定俗成的文献对此避而不谈，并将"男人会记录正规的账目"与所谓的"女人压根不会记账"进行比较。有位作者对女读者提出嘲讽："许多养殖牡蛎的妇女生意不断，却从不记账。"紧接着他又继续对男读者提出建议："如果你想成为商人，首先要像个商人。"[31] 若记不好账，会被人认为像女人一样，这对于从事贸易的男人来说是不可接受的。

尽管商务指南手册会轻蔑地将"记不好账"与"女性"联系在一起，可实际上，妇女会熟练运用恰当的文件来建立信用关系。妇女在使用期票、债券、账簿等文件时，需要金融和法律技能，可每一种文件都有独特的结构和签订方式，所以还需要特定的知识。在大量的金融文件档案中，妇女乃是债权人和债务人，这些档案共同证明了她们在管理各式文件方面的熟练程度。通过对个别事件的剖析，可从另一个有利的角度阐明妇女将其经济活动转化为书面文件的具体能力。

人们总是以手写的方式撰写期票，所以参与期票撰写工作的妇女既要取得必备的书写用具，还要熟悉期票的关键元素。[32] 起草期票首先需要找到笔、墨和纸。纸可以是一整张，也可以是半张，有时甚至是一张已经用过的纸。一张交给纽波特酒馆老板阿比盖尔·斯通曼（Abigail Stoneman）的期票是写在一张撕破的梅花 9 扑克牌上的，看起来这张期票是有人在她的酒馆里打牌时写下的（图 2-1 和图 2-2）。[33]

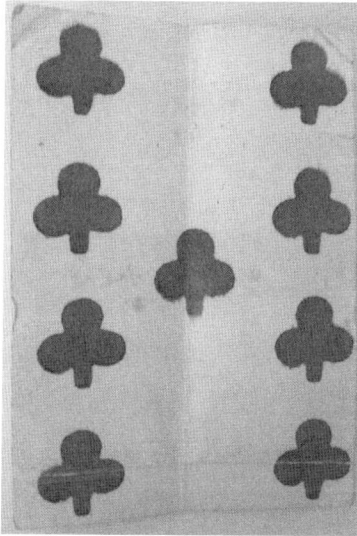

图 2-1 本杰明·威克姆（Benjamin Wickham）给阿比盖尔·斯通曼开具的
期票背面

资料来源：斯通曼－威克姆诉讼案，罗得岛州最高法庭司法记录中心，纽波特
郡中级民事法庭，1770 年 11 月第 97 号卷宗。图片由作者拍摄。

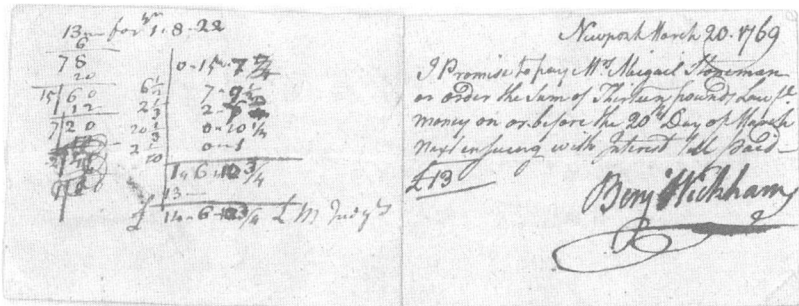

图 2-2 本杰明·威克姆给阿比盖尔·斯通曼开具的期票正面

资料来源：斯通曼－威克姆诉讼案，罗得岛州最高法庭司法记录中心，纽波特
郡中级民事法庭，1770 年 11 月第 97 号卷宗。此图片由罗得岛州最高法庭司法记录
中心赠送。

　　这张期票最上端写着日期，最下端是债务人的签字，中间是期
票的核心内容：在这个以第一人称表述的句子中，债务人承诺在

指定日期或"按要求"支付一笔钱。1752 年，当莎拉·安德伍德（Sarah Underwood）从阿奇博尔德·坎贝尔（Archibald Campbell）手里接过这张期票时，等于确认了这张期票包含以下元素：坎贝尔"承诺"在收到货品之日起三个月内以旧币"向安德伍德支付"48 英镑 11 先令 3 便士 ① 以及相应的利息。1761 年，埃丝特·基恩（Esther Kean）交给约瑟夫·安东尼（Joseph Anthony）一张期票，上面同样声明："我承诺在收到货品之后按要求直接或间接以旧币付给约瑟夫·安东尼 86 英镑 8 先令。"[34] 当时的习惯做法是交易双方将写好的期票大声读出来，这有助于促进妇女参与到交易当中，同时也凸显出妇女有责任确保这张票据的准确性和完整性。[35] 即使书写能力有限的妇女也会使用期票，这一点可从以下事实看出来：许多期票上女债务人的签字笔迹不同于期票主体内容的书写笔迹，或者在少数情况下，她们是在票据上画押（图 2-3）。[36] 女人对期票的使用表明她们熟悉这种金融文件的形式及其蕴含的金融关系。

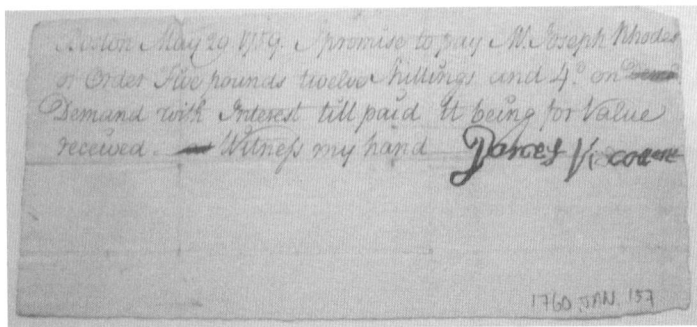

图 2-3　多尔卡丝·怀康特（Dorcas Viscount）给
约瑟夫·罗德斯（Joseph Rhodes）开具的期票

资料来源：罗德斯 – 怀康特诉讼案，马萨诸塞州立档案馆，萨福克郡中级民事法庭，1760 年 1 月第 157 号卷宗。图片由作者拍摄。

---

① 18 世纪时，1 英镑约等于 240 便士。——编者注

另外，使用债券的妇女展现了购买商品和正确填写专业文件方面的能力。人们可以雇用公证人来撰写债券，或从印刷商、书商处购买空白的债券，填上相关内容。随着印刷品的使用越来越广泛，人们越来越多地采用后一种做法。[37] 到了 1767 年，填写印制债券的做法随处可见，以致某位报纸专栏作家在嘲讽风格单一、内容夸张的讣告时，还借用了这种做法。这位冷嘲热讽的作家宣称，弄套“铜版”，刻上关于死讯的标准模板，“留出填写死者身份、职业、年龄以及死亡时间的空格”，撰写讣告犹如填写“空白债券”。[38]

虽然债券为人们所熟悉，而且广泛使用，可要使用债券，还需要一些重要的知识。1731 年，两位纽波特居民，寡妇莎拉 · 兰卡斯特（Sarah Lancaster）和房东约翰 · 芒福德（John Mumford），就填写了这样的一张印制债券（图 2-4 和图 2-5）。芒福德在这份文件中承诺一

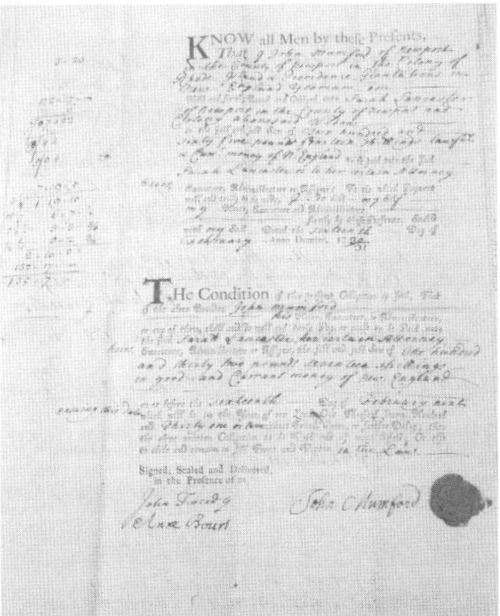
KNOW all Men by these Presents,

THe Condition

Signed, Sealed and Delivered, in the Presence of us

图 2-4 约翰 · 芒福德给莎拉 · 兰卡斯特开具的债券正面

资料来源：布尔西 – 芒福德诉讼案，罗得岛州最高法庭司法记录中心，纽波特郡中级民事法庭，1741 年 5 月第 97 号卷宗。图片由作者拍摄。

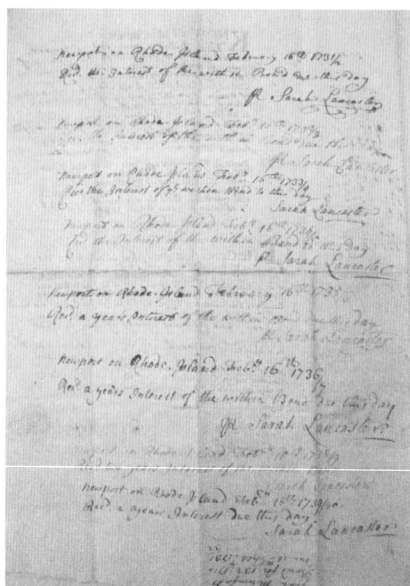

图 2-5　约翰·芒福德给莎拉·兰卡斯特开具的债券背面

资料来源：布尔西－芒福德诉讼案，罗得岛州最高法庭司法记录中心，纽波特郡中级民事法庭，1741 年 5 月第 97 号卷宗。图片由作者拍摄。

年之内支付兰卡斯特 132 英镑 17 先令，否则就要承担 265 英镑 14 先令的罚款。和所有债券一样，在这张印制的文件中，关于芒福德所欠兰卡斯特债务的文字言简意赅、符合法规。对于不熟悉此类文件的人来说，文中措辞所提供的上下文线索十分有限，无论是空格里该填什么内容，还是这份文件构建的是什么关系，均让人一头雾水。相反，填写这张债券的人都明白每个空格里该填什么内容。在引导语"各位，请注意以下文中内容"之后是芒福德的全名、地址和职业。原始债务金额 132 英镑 17 先令填在第二段"合理的总金额"一词之后；而债券的罚金（标准为原始债务的两倍）出现在第一段同一个词的后面。[39] 这些细节及其他众多细节合在一起，将这张空白的债券转化为具有执行力的法律文件。不管债券是否由妇女亲自填写，她们参与到这些文件产生的过程本身，说明她们愿意与此类专业技术文件打交道。

　　债券与期票证实了妇女具有以书面形式构建金融责任的技能，而账目则表明她们拥有在较长时间内追踪并以标准格式记录交易的能力。账目最起码包含三个关键元素：页面顶部写着债权人和债务人的姓名，中间是列有交易及金额的清单，底部是账目余额。纽波特有位名叫莎拉·朗赖尔（Sarah Rumreil）的店主，她记录了1748—1749年她与造船商威廉·卡尔（William Carr）交易的账目，可以看出她十分熟悉这些元素，这份账目记录了38宗发生在16个不同日子的采购物品及金额，购买的物品有布料、棉线、别针和纸张，交易金额合计55英镑14先令5便士（图2-6）。[40] 妇女也会在单一交易中采用账目的形式，譬如1751年波士顿店主莉迪娅·巴纳

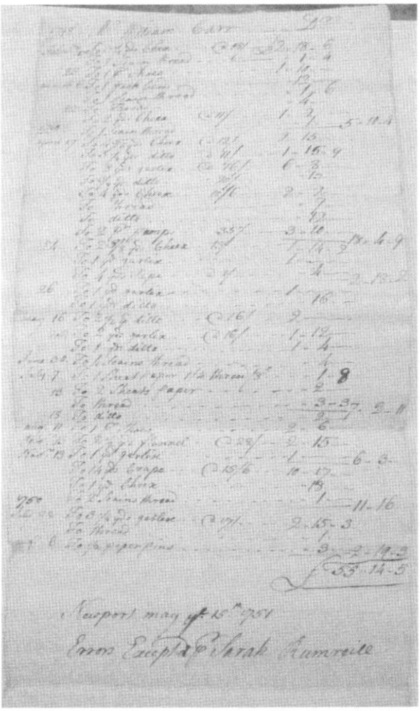

图 2-6　莎拉·朗赖尔记录的与威廉·卡尔交易的账目

　　资料来源：朗赖尔－卡尔诉讼案，罗得岛州最高法庭司法记录中心，纽波特郡中级民事法庭，1751年5月第207号卷宗。图片由作者拍摄。

德（Lydia Barnard）记下了与约翰·利迪亚德（John Lyddiard）交易的账目，该账目显示，因"从店里（送给）他一些物品"，利迪亚德欠巴纳德 4 英镑 3 先令 6 便士（图 2-7）。这份巴纳德手写的账目还显示出她另一层面的能力。账目中标着利迪亚德购买的"茶叶、糖、面包、猪肉和朗姆酒"等物品的价格"来自粉笔账"，表明在写账目之前，巴纳德还记有一个更原始的账本。[41]

图 2-7　莉迪娅·巴纳德记录的与约翰·利迪亚德交易的账目

资料来源：巴纳德－利迪亚德诉讼案，马萨诸塞州立档案馆，萨福克郡中级民事法庭，1751 年 4 月第 131 号卷宗。图片由作者拍摄。

少数女生意人会使用更为复杂、更具技术性的复式记账法。这是一种分层的记账体系，涉及三个独立的账簿。交易发生时，记账人会将其记在暂记账上，然后转到日记账中。日记账分为借方与贷方。最终日记账会被记入分户账里。分户账是最具权威的交易记录形式，与账簿主人做生意的每一个人都会有独立的页面。[42] 在波士顿店主玛莎·索尔兹伯里记录的复式账里，她通过分户账记录了 1753—1773 年自己与每一位客户的交易。在每个账目下，每一条记录都会一丝不苟地注明这桩赊购所发生的日期、金额及商品种类。譬如，在戈德史密斯先生（Goldsmith）的账目中，详尽记录着 1758 年 5 月 1 日，他以 12 先令 6 便士的价格购买了半盎司的丝线，3 天之后他又来购买了 19 先令的丝带和丝线。索尔兹伯里女士还通过账目簿来追踪已经收到的款项及仍未还清的账款。账目中会记录她收到款项的日期和金额，还会具体注明收到的款项是"现金"还是"手写票据"。彻底付清的账目会被划掉，未结的账目中偶尔会出现附上表格注明"未付"金额的情况。[43] 索尔兹伯里女士的分户账提供了与其长期业务相关的详细记录，当要了解某位客户的经济状况时，她随时可以通过查阅分户账来作出判断。

我们不知道索尔兹伯里女士是否亲自记录了这些分户账，可这个账簿的存在足以证明她采用了一种复杂的记账方法，为从事跨大西洋贸易的商人撰写的指南手册详细介绍了这种记账法。有些女店主的确是亲自记账的。波士顿一位名叫伊丽莎白·默里·坎贝尔（Elizabeth Murray Campbell）的零售店店主特别重视这项技能。她注意到许多家庭"被不懂账的女人毁了"，于是说服自己的兄弟把他们的女儿送到波士顿，在她的监护下学习打理店铺和记账的技能。[44] 然而，委托他人来记账在当时很普遍，所以索尔兹伯里女士当然也有可能依赖雇工或两个儿子中的一个来给她记账。[45] 哪怕她的确是这样做的，她开展的商业活动也必然会让她与此人通力合作，包括提供基本信息，最终记入分户账中。妇女介入记账活动，需要各种不同层次的技能，例如莉迪娅·巴纳德的"粉笔账"和纸上的原始账所展现出来的基本算术识字能力，以及索尔兹伯里女士账目记录中显示的复杂商业知识。

已婚妇女与独身妇人都开展着类似的记账活动。历史资料常常将记账的功劳记在家主的头上，可法律纠纷中的证词却揭示了已婚妇女的记账行为。1741 年有两位波士顿居民，船舶木工丹尼尔·巴拉德（Daniel Ballard）和酒店店主尼古拉斯·威廉斯（Nicholas Williams），发生了一场法律纠纷，使法庭将巴拉德妻子所承担的记账责任记录在卷宗内。巴拉德起诉威廉斯，要求他偿还欠款。威廉斯坚称巴拉德提出的金额太高了，他坚持认为自己已将货品送到巴拉德家里，巴拉德记的账不对。为反驳威廉斯的说辞，巴拉德回顾了他们此前的交易往来。在此过程中，巴拉德指出自己的妻子"会为送到家的物品记账"，上诉前他与威廉斯曾力求解决这个问题，其间，他们一起查看过巴拉德妻子的账本，认为这是他们交易的权威记录。若无以下两个前提条件的话，巴拉德妻子的记账行为永远不可能进入史料中：一是两位男士之间的持久冲突，最后上诉至殖民地最高法庭；二是威廉斯没有保留完好的记录，他承认自己"送出的货品没有记账"。在描述与威廉斯之前交易的证词中，巴拉德把这些细节都嵌入其中，而官员似乎从未对巴拉德妻子涉足其中作出任何评论。本案与其他类似的诉讼案共同表明：妻子记账的做法比史料记载的还要更加普遍，更为当时的世人所接受。[46]

做好金融文件之后，妇女会把它们小心地保存起来，进一步表明她们深谙这些文件的重要性。女债权人会将从债务人那里获得的债券和期票保留下来，撰写账目的妇女也会把账目保留下来，以便清偿债务时作为参考。妇女选择存放这些文件的地点反映出信用在她们日常生活中发挥的不同作用。女生意人会在生意场所存放商务文件，其他妇女则会把这些文件存放在家里或随身携带。法庭指定的评估员在清点已故妇女的财物时，会把妇女保存金融文件的诸多地点记录下来。[47]有些妇女会把文件存放在钱包或口袋里，当她们开展业务时，的确适合在这些地方随身携带文件；[48]有些妇女会把债券、期票保存在行李箱、箱子或盒子里，可见她们将金融文件放在这些地方，是为了好好保存起来。[49]18 世纪的时候，住宅中的许多区域是混合使用的，有些妇女会把箱子和文件存放在接待客人和供客人用餐的房间里；有些妇女会把文件存放在卧室，表明她们认为这些金融文件是长期投资需要的，应该放在远离家庭活动滋扰的地方。[50]

由于需要经常处理金融文件，妇女们对其中的内容了如指掌。1763 年，波士顿妇人玛格丽特·黑兹利（Margaret Hazly）丢了一沓金融文件，从她的应对方式中我们可以看出她在这方面的知识。黑兹利在《波士顿新闻信》（*Boston News Letter*）[①] 刊登广告，希望有人将“多份文件”还回来（图 2–8）。和男人一样，黑兹利女士刊登广告找寻丢失的文件，她在广告中把丢失的每一份文件仔细罗列出来，包括一份“地契”、四份“租房收据”和一份“由约翰·拉多克（John Ruddock）先生签署的双边文件”。黑兹利还把拉多克在文件中承诺的内容复述了出来：“第一条，在担保人的见证下，我承诺 6 年内按其开具的期票付款……最后一条，我承诺向她支付 6 个月的租金。”黑兹利女士要么十分熟悉这些文件，以至于能把它们的内容背出来；要么在别处存有副本，以防万一。和男人一样，黑兹利在广告末处作出保证：凡归还文件之人，必得“厚谢”。[51] 黑兹利女士给出的“厚谢”承诺，以及更重要的，她决定在报纸上刊登广告的行为，表明她对这些文件的重视程度。

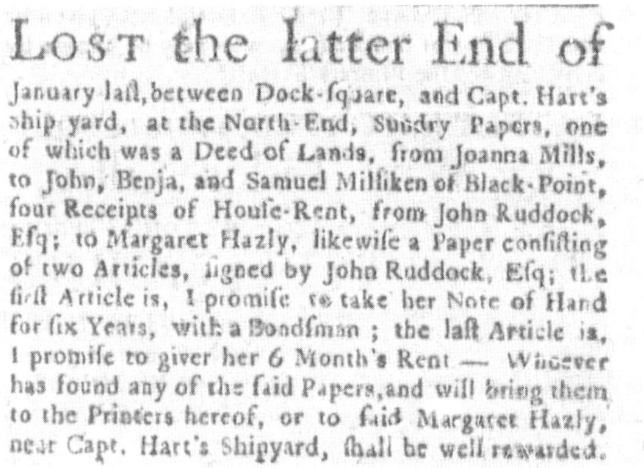
LOST the latter End of January laſt, between Dock-ſquare, and Capt. Hart's ship-yard, at the North-End, Sundry Papers, one of which was a Deed of Lands, from Joanna Mills, to John, Benja, and Samuel Milliken of Black-Point, four Receipts of Houſe-Rent, from John Ruddock, Eſq; to Margaret Hazly, likewiſe a Paper conſiſting of two Articles, ſigned by John Ruddock, Eſq; the firſt Article is, I promiſe to take her Note of Hand for ſix Years, with a Bondſman; the laſt Article is, I promiſe to giver her 6 Month's Rent — Whoever has found any of the ſaid Papers, and will bring them to the Printers hereof, or to ſaid Margaret Hazly, near Capt. Hart's Shipyard, ſhall be well rewarded.

图 2–8　1763 年 3 月 17 日《波士顿新闻信》上的广告

资料来源：美国历史报纸与美国古文物学会。

---

①《波士顿新闻信》是 1704 年 2 月 24 日诞生于波士顿纽伯里街（Newbury Street）格林印刷所的报纸。该报由当时的跨殖民系统邮政局局长之一的约翰·坎贝尔（John Campbell）创办，是美国第一份真正连续出版的报纸，持续出版了 72 年，是当时殖民地三大报纸之一［另外两个为《波士顿公报》（*Boston Gazette*）和《新英格兰报》（*New-England Courant*）］。——译者注

在日常活动中，妇女会将金融文件从存放处拿出来。遗嘱核验清单将妇女去世时所持金融文件的状况定格下来，而黑兹利女士的广告则展现了妇女对金融文件的动态使用过程。黑兹利在广告中说明自己丢失文件的区域是"波士顿北角区的码头广场和哈特（Hart）船长的造船厂之间"。黑兹利女士的描述涉及波士顿城里约 0.66 英里长的区域，从中我们可以看出黑兹利以经济行为人的身份在城市里走动的路径。哈特的造船厂是距离黑兹利住所最近的地标，位于林恩大街（Lynn Street）上；码头广场位于国王大街以北的一个街区，国王大街乃是波士顿的商业中心。[52] 丢失文件并非只是妇女才会犯的错误。男人比女人更加频繁地在报纸上刊登寻找丢失文件的广告，包括黑兹利所罗列的那些文件。[53] 随身携带金融文件在城里奔波是当时男人和女人在经济生活中的常规行为。

账目以及一些债券、期票里的条目跨越了多年，这些金融文件本身就可直接证明妇女会反复把它们保存好又取出来。约翰·芒福德为莎拉·兰卡斯特开具的债券被兰卡斯特女士用来记录其他信息（图 2-5）。在这张债券开具之后的 8 年里，芒福德每年都会向兰卡斯特支付利息。每一年，兰卡斯特都会把这张债券从保存处取出，在背面详细记下芒福德支付的利息。每一次她都会注明付款的地点："罗得岛州纽波特市"，还龙飞凤舞地签上自己的姓氏，并在签名下面画线，由此可见她十分重视这份文件，视其为具有法律效力的记录文件。因此，这张债券本身不仅见证了兰卡斯特与芒福德之间的往来互动，而且证明了每一年的其他日子里她会将它好好保存起来。鉴于债权人和债务人在清偿债务时，书面文件起着至关重要的作用，因此存储和取出金融文件的能力（在极少数的情况下，确保丢失的文件能失而复得）强化了妇女对其他金融和法律专业知识的运用。

总而言之，女性要涉足信用关系需要两种技能。第一，在债务协商的过程中为获得有利于己方的条件讨价还价的能力。此能力尤为重要，因为债务协商时潜在的债权人和债务人处于相对平等的地位，在信用关系之后的阶段中，两者不会再有平等的地位。第二，将债务安排转为书面文件时需要十分熟悉恰当的记录文件形式（期票、债券和账目）。当妇女成为债权人和债务人时，她们会努力地讨价还价，同时对价值表现出敏锐的理解力；当她们参与撰写和保存巩固其交易的记录文件时，她们会展现出对金融、法律和数字的敏锐洞察力。

催收与清算

一旦交易双方达成协议，在他们的信用关系中，下一个重要的阶段便是清算债务。有些时候，债权人与债务人之所以要清算债务，是因为时间过去已久，或已超过债券、期票上写明的清偿日期。还有些时候，是因为外部事件触发了清算环节。譬如，债权人开始关注债务人所面临的经济困境，或债权人和债务人想在生意结束、出门旅行或重新安置之前解决他们之间的债务。债主死亡与遗产管理人的任命同样也会给债务清算带来新的紧迫感。

催收和清算本地债务基本是由相关人当面解决。在描述此过程时，18 世纪的男女经常会使用两个词。他们会用"催收"，就像丹尼尔·迪福在提到商人时写道，商人必须"去找交易商催收债务"。[54] 他们还会用"清算"，指的是交易双方见面，共同审核与交易相关的各类文件，然后确定一方欠另一方的金额。从这个定义我们就能看出"清算"的关键元素：找到对方当面讨价还价。妇女会开展与"催收和清算债务"相关的常规活动，并在此过程中，展现出在金融和法律方面的知识。在债务协商时，交易双方均有权拒绝对方提出的要求，然而，到了清算阶段，权力的天平会倒向债权人，包括空间选择和对话内容。换句话说，对于涉足催收和清算债务的人来说，无论男女，其在交易中所处的位置（债权人或债务人）会极大地影响他们在经济领域中的互动方式。

信用关系宛如编排好的舞剧，只要看其所采取的行动就能明白他们是债权人还是债务人，以及他们到底是希望快速清偿债务还是拖延这段债务关系。债权人会追踪债务人的行踪，找上门去要求收回所欠款项。与此同时，债务人会推动或阻挠债权人收款。心甘情愿还债的债务人会主动去找债主，而不愿意还债的债务人则会坐等债主找上门来，或是对债主避而不见，以逃避债务。在许多男性之间的债务案例中，他们会以"出门不在家"为借口或直接"避而不见"。[55]再者，这些做法是那么稀松平常，以至于连商务指导手册都会把这些行为考虑进来，把它们与信用、声誉联系在一起。和主动上门找债主的"心有余而力不足"的债务人不同，不诚信的债务人意在"诈取"，他们很可能会逃跑，"为把自己藏起来躲避债主而离家出走"，或者"藏在家中，不让债主看到或不与债主对话"。[56]债权人和债务人的所作所为会在社区和商界传开，他们的动机会变得尽人皆知。

当妇女走街串巷去收债时，她们的行为与其他债权人没什么两样。那位鼓励侄女们学习记账技能的波士顿店主伊丽莎白·默里·坎贝尔（本章前文提过）曾在 1760 年的一场债务诉讼中详细地描述了自己的催债过程，这场诉讼事关一位名叫米哈布尔·巴亚德（Mehitable Bayard）的年轻女子。在这个案件中，坎贝尔的身份是亡夫的遗产管理人，而几乎可以肯定的是，正是她卖出了涉案货物并记下相关账目。从 1757 年 7 月至 1758 年 11 月，巴亚德多次光顾坎贝尔的店，购买蕾丝、丝线、丝带及其他裁制服装的用品，账目总额为 34 英镑 2 先令 2.75 便士。虽然账目中登记的法律责任方为巴亚德的父亲，不过也注明了这些货物是"卖给西蒂小姐（米哈布尔·巴亚德）的"。[57]

坎贝尔声称无论是父亲还是女儿都没有偿还这笔账款，即"她的诉讼请求"，为了支持自己的诉求，她回顾了自己在波士顿城里所做的事情。1759 年 10 月 19 日，她开始去收债。坎贝尔的住所位于城市中心的康希尔区（Cornhill Ward），巴亚德父亲的住所位于邻近的马尔堡区（Marlborough Ward），离坎贝尔家只有几个街区。[58]她先来到巴亚德父亲的住所。巴亚德父亲拒绝支付账款，除非他先收到当下已经出嫁的女儿的书面付款要求（也许他想要女儿确认账目是否正确，或者他认为该由女儿的夫家对此负责）。于是坎贝尔在同一天去找自己的老客户——米哈布尔·巴亚德。米哈布尔·巴亚德的新家位于与波士顿相邻的罗克斯伯里镇，坎贝尔去米哈布尔·巴亚德新家的单程距离约为 2.5 英里，若她走着去的话，则需要走挺长时间；若她雇马车去的话，则需要一大笔费用。和米哈布尔·巴亚德谈过之后，坎贝尔又回到巴亚德父亲位于马尔堡区的住所，再次要求他支付欠款。[59]坎贝尔花那么多时间来回奔波，跟这人谈完又跟那人谈，足以证明收债过程免不了要来回奔波，而且家族信用体系让这项工作变得更为复杂。

　　为了追踪债务人，妇女还会在距离更远的城镇间来回奔波。1730 年，住在普罗维登斯镇的玛格丽特·富勒（Margaret Fuller）来到纽波特市，花了好几天从石匠托马斯·豪斯（Thomas Howes）处收回 6 英镑 16 先令。富勒是个单身女子，大家都叫她"爱尔兰佩吉"（Irish Pegg）。从表面上看，这张债券只是富勒与豪斯之间的协议，可在收债的过程中富勒要与许多不同的人交谈，有男有女，他们都知道她债主的身份。首先，富勒雇了一名船夫，沿普罗维登斯河而下，穿过纳拉甘西特湾，将自己送到纽波特，途中富勒向他解释了自己此行的目的。[60]一到纽波特，富勒就找托马斯·豪斯谈，同意他以实物的方式（一桶糖）来偿还债务。接着，富勒来到第二位石匠家，说服他先替豪斯安置那桶糖，将之送到一家小酒馆。第二天，富勒与船夫来到酒馆，取了那桶糖。其间，富勒还拜访了一对纽波特的箍桶匠夫妇。这次拜访看似是一次社交活动，可她在与这对夫妇交谈的过程中，提到了自己与豪斯的协议。[61] 与基本是在当地收债的例子相比，譬如伊丽莎白·默里·坎贝尔，富勒的行踪更具规划性，涉及更复杂的经济活动，包括雇用船夫，很有可能还租了个房间过夜等。不管奔波的距离有多远，女债权人的做法和其他债主没什么不同。她们会出人意料地闯到债务人家里，不给债务人任何逃避或反应的机会，直接宣布自己对其拥有的法律和经济权利。[62]

身为遗产管理人和遗嘱执行人的妇女，其收债活动与为自己讨债的妇女略有不同。女遗产管理人和女遗嘱执行人的确也会采取收债的标准做法，就像伊丽莎白·默里·坎贝尔向巴亚德家收债那样。事实上，在论述商人应该让妻子具有管理丈夫遗产的能力时，丹尼尔·迪福坚持认为已婚妇女不仅应该知道谁欠自己丈夫钱，还应该知道"他们住在哪"，如此她便可找上门去要求他们还钱。[63] 管理遗产的时候，妇女必须在紧迫的时间内处理许多欠款，所以她们的家会变成活跃的金融活动中心，诸多债权人和债务人还会上门来要求解决与遗产相关的债务问题。[64]

随着信用网络不断扩大，以及越来越多的报纸落户港口城市，人们——无论男女——开始把报纸当作推进遗产清算的便利手段。遗产管理人和遗嘱执行人通过在报纸上刊登广告敦促相关债权人和债务人前来进行债务清算，这样就无须自己一个一个找上门去。1745 年，波士顿有位名叫简·卡特（Jane Carter）的寡妇（同时也是遗产管理人）在报纸上刊登广告，声称大家可到"温特沃思家的码头"找她；1755 年寡妇简·亨廷（Jane Hunting）通过报纸告知债务相关人她会在"波士顿北角区中央大街（Middle-Street）的住所"里对丈夫的遗产进行清算（图 2-9）。[65]1764 年，纽波特寡妇简·布朗（Jane Brown）及共同遗产管理人每天"上午 10 时至中午 12 时在死者之前的店里"为已故丈夫的账目进行债务清算。1773 年，纽波特寡妇丽贝卡·布里格斯（Rebecca Briggs）"每月第一周的第三天和第四天"会在"住所"对已故丈夫的遗产进行清算。[66] 这些广告直接注明了遗产管理的地点，所用措辞与男子的遗产清算广告十分相似。[67] 由此可见，女遗产管理人和女遗嘱执行人的做法（包括求助于报纸）与男子并无二致。

ALL Persons having any Demands on the Estate of Capt. Joseph Hunting, late of Boston, deceased, are desired to apply to Jane Hunting, sole Executrix of the Will of said deceased, at her House in Middle-Street the North End of said Boston, in order for a Settlement. And all those who are indebted to the same Estate, are required to make speedy Payment to said Executrix.

图 2-9　1755 年 9 月 22 日《波士顿晚报》(*Boston Evening Post*) 上的广告

资料来源：美国历史报纸与美国古文物学会。

　　在催收债务的过程中，债权人（无论男女）都会坚持自己的主张。当债权人面对债务人时，话里话外会威胁要将对方"告上法庭"。18 世纪的新英格兰人在描述债主催债时总是使用"要求"和"命令"这样的词。在 1748 年马萨诸塞州的一起诽谤案中，身为债权人的证人（无论男女）在描述自己的收债经历时都使用了相似的措辞。在这起案件中，波士顿造船商理查德·塔克（Richard Tucker）声称另一位男子诽谤他拖欠钱款（法律规定唯有不真之言才是诽谤，所以债权人的经历乃是本案关键）。多位男债权人和女债权人为被告出庭做证，讲述自己与塔克的交往经历。其中有位女士说自己"命令"塔克还钱，而"他常常发誓一定会还，但从未践行诺言"；好几位男士回忆他们"经常要求"塔克支付所欠钱款，但塔克老是拖欠。[68] 所有证人都认为他们是按惯例做法去催收欠款的，可塔克从未还钱。从他们不约而同的措辞足可以看到人们公认债权人——无论男女——在收债时都会使用强硬的言辞。

　　寡妇玛丽·谢菲尔德（Mary Sheffield）就是众多在收债时使用"要求"和"命令"这两个词的债主之一。有一次她以这种方式要求某位男债务人偿还欠款，展现出债权人的地位所赋予她的权利。

1732 年 8 月，身为先夫遗产管理人的谢菲尔德女士凭一张债券向彼得·威斯特（Peter Weast）收取 21 英镑 5 先令欠款。谢菲尔德夫妇和威斯特都拥有土地，不过前者的社会地位高于后者，而玛丽·谢菲尔德的讨债活动进一步强化了她凭借阶级地位所拥有的权威。[69]谢菲尔德女士从自己所住的南金斯敦镇（South Kingstown）来到威斯特所住的毗邻小镇——北金斯敦镇（North Kingstown）。她在北金斯敦镇见到了威斯特，那是在另一个人的家里，当场还有数位旁观者，有男有女。据这些旁观的证人所言，谢菲尔德向威斯特出示了一张债券，而威斯特则称这张债券不是他开的。于是谢菲尔德质问威斯特"债券上的签名是否出自他手"，这让威斯特想起自己在法律上处于弱势一方，因为在涉及债券的案件中，债务人可抗辩的理由不多，其中一条就是声称自己没有签署涉案的金融文件。再者，谢菲尔德很聪明，她在众目睽睽之下逼迫威斯特承认债券上的签名是他的，如果后期她要告上法庭，威斯特当众亲口承认的事实会让她的起诉胜券在握。面对谢菲尔德女士提出的问题，威斯特的表现是窘迫不安地扭动身体。两位证人回忆称他"回答是的"，不过他坚持说相关的债务只有 3 英镑；第三位证人只是简单地表示"（他）说看起来像自己的笔迹"。谢菲尔德拒绝接受威斯特给出的 3 英镑，而是选择起诉他。[70]从谢菲尔德的表现中，我们没有看到女人对男人该有的顺从。相反地，她不断给威斯特施压，并利用自己掌握的法律知识来为自己争取利益，是女债权人当面向债务人讨债的典型例子。[71]

在评估债务人提出的债务清算方案时，女债权人也在行使自己的权利。债权人有时收现金，有时也接受实物来抵债（例如本章前文曾经提到，玛格丽特·富勒接受托马斯·豪斯用一桶糖抵债），或允许债务人将尚未偿还的债务变为更安全的形式，譬如将账目上的欠款变成一张期票。18 世纪中期，帝国战争与关于纸币的辩论带来了经济上的动荡，在如此的经济环境中，要驾驭诸多不同的付款方式，女债权人必须对价格、市场波动和风险进行评估。"七年战争"伊始，物资供给短缺，波士顿的寡妇店主格雷丝·加德纳（Grace Gardner）允许顾客用鱼或木材来抵账。但到了 1758 年 4 月，加德纳的经济状况陷入困境，需要现金。她在报纸上刊登了一则广告，要把自己的房子和店铺租出去，并威胁要起诉拖欠债务的人。在这则广告里，她宣布变更债务清偿方式，并对此作出解释，她"接受以鱼或木材作为还款方式的时间已然过去……从 8 月起，只接受现金还款"。加德纳的经济状况发生变化，她的经营方式也随之发生变化，而作为债权人，她完全有权利作出这样的调整。[72]

　　女债权人还会对"是接受债务人提出的金额，还是等法庭作出更有利于她的判决"进行评估。那位质问彼得·威斯特关于债券的事的寡妇玛丽·谢菲尔德拒绝接受债务人提出只偿还部分债务的建议，而是选择通过起诉全额收回欠款，像她这样的女债权人还有很多。有时候赢得官司的债权人会获得债务人的财产以清偿其债务，所以当女债权人评估是否应该上诉时，还会对债务人的财产状况进行衡量。1766 年，托马斯·罗杰斯（Thomas Rogers）向纽波特的一位遗产管理人——寡妇莎拉·刘易斯（Sarah Lewis）——提出以 21 英镑 6 先令 3 便士结清账目，但刘易斯拒绝了他的提议。刘易斯表示自己"不会接受"，同时宣称她会"将两个奴隶的事告上法庭"，这场经济纷争还涉及两个奴隶的所有权，当时罗杰斯匆匆拿笔记下了她的话。[73] 女债权人拒绝债务人提出的金额，选择让法庭来裁决，就像刘易斯这般，可见她们在债务清算中处于优势地位。此外，在纽波特郡和萨福克郡的债务诉讼卷宗中，极少会直接涉及奴隶，刘易斯女士的决定提醒了我们：在 18 世纪的新英格兰，奴隶是个人财产，可以抓来抵债，妇女以及男人都重视奴隶的价值。

　　信用制度赋予了女债权人权利，却让女债务人的经济状况变得脆弱，甚至让她们陷入恐惧。身为债权人的妇女所使用的全部武器都可以用来攻击女债务人，包括出人意料地闯进家里，运用坚持主张的强硬言辞，接受或拒绝所提清算建议的权利。[74] 此外，当女人向男人借钱时，性别的权利体系会与债权人、债务人的经济关系交织在一起，形成"男债权人对女债务人"的权利关系，这种权利关系有别于同性之间的债权债务关系。1740 年 4 月，当蕾切尔·克拉克（Rachel Clark）与另一位住在马萨诸塞州梅德韦镇（Medway）的纺织工休·布朗（Hugh Brown）见面清算债务时，很有可能遭遇了这种权利差异。克拉克是个没什么钱的未婚女人，唯一有价值的财产就是她睡觉的床。她不会写字，可能也不识字，这让她处于相对不利的位置。当双方清算债务时，通常会检查彼此的账目记录，从而确保其准确性。然而，这一次是布朗将克拉克的账目大声读给她听。由于克拉克没法一字一句地审核账目内容，这一折中变通的程序要求她信任布朗会如实读出账目内容。[75]

布朗快速读完账目内容之后，克拉克同意按她所欠的金额给他开具一张 15 英镑的期票。一位旁观者写好票据，并大声读出来，然后克拉克在票据上画了押。如此一来，她给自己争取到额外的时间来偿还债务，同时还通过书面形式承认自己欠布朗的债务，从而安抚了布朗。当这笔债务后来成为诉讼标的时，多位男证人声称克拉克是自愿签署那张期票的，所以这张票据是有效的。相反，唯一的女证人——玛丽·克拉克（Mary Clark）——也许对这件事有着不同的看法，或许她认为这是一次提供更有利于自己亲人的可信陈述的机会。玛丽·克拉克认为，当时布朗坚称若蕾切尔·克拉克不签的话，他会"马上……送她进监狱"，如此蕾切尔·克拉克才签了那张票据。[76] 玛丽·克拉克的回忆让人们注意到一个事实：债权人有权将资不抵债的债务人投入监狱。然而，这段回忆证词同样向世人展现出一个贫穷且可能不认字的女债务人在与男债权人打交道时极其不平衡的权利关系。当面清算债务要求债务人当场作出决定，而且常常是在债主威胁要采取法律行动的情况下，这可能会让女债务人不堪重负。[77]

当时城里的男人要外出谋生，经常不在家，对于家里欠的钱，女人必须仔细评估债主提出的要求。债主突然上门，不管她们是否熟悉所涉债务，妇女都要顶住作出具有法律约束力的决定的压力。1764 年波士顿的一位债主——杰里迈亚·康迪（Jeremiah Condy）——就企图利用"丈夫不在家，男人找上门去向家里的妇人讨债"这种不平衡的权利关系来为自己赢取优势。他让自己的男代理人"趁乡绅不在家，去找费尔斯太太（Mrs Fales）"收债。康迪甚至给出了具体指示：代理人应该推迟上门拜访的时间，"否则，那位先生就会知晓此事"，"这样一来，这趟的目的，也就是收回长期拖欠的钱款，可能会失败"。康迪可能认为，对于这笔钱，费尔斯太太和丈夫可能有着不同的意见，或者在这对夫妇中，太太不大熟悉索赔的细节。无论康迪有什么具体的理由，他都从策略上利用了夫妻双方团结一致的限度。费尔斯太太拥有代表丈夫的法律权利，可她的行为可能会有别于自己的丈夫。[78]

在很多情况下，家里的妻子和女儿会顺顺利利地偿还欠款，只有一些女人会在男主人不在家的时候主动拒绝向债权人偿还欠款。1732 年，一位已婚妇女写信回复一位要求还钱的债主。她声称自己"（倾向于）先把这事放下来"，等她丈夫"从卡罗来纳州（Carolina）回来，再解决此事"。另一位妇女在丈夫不在家时拒绝开具期票来偿还欠款，因为她"没有接到开具这张票据的命令；哪怕接到了这样的命令"，她"也没法支付"。[79] 与其他诸多展现"妇女广泛且熟练地参与家庭经济事务"的证据放在一起，这些表态显得有点格格不入。这些妻子可能真的不想在没有丈夫直接指示的情况下采取行动，可从策略上讲，她们很可能会以男主人不在家为由争取更多还债的时间。1774 年，有位纽波特的房东对此颇为认同，于是针对自己的一位男房客表露出抱怨之辞。当时那位房客已经离家，18 个月没有付房租。"看来他妻子是铁了心要待在那房子里直到她丈夫回来了"，他向律师哀叹道，还补充了一句，"他不在家不能成为不付房租的正当理由"。[80] 男人不在家的时候，女人通过与上门讨债的债主沟通，在信用经济的运行中发挥着至关重要的作用，她们的介入为相关各方创造了机会，让他们可以采取策略，甚至是采取胁迫的方式。

不管进行清算债务的是男人还是女人，金融文件乃是他们互动的核心元素。由于金融文件蕴含法律意义与证据价值，所以文件的签署有着既定的程序，规定了相关文件在债权人和债务人之间传递的时间与方式。通常情况下，账簿的所有权只属于账簿的主人和撰写账簿的人。债券和期票一旦签署，便成了债权人的财产，直到债务人履行完其债务。这时，债权人会将注销的金融文件还给债务人，通过放弃这份本可让他们有起诉权利的证据，债权人等于宣布放弃任何进一步的索赔。债权人还会给债务人出具收据，一种方式是在收款账簿中写明，另一种方式是在小纸条或债券、期票的背面撰写收据。新英格兰人会把收据小心翼翼地保存起来，因为它们可以保护债务人不必再次为同一笔债务买单。

不管身为债权人还是债务人，妇女们都熟悉这些虽不成文但基本上心照不宣的惯例。通常来说，妇女处理的金融文件很少受到批评，足以证明她们对金融交易的构成要素了如指掌。然而在特殊的情况下，妇女会特意选择对自己有利的惯例做法，在这些情况下，我们可以更清楚地看到她们对各种技能和知识的自如运用。玛格丽特·富勒就是这样的一位女性（本章前文提过）。这位住在普罗维登斯镇的寡妇来到纽波特向托马斯·豪斯出示了一张债券，并同意他以一桶糖来抵债。从这位石匠那里取到糖之后，富勒离开纽波特回到普罗维登斯镇，但手里还拿着那张债券。一周之后，豪斯要求富勒把债券还给他，可富勒拒绝这么做，让豪斯无限期地等待，备受煎熬。正如她对信使说的，"我不会把债券给他，就让他气得暴跳如雷吧"。根据富勒说过的其他话，我们可以看出她之所以要保留这张债券，是因为她无法以预期的价格把糖卖出去，同时还因为豪斯没有把属于她的"戒指和发夹"还给她。[81] 无论出于什么目的，留下这张尚未注销的金融文件可让富勒从中获利。后来她将豪斯告上了法庭，要求他偿还欠款，并且在中级民事法庭胜诉。[82]

在清算债务的过程中，妇女会检查与她们有业务往来的人的记录，从中可以看出她们对金融文件的了解。在账簿记录的债务中，仔细审核账簿是清算债务特别重要的一步，当事人要对彼此账目中的每一条记录仔细检查，以确保账目准确无误。1731 年，纽波特一位名叫乔安娜·查普曼（Joanna Chapman）的寡妇走到邻居家里，跟他清算账目。虽然查普曼只能通过画押来签署文件，可她仔细看过邻居的记录之后，只同意支付其中部分欠款，有些欠款她拒绝支付。查普曼给邻居一张 20 先令的纸币来支付食品的费用，不过拒绝清偿他提供的守夜人服务，她坚称这是一项公共服务。[83]1758 年，住在玛莎葡萄园岛（Martha's Vineyard）的寡妇贝西娅·诺顿（Bethiah Norton）同样也拒绝给债权人开具一张期票，以偿还所欠的债务。诺顿抗辩道：债权人曾给她送过两份所欠"数额不同"的账目，并坚称他应该送一份正确的新账目。[84]10 年后，有位寡妇同样拒绝偿还债务，要求得到一份"更为具体的账目"，因为"她和儿子们都没有看过（他们）全部的账目"，在他们自己的记录中"找不到任何记录"来证实债权人声称的债务。[85] 这表明与女性做生意的人必须保持高度的准确性和一致性，因为女人关注细节，细节上的错误或不一致会使她们拒绝债权人提出的催债要求。

收到债务人支付的钱款后，债权人会给他们开具收据。收据包含言简意赅的句子，非常直截了当，很像期票。虽然收据没有其他金融文件那般复杂，可要撰写收据还是需要熟悉它的形式。一张典型的收据，首行会注明付款的地点和日期，然后会写清楚收到的金额、交款人以及"全部（还清）"或是"部分（支付）"的字样，最后收款人还会在收据最下端签字。不管是男债权人还是女债权人，在评估债务人是否已经履行协议以及何时该签署收据方面，都有着敏锐的识别能力。

　　带有妇女签名的收据表明拥有不同文化水平和财务技能的女性参与了这些金融文件的生成过程。譬如，波士顿一位拥有资产的妇女——伊丽莎白·巴恩斯（Elizabeth Barnes），撰写并签署了一张完美无瑕的收据，在收据中她确认自己"收到丽贝卡·艾默里夫人50英镑，以支付一桶可可的部分账款"（图2-10）。[86]

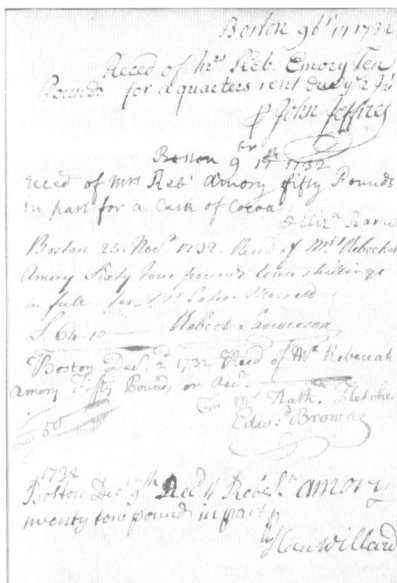

图2-10　丽贝卡·艾默里收据簿中的一页——1732年9月17日
伊丽莎白·巴恩斯开给丽贝卡·艾默里的收据

资料来源：马萨诸塞州历史学会艾默里家族文件；马萨诸塞州历史学会藏品。

　　其他一些由女性亲自撰写的收据包含收据的关键元素，但带有一些小的拼写或用词错误，足以说明哪怕没怎么受过正规教育的女子也熟谙收据的形式。譬如，住在波士顿的汉娜·威拉德（Hannah Willard）和玛丽·法纳尔（Mary Faneuil）分别开具了一张"22英镑"和"50英镑"的收据；玛丽·希尔（Mary Hill）开具的收据上注明她收到的金额是 18，但漏掉了货币单位。[87] 在一些妇女的收据中，签字笔迹有别于正文笔迹。在这种情况下，有可能只是受到开具收据时环境状况的影响，或双方当事人为追求正式而导致的结果。纽波特的一位寡妇——安·德雷克（Ann Drake）——曾为另一位纽波特居民制衣改衣，德雷克拥有足够的记账技能来亲自撰写这位客人的账目。可这张收据却是由一位运笔更为华丽的人所写，德雷克还将执笔人的名字附在了收据最下方。[88] 有些女人则需要别人帮忙撰写收据，因为她们自己没有这样的能力，就像有个女人在一张收据上的签名为"伊乐莎白·诺埃尔"（Elesabth Noel），而在这张收据上还写着她名字的另一种拼法（图 2-11）。[89] 女债权人广泛参与收据的撰写工作凸显出一个事实：识字、写字能力各不相同的妇女都会把钱借给别人，并因此承担了制作相关文件的责任。

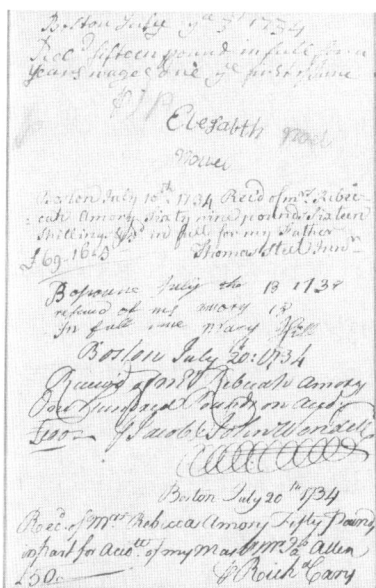

图 2-11 丽贝卡·艾默里收据簿中的一页——1734 年 7 月 3 日伊乐莎白·诺埃尔（即伊丽莎白·诺埃尔）开给丽贝卡·艾默里的收据

资料来源：马萨诸塞州历史学会艾默里家族文件；马萨诸塞州历史学会藏品。

　　收回欠款并出具收据，乃是信用交易的一个阶段，妇女尤其可能代表家庭和家族参与其中。哪怕名义上不是债权人的男人或女人也可开具收据，只要注明是为谁收取款项即可。[90] 当债务人上门来跟家里人做生意时，妇女常常会在现场，于是她们便会成为撰写收据的人。1730 年，纽波特的玛丽·卡尔（Mary Carr）收到当地屠夫欠丈夫的 20 英镑，而 1733 年居住在波士顿的玛格达莱妮·弗罗伊（Magdalene Wroe）代表丈夫为收到的 19 英镑开具了一张收据。[91] 在这些事例里，有些已婚妇女是首次介入某项具体的交易；还有一些已婚妇女很可能是为她们自身参与的债务协议开具收据。妇女还会代表其他家庭成员撰写收据。1735 年，德博拉·尤斯帝斯（Deborah Eustice）代表姐姐撰写并签署了一张收据；1742 年莎拉·牛顿（Sarah Newton）代表母亲开具了一张收据。[92] 因为收据可以捕捉到付款时的状态，包括参与其中的当事人，所以收据犹如一扇不同寻常的窗户，我们可以从中直接了解到妇女参与债务清算的具体情形。哪怕并非债权人的妇女，也可以出具恰当的金融文件，从法律上解除债务人的义务。

　　出于自身利益的考虑，女债务人定会竭尽全力确保债权人出具必要的文件。1741 年和 1742 年，来自罗得岛州东格林威治镇（East Greenwich）的寡妇德博拉·约翰逊（Deborah Johnson）确保约翰·沃尔顿（John Walton）把自己付给他的钱全部用文件加以证明。约翰逊女士以赊账的方式从沃尔顿处购买布料和各种缝纫用品。根据后来的请愿书所述，约翰逊是个"不会读不会写的人"，可她请了数位证人做证：当她向他（沃尔顿）付钱时，"看到涉案的约翰·沃尔顿在账本上……记了账"。约翰逊深知这些书面文件的重要性，于是动用社会关系来弥补自己不识字的缺陷。[93]

　　妇女会小心翼翼地保存付款记录，以备需要时查阅。从迄今发现的文献资料来看，在家庭保存的文件中，就有关妇女的金融文件而言，开具给妇女的收据数量是最多的。此外，有些妇女会将所有债权人的收据记录在一本收据簿中，就像波士顿店主丽贝卡·艾默里那样。艾默里的收据簿里有 600 多条付款记录，时间跨度为 1732—1737 年。这些收据的数量是如此之多，不管它们是松散的还是订好的，足以证明这位女债务人在付款时定要拿到收据，而且事后还会将它们好好保存。[94] 在极少的情况下，债主会再次催收同一笔债务，这些收据记录反过来可以帮助妇女进行反驳。寡妇伊丽莎白·阿博恩（Elizabeth Aborn）是纽波特店主约瑟夫·阿博恩（Joseph Aborn）的遗产管理人。她在写给费城著名商人托马斯·沃顿（Thomas Wharton）和威廉·波拉德（William Pollard）的信中罗列了自己挑出的一系列财务文件。当时沃顿和波拉德给阿博恩家送去一封信，要求他们清偿所欠的"一大笔钱"，阿博恩毅然拒绝付款，并回信称"请见所附两年以来清算账目的收据副本"。[95] 从阿博恩与沃顿、波拉德的互动中，我们可以看到这位妇人是如何利用书面证据来证实其主张的，由此我们可以体会到收据所发挥的作用就像当面清算一样。

妇女作为家庭成员，同时也是为了自身利益，通过开展债务清算活动为经济的运转做出贡献。此时的情况与债务协商时非常类似，男人和女人一起开展共同的实践，展现相似的技能。不过，在这个金融交易的收尾阶段，信用关系中权力的天平会坚定地倒向债权人，无论男女。有些情况下，债务人会主动将钱款送还债主，这种行为本身就是一种尊重。当债务人拒绝主动还钱时，债权人可以采取若干手段。他们可以追踪债务人，可以用坚持主张的强硬言辞与他们对话，可以仔细评估债务人提出的清算建议，可以拒绝那些不想要的提议，还可以对财务文件加以掌控。与此同时，债务人可以举出财务记录中的错误或不一致之处，不过，除此之外，他们与债权人抗辩的能力非常有限。不管男人还是女人，当他们开展这些催收与清算债务的常规做法时，便决定了自己相对于其他人的社会地位，由此可见，在经济网络中，权利是由双方的不同身份决定的。

小结

在记录文件中，妇女出现在信用交易中的身影往往是短暂的、零碎的。债券、期票和收据上会出现她们的签名；账簿的抬头和条目里会出现她们的名字；法庭卷宗中会将她们定为原告兼债权人或被告兼债务人。单就这些证据的数量可凸显出女性放贷人和借贷人是如何帮助波士顿和纽波特建立起日益商业化的经济制度的，可相对来说，这些一掠而过的身影难以让我们深入了解她们开展信用活动的情况。但是，当我们把关注点集中到有大量文件证明的债务纠纷上，以全新的角度来重新审视此前固化的分析手段，从留存下来的记录文件中深挖细节，一幅妇女开展金融劳动的全景画卷便呈现在我们眼前。当自由的白人妇女参与到信用关系的各个阶段，从商讨协议到催收与清算，她们会做所有债权人和债务人都会做的事，包括精心筹划旅行、使用坚持主张的强硬言辞、小心处理金融文件等。将这些细节拼在一起，我们便可从一个全新的视角来审视记录文件中所有提及女债权人和女债务人的简单描述。当我们认识到每一段描述均代表着无数个城市妇女的行动，而城市中的男子还经常不在时，以下事实便愈加显而易见：在城市信用网络中，妇女是至关重要的积极参与者。

在波士顿和纽波特，只有掌握必备的技能，才能迈进信用经济的门槛。许多女人都会使用信用，从长期从事经营的女生意人，到只开展一次性借贷活动的寡妇与单身女子，再到代表家庭借贷的妻子与女儿。她们会表现出自己精通以下技能：在不同城镇、不同区域间奔波，应对各种关于价格和价值的问题，撰写和处理各种金融文件，以及在讨价还价和债务清算中使用坚持主张的强硬言辞。

显然，识字能力有助于妇女参与此类活动，可读书写字能力有限并不能阻碍她们。正如我们所见到的，不识字的女子可以请盟友陪同她们去清算债务；那些只能画押的妇女会仔细斟酌票据与债券的条款，会仔细聆听宣读的成稿文件，还会将金融文件小心保存到数年之后。哪怕是写字颤颤巍巍或只能使用近似发音拼写的妇女，仍能准确地撰写出标准要素一样都不少的账目和收据。即使是完全具备书写能力的新英格兰人，其中也有许多人会购买空白票据，雇用公证人或办事员来撰写账目和收据。虽然在 18 世纪，书面金融文件的使用越来越广泛，可口头协议和当面交易等元素在信用关系中仍旧非常重要，在这样的经济世界中，妇女行事的方式与同时代的男性十分相似。

当我们将注意力集中到妇女围绕信用所展开的实践活动时，便能形象地描绘出"不同情境下妇女与不同的人开展交易"的景象。进行债务清算时，妇女以及男人都会雇用船只与马车，穿街走巷，找上门去，有时甚至在一天内到多个不同的地点拜访不同的人。她们会在很多地点做交易，包括家里、店里和酒馆里。再者，妇女是在众目睽睽之下开展所有这些与信用相关的活动的。不同于 18 世纪文学所描绘的"男主外、女主内"的鲜明特点，港口城市及其街道乃是男人与女人共同活动的空间，在这些空间中，妇女出现在户外是常事，没什么特别的。[96]

最后要说的是，从收债活动中，我们可以清晰地了解到债权人和债务人的直接互动在多大程度上决定着男女之间的权利关系。正如我们在第一章所看到的，在女人的信用关系中，超过 80% 是与男子建立的；而在男人的信用关系中，超过 10% 是与女人建立的。金融关系与男权社会体系交织在一起。在商讨协议的阶段，常规做法使有关各方能够不分性别地进行激烈的讨价还价。之后，债权人在法律上和社会地位上对债务人具有权威。他们会通过以下方式来展现自己的权威：追踪债务人，要求债务人付款，对债务人提出的清算建议进行评估，以及对金融文件的所有权加以掌控。在女债权人向男债务人催债的过程中，金融的实践与女性的技能会让性别等级变得复杂起来，甚至会暂时弱化性别等级；而在男债权人向女债务人催债的过程中，男权主义的权威会让这种金融关系得到强化，从而使女性因债务人的身份变得愈加脆弱。信用无处不在，并引发出各种与之相关的日常活动，这一切促成了 18 世纪新英格兰城市，乃至整个现代早期大西洋世界的社会关系出现"受金融关系影响，视身份而定"的特性。

第三章

"之后她便告上了法庭"
——债务诉讼、律师和法律实践

............§............

随着英属新英格兰人越来越频繁地开展市场化交易，建立书面信用关系，一场关于法律制度的变革便应运而生。一旦用个人的方法收债以失败告终，法律诉讼便成为殖民地债权人得以收回全部到期债务的唯一制度性机制。自18世纪初开始，新英格兰人，当然也包括波士顿人和纽波特人，便越来越频繁地将债务问题诉诸法律。每个郡级法庭系统都能体会到债务诉讼案件的剧增，其增长幅度大大超过了人口的增长幅度。在经济动荡时期，不明朗的经济状况进一步加剧了人们对诉诸法律收回欠款的依赖。18世纪40年代和50年代初期，货币危机出现，波士顿和纽波特的债务案件数量达到顶峰，之后也一直居高不下，直到美国革命拉开帷幕。这些地区也因此出现了一个新兴阶层——全职的专业律师。债务诉讼案件刺激了律师行业的发展，反过来，律师在法庭上依据法律作出辩护，进而重塑了法庭对债务诉讼的处理方式。[1]

1765年6月，一位身处精英阶层的纽波特寡妇——佩内洛普·斯特尔（Penelope Stelle）——在《纽波特水星报》（*Newport Mercury*）上登了一系列通知，其中隐晦地提及了信用交易与法律诉讼的变化。斯特尔的先夫是位商人兼船长，为了清算先夫的账目，她登报通知债务人"立刻还款，别到了11月被告上法庭"。[2]其他一些女遗产管理人也采取了类似的做法，同样要求债务人即刻还款，"以免陷入进一步的麻烦"，她们警告说，"下一次开庭时会把他们告上法庭"，"谁也不能例外"。[3]这些话可不是什么空洞的威胁。

通过报纸发出通知 5 个月后，斯特尔便对法庭在收回欠款方面的重要作用加以利用。她雇了一位律师启动法律程序，针对丈夫的多位债务人提起诉讼，而法律程序的第一步是由警长传唤债务人上庭。[4]

有些人认为：18 世纪的妇女正是在"郡级法庭"这个舞台上失去了其在经济和法律生活中的可见性和影响力。他们把像佩内洛普·斯特尔这样诉诸法律的妇女视为偶然，认为她们的诉讼案会"淹没"在数量多得多的男子起诉男子的案件之中。所以，常见的说法是：18 世纪债务诉讼的变革给女人带来了伤害。如果 18 世纪初斯特尔的祖母起诉债务人，她会直接出庭陈述，而法官会对她的问题进行实质性考虑后做出裁决。1765 年，当斯特尔在发布威胁性通知之后起诉丈夫的债务人时，情况则不同了，她雇了一位非常有名的律师——亨利·马钱特（Henry Marchant）。他出庭料理斯特尔的案子，而审判结果主要取决于法律技术细节。换句话说，女性在法庭上的权利似乎被侵蚀了，一则是因为她们发现提起诉讼更困难了，二则是因为法庭开始从关注实质正义转移到强调程序正义，此变化有利于男诉讼人。[5]

即使郡级法庭的诉讼程序在18世纪变得更为精简高效，对于法庭的运作和律师行业的崛起来说，女诉讼人及其他卷入诉讼的妇女所付出的技术性劳动仍然至关重要。如果我们的法律视角只停留在法庭里，那么便看不到庭外活动对法律体系所产生的决定性影响。所以，在这一章里，我们会从三个相互独立又有着共同核心的层面来分析债务诉讼。[6]首先，我们将调查妇女参与债务诉讼案的整体情况；其次，我们会对民事诉讼的两个关键元素展开研究：律师-客户的互动和法庭下令没收的财物，这两个元素涉及诉讼当事人之外更广泛的个人网络。当我们对法庭之外的金融活动展开研究时，便可以揭示出自由的妇女如何广泛而熟练地参与到信用经济当中。同样，当我们对诉讼程序一步步加以剖析，便能看到妇女作为债务诉讼中的关键角色，在保护自身和家庭资产方面所表现出的诸多能力。

参与债务诉讼的妇女不仅包括为自身利益而成为原告或被告的寡妇和单身女子，还包括范围更广泛的妇女，尤其是妻子、房东和房客，这些妇女在与律师和警长打交道的过程中掌握了法律知识。对于债务诉讼中的女诉讼人来说，法庭通常是赋予她们权利的工具。在大部分涉及妇女的债务诉讼案中，她们的身份乃是原告兼债权人，在一个"大多数原告会赢得官司，因为对手根本不会发出挑战"的法律体系中，她们会受益。可是，哪怕是被告不应诉的案子，也需要律师与客户通力协作。因此，在18世纪日益兴盛的律师行业里，自由的白人妇女是其中的关键组成部分。不管身为独立的诉讼人还是代表家庭的诉讼人，这些妇女监督律师的方式和男子一模一样，由此可见她们熟悉金融和法律知识。再者，债务诉讼随处可见，这便意味着城里的居民常常会见到警长和其副手给他们带来关于债务纷争的法庭传令。正如警长会想方设法确保被告出现在接下来的庭审中，妇女也会想方设法保护家庭的财产和法律利益。18世纪的法庭越来越重视法律程序，与此同时，一个全是男子的专业律师行业兴起。在这样的时代里，围绕债务诉讼的活动必然会延伸到法庭外，妇女会在与律师和地方官员打交道的过程中，培养并运用意义重大的金融和法律技能。

信用交易的权利关系乃是当面金融交易的权利关系的延续。当信用交易成为诉讼标的时，不管是债权人还是债务人，个中权利关系都会与其他形式的社会等级制度交织在一起，包括性别等级制度。不管是女原告还是女被告，都熟谙金融知识和法律程序，而她们的债权人或债务人身份会决定其与律师、警长打交道的方式。无论何种性别的债权人都会给律师权威指示，都会在对债务人提出索赔时公开展示自己的权利。相反，当女债务人与律师打交道时，其性别身份和欠债的经济状况会相互交替发挥作用；而男警长扣押女债务人的人、财、物则通常是在男债主的指示下进行的，性别等级和金融义务会相互加以强化。债务诉讼是 18 世纪男人和女人生活中的常规元素，它与法庭之外的社会关系相互作用，相互制衡。

郡级法庭中的女诉讼人

随着新英格兰人越来越频繁地提起债务诉讼，波士顿和纽波特的法庭变成了极度繁忙的组织机构。在马萨诸塞州和罗得岛州，郡级法庭被称为中级民事法庭，对郡内所有涉案金额超过 40 先令的民事事务拥有初始管辖权。纽波特郡的中级民事法庭每年开庭 2 次，而萨福克郡法庭每年在波士顿开庭 4 次，因为萨福克郡人口更多，法庭需要处理数量更为庞大的诉讼案。每次法庭开庭时，开庭天数取决于审理所有案件所需的时长。到了 1730 年，萨福克郡法庭每次开庭审理的案件都会超过 400 起。1731 年 5 月纽波特郡法庭开庭时，审理的案件数为 153 起，此后该数字不断上涨，20 年后达到 430 起。不管是在萨福克郡还是纽波特郡，超过四分之三的诉讼案涉及债务问题。[7] 债务诉讼如此盛行，不仅反映出信用交易数量剧增，还反映出当个人无法践行承诺时，法庭在迫使债务人承担责任方面所发挥的重要作用。

债务诉讼案中的女诉讼人为"萨福克郡和纽波特郡的法庭愈加繁忙"做出了贡献。女债权人会利用法庭来追讨债务，而债权人会起诉拖欠债务的女债务人。总体来说，1730 年至美国革命期间，在萨福克郡中级民事法庭审理的所有债务诉讼案中，涉及女性的案件占 9%；而在纽波特郡的中级民事法庭，占比为 12%。[8] 而在这两个法庭上，超过 95% 的女诉讼人起诉的是男被告。[9] 尽管诉讼人为女性的案件的绝对数字及其占比并不大，可她们持续不断地参与到诉讼案件之中，标志着整个殖民时期的法庭都是一个由男人和女人共同参与的社会组织。此外，每次开庭审理的女诉讼人案件的数量没有呈现稳步下降的规律，而是起伏不定。[10]虽然在特定的期限内，涉及女性的案件数量很容易受到个人选择和经济环境的影响，可每一次开庭审理都会提醒波士顿人和纽波特人：妇女在发挥着放贷人和借贷人的作用。

妇女成为诉讼人的境况有别于男子。在债务诉讼案中，男子以原告和被告身份出庭的比例大致相同，可妇女则不同，在债务诉讼中她们更有可能以原告而非被告的身份出庭。在萨福克郡涉及妇女的诉讼案中，女人为债权人兼原告的占比为69%；在纽波特郡，占比为65%。[11]这个占比与新英格兰其他郡的情况一致，在那些郡里，绝大多数的妇女同样也是以原告的身份参与到债务诉讼当中的。[12]

以下几个推测或许能解释为什么会出现"女诉讼人多为债权人而非债务人"的失衡状况。法庭上的这种现象或许源于借贷活动的方式。妇女可能鲜有理由背负巨额债务，她们可能出于策略考虑会避免负债，或者潜在的债权人可能不大愿意把钱借给女人。又或许，妇女主要以债权人的身份出现在法庭之上是英格兰人在诉讼方面的选择所导致的，要么是因为女债权人有极大可能起诉债务人，要么是因为女债务人不大可能被起诉。妇女可能倾向于快速还清债务，从而避免被债主起诉，或者债主对女债务人尤为宽容，不大会起诉她们，将借给她们钱当成做善事。

在决定是否起诉时，债权人偶尔会考虑债务人的性别。譬如，1774年，一位身处精英阶层的纽波特男士表示他愿意只收某位寡妇的部分还款，剩余欠款无须再还。这位寡妇欠这位男债主30英镑，她还了20英镑。虽然这位债主声称他相信自己"完全可以拿回"所有欠款，但他还是决定只收回一部分欠款，不"为难孤儿寡母"。[13]不过，像这样的例子并不常见，若大部分的债权人都免除了妇女的债务的话，那么我们应该会看到更多关于这一现象的报道。关于男人和女人在借贷和诉讼方面的不同模式会是未来研究的一个重要领域，这项研究可能需要通过个案剖析而非综合分析来进行。

无论是何原因导致了债务诉讼中妇女多为原告的不平衡现象，但在一个越来越偏袒原告和债权人的法律体系中，女诉讼人的处境往往不会差。在萨福克郡和纽波特郡 80% 以上的债务案件中，不管原告是男是女，都获得了胜诉。原告之所以能在绝大多数的案子中赢得官司，是因为被告根本没有应诉，也就是说，开庭时被告没有出现或拒绝对债务人提出的诉求进行抗辩。[14] 债务诉讼中的被告很少作出回应，一定程度上是因为他们几乎找不到抗辩的理由。17 世纪时，法庭会有各种各样的辩论，可到了 18 世纪 30 年代，法庭普遍认为书面文件提供的关于债务的证据是不可推翻的。虽然被告可以指出原告提供的文件存在技术缺陷，但是他们几乎没有理由质疑原告诉求中的实质内容。结合"在绝大多数涉及妇女的债务诉讼案中她们的身份为原告"，这种"被告不应诉"的文化让女诉讼人在此类诉讼中基本会胜诉。[15]

住在罗得岛州蒂弗顿镇（Tiverton）的莎拉·伯林顿（Sarah Burrington）是位寡妇，她曾提起许多诉讼，这种法律环境的变化让她受益匪浅。1769 年，伯林顿成为已故丈夫的遗产管理人，她已故的丈夫是个富有的房东，是很多人的债主。此后的 4 年中，为追讨遗产中的欠款，她提出了 30 起诉讼，除一个案子外，她都因被告没有应诉而获胜。如此优异的胜诉成绩在一定程度上反映出伯林顿女士驾驭法律体系的高超技巧。虽然她写字的能力有限，要用画押的方式来签署法律文件，可她知道如何通过雇用律师并给律师指示来提起诉讼。罗得岛州偏袒债权人的法律环境同样为伯林顿 29 起案件的胜诉做出了贡献。只要她和律师向法庭提交了必要的文件，并且这些文件的内容正确无误，那么欠她已故丈夫钱的人便没有任何理由质疑这些诉讼。伯林顿败诉的那个案子更能说明这一点。这起唯一不成功的案件涉及的是账本记录的债务，对方律师提出抗议，说伯林顿提交给法庭的账本文件有问题，总金额的地方是空的。而且按照"法律"要求，这个账本缺少账目作为支持证据。伯林顿和律师将案子撤了下来，承认这些致命的失误让他们的主张立不住脚。严格遵守法律程序和证据标准让她在其他所有案件中赢了官司。债务人或许已经做好了沉着应对债权人的准备，可到了 18 世纪三四十年代，可以这样做的机会少之又少。[16]

不管妇女是否亲自出庭，每次庭审都会让公众注意到她们身为债权人和原告的事实。法庭审理的第一步是在挤满人的法庭上传唤案件当事人。1785 年，有位律师将这一幕描述为"闹哄哄，乱糟糟"，"挤满了酒馆老板、客栈老板、店铺老板、罪人和法官"。[17]法官会将提交庭审的数百起案件中每一起的各方当事人的名字大声喊出来，每喊一个人的名字便停顿一下，以确认此当事人或其代理律师是否出庭。这个程序会持续好几天，出席法庭的人不得不注意到其中有女性诉讼人。有些诉讼人，包括女诉讼人，会让律师代表他们出庭，有些诉讼人则会亲自回应法官的传唤。譬如，凯瑟琳·坎宁安（Catherine Cunningham）曾经讲述过自己 1740 年当诉讼当事人的经历：她"出了庭，随时听候传唤回答问题"。[18]法官读完案件当事人名单之后，应诉的案件便开始庭审，在这个阶段妇女的经济活动会受到进一步的关注，因为这些活动乃是争端的实质内容。

对于亲自出庭的女诉讼人来说，诉讼意义重大，不仅因为有听审观众，还因为诉讼让女人进入的物理空间。庭审场所强化了庭审的官方性质。纽波特郡的中级民事法庭在"殖民地之家"进行庭审，而萨福克郡的法庭一直到 1768 年都在市政厅里进行庭审，之后才转移到专门建造的法院大楼开庭。法庭大楼共有三栋楼，所处位置显眼，就在波士顿商业主街的尽头。当时大多数的建筑都是低矮的木头房子，所以高耸的砖砌法院大楼显得十分醒目。在这些建筑中发生的其他活动进一步将庭审与商业、治理联系起来。纽波特的殖民地之家一层和波士顿的市政厅一层都是商业交易所，即商人们进行谈判和交易的公共场所。纽波特法庭在二层开庭听审，而二层也是立法会的办公地点；波士顿的市政厅里还有遗嘱认证办公室、契约登记处，以及州长、议会和立法会的会议室。出现在这些政府建筑中的男子身份各异，可女人却很少有机会进入其中，而诉讼正是这样的机会。通过提起债务诉讼，妇女日常开展的信用活动帮助她们迈入了国家机构的大门。

正如法庭之外的收债活动会临时改变社会等级一样，妇女在诉讼中最常见的角色（即不会受到挑战的债权人）同样也会强化她们对前生意伙伴的权威。提起债务诉讼并赢得官司让女债权人有权得到他人的财产，有些情况下，甚至可以让他人遭受监禁。当妇女选择对债务人提起诉讼时，警长会传唤债务人上庭。为确保其出庭，法律会要求债务人交出等同于其债务价值的财产或开出一张等值的债券。无法满足这些要求的被告会被关起来，直至案件开庭。再者，债务诉讼案中胜诉的妇女还会获得额外的自由裁量权与权威。通过获得法庭的法令（即执行令）并将法令交给警长，她们的诉求便会得到伸张。这一步可以在法庭判决之后立刻完成，或在几个月之后进行，若债权人最终与债务人达成庭外和解，则无须去完成这个步骤。一旦妇女拿到执行令，警长便会开始执行法庭的判决，设法从债务人处收到款项。当债务人既还不了钱，也抵不了债时，警长就会把他们投入监狱。回收债务的进程完全取决于债权人的行动，这让债务人非常担心，不知道债主是否以及何时会对其财产提出索赔。[19]

作为债权人，妇女不仅会命令警长扣押债务人的财产，有时还会直接参与扣押财产的过程。寡妇伊丽莎白·斯温纳顿（Elizabeth

Swinnerton）将 136 英镑的"巨款"贷给纽波特的钟表匠托马斯·哈里斯（Thomas Harris），并收下他的一张期票作为日后还款的保证。哈里斯没有偿还斯温纳顿的债务，于是在 1751 年 5 月的庭审中，斯温纳顿起诉了哈里斯。开庭前一个月，斯温纳顿和警长一起去通知哈里斯出庭。他们算好时间，大清早 7 时 45 分来到哈里斯家，想打哈里斯个措手不及。可哈里斯不在家，于是，斯温纳顿清点了他的财产，警长据此将哈里斯制作钟表的原材料和工具列为债务担保物。这些扣押的物品（包括 5 张锯木板凳和 11 把凿子）很笨重，对于警长和其他帮忙运送的人来说，用马车把它们运走是个极其繁重且劳累的过程。扣下哈里斯这么多物品，斯温纳顿让这位钟表匠没法继续干活，同时也以一种几乎肯定会引起邻居们注意的方式展示她作为债权人的地位。[20]

女债权人还会行使一种额外的权利：规定债务人出狱的条件。波士顿和纽波特各有一所监狱来关押所有罪犯，但是，与犯刑事罪的人不同，殖民地的债务人并非国家的犯人。法律规定，债务人一旦被关押，要么还清债务，要么债主默许他们可以被释放，否则他们只能一直待在监狱里。一旦被关进监狱，他们挣钱的能力便十分有限，若他们有足够的财力，很可能早就把债还清了。所以，债权人把债务人收监主要是为了刺激债务人的家人朋友替他们去借钱或开具债券。不管是作为施压的策略还是出于怨恨，只要债权人支付相关的监狱费用，就可以让债务人无限期地待在狱里。[21]独身妇人会在诉讼过程中决定何时监禁和释放债务人，而这种决策权也适用于代表家庭行事的妻子。1761 年，有夫之妇汉娜·布雷顿（Hannah Brayton）决定了约瑟夫·西比（Joseph Seaby）的出狱条件。因为无法偿还汉娜·布雷顿和她丈夫本杰明·布雷顿（Benjamin Brayton）的债务，西比被关进了监狱，然后他找到一位雇主可以将他挣的钱直接转给布雷顿夫妇。虽然法庭记录的记名习惯强调了本杰明·布雷顿涉入案中，但是有证人指出是汉娜·布雷顿一个人跟西比谈判的，同意释放西比的也是布雷顿夫人。[22] 监禁拓展了信用事务谈判的重要性，并且创造出一个女债权人对债务人行使权利的额外舞台，而债务人往往是男子。

　　这个赋予女债权人权利的法律制度让因债务而被起诉的女人遭遇困境，只是此类妇女的数量要少得多。对于起诉她们的案件，女债务人没什么可质疑的理由。和许许多多男债务人一样，超过三分之二的女债务人会输掉官司，而且其中绝大多数是因为没有应诉而输的。[23] 此外，和那些被女原告起诉的男子一样，女被告也要面临失去财产或因无法偿还债务被收监的境地。1741 年，住在马萨诸塞州梅德韦镇的单身女子蕾切尔·克拉克因债务被起诉，尽管她提出抗议"我没有别的床了"，警长还是扣下了她的床作为抵押物。[24]1771 年，纽波特商人的寡妇阿比盖尔·西蒙（Abigail Simon）面临众多债务诉讼。债主们注意到她的经济状况出现危机，蜂拥而来夺取她的财产。他们拿她的家具来抵债，等一件家具都不剩的时候，就拿她的房子来抵债。债主允许她保留房子的三分之一，又命令她将剩下的三分之二租出去，然后将租金交给他们。[25]

　　没有足够财产来偿还债主的妇女会面临被监禁的命运。可不管何时，在每次开庭审理的数百起债务诉讼案件中，遭受监禁的债务人数量都很少。实际上，大多数债务人只会在监狱里待几个星期。[26] 妇女偶尔会因债务而入狱，甚至对监禁的恐惧也会决定她们的行为。1757 年波士顿的一位寡妇——莎拉·亨特（Sarah Hunt）——曾向马萨诸塞州立法会提交请愿书，在这份文件中，她讲述了自己为摆脱债务阴影而做的努力。1740 年丈夫去世后不久，亨特正式建立了一个商业合作关系，和女婿一起以批发和零售的方式售卖进口纺织品，可在波士顿经济日益萧条和跨大西洋信贷日益紧张的背景下，两人的生意步履维艰。当亨特的女婿去世后，公司已资不抵债。那时亨特已经 60 岁，她描述自己"年衰岁暮，已无力回天"，请求免除因债务而被监禁。她签署了协议，将公司的所有资产按比例分给债权人，作为交换，他们承诺不向法庭提起诉讼来收回额外的债务。但有位债主坚持要起诉亨特，所以她才向立法会递交请愿书。亨特在请愿书中哀求：若立法会不干预，她将"被关进监狱"；"为了满足债主的要求，她已经放弃了自己在世上所拥有的一切，因此她心知肚明，若进了监狱，她会死在里面的"。[27]

亨特的描述以及其他类似的描述都提到了新英格兰立法者所熟悉的典型文化现象和社会问题，这些现象和问题紧密相连。亨特的请愿书将对手定义为执意要去伤害心怀好意的债务人的居心叵测的债主，而将自己描写为脆弱不堪的寡妇，这一形象与波士顿越来越多的贫困寡妇相一致。亨特的困境进一步反映出在一个"债权人的诉求会得到祖护，经济遭遇失败的人却得不到什么补偿"的制度中，女债务人的苦境。和穷人一样，处于精英阶层的妇女（如亨特）也会遭遇破产。[28]对于像亨特这样从事大规模商业交易的贸易商来说，尤其可能面对众多不愿免除巨额债务的债主。一旦破产，女债务人没什么办法来为自己的财产和人身提供保护，哪怕只有一位坚持要上诉的债权人，也能威胁妇女的自主能力，让她们没法好好生活。由于害怕被监禁，亨特不得不投入时间和金钱去请愿，她成功地说服立法会永远取消那位债主的诉求。立法会做出了对亨利有利的决定，它同样也会对男子提出的类似请求做出同样的决定，由此等于承认了一个事实：在现有的法律框架下，债务人很难从困境中解脱。[29]

18 世纪初，新英格兰的法律系统便开始应对债务案件的剧增，随后案件数量一直稳步攀升，有鉴于此，在法庭定期开庭审理案件的过程中，世人便可见证波士顿和纽波特的妇女为了自身利益和作为遗产管理人所开展的经济活动。只要出席庭审的人，一定会听到法官在确认诉讼当事人环节高喊女诉讼人的名字，也一定会看到在旁听席上等待审理的妇女。法庭审理案件就是要在众目睽睽之下构建权利关系。对于绝大多数的女诉讼人来说，她们既是债权人又是原告，法庭越来越重视法律技术细节，这对她们有利，因为大多数案件中的被告根本不应诉，让债权人赢得了官司，同时也更有利于她们对债务人的人、财、物进行索赔，而大多数债务人是男子。不过，同样也是因为这个制度，让身为债务人兼被告的妇女变得极易受到伤害，尤其是当她们资不抵债的时候。不过，此类妇女的数量比较少。由于女被告没什么可行的策略来应对对手提出的诉求，不得不面对财物、房屋被收走，自己被监禁的局面。然而，所有涉足已发生变革的债务诉讼世界的妇女中，只有一部分会将注意焦点放在法律程序和案件结果上。实际上，通往法庭的道路起点更早，从她们决定雇用律师开始。

律师－客户关系

到了 18 世纪中期，从事法律事务在波士顿和纽波特成为一种公认的职业。但凡希望提出实质性法律辩论的诉讼人都会雇用律师。律师全是男子，所以从表面上看，新英格兰法律体系的发展符合我们常见的对中世纪和现代早期社会的描写。那个时期，从医药到服装贸易等各个行业中，受过正规教育的男子替代了没有受过正规训练的非专业人士，表面上妇女在这些此前曾涉足的领域中不再有发言权，无法介入其中。[30] 然而，当我们将注意力集中到波士顿和纽波特的律师－客户关系时，以下事实便显而易见：妇女持续参与到律师行业的发展历程中。在律师的城市客户群里，妇女乃是其中的组成部分，这在一定程度上是因为城里的独身妇人数量众多，其中许多妇女会开展可能引发诉讼的商业和投资活动。此外，在男子流动性极强的港口城市，所有居民都要捍卫家庭的集体利益，为此有时需要与律师打交道。想在债务诉讼中取得胜利，不仅需要律师具备专业能力，还需要妇女拥有智慧并付出劳动，对自身和家庭的律师进行监督。对新英格兰人使用律师的情况展开研究，不仅修正了我们对新英格兰律师协会兴起的理解，而且让我们了解到律师职业化是一个动态发展的进程，而非一系列由男子自上而下强加的变化。通过对审判案例的研究，我们注意到专业律师与非专业的普通人是如何在打交道的过程中共同对律师业的类别进行重新定义的，同时也认识到在女诉讼人与新兴的男性专业律师通力协作的过程中，妇女是如何调动那些意义重大且通常形式新颖的技能与影响力的。

在 17 世纪的新英格兰，律师并不常见；在 17 世纪的马萨诸塞州和罗得岛州，律师也不是一个明确的职业，1641—1648 年，马萨诸塞州规定做律师是违法的。许多诉讼人会雇用不具有正规专业技能的非专业人士来起草向法庭提交的文件，或者他们会选择直接在法庭上为自己辩护。当时有少数男人自称为律师，但他们没有受过正规的法律教育，还要从事其他职业来谋生。[31]18 世纪中叶，专业律师取代了这些没有受过正规训练的法律实践者，到了 18 世纪下叶，从事法律事务的专业人士聚在一起，律师成为一种公认的职业。这个新兴的律师群体有着共同的教育背景，其收入完全来自处理法律事务的实践。虽然成功的律师最终能够获得丰厚的回报，但是大部分准律师都是来自中等家庭、渴望提升社会地位的年轻人。他们通常就读于哈佛大学或耶鲁大学，大学教育让他们拥有了学识，然后他们跟随资深的律师当学徒，学习法律知识，掌握做律师的规范。在殖民地的律师行业，顶尖律师会获得巨大的财富和名声，成为社区里最富有的成员，担任政府的高级职务。[32] 到了美国革命前夕，纽波特城里大约有 10 名从业律师，波士顿城里大约有 15 名从业律师。[33]

信用女士：18世纪新英格兰城市的妇女、金融和法律

18世纪上叶，律师的努力和诉讼人的选择共同推动了律师行业的成长。1758年萨福克郡的律师成立了律师协会。该组织一方面推动法律从业人员的相互沟通交流，另一方面致力于建立律师行业的职业规范。1745年，纽波特的律师签署了一份协议，对他们的从业实践进行规范，美国革命之后，纽波特的律师基于此协议成立了该城的律师协会。律师们越来越团结一致，通过游说，成功让法庭和立法会减少了来自外部人员和未经训练人员的竞争。马萨诸塞州和罗得岛州都制定了规则，对可以出庭辩护的人员加以限制，马萨诸塞州还规定只有律师才可以起草法庭传令，即原告传唤被告出庭的法律文件。[34]这些规定让律师可以重塑庭审程序。律师在法庭上的辩论主要基于法律技术细节，通过让大家注意到对手违反了程序和起草的文件存在瑕疵来赢得案件。随着律师在法律诉讼中变得越来越有价值，男人和女人都愈加一致地选择使用他们的服务。反过来，这一切进一步提升了这个新兴行业的实力。到了18世纪中叶，所有原告，无论男女，在提起诉讼时都会雇用律师。为了回应针对自己的案子，被告也会雇用律师。[35]

大量的诉讼案乃是18世纪法律实践的基础。因此，妇女乃是律师客户的重要组成部分。律师对提供的个人服务收取费用，譬如起草文件或代理出庭等。每项服务的标准费用都很低，通常来说不超过1英镑，许多收费标准有明文规定。为了获取最大化的报酬，律师必须来回奔波于法庭之间（不同的郡级法庭的开庭时间是错开的），接下尽可能多的案子。哪怕是像约翰·亚当斯（John Adams）那么有名的律师（我们常常会把他与某些著名的审判——譬如波士顿大屠杀中的英国士兵案①——联系在一起），大部分时间也要用在

① 1770年，亚当斯为波士顿大屠杀中杀死殖民地居民的英国指挥官和士兵辩护，最终他们被宣判无罪。——译者注

寻常案件上，而且大部分收入也来自寻常案件。在加入律师协会一年后，亚当斯通过以下两种方式来提升自己的职业声誉：第一，"频繁拜访邻居"，"和男人、妇女和孩子亲切交谈"；第二，旁敲侧击地向"各类商人店主"推销自己。在其事业的高峰期，亚当斯成为马萨诸塞州接案子最多的律师。单一个年度，他就为萨福克郡初级法庭撰写了262份传令，代理了38位被告的案子，同时他还承接了高级法庭及其他郡级法庭的案子。从其早期为拓展业务所做的努力来看，亚当斯很清楚妇女为律师业务做出的贡献：一来，她们会雇用律师做法律顾问；二来，她们会雇用律师提起诉讼，反过来又会促成其他人寻求律师代理。[36]

对于身处不同社会阶层的妇女来说，雇用律师并与之打交道具有不同的意义。精英阶层妇女行事的社会环境与律师相同，而且事实也证明她们完全有能力支付律师费。美国独立战争打响前的十年里，阿比盖尔·斯通曼在波士顿和纽波特开了多家茶馆和咖啡馆，并雇用律师来起诉欠债不还的顾客。报纸上对斯通曼女士的描述是"彬彬有礼，言辞温和"。她足够富有，可以用此种方式来维护自己的公共形象。她曾做广告宣称自己的咖啡馆是为"绅士"提供服务的，这家咖啡馆乃是殖民地"美文学"①文化的核心，而斯通曼本人作为咖啡店老板则有着颇具权威的社会地位。因为纽波特的顶尖律师都渴望参与到精英阶层的社交网络，所以经常光顾斯通曼的咖啡馆，还在那里举办律师俱乐部聚会。[37]等斯通曼要起诉顾客的时候，自然便会求助于这些经常与她打交道的律师。相较于斯通曼的经营收入，律师费用的数额还是很低的。18世纪70年代初，威廉·埃勒里（William Ellery）律师每替斯通曼提交一份法庭传令，便收取

---

① 美文学（belles lettres）指的是一种轻松、有趣、不具实用性和信息性的文学。——译者注

她 12 先令。那些年里，斯通曼每卖出一大碗潘趣酒 ① 便会收取 20 先令，租房的住客每周会支付她 18 先令。埃勒里代理了斯通曼 7 起案子，律师费共计 12 英镑 6 先令，远远低于许多顾客在咖啡馆里累计的赊账数额。[38]

　　与之形成鲜明对比的是，雇用律师对于中低阶层的妇女来说，造成的经济负担和影响要大得多。在为斯通曼工作的那几年，埃勒里同时还兼任纽波特寡妇玛丽·西林（Mary Searing）的代理律师。西林依靠几桩小生意勉强维持生计，包括接收寄膳宿者、研磨巧克力和售卖纺织品。西林雇用埃勒里为她的两起身为被告的案子提交抗辩状（每份抗辩状收取 6 先令），以及为第三个案件拿到法庭判决书副本（以 8 便士的价格）。与斯通曼相比，西林给埃勒里的酬金总额微不足道，可尽管如此，这笔钱对于一个挣扎度日的妇女来说仍会造成重大影响。此外，对于西林来说，与埃勒里合作意味着在与一位社会地位比她高得多的男士打交道。[39]

　　对于妇女来说，无论其身处哪个社会阶层，懂得如何与律师打交道都是一项技能，一项驾驭经济法律体系的关键技能。在妇女与律师的合作关系中，第一步就是要懂得在哪里和如何雇用律师。妇女利用从社交网络中获得的信息在众多可用的律师中进行选择。1771 年，当波士顿的莎拉·帕金斯（Sarah Perkins）在罗得岛州普罗维登斯镇被起诉时，她到处找律师。经常出席普罗维登斯镇庭审的人声称在那里常常见到纽波特的从业律师亨利·马钱特，于是帕金斯便给马钱特写信，请他接下自己的案子。[40] 其他妇女则会有一种偏好：在对手雇用某位律师前抢先把这位律师定下来。1746 年伊丽莎白·托马斯（Elizabeth Thomas）被起诉前，写信给詹姆斯·奥蒂斯（James Otis），请他"作为律师协助自己"，并指示他"无论如

————————

① 一种果汁鸡尾酒。——编者注

何"都不要成为对手的代理律师。[41] 作为客户，妇女也有权利更换律师。在第五章中我们会更为详尽地讨论寡妇安·梅勒姆的法律纠纷。1744 年她选的第一位律师违背了她的指示，撤回了一个重要的案子，于是她便雇用了一位新律师。[42]

男人和女人会直接到办公室跟当地律师谈，还常常到家里拜访律师，也会通过信函远程雇用律师。[43] 这些非专业的客户以亲自上门或远程传书的方式描述案件内容，提出付款条件，说服律师代理他们的案件。律师－客户的合作关系本身就是一种信用关系，律师先为客户提供服务，之后再收取费用，必要时，也会对拖欠费用的客户提起诉讼。这些普通人的声誉和保证及时付款的承诺有助于说服律师受理案件。潜在客户还会给律师提供金融文件，如债券、期票、账目或收据等，来支持律师的代理服务。首先，这些文件可作为法律证据；其次，这些文件包含着律师起草法律文件时所需的信息。所以，当客户将文件原件交给某位律师的时候，就意味着他们已决定雇用这位律师。

美国革命拉开帷幕之前，有一套人们默认的强大规则支配着律师－客户之间的互动。1774 年，纽波特律师亨利·马钱特曾给来自弗吉尼亚东部海岸的寡妇弗朗西娜·缪尔（Francina Muir）写过一封信，在这封言辞有点刻薄的信函中，这位大律师阐明了律师－客户之间的互动规范。身为亡夫的遗产管理人，缪尔给马钱特写信，请他代为回收一个罗得岛人的欠款。缪尔的信函及附件缺少必要的细节，疏漏的信息造成了很大的麻烦，让马钱特不得不在回信中称自己对缪尔和她丈夫"一点儿都不了解"。马钱特指出他感到"非常意外"，对于所涉债务，缪尔竟然"没有提供一点儿证据"，尽管据说这位债务人实际上已写信认可了这笔债务。马钱特指出了缪尔的几个错误：第一个错误是没有请"可靠之人来送信"及未附上"其他能证明此事的文件"。第二个错误是"一点儿都没写"将如何回报律师所付出的劳动以及怎么支付法庭费用。马钱特坚持认为："开始接案前，我必须知道自己会得到什么回报。"他拒绝盲目地为声誉不明的潜在客户提供信用。[44]

想要雇用马钱特，缪尔面临重重困难。她住的地方离罗得岛很远，可能不大熟悉罗得岛的殖民法律规范。同时，马钱特将缪尔视为外人。虽然他经常接远方来函客户的案子，但那些客户通常都是男商人，和他以前的客户同属一个社会网络。当这些男子联系马钱特时，会出示熟人的介绍信，或提及他们共同认识的熟人。由于缪尔没有按照规范来做，导致马钱特以一种矛盾的口吻结束了这封回信。讲清楚要得到自己帮助所需的步骤后，马钱特写道："若您这样做了，我将全力以赴，如卑微的仆人般为您提供一切服务。"[45] 虽然马钱特以怀疑的态度回应了弗朗西娜·缪尔的要求，但与此同时，许多其他妇女顺利地雇用了马萨诸塞州和罗得岛州的律师。雇用律师的时候，她们运用了弗朗西娜·缪尔所缺乏的技能和社会关系。

1754—1755 年，纽波特律师奥古斯塔斯·约翰斯顿（Augustus Johnston）为纽波特寡妇玛格丽特·霍姆斯（Margaret Holmes）提供了多项服务，并为此保留了详尽的账目。从这份账目中，我们可以看到当时律师为客户不分性别地提供的三大类服务：在法庭之外提供法律专业知识、起草法律文件和为诉讼当事人做辩护。在不同庭审期相隔的几个月里，律师会为客户提供指导意见，并对案件展开调查。譬如，约翰斯顿为"解决玛格丽特·霍姆斯与彼得·菲利普斯和奥利弗·怀特（Oliver White）的事务提供建议和指导"，给霍姆斯开了账单。他还去公证人约瑟夫·福克斯（Joseph Fox）的住所拜访，因为文件起草好之后，公证人会保存文件副本，为此他给霍姆斯开了一张在福克斯家里"仔细阅读文件"的账单。这些服务的费用共计 10 英镑，不到霍姆斯欠约翰斯顿总账 81 英镑的八分之一。[46]

约翰斯顿为霍姆斯所做的其他工作都是直接将委托人的案件提

交给法庭审理。他撰写和获取了大量法律文件，在霍姆斯的账目下，最大一类条目便是此类劳动。他还出具了完整的传令（指示警长将霍姆斯要起诉的对象传唤上庭的印制表格），提起诉讼，向法庭提交诉状。当霍姆斯的对手应诉时，约翰斯顿便提交书面答辩状作出回应。随着霍姆斯诉讼案的推进，法庭相关费用会累积起来，而这些费用都与特定的金融文件联系在一起。每当约翰斯顿提起一起诉讼，就会开具一张起诉债券来支付相关费用。要成功为上诉案件辩护，需要使用下级法庭的记录，所以约翰斯顿还需购买这些文件的副本。他会先垫付这些费用，然后记在霍姆斯的账上。约翰斯顿为霍姆斯所做的最后一项工作是代她出庭。为此，他估算了一个为每件中级民事法庭案子代理出庭的固定费用，以及在上诉法庭为霍姆斯做案件辩护的额外费用。[47]

约翰斯顿为霍姆斯提供服务的账目展现出律师与客户是一种持续的合作关系。在法庭处理案件的过程中，需要完成许许多多的小步骤，包括及时向法庭提交所需的文件、按时出庭等，非专业人士会委托律师来完成这些操作。考虑到诉讼人随时都可以选择撤诉，或停止质疑对方的主张，所以如果没有客户的指示，律师不会推动案件的进程。此外，由于大多数律师开展跨郡业务，所以如果没有具体的出庭指示，他们有可能会缺席某次庭审。因此，在审理案件的过程中，哪怕雇用了律师，妇女还是不能麻痹大意。

在反复给律师威廉·布拉特尔（William Brattle）下达指令的过程中，寡妇玛格丽特·埃利奥特（Margaret Elliott）认识到了这种持续沟通的重要性。1753 年，有个男子因一笔涉及账本记录的债务起诉埃利奥特。然而，正如埃利奥特后来解释的，她一直相信自己"那时候……不欠他一分一毫"。埃利奥特成了无数因管理信用关系而需四处奔波的妇女中的一员，她租了一匹马，打算从所住的马萨诸塞州霍利斯顿镇（Holliston）向东走 20 英里，到剑桥镇（Cambridge）雇用布拉特尔做自己的律师。然而，埃利奥特从未抵达剑桥镇。她从马背上摔了下来，断了几根骨头，被迫返家。因为没法亲自跟布拉特尔谈，所以埃利奥特转而给布拉特尔送去信息。根据埃利奥特的指令，布拉特尔代表她出席了 8 月的庭审，并将她的案子延至 12 月的庭审。冬天来临的时候，埃利奥特的伤还未痊愈。于是她再次让人给布拉特尔带话，请他代为处理自己的案子。[48]

在这个事例中，埃利奥特展现出在雇用律师方面的足智多谋。后来埃利奥特向马萨诸塞州立法会提交请愿书，详陈事情的来龙去脉，她是用画押的方式来签署请愿书的。所以，几乎可以肯定她没有给布拉特尔写信。她的行为展现出一种不同的技能：有能力请到一位值得信赖的当地盟友，可为她口头转达指示，或替她撰写信函。在埃利奥特的策略中，以直接或间接的方式与律师沟通的作用各不相同。她十分懂财务金融，对自己的事务了如指掌，所以很有信心自己不欠对方任何钱财，于是想去见布拉特尔，把对自己案件至关重要的信息告诉他。而托人发出两条信息则是埃利奥特的权宜之策，为的是将案件推迟审理。[49]可布拉特尔从未收到第二封信函。12 月的庭审开始前，布拉特尔没有得到客户的指令，所以他认为埃利奥特不想继续对债权人提出的要求进行抗辩。于是没人代表埃利奥特出庭，她因不应诉而输了官司。可见，要赢得官司，客户需持续向律师给出指示。在这个案子中，沟通的链条断了。[50]

虽然大多数证据表明雇用律师的妇女乃是独身妇人，可有夫之妇也会与律师合作。实际上，律师的文件中有一小部分信函就是来自有夫之妇的，信中深入探讨了如何处理法律事务。1757 年，有夫之妇玛莎·帕克（Martha Parker）给家庭律师詹姆斯·奥蒂斯写信，因为被她丈夫曾经起诉的一位债务人希望能从牢里被放出来。帕克告诉奥蒂斯她已经"查过他的财产状况"，不同意这位债务人的要求，因为她发现这位债务人通过将房契转让给另一个人，使自己的房子免受债主的索赔。帕克的信中并没有提及丈夫离家，相反，我们从中看出她一直在与奥蒂斯合作。[51]

已婚妇女和其他女家眷还会代表家庭辅助律师的工作。女人会充当男人与律师之间的中间人，譬如，1754 年一位父亲差使女儿到詹姆斯·奥蒂斯律师处送文件。这位客户告诉奥蒂斯，"我的女儿"会送来这些文件，并坚称"我怕您会忘，最好还是让她来送，如此您便无须为此费心"。[52] 男人不在家时，妻子还会把代审的案件告知律师，并提供资金来确保其继续服务。1763 年，有位律师派信使"去找怀特夫人，斯汤顿·纳撒尼尔·怀特（Taunton Nathaniel White）的妻子"，收取"给陪审团的 4 英镑和给我自己的费用"，否则，他不会在下次开庭时出庭为案子辩护。[53] 在港口城市，已婚妇女和律师之间诸如此类的协作尤为常见。在城里居民的预期里，水手的妻子会在丈夫出海时向律师咨询法律事务，因为这符合妇女承担管理家庭财务和财产责任的需求。1740 年，纽波特水手理查德·琼斯（Richard Jones）的妻子告诉警长，丈夫出了海，没法对法庭传令中提及的案件作出回应，警长"建议她即刻把传令副本交给丈夫的律师"。这位警长将这一举动记录在卷宗里，他认为自己的指示不仅是善意的建言，而且是他在通知涉案各方时应尽的法律义务。[54] 与其他围绕信用的实践活动一样，和律师的合作涉及家里的所有成员，包括家眷。

对律师与客户之间的信函展开的研究进一步揭示了律师–客户关系的本质。许多非专业的普通人完全是以当面对话的方式与律师合作的，这样的会面鲜少产生书面记录。所以，这些客户与律师的往来信函大有用处，一则是因为它们让我们深入了解到一种常见的律师–客户关系，即以通信方式维系的律师–客户关系；二则是因为它们显然给此类合作关系的运作模式提供了可用作推断的证据。

随着客户与律师往来通信，他们便成了委托人与代理人。18 世纪的时候，人员流动与消息传播缓慢，委托人－代理人关系是大西洋经济网络的重要组成部分，其中包括师傅－学徒的合作关系、商人和代理商－船长的合作关系，甚至正如我们所见的，丈夫－妻子的合作关系。委托人与代理人的典型合作是委托人通过信函指示代理人，代理人在实践中执行委托人的指示，这是一种等级关系，不过其中也蕴含着对立关系。拥有监督权的委托人期望代理人既遵照自己的指令行事，同时又能见机行事。而且，靠代理人行事同样也是一种依存关系。[55] 正如委托人雇用代理人一样，诉讼人不仅期望律师谨遵指令，而且希望他们能运用自身的法律判断力和专业知识。18 世纪大西洋世界的特点是各种社会等级关系相互交错，其中女人－律师的关系与男人－律师的等级关系大致相似，都由所处的情境决定。妇女熟练掌控委托人身份及女性身份的能力决定了其与律师打交道时的等级关系。

男客户和女客户都会对律师做出指示，同时也会授予他们自由裁量权，让他们见机行事。譬如，住在法尔茅斯镇（Falmouth）科德角（Cape Cod）的玛莎·帕克写给詹姆斯·奥蒂斯的信件中，所用语气十分有礼，充分展示了客户向律师下达命令时的语气口吻。看起来帕克一直在做资产管理，她将金融文件送去给奥蒂斯，指示他起诉指定的债务人。通过这种方式，她处理了多起财务纷争，同时显示她对法律程序了如指掌，包括向法庭提交传令。在 1757 年的信件中，她匆忙下达了提起四起诉讼的指令。提到一位债务人的时候，帕克写道，"我没法让他解决这事"，"我想最好的办法就是起诉他这笔账款"。至于另一位债务人，她指出："我随信附上两张葡萄园领航员大卫·福勒（David Fowler）出具的票据，希望您用它们向法庭提交传令。"[56] 在 1761 年写的信里，帕克还请奥蒂斯代理一个自己为被告的案子："若下次庭审前我还没处理好，开庭时便该有所行动。如果我被传唤，希望您来作出回应。"[57] 和其他客户一样，帕克敦促奥蒂斯迅速执行她的指令，她告诫奥蒂斯"尽快"对一个案子采取行动，而对另一个案子的指示是"越快越好"。虽然信函中的措辞是请求帮助，可帕克的这些指示（以及其他妇女和男人给出的指示）清楚表明：委托人雇用律师是为了让他们执行自己的意志。[58]

在其他方面，客户（包括帕克在内）会给律师裁量权，让他们见机行事。在未经委托人同意的情况下，代理人会根据情况随机应变，同理，律师也能利用自己的法律专业知识，根据纠纷的最新进展情况作出自己的选择。男人和女人都会敦促律师根据"您认为的最好的办法"或"您认为合适的方式"来行事，抑或做"法官大人认为最恰当的事"。客户会在两种情况下使用这些措辞，一是从普遍意义上，通常用于信件的结尾；二是针对特殊情况。[59]譬如在一个案子中，据说债务人拥有已经付款的证据，对此玛莎·帕克指示奥蒂斯"看看是怎么回事"。她听从了奥蒂斯关于是否继续起诉的意见，并指出："若您认为最好是放弃诉讼，我也乐于从之。"[60]这些措辞会常常出现在外行给出的指示信函中，证实了律师与客户关系乃是由情境而定的。

同时，律师通过及时分享信息和承诺未来服务来表现对委托人的尊重。律师写信给女客户时，会和给男客户写信一样，假定对方了解法律术语和程序，在信中详陈最新的信息。1766 年，康涅狄格州的律师威廉·塞缪尔·约翰逊（William Samuel Johnson）写信告知住在波士顿的丽贝卡·吉本斯（Rebecca Gibbons），称自己正在等待她的债务诉讼案开庭审理。信上说，"案子已经立案，被告的法律顾问告诉我，他们会主张已偿还全部债务来进行抗辩"。同时他还承诺，"您大可放心，我会尽力对他们的抗辩作出回应"。1769 年，亨利·马钱特同样向住在纽约的安妮·戴维斯米（Anne Devisme）汇报，"我已对惠普尔（Whipple）和蔡司（Chace）提起诉讼，并得到了判决结果"，他还希望 6 月时可收到她支付的费用。同时，他表达了自己的歉意，"由于工作匆忙，我无法像往常那般经常给您写信"，不过他承诺"当需要与客户沟通时，我从不疏忽，必定会给客户写信"。[61] 正如马钱特对戴维斯米做出的关于对待"客户"的旦旦誓言所强调的，律师认为所有的付费客户都有权了解其相关事务的最新进展。

在对委托人表现出尊重和忠诚的同时，律师凭借自己的法律知识和专业技能维护自身的专业权威。他们常常指导客户依照 18 世纪中期确立的严格证据标准为出庭准备文件。1766 年，当丽贝卡·吉本斯提出她还有额外文件来证明自己的主张时，威廉·约翰逊（William Johnson）写信回复道，她应该"把所有宣过誓的文件副本和所有可证明案件的证据发过来"。在 1771 年一起涉及账本记录的债务诉讼案中，亨利·马钱特同样对莎拉·帕金斯给出指导意见："波士顿的大法官必会检查您的账目，还会与相关的原始条目和分类账进行比对。"1774 年，他建议弗朗西娜·缪尔"拿到丈夫的遗嘱、遗嘱认证书以及遗嘱执行书的副本……所有这些文件需由政府盖章确认，或至少有公证人签字"。[62] 这种细致的指导且偶尔说教的口吻不只针对女客户。甚至在对精英阶层的男子讲述法律程序时，律师同样也会以坚定的口吻来凸显自己的专业能力。[63] 所以，男人和女人在与律师往来通信的过程中，他们之间的等级关系一定程度上取决于所处的情境。有时，诉讼人会给律师权威的指示，而律师会尽职尽责地向诉讼人提供详尽的报告。有时，律师掌握的一手信息和法律专业知识让他们得以行使自由裁量权，甚至对客户进行指导。

由于律师－客户合作关系的固有特征就是一种由情境决定的等级关系，所以每一段律师－客户关系都取决于诸多交错的可变因素的相互作用。其中，性别所发挥的作用无疑是一个重要的考虑因素，不过，债权人或债务人的社会阶层及身份地位会与性别因素交织在一起，决定非专业的普通人与律师展开合作的方式。女客户与律师的往来信函展现了妇女与律师打交道的各种可能性。

有些男人和女人会给律师简短干脆的指示，其中就包括纽波特的寡妇店主莎拉·朗赖尔（Sarah Rumreil）。1746 年，詹姆斯·奥蒂斯律师收到一封朗赖尔的信，这是他作为朗赖尔的代理律师的部分工作内容。在朗赖尔写给奥蒂斯的信中，这是唯一保留下来的一封，信中措辞假定对方很了解情况，且没有介绍性问候，表明通信的女生意人和律师早已建立起良好的关系。信里简洁明了地提到三件事，分别涉及赖丁顿（Ridington）、韦斯特（West）和威廉姆斯（Williams），朗赖尔显然精通金融事务和法律程序。

先生，

随信附上赖丁顿的契约，还必须在韦斯特的账上加 11 英镑 9 先令。至于威廉姆斯那事，我必须告诉您，他是个拖拖拉拉的家伙，您要好好处理，面对官员的时候同样也要小心。

此致

敬礼！

莎拉·朗赖尔[64]

信中使用了两次表示权威的"必须"，以及一次指示奥蒂斯的"好好处理"，可见朗赖尔毫不含糊地将奥蒂斯视为代理人，认为他必须按自己的命令行事。从这封言简意赅的信函中，我们能感觉到朗赖尔的自信：奥蒂斯会继续代表她行事。

不管这封信是不是朗赖尔亲笔所写的，由于她的债权人身份、所处的社会阶层以及所开展的商业活动，所以信中可以使用权威性的口吻，而且这种口吻是恰当的。作为韦斯特和威廉姆斯的债权人，朗赖尔在信中谴责威廉姆斯是个"拖拖拉拉的家伙"。当朗赖尔跟奥蒂斯说起他们时，是把自己放在一个经济实力强、道德立场高的位置上。当时，她即将成为纽波特最令人瞩目、最富有的女生意人。在丈夫离世后的数十年里，朗赖尔继续经营家里的店铺，从大商人处购入奢侈品，然后售卖给纽波特的居民。她经常成为纽波特法庭的原告，1767 年罗得岛州进行了一次纳税评估，据评估，朗赖尔拥有"一栋半楼房"，价值 228 英镑的现金和股票，应税商品价值达 234 英镑。[65] 由于生意很成功，经营时间很长久，所以，朗赖尔和其他经常与所雇律师在相同社会经济圈内活动的人一样，会以相对平等的姿态给奥蒂斯指导。

有些妇女则把律师看作拥有独特能力的人，可凭借其法律专业知识将她们从困境中解救出来。朗赖尔通过信件给奥蒂斯下达命令，而其他潜在客户则以央求的口吻写信，"恳求""祈求"或"乞求"律师予以帮助。她们不像朗赖尔那般在情感上有所克制，总在说自己被对手"冤枉""滋扰"或"错待"了，输掉官司对于她们来说不"公平"或者很"艰难"，又或者使她们"彻底完蛋了"。[66]1762 年，当费布·欣克利（Phebe Hinckly）因债务被起诉时，便写信给詹姆斯·奥蒂斯寻求帮助，看起来她是亲自给这位律师写信的。信件开头她解释道："几句（话）高诉（告诉）[①]你案子的情况，我觉得好比从（从）两岁起就一直在买单。"没有朗赖尔信中的具体指示和法律术语，欣克利的整封信只是概述了自己的困境，最后，她提出了含糊其词的要求："我想这很难，相信您会让真相大百（白）。"[67] 欣克利的信以及其他类似的信函将律师当成了仁慈的保护者。

寻求律师帮助时，男人和女人有时都会摆出一副央求的姿态。譬如，1739 年，马萨诸塞州哈维奇镇的艾萨克·多恩（Isaac Doane）

---

① 信中出现的错别字（"告诉"错写成"高诉"），下同。——译者注

为了两个官司给詹姆斯·奥蒂斯写信，他用了类似费布·欣克利的口吻。一个官司是债权人坚持要起诉多恩，要求他偿还全部债务，虽然多恩声称自己已经偿还了大部分的欠款。另一个官司是债务人企图"证明"多恩已经收了涉案款项。多恩在信中恳求奥蒂斯，"请好好处理我的安子（案子），因为我全靠您，因为我在这是（事）上是被冤枉的"，隔了一句话之后，多恩写道，"请别让我遭受不公平的审判"。[68] 欣克利和多恩的信与朗赖尔那封文笔优雅的信函形成鲜明对比，别字连篇，语法不顺，显然他们俩不属于新英格兰博学的商业精英人士。

虽然央求律师帮助并非女人独有的姿态，但是有些女债务人的信函还是展现出性别在律师-客户关系中的额外意义。这些妇女将自己的困境与性别联系在一起，她们把律师视为侠义的资助人，遇到困难时可以向他们求助。这些妇女的描述里常常会加上"贫穷""年幼"或"老弱"等词语来强化自己的困境。在 18 世纪 40 年代至 60 年代写给詹姆斯·奥蒂斯的信件中，汉娜·诺顿（Hannah Norton）、伊丽莎白·哈蒙德（Elesabeth Hammond）和安妮·约翰逊（Anne Johnson）分别将自己描述为"可怜女子"，在"垂暮之年"处于"最（沮）丧境况"的"卑微女人"，以及"贫困了（潦）倒的老寡妇"。这些女人对自身境况的描述总带着这些特征。汉娜·诺顿将对手描述为失控的神秘野兽，奥蒂斯之前曾把她从"女妖嘴里"拯救出来："若没您插手的话，女妖会咬掉我的一块肉吞到嘴里"，"迫切需要"使她再次"飞来（向奥蒂斯）寻求帮助"。汉娜·诺顿哀叹债权人及其两个成年的儿子威胁要没收她的所有财产，还要"录（剥）夺我 45 年来的所右（有）劳动……太难了"。当她"恳求"奥蒂斯"处里（理）案子，代我行事"时，等于邀请这位律师为她提供类似于亡夫或儿子的男权保护。[69] 完全不同于莎拉·朗赖尔，这些妇女将女性的脆弱与男性的法律技能和保护绑在一起，相提并论。她们的措辞无疑反映出其身处的危难境况和对律师代理的迫切需求，不过同时也证明了她们在驾驭日益专业化的法律体系上的悟性。这些妇女熟悉雇用律师的程序，还会利用充满情感的话语来提升自己获得律师协助的概率。

18 世纪中期，即使律师认为自己日益成为法律诉讼的核心，普通的男人和女人仍然会参与到诉讼工作当中。随着新英格兰人提起债务案件，给律师提供了越来越多的业务，包括妇女在内的非专业普通人为律师行业的发展做出了贡献。作为一种委托－代理关系，普通人与其所雇律师的合作必然导致他们之间的等级关系受到情境的影响。有些客户会强调他们对律师的依赖，恳求律师提供帮助。对于妇女来说，这种姿态可以明确与其性别特征联系在一起。还有一些客户，包括富有的女债权人，则会以相对平等的姿态给律师权威的指示。每一个诉讼人都会对自己的律师展开积极的管理，包括寻求他们的帮助，建立信用关系，支付款项，提供必要的信息和法律文件以及监督律师正在开展的工作等。

法庭之外的债务诉讼活动

与债务诉讼有关的大部分法律活动发生在法庭之外，其中不仅包括律师与客户之间的持续协作，还包括地方官员在债务诉讼前后执行法庭命令。许多历史学家已经指出，18 世纪出现了大量的债务诉讼，不过他们很少注意到"送法庭传令"这一过程所起的作用，送传令是普通人（包括妇女）参与法律活动的重要舞台。[70] 郡中级民事法庭每次开庭时，新英格兰人都会提起数百起新的诉讼，所以在殖民地社区里，给对手送法庭传令是非常普通、极其常见的事情。由于法庭会定期开庭，因此送传令这一行为在特定的时间段里更为常见。在处理债务诉讼的过程中，涉及人、财、物的扣押问题，扩大了妇女参与债务诉讼和发挥法律技能的范围。

1766 年 2 月 17 日，约瑟夫·福伊（Joseph Foy）警官深夜来到波士顿居民爱德华·皮尔斯（Edward Peirse）的家。爱德华·皮尔斯不在家，福伊敲门的时候，来开门的是皮尔斯的妻子莎拉·皮尔斯（Sarah Peirse）。警官向莎拉·皮尔斯解释，他之所以登门是因为波士顿鞋匠本杰明·斯塔尔（Benjamin Starr）因一笔债务已将她丈夫告上法庭。福伊那天晚上的行动成为斯塔尔诉讼案的基础，同年 4 月，莎拉·皮尔斯在萨福克郡中级民事法庭出庭做证。尽管莎拉·皮尔斯不会写字，只能用"X"来签署自己的证词，可她非常清楚 2 月那个晚上所发生的事件的法律意义，所以她将当时的每一个细节都记在脑海里。当她来到治安官面前做证时，证词几乎有两页纸那么长，所涉内容比平常的证词要广泛得多。跟随莎拉·皮尔斯的证词，我们可以领略到债务诉讼是如何将其他并非诉讼案当事人的人卷进来的。[71]

本杰明·斯塔尔提起诉讼的方式和其他债权人一样：他买了一张法庭传令。这份法律文件指示警长或其副手传唤爱德华·皮尔斯出庭，并采取足够的措施确保爱德华·皮尔斯出现在法庭上。于是 2 月 17 日，约瑟夫·福伊警官拿着法庭传令来到皮尔斯家。除了把"有人将他告上法庭"这事告知债务人，福伊此行的目的还包括将爱德华·皮尔斯等同于债务价值的财产控制起来。一般来说，警官会扣押家里的物品，包括家具和工具，有时候他们还会抓些劳工来做抵押，这一举动说明奴隶被视为一种动产。[72] 在财产不够的情况下，福伊会告诉爱德华·皮尔斯要么提供担保人，要么被收监。福伊有义务依法执行法庭的指令，扣押皮尔斯家的财产或人员，未能履行职责的警长和警员会面临被不满的原告起诉的风险。送传令时，并非所有债权人都会在场，可这一次斯塔尔就在现场。他可能是陪着福伊来的，也可能是那天晚上福伊上门拜访时中途来到皮尔斯家的。[73]

每到萨福克郡中级民事法庭的庭审季，都会涌现一股活动的浪潮，福伊上门拜访皮尔斯家的一幕，只是这些浪潮中的一段缩影。每次法庭开庭都会涉及一系列的截止日期，包括原告购买法庭传令的截止日期、警长将传令送达被告的截止日期和被告提交抗辩状的截止日期等。诉讼当事人十分熟悉这些截止日期，并试图利用它们来为自己争取优势。[74] 所以某些关键日子自然会引起一系列频繁的活动。许多债权人希望能与债务人达成庭外和解，从而节省法律诉讼要花的时间和费用，所以他们会将提交法庭传令的时间尽可能压到最晚。同理，许多债务人也会等到截止日期才提交抗辩状，他们或是想利用所有一切可能的拖延战术为自己争取优势，或是试图在庭外达成和解。根据一位罗得岛居民的描述，到了重要的截止日期，办事员的办公室变得"人满为患"，大家"忙得手忙脚乱"。[75] 每次开庭前涌现的诉讼案需要警长及其副手在十分集中的时间段里将大量法庭传令送达被告。福伊是在 2 月上门拜访皮尔斯家的，而接下来的庭审要到 4 月，这不大符合常规模式。看起来斯塔尔已经下定决心要起诉，所以觉得没必要再等，或许是因为若继续等待的话，会让其他债主捷足先登，先获得皮尔斯的财产。不管斯塔尔动机为何，这件事的发展为我们提供了一扇窗户，透过它我们看到了一段每年会在波士顿和纽波特重复上演数百遍的剧情。

根据莎拉·皮尔斯的证词，2 月的那个晚上，福伊来送法庭传令时曾与家里的三个人讲话。他先和莎拉·皮尔斯对话。这是常事，因为法律允许警长和警员将传令交给男被告的妻子。尤其是在港口城市，当地官员拿着这些法令通告来到被告家里时，通常只能找到已婚妇女，而非她们的丈夫。有些妻子只是代表丈夫接下传令，还有些妻子则会试图拖延或保护家庭财产，正如莎拉·皮尔斯所做的那样。当福伊向她告知来意后，她"希望他等一会儿，告诉他自己的丈夫很快就会回家"。可福伊没理会莎拉·皮尔斯的要求，而是依照法庭传令的指示，开始对家具和家居用品进行扣押。在此过程中，爱德华·皮尔斯和另一个住在家里的寡妇伊丽莎白·哈特（Elizabeth Heart）回来了。[76]

皮尔斯夫妇和伊丽莎白·哈特跟福伊进行了激烈的商讨，这足以证明他们都很熟悉法律程序。据莎拉·皮尔斯所言，福伊一到她家就宣布他"有一张传唤自己丈夫的传令"。当福伊声称要扣押写字台、镜子和红木桌时，莎拉·皮尔斯提出抗议，称这些东西不属于自己的丈夫。福伊回答，"他不管这些东西是否属于爱德华·皮尔斯，总之就要扣下它们"。莎拉·皮尔斯提出的反对，以及回忆福伊的反驳，反映出她了解法庭传令的意义。她知道，这种文件授权福伊扣押她丈夫的财产，但不允许福伊扣押其他人的财产。[77]

爱德华·皮尔斯回到家后也跟福伊吵了起来，他重申那些物品不是他的。爱德华·皮尔斯知道，没有足够财产作抵押的被告会被关进监狱，所以他提出找个担保人。爱德华·皮尔斯提出的每一个名字都被福伊拒绝了。警官称第一个人"今天夜里没法找到"，而第二个人"住得太远了"。爱德华·皮尔斯又提出去拜访一个住在"巷角"的男子，"一会儿"就能开具债券，这时福伊回答"他已拿到抵押物，无须再去"其他人家里。[78]

最后，在这片喧闹中，身处现场的伊丽莎白·哈特介入进来。她告诉福伊，"他扣押的物品都是她的财物"，显然她也明白法庭传令的意义。根据莎拉·皮尔斯的证词，哈特警告了福伊："敢碰一下或挪一下它们，就要你好看。"[79]"要你好看"及其他类似的说辞是假定对方要承担风险和责任，具有重要的意义。它们会反复出现在那个时代的法律记录中。证人的证词描述了许多男人和女人在与地方官员的类似冲突中发出过相同的警告。[80]不管哈特及其他旁观者用的是不是这几个字，他们十分清楚，要足够清晰地告知警长和警员：最终的证人证词里一定会有这句话。哈特的警告让福伊停了手。就在此时，他问斯塔尔是否会承担当晚事件的法律责任。在后来的争辩中，斯塔尔的肯定回应极具重大意义。[81]

在与当地执法部门打交道的过程中，有些新英格兰人还会运用其他策略。面对那些自称是来送法庭传令的官员，非专业的普通人会精心设计自己的反应，同时还会评估这些人到底是不是以公职身份行事。虽然法律要求警长和警员将传令送达被告的住所，可显然法律并没要求这些官员一到被告的住所就要即刻大声宣读这些文件。[82] 有些男人和女人会向官员询问传令的内容，并提出要查看传令或让官员把传令宣读出来。[83] 另外，因为法律有具体规定，警长和警员不能强行闯入居民家中送传令，所以当他们上门时，被告及其盟友有时会匆忙把门锁起来，把物品藏起来。在休斯家族那场围绕波士顿皮革厂展开的漫长纠纷中（见第一章），支持休斯家族的女工露丝·洛林和女仆伊丽莎白·戈达德（Elizabeth Goddard）没有接收法庭传令，而是把门关起来，将警长拒之门外，同时还匆匆忙忙地把商店和外围的房子锁起来，防止警长为行使另一个职责而把休斯家族的财物扣押下来，显然她俩也十分熟悉相关的法律。[84] 考虑到 18 世纪新英格兰警长送法庭传令的频率，熟悉法律程序对于保护自己、盟友或上级的利益至关重要。

就福伊而言，他似乎在刻意利用所有可能的因素来发挥自身优势。法律的确允许警官在夜里去送法庭传令，可福伊很可能是刻意选择晚上去送传令的。2 月的黑夜可能会让福伊的出现更令人措手不及，让莎拉·皮尔斯更加胆怯，而且夜晚会为拒绝可能的担保人提供便利借口（莎拉·皮尔斯指出她的丈夫会在晚上 9 点至 10 点回家，所以整件事发生在深夜时分，尤其是依照 18 世纪波士顿的标准）。福伊还特意利用了当时现场的性别因素。面对伊丽莎白·哈特的挑战，他提醒哈特自己的体力强于她，声称"如果你没我强，我就（把物品）带走"。[85] 可能福伊只是想充分行使自己作为地方小官吏的权力，不过从他那么努力地去扣押贵重物品的行径来看，也有可能他在协助斯塔尔，也就是爱德华·皮尔斯的债主，其中有隐藏的经济利益。

福伊拖着一大堆物品离开了哈特和皮尔斯的住所，包括写字台、茶几和架子（都是红木的），还有镜子和黄铜壶。[86] 他把这些物品都交给了斯塔尔，在案子得到解决前，斯塔尔可以把这些物品当作抵押物。两个月之后，在中级民事法庭上，伊丽莎白·哈特起诉斯塔尔拿走了她的财物，这一起诉源自斯塔尔曾经口头承诺过他会对福伊的行为负责。莎拉·皮尔斯就是在这个案件中出庭做证的。[87]

伊丽莎白·哈特的诉讼案和 2 月那个晚上发生的事情凸显出：送法庭传令的过程会涉及债务诉讼案当事人以外的其他人，代表法律的人员可能会不经意间与他们发生互动，也可能会在与他们发生激烈对抗，从而将他们扯进其中。卷宗里没有具体说明福伊登门的那栋房子属于皮尔斯夫妇还是伊丽莎白·哈特，不过，这两家显然不存在亲属关系，所以几乎可以肯定的是一方租了另一方的房子。如果福伊扣下的贵重家具归伊丽莎白·哈特所有，那么房子很可能也是她的，她也许就是那种以房租为重要收入来源的寡妇，在波士顿正常缴纳税款的寡妇中，像她这样的人大约占三分之一。[88]

若伊丽莎白·哈特真的是房东，那么她就属于一个人数更为庞大的群体，即由于靠近他人的财产而被卷入法律诉讼之中的女生意人。除了要处理许多自身的诉讼，1754 年，纽波特的店主莎拉·朗赖尔还在两位男商人之间的诉讼中与当地官员打交道。被告威廉·斯多克斯伯里（William Stoakesberry）是西印度群岛莫斯基托海岸（Mosquito Coast）的居民，不过他有些财物留在朗赖尔处。有鉴于此，警官就把这起诉讼的法庭传令送给了朗赖尔，于是她把斯多克斯伯里价值 81 英镑的财物交了出去。这次送传令的过程很顺利，可朗赖尔需要对当地官员的要求进行评估，也需要具备皮尔斯夫妇和伊丽莎白·哈特所展现出来的法律知识。[89]

不管身为租户还是房东，妇女的财物都会与同住人的财物混在一起。在引发伊丽莎白·哈特诉讼案的事件中，这一点在约瑟夫·福伊巡视厨房的时候尤为明显。当福伊看到那个大黄铜壶的时候，哈特试图将他引到别处，坚持说那壶是她的，可邻近的桌子却属于爱德华·皮尔斯。[90] 由于多位住户的物品放置在彼此触手可及的范围内，所以官员的任务还包括要去区分诸多家居用品的所有权归属。由于这些物品已经完全混在一起，当警官来送法庭传令给房子里的其他住户时，男人和女人必须站出来保护自己的财物。

在城市里，有些人会租房子住，还有些人会提供租住服务。在这样的经济环境中，由于妇女介入而引发的哈特和皮尔斯夫妇诉讼案与 30 年前纽波特寡妇乔安娜·查普曼面临的情况十分相似。1729 年，在乔治·劳顿（George Lawton）的病情越来越严重的时候，查普曼让他住在家里，照顾他，直至他在 1732 年去世。其间，查普曼替劳顿看管财物。他们之间的关系是场生意安排：查普曼提供有偿服务，随后从劳顿的遗产中支付这笔费用，可这段关系在日常实践中又非常复杂。[91] 由于这位租户病倒了，他那个上锁的红皮箱实际上由查普曼在看管，里面装着钱、金融文件和各种各样的面料。当他病得没法应对上门的债主时，就把皮箱钥匙给了照顾他的女房东。有几次，查普曼打开皮箱，拿出需要的钱，付给劳顿的债主。[92] 劳顿死后，由于查普曼可以拿到他的财物，有些东西就说不清了。纽波特市议会传唤她，要求她对劳顿留下来的遗产情况提供证词，因为劳顿的遗产管理人起诉了她，指控她非法扣留已故房客的皮箱及里面的物品。议会显然认为查普曼的行为符合正常的商业惯例，所以遗产管理人输掉了官司。[93] 把房间租出去可能会提升妇女的收入，但也可能会让她们陷入与当地官员的对抗之中，像乔安娜·查普曼和伊丽莎白·哈特一样。

同样可能的是,皮尔斯夫妇与伊丽莎白·哈特是同谋者。为了让自己的财物免受债主的扣押,新英格兰人有时会把自己的物品临时"卖"给别人,这种手段在实践中会有不同的变化模式。在哈特的帮助下,皮尔斯夫妇有可能就是这样做的。[94]莎拉·皮尔斯可能很聪明,为了不让福伊扣押房子里的家具,坚称这些家具归哈特所有。不管是预先商量好的,还是临时起意,爱德华·皮尔斯和伊丽莎白·哈特可能继续沿用了这个诡计。若福伊和斯塔尔察觉了这个阴谋,就能解释为什么他们坚持要把相关财物运走。

最终,法庭判哈特胜诉,要求斯塔尔因扣押涉案财物赔偿她6英镑。[95]不管伊丽莎白·哈特是无辜的受害者,还是精明的共谋者,她的故事突出了一个事实:看似简单明了的债务案件,其波及范围也会超出案件当事人。每到庭审季,官员们纷纷出去找寻法庭传令上指明的被告,这一幕会重复上演数百遍。当他们抵达目的地时,常常会碰到被告家里的其他成员,包括妇女。要想扣押被告的财物,官员们就需对住所里不同居民的混杂物品进行梳理辨别。在英属波士顿和纽波特诉讼案高发的社会环境下,哪怕是不大可能亲自接受法庭传票的男人和女人,每半年或每季度一次的送传令季都是他们生活中熟悉的情景。其中还存在潜在的危险。非专业人士保护自身人、财、物的能力取决于他们对法律程序的熟悉程度,以及在与地方官员对抗时为自己辩护的能力。当警员或警长上门时,家里人(包括妇女)要被迫作出回应。

小结

在波士顿和纽波特诉讼案高发的社会环境下,债务诉讼影响着大多数人的生活。原告和被告乃法庭诉讼的核心。从1730年至美国革命拉开帷幕这段时间里,那些发起诉讼或被迫回应诉讼的人面对的是不断变化的法律环境。法庭在裁决争端时越来越优先考虑法律技术，通常会支持那些符合技术要求并提交充分证据的当事人。男人和女人都在这些变化中前行。虽然成为原告和被告的男性比例大致相等，可在直接诉讼中，绝大部分的女诉讼人为债权人，也就是原告。她们通常是在对手没有应诉的情况下，以压倒性的优势赢得了官司。在庭审的过程中，身为债权人兼原告，妇女会获得公众的关注，同时还可以获得他人的财产。然而，在同一制度的另一面，为数不多的妇女会因欠债而被起诉，还不具备反驳债权人的能力。

要把妇女当作娴熟掌握法律的行为人进行充分评估，我们还需将视野拓展到法庭之外。18 世纪中期，在债务诉讼中总能看到律师的身影，而法庭之外的诉讼相关活动主要是律师和非专业人士通过对话与信件彼此协调。对律师 – 客户合作机制的研究结果修正了关于律师职业化及其对妇女影响的标准描述。为了维持从业利润，律师需要大量的客户，其中既包括独身妇人，也包括有夫之妇。雇用律师对不同的妇女有着不同的意义。对于像阿比盖尔·斯通曼这样处于精英阶层的女老板来说，相对于其他业务，律师费的数额不大，与律师合作意味着在其现有的社交圈里活动。对于像玛丽·西林和费布·欣克利这样不太富裕的妇女来说，寻求律师的帮助则蕴涵着不同的意义，意味着她们在与比自己社会地位高的人打交道，同时要承担高昂的费用。对于所有女人和男人来说，律师 – 客户的合作关系是一种委托 – 代理关系。这种关系天生具有可变的特征，需要诉讼当事人持续监督律师。随着男律师的崛起，女原告和女被告不仅没在法律体系中失去话语权，反而在雇用律师及监督其业务方面还展现出驾驭法律体系的技巧。

债务诉讼产生的影响也超出了诉讼当事人及其律师，还会波及当地官员传唤被告出庭时碰到的其他人。由于警长和警员上门时，经常都是妇女在家，莎拉·皮尔斯与伊丽莎白·哈特便是这样的妇女，这些妇女在回应这些官员的通知时展现了自身所具备的技能。她们所付出的努力还包括阻止警长扣押表面上属于其他人的财物（拥挤的城市里，租房现象很常见）。哪怕 18 世纪中期以后男律师和法律技术细节在债务诉讼中变得越来越重要，妇女仍是这一不断变化的体系中不可或缺的参与者，她们利用自身的优势推动了法律体系的变革。

第四章

"我的所见所闻"
——证人的知识和权利

·············§·············

1731 年 7 月，彼得·威斯特欠男房东账款，他与房东清算账目时，玛丽·阿斯滕（Mary Asten）饶有兴趣地在一边看着整个过程。这场谈话发生在威斯特位于罗得岛州南金斯敦镇的住所里，而阿斯滕的家则在相邻的北金斯敦镇。[1] 阿斯滕看着他们俩比对彼此的记录，然后听到他们达成一致意见：根据所欠数额，威斯特给债主开具了一张 3 英镑 10 先令的债券。双方写好票据后，阿斯滕听到债主将票据内容大声念出来。她还看到威斯特在上面签字盖章，然后另外两个男人以证人的身份也在上面签了字。两年之后，当这笔债务被提起诉讼时，玛丽·阿斯滕来到治安官面前，为所有这些细节做证。[2]

阿斯滕的陈述描绘了许多实践活动。如前几章所示，这些活动构成了债权人与债务人在法庭之外的关系，其中包括在社区里来回奔波、就协议条款讨价还价、出具和审查金融文件等，这些活动常常发生在混合用途的住宅空间里。正如我们所见，参与这些日常活动的妇女（不管身为债权人还是债务人，不管是为了自身利益还是作为家庭的代表）在信用网络中做出了广泛且技术性很强的贡献。然而，阿斯滕出庭做证的行为凸显出经济和法律体系中一个常常被忽视的女性角色群体：证人。阿斯滕是个有夫之妇，与威斯特或债主都无明显的关系，她在一旁观察他们两人之间的谈判，并且在后来将细节描述了出来。在此过程中，她获得并展示出关于信用、债务和法律的见识。阿斯滕在法庭上按时间顺序描述了两人清算债务的过程，在这份证词中，她将法庭认为最重要的事项都一一进行了描述，方便书记官把重要的细节记录在证词文件中。

17、18 世纪之交，新英格兰法庭的变革改变了证人做证的内容与意义。第一代法官和治安官审理案件的目标是修复断裂的社区纽带，所以他们鼓励证人就案件的各个方面以及涉案各方的关系随心所欲地进行陈述。到了 18 世纪中期，法庭越来越强调要遵循大英律法，再加上法官关心的是尽快处理掉数量庞大的债务案件，因此证人可以做证的相关细节范围似乎变窄了。这一时期，欧洲大陆和殖民地区的人们越来越接受关于理性的启蒙思想，新英格兰法律体系的变革与此变化相一致。17 世纪的新英格兰是个十分重视精神的世界，无论男女，叙述里通常都有关于魔法和奇迹的体验，而且人们会十分认真地对待他们的叙述，包括在法庭的做证陈词。可到了18 世纪，新英格兰人越来越重视由感官体验所产生的认知。有些人认为 17、18 世纪之间的这些变化导致妇女作为证人的权利日渐式微。[3] 然而，通过对像玛丽·阿斯滕这样的证人的活动展开研究，以下事实便凸显了出来：妇女参与到了 18 世纪的经济法律体系中，而且普通的男人和妇女均具有强烈的法律意识。

新英格兰金融交易中的证人还隶属现代早期一个更广泛的观察者群体。在整个大西洋世界，充当证人的机会多种多样，使得个人（尤其是在地理位置上或社交环境中处于边缘的个人）孕育了公共品格。福音派支持女人成为教会成员、传教士、先知或预言家。[4]来自北美各地的人，包括黑人和原住民等，经常收集并记录各种科学现象，从而将自身融入研究科学与自然历史的精英文化之中。[5]例如患者向博学的医生解释自身症状，从而获取关于疾病和身体的知识。[6] 由此可见，启蒙运动非但没有将普通人排除在科学的话语体系之外，还高度重视个人的亲身观察，使其在知识产生的过程中发挥了核心作用。而且，观察信用与债务活动让新英格兰的男人和女人获得了知识及社区影响力。通过研究以上形式的证人活动，可以揭示出现代早期的性别关系，同理，通过研究金融活动中的证人活动，也阐明了妇女参与经济活动的性质及参与程度。

1730 年至美国革命期间，女人和男人的证人活动是重叠在一起的。尽管有时候新英格兰人倾向于请男人来做证人，见证法庭之外的债务清算过程，可家庭住所仍是正规的金融活动的中心，这使家中所有人员都成了目击者，从而形成了多层次的证人证言。男人和女人周围总有一些在做业务交易、处理文件或讨论金融问题的人，他们自然会对具体的信用关系有所了解，获得关于信贷标准程序的见识。这些非正式的旁观行为反过来孕育了正式的证人活动，包括签署文件从而巩固交易，以及出庭做证从而决定诉讼案结果。虽然自由的白人妇女开展这两项证人活动的概率比男人低，但在记录在案的正式证人活动中出现了她们的身影，足以表明她们的技术性贡献超出了庭外信用交易的范围。

与此同时，一个人的性别还会影响其成为证人的意义。在成为债权人、债务人和诉讼人方面，男子很少受到限制。可女子不同，许多妇女由于在法律上的身份是有夫之妇，所以没有能力独立开展借贷活动，即使她们在日常生活中广泛使用信用与债务等经济工具，也无法以自身的名义成为债权人、债务人或诉讼人。此外，学校教育和学徒经历让男孩比女孩有更广泛的机会学习识字、算术以及相关的金融和法律技能。不过，通过出庭做证，来自不同社会阶层的已婚妇女和未婚女子卷入了信用网络和诉讼案件之中。其间，她们培养了一些至关重要的实践技能，帮助她们驾驭相关领域。在那个时代，男子可以在各种政治、法律场合发言，但女子能在公共的正式场合自由评价他人的机会却极少，而在法官面前做证便是其中之一。

成为证人

在信用交易和债务诉讼中，证人活动包含三个类别：观察到或无意中听到具有金融和法律意义的事务、签署具有法律约束力的文件和在诉讼中做证。在这三类活动中，只有两类（签署文件和在诉讼中做证）会产生档案记录。只有一类，即在法官面前提供证词，会产生记录证人在庭外所目击的情况的资料。尽管如此，不同类别的证人活动之间是互为基础的。债权人和债务人会在诸多旁观金融交易的人员中请一些人来做相关文件的签署人。这些旁观的男人和女人不一定能够预见到哪些债务会成为诉讼标的，而且只在极少数的情况下，债务纠纷会发展为诉讼案，诉讼人会策略性地召唤旁观者或签署人做证，回忆当时的情况。因此，我们可以通过重新阅读记录在案的证词和查看签署过的金融文件（后者的作用小一点），来重构债务关系中第三方发挥作用的基本模式。因为家庭场所是金融活动的中心，以及法律规范允许各种各样的人签署文件和出庭做证，所以在形式各异的证人活动中，出现了许多自由白人妇女的身影，包括女性家眷和下层妇女，她们本身不大可能成为债权人或债务人。尽管相比男人来说，签署文件和出庭做证的女性人数没有那么多，可卷宗中出现的女证人表明，对日常交易的非正式观察将不同群体的妇女卷入了信用经济和法律体系之中。

根据记录，在签署金融文件和出庭做证的证人中，妇女的比例较小，但意义重大。1730 年至美国革命期间，在纽波特郡和萨福克郡曾经签署债券和期票的人员中，只有 10% 为女性。[7] 同期，在纽波特郡中级民事法庭的债务诉讼案做证的证人中，妇女占比为10%，该占比在萨福克郡中级民事法庭为 16%。[8] 相较于其他类型的案件和其他司法管辖区，这些数字显然很低。由于妇女在解释女性身体结构方面具有独特的权威，所以涉及女性身体或女性之间纠纷的案件更可能特别重视女证人的证词。譬如，在现代早期的英国和法国的法庭上，女证人的比例接近一半，所涉案件的法律争议包括婚姻、性行为和性诽谤。[9]另外，金融案件的证人构成比例与妇女正式参与信用、债务事务的情况相一致。正如我们所见，在英属波士顿和纽波特的债务案件中，女诉讼人的占比约为 10%。[10]和案件目录表和法庭上总能看到女诉讼人的身影一样，这些占比不大却总出现的女证人不断提醒着新英格兰人：信用网络和法庭是男人和女人共同涉足的领域。债务诉讼的统计数据只能揭示妇女为借贷活动做出贡献的部分情况，同样，对于妇女在日常生活中扮演证人角色的情况，卷宗记录也只能反映冰山一角。

利用证词来探究法庭之外的活动印证了家庭场所的重要性，家庭场所促进了女人以及男人参与信用交易。证词一开始通常会指明其观察到涉案事件的地点，不管是男证人还是女证人，他们的证词里最常被提及的地点就是住所。在明确指出自己是在哪里看到或听到涉案事件的证人中，大约三分之二提到了"家"，包括他们自己的家或别人的家。[11]譬如，1761 年，塞缪尔·希克斯（Samuel Hicks）指出当他看到两个男人"正在谈清算账目的事"时，他"碰巧在爱德华·万顿斯（Edward Wantons）家里"。同样，1736 年帕特里夏·康奈尔（Patricia Cornell）回忆，自己在"约翰·劳顿家"（John Lawton）的时候，她听到债主和债务人"在谈债券的事"。1756 年，波士顿寡妇凯瑟琳·韦斯特（Katherine West）记得托马斯·查德威克（Thomas Chadwick）"来到她家"，跟她说另一位住户欠他的债。1762 年，为了凸显家庭作为商业活动场所的重要性，莎拉·格林曼（Sarah Greenman）声称她是在"面包店老板杰里迈亚·蔡尔德（Jeremiah Child）的家里"讨论某位债务人批发购买面包的账目。[12]这些有板有眼的证词对事件场景细节的描述程度具有代表性。证人往往不会指明金融事务谈判发生的具体房间，不过，他们一般也不会解释为什么自己会在现场，或者是不是有人叫他们到现场的。不管旁观者是在何种情形下得以观察金融活动进展的，总体来说，他们的证词都确认了家庭住所作为金融活动场所的重要性，还让人们体会到男人和女人在一旁观察金融活动是非常正常的事情。

"家"是妇女最容易获得他人财务与交易信息的地点，排在第二位的地点是"店"里。有些情况下，证人为女生意人，她们在经营自己生意的过程中将相关事件记在心里。18 世纪 50 年代初，有三个年轻的姊妹来到纽波特店主艾丽斯·古尔德（Alice Gould）的店里，当她们坚持说在别处买的物品应记在母亲的账目下时，古尔德认真聆听着。后来在诉讼中，她为这些和她无关的交易出庭做证。有些情况则与购物有关，且店铺里同时聚集着不同的人。1755 年，以诽谤罪起诉船长的那位寡妇店主坦佩伦丝·格兰特（见第一章）在店里听到有名妇女要求一个男人还债。1761 年，玛丽·布朗（Mary Brown）和苏珊娜·哈泽德（Susannah Hazard）陪朋友尤妮斯·罗兹来到纽波特家具工匠的店里，看着他们俩讨价还价（见第二章）。妇女常常出现在城市的店铺里，不仅证实了她们自身会使用信用，还让她们了解到其他居民的事务。[13]

从证人的书面证词及诸多金融文件来看，证人活动涉及各式各样的妇女。首先，已婚妇女以及未婚女性常常听到与信用相关的对话，看到信用交易的进行。妻子有时陪丈夫一道见证金融事务的开展，这反映出家庭纽带在推动经济活动中的重要性。18 世纪 30 年代末，纽波特的蒂莫西（Timothy）和弗朗西斯·怀廷（Frances Whiting）夫妇都在家的时候，一个男人上门拜访，向房东讲述了一个协议。1765 年，两位罗得岛人请来伊丽莎白·菲利普斯（Elizabeth Phillips）及其水手丈夫以证人的身份签署协议。[14] 一般来说，法律文件要求有两个证人，所以邀请一对夫妇，如菲利普斯夫妇，是确保两位证人同时在场的简便方法。总体来说，在妇女签署金融文件的事例中，大约有四分之一是与丈夫一道签署的。[15] 不过，妻子也会在没有丈夫陪伴的情况下，独自在社区里活动，观察经济活动的开展，正如本章开头所举的玛丽·阿斯滕的例子。当彼得·威斯特与债主谈判时，显然阿斯滕的丈夫埃德蒙不在场，因为在这场谈判导致的诉讼中，他从未被传唤出庭做证。[16]

充当证人也是年轻女子可以开展的一种经济活动。许多女证人会解释她们是在家里，或者爸爸妈妈的店里看到涉案事件的。1728 年，当父亲与一位当地医生清算账目时，莎拉·福勒（Sarah Fowler）、多尔卡丝·福勒（Dorcas Fowler）和伊丽莎白·金博尔（Elizabeth Kimball）三姐妹都在父亲家里。那是在马萨诸塞州伊普斯威奇镇（Ipswich）。1744 年，尤妮斯和伊丽莎白·布朗（Eunice and Elizabeth Brown）姐妹无意中听到母亲（波士顿一家供膳宿舍的老板）与房东的谈判。1752 年，当顾客购买后来成为诉讼标的物的商品时，安·鲍尔斯（Ann Bowers）正在父亲的店里工作。[17] 这些年轻女子之所以会注意到父母的金融事务，一定程度上缘于那个时期的家居安排，那时许多女儿一直跟父亲或母亲住在一起，直至她们结婚。同时，也缘于子女在家庭劳动体系中发挥的重要作用，家庭劳动包括与信用、债务和记账等有关的活动。[18] 为了保险起见，伊丽莎白·金博尔在父亲与医生清算之后留存了父亲的收据，而安·鲍尔斯则将布料卖给父亲的顾客，还和他们谈了付款的问题。[19] 因为依靠家人生活的年轻女子自身不能开展借贷活动，因此作为证人为父母的交易做证乃是她们涉足信用的方式。

女证人里还包括和主人生活在一起的下层仆人，以及住在更富有的房东家里的寄宿者。除了明显的家庭联系，证人与放贷人、借贷人之间的关系鲜少在金融文件和证词中披露。不过，城市家庭里常常有不存在亲属关系的人住在一起，所以此类劳动、租住的安排至少使得一些妇女有机会充当证人。证词里偶尔会明确寄宿者或仆人的身份。譬如，18 世纪 30 年代初，已婚妇女玛丽·波特（Mary Potter）在证词中解释自己是约瑟夫·科吉歇尔（Joshua Coggeshall）家的房客，她旁观了约瑟夫·科吉歇尔家的金融事务争端。在围绕那位皮革匠的怀孕妻子阿比盖尔·休斯的纷争中（见第一章），寄宿者露丝·洛林和女仆伊丽莎白·戈达德等人在一旁看着休斯与纳撒尼尔·坎宁安发生争执，并在随后由此引发的法律纠纷中出庭做证。[20] 考虑到没有那么富有的妇女以自身名义借贷的能力有限，在住所里旁观相关活动增加了她们介入信用网络的机会，包括介入规模更大或更为正式的交易，否则她们不大可能参与到这些交易中。

相较于社会下层的妇女，处于精英阶层和中等阶层的妇女接受过书写训练的情况更加普遍，所以女证人在书写方面的不同能力进一步表明她们来自不同的社会阶层。在债券和期票的女证人中，有 10% 至 20% 不用签字，而是画押（图 4-1）。[21] 同样，在做证的女证人中，有 25% 使用画押的方式。[22] 虽说与新英格兰地区的整体女

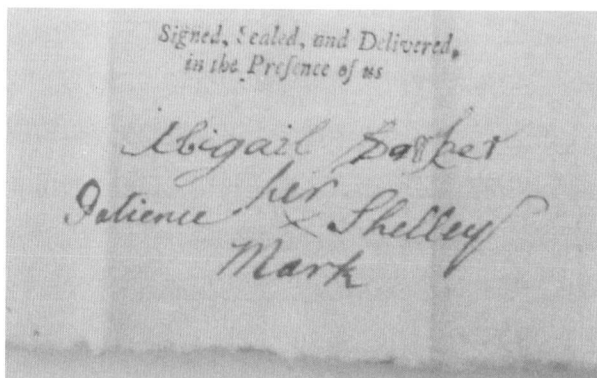

图 4-1　方斯·哈萨德（Fones Haszard）给玛格丽特·霍姆斯开具的债券上的
证人画押

资料来源：霍姆斯 - 伊斯顿诉讼案，罗得岛州最高法庭司法记录中心，纽波特郡中级民事法庭，1751 年 5 月第 227 号卷宗。图片由作者拍摄。

性相比，女证人更有可能会签署自己的名字，可使用画押方式的女证人比例仍高得令人震惊。[23] 她们包括处于社会下层的妇女和女劳动者，她们所运用的知识与技能超出了狭义的识字能力范围。

针对证人活动的研究凸显了证人参与信用经济的本质，与此同时，还揭示出各式不同性别、不同社会阶层人员的经济活动模式，这些模式决定了女子可以观察、证明和描述哪些交易。虽然许多证人（男证人和女证人）会上法庭讲述在住所和店铺里发生的信用交易，可男证人还会在涉及复杂的跨大西洋企业的债务诉讼中做证。此类男证人往往来自精英商人家庭，他们旁观同侪以仪式化的程序达成协议和清算账目。虽然其中有些集会是在商人家中举行的，可那些不在宅邸里发生的集会使它们的男性特质变得越加复杂。1746年，一群商人聚在波士顿北角区的一家"酒吧"里，看着著名商人托马斯·戈德思韦特（Thomas Goldthwait）与两位造船商签订合同，他们同意为他建造一艘400吨的船只。正如那两位造船商后来所描述的，"为此我们请了证人"，协议"放在大桌子上"，在场的每一个人都可以查看协议。三年后，当纽波特著名商人约翰·巴尼斯特（John Banister）和另一位商人清算他们合资的航运公司的账目时，罗亚尔·皮尔斯（Royall Pierce）正在"约翰·巴尼斯特的会计室里"，"经过一番交谈"，巴尼斯特同意卖出自己的投资份额，皮尔斯看着巴尼斯特的会计起草协议备忘录。记录里并未提及这两个事件中是否有妇女在场，而且没有女证人讲述过类似的交易。在这些例子中，谈判的内容和发生的空间有别于其他男人和女人共同参与的城市商业活动模式。[24]

除了达成商业协定，当事人（无论男女）还可以选择请谁来做证人，在这种决策中，性别可能是一个考虑因素。从证词上看，人们之所以会成为金融谈判的旁观者，似乎通常是因为他们碰巧在现场或在附近，所以很容易便能把他们请过来。还有一些例子，或许是因为当事人希望找个中立的第三方来帮助，又或许是因为当事人担心争端最终会诉诸法庭，因此会请朋友或邻居来做证人。如果是事先征募证人，无论当事人是男还是女，都会一律选择让男人来陪他们处理事务。在为金融协议做证的男证人中，五分之一回忆说他们是被正式请过来的，可没有一位女证人对自己出现在金融活动现场给出类似的解释。[25] 在这类男证人中，有些指出是债权人和债务人要求他们在场的，有可能是做证人，有可能是来评估对方的账目。大卫·丹尼尔斯（David Daniels）讲述 1749 年乔纳森·德雷珀（Jonathan Draper）请他"到（德雷珀）家里做证人"，见证他与另一个男人"清算债务"。雅各布·理查森（Jacob Richardson）记得 1769 年马修·科曾斯（Matthew Cozzens）和菲利普·伯格（Philip Burgen）"正在为清算账目争吵，并且无法达成一致的意见"，他们请他"检查他们的账目，说出伯格到底欠多少钱"。[26] 通过请像丹尼尔斯和理查森这样的人来辅助他们，债权人和债务人向对方施压，要求他们进行光明正大的谈判，确保若事情闹到法庭上，自己的盟友可以为此事做证。还有一些男证人指出他们是在债权人和债务人的要求下起草金融和法律文件的，或在先前经过裁决的案子中，就其之前担任过仲裁员的情况出庭做证。[27] 尽管信用在殖民地的日常生活中无处不在，可人们认为，总体来说，作为中立方介入金融谈判乃是男人的事。

但在极少数的特定谈判中，微观情景（包括在家庭住所中，当事人从可用的人员里选择证人）可决定或阻碍妇女充当证人。1766 年 3 月，有两个男人企图阻止苏珊娜·布劳尔内（Susannah Brownell）介入一桩土地买卖。布劳尔内住在罗得岛州的小康普顿镇，约翰·帕尔默（John Palmer）和另一个男人在她的住所里碰面，商讨他们之间的协议。那天苏珊娜·布劳尔内就在房子里。她的丈夫及另外两个男人（一位老师和一位处于精英阶层的地主）也在现场，卷宗里提到苏珊娜·布劳尔内的丈夫是个农民。正如这三位男证人后来回忆的：帕尔默"想要个房间"，因为他有些"事要处理"，"希望"有另一个男人陪着他们在房间里，"看着"他们达成协议。苏珊娜·布劳尔内的陈述与他们的说法相似，她指出那几个男人"独自"在房间里，只是到了双方准备签署期票的时候，帕尔默让苏珊娜·布劳尔内进屋做个证人。帕尔默的行为显然是策略性的。后来当这笔交易演化为诉讼案时，大家才发现涉案的期票被刻意模糊化处理了，这样做有利于帕尔默。在签署期票之前，协议双方达成了口头协议，为了自身的利益，帕尔默找了至少一名无法证明口头协议全部条款的证人。由于他们协商的时候苏珊娜·布劳尔内在房间里的时间有限，所以她陈述的故事在细节上比男人少得多。[28]

法律对男人和女人做证的资格进行了规定。虽然从卷宗里，我们可以看到各种各样的金融活动发生的地点，还有形形色色参与其中的人员，但关于旁观者的介入却只有只言片语。在英属北美地区，自由人的身份是证明交易合法性或影响诉讼方向的前提条件。就像奴隶不能成为法律协议的当事人一样，法律还禁止他们以证人的身份签署法律协议文件，包括金融文件。男奴和女奴也不能在诉讼中出庭做证，除非是为了支持对其他奴隶的刑事指控。同时，虽然从技术上讲，自由的黑人和原住民可以成为正式的证人，但在波士顿和纽波特的档案中没有明确看到有色人种出庭做证的记录。[29]正如其他历史学家所指出的那样，自由人和奴隶在出庭做证权限上的明显法律差别是个极其关键的因素，助长了奴隶制度的暴力与恐怖。此外，它也限制了奴隶参与信用经济。[30]

法律禁止奴隶充当证人，这在包括波士顿和纽波特在内的北部港口城市里造成了重大的影响。在这些港口城市里，奴隶的工作和生活模式让他们非常接近自由白人的信用交易。在波士顿和纽波特，大多数的奴隶主都会拥有一两名奴隶劳工，这些男奴和女奴通常住在主人的家里。工匠和店铺老板（他们在开展业务时经常会使用信贷）通常也拥有奴隶。无论女奴旁观或涉足信用交易的频率有多高，白人从不让他们签署金融文件或出庭做证。[31]

莫尔（Moll）便是一个在做证方面多次遭遇法律屏障的女奴，她曾在不同时期居住在不同的纽波特商人家里，这些商人家族中的商业活动非常活跃。18 世纪整个 30 年代和 40 年代初期，莫尔和儿子凯托（Cato）住在医生约翰·布雷特（John Brett）及其妻子玛丽·布雷特（Mary Brett）的家里。1744 年 11 月，丈夫死于火药爆炸两个月后（见第一章），纽波特寡妇坦佩伦丝·格兰特从约翰·布雷特手上买下了莫尔和凯托。然后他俩便住在格兰特家里，直至 1755 年。这个时候，玛丽·布雷特成了寡妇，她提起诉讼，重新拿回这对奴隶母子的所有权。我们之所以了解到莫尔在这两个家庭间搬来搬去的情况，是因为坦佩伦丝·格兰特和玛丽·布雷特之间的这场财产纠纷。[32]

尽管关于莫尔生活的档案记录很少，但是我们可以对她的日常活动进行推测，从而揭示出关于做证的法律是如何限制奴隶介入经济活动以及减损他们的法律人格的。和许多处于相同处境的妇女一样，莫尔很可能在纽波特的非正规经济中出售了少量商品或自身劳动。无论她有没有这样做，通过密切接触约翰·布雷特和坦佩伦丝·格兰特所开展的业务，她也会获得关于经济价值、保存记录以及其他居民信誉的信息。莫尔非常可能在一旁看着约翰·布雷特用赊账的方式购买医疗物资来医治患者。同样，在坦佩伦丝·格兰特的店里，莫尔会无意中听到这位店主就价格问题和贷款条件与供货商、客户讨价还价。在这两个地点，莫尔可能看着布雷特和格兰特撰写账目、收据及其他商务记录，从中了解到金融关系的演变。[33]

虽然莫尔无法介入格兰特指控船长西米恩·波特的诽谤案（见

第一章），可她有可能掌握着对案件至关重要的信息。波特之所以说出侮辱性的言辞，以及后来由此引发诉讼，是因为坦佩伦丝·格兰特女士向荷兰水手卖出商品。1745年3月格兰特向这些人卖出货品时，莫尔有可能就在角落里看着或在隔壁房间听着整个过程。出庭做证的自由白人中没有一个能提供决定结果的证据，但莫尔可能知道水手们是否自愿签署了那张卖据，或者坦佩伦丝·格兰特有没有用花言巧语说服他们签署卖据。可不管莫尔知道什么，坦佩伦丝·格兰特和波特都不怎么关心，因为他们俩心知肚明，法庭永远不会传唤莫尔出庭做证。在这起诽谤案及其他诉讼案中，身为自由白人妇女的格兰特建立了自己的声望和法律权威，而身为女奴的莫尔永远都不可能获得这样的声望或权威。尽管常常接触信用，可莫尔从未在合同中做过签署人或在诉讼中做过宣誓证人。通过禁止像莫尔这样的人成为官方证人，自由的白人加倍强化了奴隶的种族和性别等级制度。他们不允许奴隶建立起其他证人通过正式法律活动而获得的社会权威，并且将奴隶所掌握的信息永远排除在档案之外。[34]

相反，法律极少限制成年的自由人（包括妇女）签署文件和在诉讼中做证。英国普通法规定，14岁以上的自由人可作为证人宣誓做证。[35]无论是性别还是婚姻状况都无法阻碍妇女出庭做证的权利。依据为治安官撰写的法律专著和实用手册，法律只禁止缺乏心理"能力"、表现出"缺乏诚信"（譬如犯了重罪）或与案件结果"利益相关"的自由人出庭做证。[36]在这样的法律框架下，除了丈夫为诉讼当事人的案子，妻子可以在任何诉讼中做证人。法律认为，在丈夫为诉讼当事人的案子里，丈夫与妻子是"利益与情感共同体"。[37]"有夫之妇的法律身份"限制了有夫之妇从事债权人、债务人和诉讼当事人的活动，并影响着历史文献对这些活动的记载方式，相较之下，"有夫之妇的法律身份"对有夫之妇充当证人的影响则要小得多。由于金融文件的签署人最终可能被传唤出庭当证人，所以那些控制出庭做证资格的因素同样也决定着人们选择由什么人在这些文件上签字。无论婚姻状况如何，成年妇女都可以签署金融文件，并在之后的诉讼中给除自己丈夫之外的人做证人。

普通法强调用概率来评判证人证词的真实性，在这样的法律框架下，自由成年人（无论男女）的证人证言拥有同等的证据能力。随着 18 世纪新英格兰地区的律师和法官越来越努力地让当地法律体系与大英律法保持一致，他们以英国法学家撰写的专著为准绳，而英国法学家和整个欧洲的同侪一样，以他们自以为是的理性原则来规范法律。马修·黑尔（Matthew Hale）、杰弗雷·吉尔伯特（Geoffrey Gilbert）等法学家制定了一套量化的标准，用他们的话来说，陪审团成员应该"称出"证人证词的"质量"，这些思想促使法律向概率思维模式转变。与此同时，科学家、历史学家和知识分子的思想也在发生类似的转变。1754 年吉尔伯特的《证据法》（*Law of Evidence*）首次出版，这是第一部集中阐述法循证学的专著，作者在"概率"一章中对证人证词展开讨论。他指出，一般来说，两位证人的证词重于单人的证词；如得到其他证人证词的支持，该证人的证词分量要加重；如遭到其他证人证词的对抗，则此证人的证词分量要减轻。黑尔和吉尔伯特建议陪审团成员应该对"（证人）所知的理由和陈述"以及他们的整体"可信度"进行考量。[38] 这两位学者十分重视审议过程，要求陪审团成员同等重视男人和女人的证词。

虽然普通法专著允许已婚妇女和未婚女性成为证人，可新英格兰人看到绝大多数写给律师和商人的指南手册里将证人描写为男人。有本手册描写了两位虚构的证人"约翰·西姆斯"（John Simms）和"威廉·托马斯"（William Thomas）观看一张债券产生的过程。其他指南则使用寓言性的男子姓名，强调证人的责任就是仔细观察和如实反映，譬如"尼古拉斯·察觉"（Nicholas Notice）签署了一张期票；"约翰·证据"（John Evidence）与"威廉·实话"（William Telltrue）在债券上写下他们的名字。[39] 没有任何一本商业手册出现过女证人的信用文件样本。[40] 这些指南手册从更全面的角度将商业和法律描述为唯有男人才可以涉足的领域，男证人只是其中一个方面。这些描述与处于主导地位的商人雇用同侪来做证人和仲裁人的做法一致。放贷人和借贷人在清算账目时偶尔会使用"带男证人"的策略，然而手册中的例子强化了这种策略，从而掩盖了以下事实：很多人（不只是男性）经常目击信用交易的过程。[41]

虽然为数不多的书里列举出女证人为所涉事件提供所知的至关重要信息的例子，可与此同时又将女性特质与轻浮联系在一起。1756 年《律师事务袖珍全书》（The Attorney's Compleat Pocket-Book）在伦敦出版，并在殖民地流传开来，书中特别提到了一份被告出具的"缺少重要证人的宣誓书"，声称因找不到前女仆而要求推迟审判。关键证人缺席是马萨诸塞州和罗得岛州居民寻求重新审判或推迟当前审判的原因之一，这种类型的文件影响着人们在证人问题上的观点与思考。[42] 出具这份样本文件的被告解释说，潜在证人去了"L 郡"，"可（他）并不知道她到底在 L 郡的哪个地方，也没能找到她，尽管他已竭尽全力去寻找她的踪影"。他坚称这位女仆是"重要的证人"，没有她，他无法"安稳地接受案件的审理"。[43] 这本书虽然罕见地提到了女证人，但却将她描写成一个负面的逃跑者，从而使人们对妇女是否适合担任"证人"这一法律职责产生疑问。同时，通过这个唯一提到女证人的例子，《律师事务袖珍全书》的作者确认了妇女（包括下层的女仆）可为涉案一方当事人提供至关重要的证词。

《律师事务袖珍全书》中的这份宣誓书概括了波士顿和纽波特妇女充当证人的矛盾。商业指南手册将做证描写为男人专属的活动，而且当事人有时的确会刻意选择男人来做中立的旁观者。但在日常商务实践中，尤其是那些发生在居家场所里的商业活动，常常让处于不同年龄段、不同社会阶层的妇女，不管她们是自由人还是非自由人，看到和听到身边人所开展的金融交易。由于法律允许任何年龄的自由人成为可靠的证人，出于便利与策略的考虑，新英格兰人会雇用白人妇女承担正式签署文件和在诉讼中出庭做证的职责，从而将她们的所见所闻永远留在了卷宗里。

边观察边学习

在 18 世纪的信用经济中，妇女从看到或无意中听到法庭之外金融事务的开展过程中，获得了一些暂时性的认知和一些持久性的知识，其中有些是关于相关交易的具体信息。女证人了解到各方的信用关系，进而收集到相关人员财务状况和个人品格的信息。与此同时，妇女通过观察金融事务而掌握的技能，不比通过处理金融纠纷而掌握的技能少，譬如，通过观察，妇女们可以学会如何讨价还价，如何起草和处理文件，如何在郡级法庭处理债务诉讼等。

作为金融事务对话的旁观者，妇女会发现谁欠了谁的债，以及当时那人是否有能力偿还债务。1735 年，由于无意中听到一场事关一张债券的讨论，帕特里夏·康奈尔了解到住在罗得岛州朴次茅斯镇（Portsmouth）的约翰·劳顿欠玛丽·兰沃西（Mary Langworthy）钱，而且约翰·劳顿已向玛丽·兰沃西支付了部分欠款。18 世纪 50 年代初，弗里洛夫·特威迪（Freelove Tweedy）发现纽波特人约瑟夫·惠普尔（Joseph Whipple）已经"破产"。根据弗里洛夫·特威迪听到的内容，有位债主反复抱怨他向约瑟夫·惠普尔催了好几次债，但约瑟夫·惠普尔只是含含糊糊地许诺用朗姆酒或糖蜜来抵债。后来弗里洛夫·特威迪回想起来，这位债主曾经哀叹"恐怕再也拿不回他欠的钱了"。将这些平淡无奇的细节收集起来，就像帕特里夏·康奈尔和弗里洛夫·特威迪那般，便可对信用网络的概况和其他居民的财务状况有所了解。因为殖民地的人相信与生意伙伴进行体面的交易是具有良好道德品质的标志，所以女证人的洞察力使她们可以对他人的声誉做出评判。帕特里夏·康奈尔目睹的那场约翰·劳顿和玛丽·兰沃西的互动表明了约翰·劳顿的信誉，而弗里洛夫·特威迪会怀疑约瑟夫·惠普尔已无偿还能力，想逃避债务。[44]

　　观察和倾听他人的交易还让新英格兰人成为信用经济和法律体系的精明参与者。在英属北美地区，书本相对比较稀少，是珍贵的财产，所以只有为数不多的波士顿人和纽波特人拥有商业和法律的指南手册。即使男人和女人能看到这些书籍，可书里关于如何进行信用交易和债务诉讼所提供的指导并不完整。有些书籍，如丹尼尔·迪福的《完美的大英商人》，强调了诚实交易的基本原则，还有些书籍则只关注法律文书的属性。在后一类书籍中，《秘书指南》（*The Secretary's Guide*）是在纽约和费城发行的一本指南手册，改编自伦敦地区发行的旧版。此书通过展示文件样本并穿插简短解释的方式，力求让初学者理解书中内容。书中开篇便是一张债券的样本，并附上警示：在与可能不值得信任的债务人进行商业交易时应该使用债券。"若不确定债务到期时债务人是否能付款，或者您无法对此做出预测，那么您要做的便是立刻要求对方开具一张债券并接受它。"然而，无论是这句滑稽的警示语，还是这张债券样本本身，都没有就债券使用的诸多其他方面向读者提供指导。譬如，如何就债券条款展开谈判？是亲自起草包含恰当元素的债券还是请别人代劳？开具债券之后如何妥善保存？如何提出付款要求？同样，若殖民地的人查询指南手册，想了解怎样一步一步开展债务诉讼的全过程，何时起诉债务人，或何时予以宽恕，他们只会感到失望。鉴于印刷品充其量只能给出部分关于如何驾驭经济世界的指导，旁观他人谈论和使用信用则是学习金融和法律更常见、更实用的方式。

相比于男人，观察对于女人来说是更重要的知识来源。虽然有少数新英格兰地区的作者和企业家持革新的立场，认为女性应该接受关于"经济、写字和记账技能"的实用教育，可主流的教育观念还是认为实用教育对于女人来说没有对于男人那般重要。虽然男孩和女孩都会接受读书认字的教育，可女孩普遍止步于技能方面的教育，譬如会计技能。学徒制是另一种学习金融的方式，与年轻男子相比，年轻女子成为学徒的情况没有那么普遍。相较于男人，女人主要依靠非正式的方式来学习，包括观察金融活动，以培养驾驭经济和法律体系所需的技能和悟性。[45]

通过仔细研究证人活动的个例，可以发现妇女通过观察身边人开展交易活动而获取法律金融知识的模式。来自马萨诸塞州韦勒姆镇（Wareham）的年轻女子露丝·贝西（Ruth Besse）之所以了解期票使用的知识，是因为 1760 年之前的几年，她父亲将马卖给另一个男人时她就在父亲身边。在她画押的证词里，贝西描述了自己听到他们俩如何谈判交易的条件，并最终达成协议，买方将交付指定数量的铁来抵买马的钱。然后她看着父亲起草了一张期票，大声念给买主听，之后交给他签字。最后，她看着买主把期票递交给父亲，而父亲把期票存了起来。[46]

通过观察这场简短的交易，贝西便掌握了若干个金融知识点。和许多其他女证人一样，她了解了货品的价值（本案例中就是铁与他们家那匹马的相对价值）以及潜在生意伙伴之间的讨价还价。当父亲大声读期票的时候以及他们两人交换这份文件的时候，她学习了期票的内容和使用形式。最后买主将票据递还给她父亲的时候，贝西明白了债权人会保留期票，直到债务人清偿债务。当相关方请旁观妇女作为证人在期票或债券上签字的时候，她们会对这些金融文件更加熟悉。为了签署文件，妇女可以拿到并审视这些文件，如此一来，她们今后识别和审查类似文件的能力便提升了。

女证人还从那些想清算账目的人身上了解到人们在意见一致或意见相左的情况下是如何展开互动的。正如本章前面提到的，1728年有三姐妹（莎拉·福勒、多尔卡丝·福勒和伊丽莎白·金博尔）看着父亲与当地的医生打交道，从而体验了清算债务的正常程序。医生上门拜访给她们展示了债权人向债务人催收欠款的惯常做法。听着他们两人的谈话，三姐妹知道了债权人可以要求债务人还款，以及债务人应当乖乖地偿还欠款。如果父亲检查了医生的账目，就像清算涉及账本记录的债务时一般会发生的那样，那么她们就会明白核实对方记录的准确性非常重要。然后三姐妹看着父亲向医生支付 3 英镑，还看到医生给父亲一张签过名的收据。这一事件的最后一幕给三位女士留下了深刻印象，让她们充分认识到偿还债务与获得收据之间的关系，后来她们声称那张收据上注明了"全部付清"的字样，表明她们已经掌握这些知识。[47]

三姐妹看着父亲自愿给医生付款，而另一位年轻女子利文·洛夫（Livine Love）则是在母亲玛格丽特·特里（Margaret Tree）反驳债权人提出的要求时对法律策略有了了解。1759 年，洛夫在母亲家里，这时一位男性朋友来到特里家，警告特里有位债权人"已拿到起诉她的传票"，建议她提起一个索赔金额比债权人所要求的金额更高的反诉讼。当特里回答说她没有追踪对方债务的书面账目时，这位男性朋友教她"如何编造账目"，并建议她将账目"用粉笔写在房子的墙上"。特里按这些指示做了，第二天她的朋友又来把账目抄了下来，然后作为她反诉的依据。在最终的诉讼中，利文·洛夫在证词中坚称这份账目是捏造的，是特里和这位男性盟友共谋的结果，目的是通过法律赢取钱财。不管洛夫对这件事的理解是否正确，此事件蕴含了许多关于如何运用信用、债务和法庭的教训。特里的困境让洛夫明白了用书面账目来追踪彼此债务的重要性，而这位男性朋友给特里的指导又给洛夫上了一堂记账课。尽管利文·洛夫谴责母亲的行为，可从特里对发给自己的法庭传令做出迅速反应这一行为来看，反诉讼是还击账目债务诉讼的工具。[48]

女证人通过观察获得的知识必然是零碎的。通过观察一场交易的过程，妇女了解到一种金融关系；碰到一个案例（不管是正面案例还是反面案例），就学会如何处理信用交易过程中的某个步骤。不过，因为妇女总在观察他人使用信用和债务，所以将每次目击的情况叠加起来，便成了当地信用网络和良好金融法律实践的综合写照。对于像露丝·贝西、莎拉·福勒、多尔卡丝·福勒、伊丽莎白·金博尔和利文·洛夫这样的年轻女子来说，观察金融活动是特别有用的培训平台，它可以为各个年龄段的妇女提供知识来源。妇女以放贷人、借贷人和诉讼人的身份在信用经济和法庭中活动时，会使用其通过观察和倾听周围人的活动而获得的技能与悟性。

获得法律权利和社会权利

充当证人让自由妇女获得了对未来交易有用的知识，与此同时，还决定了她们与社区其他人的关系。从最基本的层面上，关注金融活动为她们提供了信息，若日后金融纠纷发展到法庭上，她们可能会披露这些信息。而更多衍生的正式证人活动（即签署文件和出庭做证）让妇女获得一些暂时的权威和一些持久的权威。作为证人签署债券或期票是简单而公式化的行为，此行为加强了债权人和债务人之间的永久性纽带。在有争议的案件中做证使妇女介入具体的纠纷，进而让公众认识到她们所具备的法律和金融知识，对诉讼人的声誉产生影响。

对于那些旁观法庭之外未经详细准备的谈判的妇女来说，此类谈判的可塑性很大，她们的观察可能会演化为直接的介入。1747 年，雅各布·马歇尔（Jacob Marshall）来到男房东家讨论一起他们之间的未决诉讼，房东是罗得岛州埃克塞特镇（Exeter）的居民。他们之间的诉讼事关马歇尔的租金。当租户马歇尔上门时，碰巧有两个邻镇的女人也在房东家里。当房东和租户交谈并最终达成一致意见要庭外和解时，她俩就在一旁听着和看着。当这场谈话快要结束时，其中一位旁观者汉娜·沃森（Hannah Watson）参与进来。沃森感觉到了麻烦，觉得有必要向马歇尔寻求保证，于是便问他是否真的已经"中止诉讼"，马歇尔答道"彻底中止"，并发誓自己和房东会"做相亲相爱的好邻居"，自此不会再有诉讼。尽管如此，他还是继续推进自己的案子，在场听到他这句口头承诺的男人和女人都给出了有利于房东的证词。[49] 马歇尔的官司让汉娜·沃森这句关键的话被记录到卷宗之中，而她这个指向明确的质疑可能代表着其他无数类似的例子，在这些例子中，女旁观者同样影响着金融谈判及其后续诉讼的进程。

在金融交易合法化方面，作为证人在债券和期票上签字的妇女承担着正式的官方角色。债券和保兑期票（一种衍生的期票）必须有证人签字才有效。[50] 因为借与贷是殖民地常见的活动，所以签署熟悉的信用文件对于人们来说在某种程度上只是例行公事。但为债券和期票做证人在法律上意义重大。它让金融义务变得更持久，日后债券和期票上的签署人会被传唤到法庭为这些文件做证。[51] 在涉及这些金融文件的交易中，妇女（作为信用交易的旁观者和参与者）从对立的角度见证着交易的开展过程，从而在与金融关系直接相关的社会环境中获得权利。

男人有时会选择请妇女来当证人，因为他们认为女人的知识有限且十分顺从，企图对之加以利用。在我们发现的两个例子里，男人看起来是刻意选择妇女在不确定是否合法的文件上签字做证人。第一个例子发生在 1750 年，当时阿比盖尔·塞耶（Abigail Thayer）

住在西尔维纳斯·巴罗斯（Silvanus Barrows）家［位于马萨诸塞州米德尔堡镇（Middleborough）］，有位远道而来的零售商来到西尔维纳斯·巴罗斯家。巴罗斯以赊账的方式买了一些皮革，并给卖主开了一张保兑期票，承诺日后一定会付钱。依据马萨诸塞州的法律，金融文件的债务只能用殖民地的货币。可巴罗斯却要用其他货币来支付，而且双方都同意了。巴罗斯选择请塞耶来做这张保兑期票的证人是一种策略。他花了好几个小时与零售商进行协商，同时两人在巴罗斯的房子、磨坊和商店间走动。那天，至少有两个男劳工在巴罗斯家里，可巴罗斯请的却是塞耶，身为证人，她并没有在每一个地点时刻旁听他们的谈话。根据塞耶最后给出的证词，巴罗斯只让她"以证人的身份在文件上签字"，却没有对涉案文件进行具体说明。[52]

1766 年，当约翰·麦奎伦（John McQuellen）和汉娜·布雷顿在后者位于纽波特的住所里敲定一份契约时，他们请了布雷顿的租户伊丽莎白·菲利普斯和她的丈夫迈克尔·菲利普斯（Michael Philips）来做证人。据推测，只有在约翰·麦奎伦和汉娜·布雷顿结婚的情况下，这份契约才能将财产从麦奎伦转移给布雷顿，可正如麦奎伦后来的言辞所揭露的，他从未想过娶布雷顿为妻。据伊丽莎白·菲利普斯所说，麦奎伦和布雷顿"拿进来两份文件"，让她和丈夫做证人，却"非常不愿意让我知道其中的内容"。[53] 在涉及塞耶和伊丽莎白·菲利普斯的例子中，涉案当事人企图绕过正常的程序，不让证人在签署文件前先熟悉其中的内容，他们或许认为这些女子不具备提出抗议的见识或自信。鉴于其他证人讲述过在金融交易的常规流程里交易方会将文件大声宣读出来，他们这种遮遮掩掩的行为令人起疑。[54]

但与这些男人的期望相反，阿比盖尔·塞耶和伊丽莎白·菲利普斯顶住了压力，拒绝签署文件。塞耶提出抗议，"除非先让我听到文件的内容，否则我不会碰它"。于是巴罗斯把期票的内容念给她听，塞耶轻而易举便意识到这是一张开具给皮革卖主的保兑期票，足以证明她十分熟悉标准信用文件及其法律含义。直到那时，她才在文件最下端用"Ａ"画了押。[55] 同样，伊丽莎白·菲利普斯"问（文件）内容是什么"，一开始，当事人拒绝回答，但伊丽莎白·菲利普斯还是坚持，依据她后来的证词，"如果不知其中内容，我不会签任何文件"。这时，麦奎伦和布雷顿解释文件是份契约，伊丽莎白·菲利普斯才签了它。考虑到当事人请了她和丈夫一起做证人，而且她和丈夫都在现场，她的直言不讳便更值得我们注意了。伊丽莎白·菲利普斯的丈夫迈克尔·菲利普斯有一份自己独立的证词，其中也承认伊丽莎白·菲利普斯才是那个主要拒不合作的人。当迈克尔·菲利普斯要求当事人念一下契约的内容时，他们拒绝了，此时伊丽莎白更加坚定不移地说"没有看过或听到它的内容前，我是不会签的"。和阿比盖尔·塞耶一样，伊丽莎白·菲利普斯非常明白证人所承担的法律责任。[56]

　　这两个事例凸显了妇女作为金融文件的签署者所拥有的权利范围和限制。从某些层面上，做证人是个程序性的活动。可在极端的情景中，这种程序性会让一些人（包括西尔维纳斯·巴罗斯、汉娜·布雷顿和约翰·麦奎伦）认为证人（尤其是在谈判最后阶段征募过来的女证人）甚至会签署非法或欺诈性的文件。然而，这两个事例也表明殖民地的人认可证人的法律权利。旁观者可能会质疑可疑的交易，而没有证人，各方都无法敲定协议。正是这种窘境促使相关当事人企图将像阿比盖尔·塞耶和伊丽莎白·菲利普斯那样的签署人排除在与交易相关的谈判之外。由于证人应基本熟悉他们所签署的文件，阿比盖尔·塞耶和伊丽莎白·菲利普斯有理由坚持要求当事人把相关文件的内容解释清楚。然而，正常的金融交易程序只为塞耶和伊丽莎白·菲利普斯提供了有限的抵抗理由，她们无法进一步提出抗议，这两位妇女最终还是以证人的身份签了文件。

通过签署金融文件这一看似简单的行为，妇女还搭建起对波士顿和纽波特发展至关重要的商业和社会联盟。虽说来自各个社会阶层的女签署人都有助于建立联系，但证人活动的作用在债券上尤为明显，债券把一群出自显赫门庭且家族相互关联的债权人、债务人和证人联系了起来。随着财富与权力越来越集中到港口城市的商业精英手中，富有的妇女会作为证人在金融文件上签字，为文件生效做出贡献。譬如，18 世纪 50 年代末，当纽波特律师奥古斯塔斯·约翰斯顿向罗伯特·胡珀（Robert Hooper）借钱时，伊丽莎白·霍尼曼（Elizabeth Honyman）和丈夫詹姆斯·霍尼曼（James Honyman）成为债券上的证人。詹姆斯·霍尼曼是另一位在纽波特十分有名望的律师，后来还做了殖民地的司法部部长。同样在 18 世纪 50 年代，坦佩伦丝·格兰特同父亲及先夫之前的商业伙伴安德鲁·希特利（Andrew Heatley）一起为一张债券做证人，而这张债券上的债权人正是坦佩伦丝·格兰特的亲戚亚伯拉罕·格兰特（Abraham Grant）。[57]随着像伊丽莎白·霍尼曼和坦佩伦丝·格兰特这样的精英女性结婚生子，她们助力了公司的建立和伙伴关系的巩固，并在社区里凭借仲裁人的声誉，掌控着社会与政治权力。为金融文件提供支持是她们的另一种劳动和影响力形式。[58]

公证人与办事员的女眷也经常同丈夫、父亲一起在债券上签字。乔赛亚斯·林登（Josias Lyndon）在纽波特郡级法庭和罗得岛州议会做了很长时间的书记员，他的妻子玛丽·林登（Mary Lyndon）同丈夫一起作为证人签署了许多债券。仅在 1751 年就有 5 起债务案件涉及乔赛亚斯·林登和玛丽·林登作为证人签署的债券，每起案件都有不同的原告和被告。[59]斯克里夫纳·约瑟夫·福克斯（Scrivener Joseph Fox）在家里经营生意，总请自己的两位女性亲属［苏珊娜·福克斯（Susannah Fox）和阿比盖尔·福克斯（Abigail Fox）］帮他签署文件。[60]

对身为公证人的乔赛亚斯·林登来说，签署金融文件是其公职责任的一种延续。历史学家朱莉·哈德威克为这种延续性提炼出术语"私人交易的完整性"。同样，起草协议和最终敲定协议是斯克里夫纳·约瑟夫·福克斯的核心生意活动。诸如苏珊娜·福克斯、阿比盖尔·福克斯和玛丽·林登这样的女子，作为金融文件和其他法律文件的第二证人，与男家主一起支持家里的生意，培养自身的公民性格。[61]

当债权人和债务人之间的纠纷闹到法庭上，那些旁观双方在法庭之外互动或签署金融文件的妇女会被传唤出庭做证人。成为证人是个正式且通常公开的程序，需要直接与法庭官员打交道。[62] 在原告提起诉讼到法庭开庭审理之间的几周时间里，警长会上门拜访证人，并向他们宣读传票，传唤他们出庭做证。和警长把法庭传令送达被告时的情况一样，旁人也会看到传唤证人出庭做证的过程，意味着这些人掌握了相关纠纷的第一手信息。[63]

17、18 世纪之交，马萨诸塞州和罗得岛州对所有证人都放宽了亲自出庭的要求，允许他们在治安官面前做证。罗得岛州的证人可以在治安官面前或上法庭做证；而在马萨诸塞州，如果证人的住所离法庭的距离超过 30 英里，或者因"年龄、疾病或身体虚弱"而无法出行，可提交书面证词。依据马萨诸塞州法律的序言，其目的是确保"所有证人均可毫无顾忌地为其之所知做证，道出事件之全部真相"。[64] 法律肯定了证人陈词作为证据的重要性，尽管他们出席法庭、出现在众人面前的机会没有那么多了。

通常来说，同一案件的证人会在同一天聚集到治安官的宅邸做证，这种做法也具有公共性。当轮到某位证人做证时，他会在陈述前先宣誓"将说出真相，说出全部真相，且只说真相"。[65] 证人进行陈述时，有时还会回答原告或被告及他们的律师提出的问题。与此同时，治安官会粗略地记录下他们所说的话，然后他们会在完整的书面证词下方签字。[66] 这个程序旨在保障证人证词的可靠性，凸显出这些证词文件源自他们的陈述。对于女性来说，在治安官面前做证是她们受邀以官方身份发言的少数机会之一。

相较于在治安官面前做证，在公开的法庭上做证可在更大程度上增强妇女的经济法律权威，因为公开法庭上有法官、法庭官员、当事人和聚在法庭上旁观的民众。法庭还会为出庭做证的证人所花的时间和旅费予以补偿，最后让败诉方承担这些费用。妇女对这笔补偿有所期待，收不到补偿款的话还会特别提出要求。譬如，1762年有两位女证人给詹姆斯·奥蒂斯律师写信，要求他"把（出席）法庭的钱给我"。[67]

证人得到补偿的事实表明立法者和法庭认为证人的证词至关重要。18 世纪中叶，马萨诸塞州的证人每天会得到 1 先令 6 便士的补贴，若他们的住所离法庭的距离超过 3 英里便能得到 2 先令的旅行补贴。在罗得岛州，证人除了得到 1 先令 6 便士的日补贴，还有每英里 2 便士的出行补贴。[68] 除非证人需要长途跋涉来到法庭，这种情况下，他们从出庭做证中获得的总收入较少，比不上男劳工 3 先令的平均日薪。[69] 无论如何，当时的评论家将给证人补偿与对证人证词的重视联系起来，认为不付钱给证人乃是"司法管理中的大缺陷"，因为如此便会阻碍法庭获取所有的重要证据，让"穷人"难以出庭做证。[70] 法庭还以相同的标准向女证人和男证人支付补偿，表明法庭认可他们的证词具有同等价值。当时，妇女很少能够从事有偿工作，而且当她们从事有偿工作时，薪金水平往往比男人低，所以法庭予以女证人金钱上的补偿证实了她们在法律上的重要性。[71]

不管女证人是在治安官面前做证还是在法庭上做证，她们给出的证词传递出她们对他人的判断，并对他人的判决结果产生潜在影响。即使对信用交易看似寻常的描述也能透露出原告或被告的诚信度。通过详尽描述账目中的购买情景，或者讲述债券或期票的产生过程，女证人会让债权人的债权变得合法；她们还会描述债务人的拖欠行为，也就是他们的不光彩行径。反过来，通过描述达成的协议、支付的款项或开具的收据，女证人会对债务人坚持"他们已还清应付债务，是对手贪得无厌，不值得信赖"的说法予以支持。通过证实那些戏剧性的激烈场面，女证人还可以直接质疑他人的品格。1762 年，马萨诸塞州的尤妮斯·希尔（Eunice Hill）回忆说有个男人力劝另一个男人"假装"没有收到贷款，从而"欺骗"债主。在美国革命后一起涉及账本记录的债务诉讼中，来自罗得岛州蒂弗顿镇的已婚妇女佩兴丝·麦康伯（Patience Macomber）描述了男债务人盛气凌人地称他会"欺骗每一个人（无论贫富），只要他能从中获利，哪怕付出巨大代价，也要过富足的生活"。尽管希尔和麦康伯证词的大部分内容是概括相关信用事务的对话，但她们的证词将这些人的恶毒话语一字不差地引述出来，从而揭发了与这些言辞相关的丑行。[72]

当诉讼涉及男人与女人的冲突时，女证人会更加直接地参与到案件的社会评判之中。在此类案件中做证，为妇女提供了一个官方平台，她们可在此为其他妇女的行为进行辩护，并质疑男人的所作所为，从而批判失衡的男女权利制度。1751 年，寡妇莉迪娅·布朗（Lydia Brown）与大商人威廉·鲍登（William Bowdoin）发生纠纷，她的女儿伊丽莎白·布朗（Elizabeth Brown）和尤妮斯·布朗（Eunice Brown）前来为母亲辩护。莉迪娅·布朗在家里经营供膳宿舍，她的住宅位于波士顿市中心的上等地块。1744 年春天，鲍登来找莉迪娅·布朗，要求她尽快搬出去，口头承诺给她一大笔钱——500 英镑作为补偿。于是布朗很快便搬了出去，可鲍登从没付给她钱。6 年后，莉迪娅·布朗将鲍登告上法庭。伊丽莎白·布朗和尤妮斯·布朗分别在治安官面前做证，因为她们都病得很严重，无法亲自到法庭。姐妹俩都支持母亲的诉求，她们坚称鲍登的确承诺过只要母亲马上离开，就会给她补偿，她们还说这就是母亲很快搬了出去的原因。伊丽莎白·布朗还补充说母亲以为"她可信赖鲍登先生的话与荣誉"，说明这场纷争牵涉到了鲍登的品格以及其经济行为，揭示出性别、阶级与声誉之间的联系。[73]

现存的卷宗记录难以令人信服地将证人（无论男证人还是女证人）的证词与特定案件的结果联系起来。陪审团的裁决通常记录在小纸条上，上面只是简单指出陪审团决定"原告"或"被告"胜出，却没对这些裁定做出解释。不过，有些情况下，妇女叙述的证词似乎支持胜诉一方的观点，有些情况下，她们的言辞会支持败诉的一方。同样，男证人的证词也会支持或反对最终胜诉的一方。即使我们无法将女证人的证词与案件结果明确联系起来，可像佩兴丝·麦康伯、尤妮斯·希尔和布朗姐妹这样的女证人的言辞仍具有很强的影响力。同一时期，新英格兰人经常对那些据说"错误描述其经济行为"的人提起诽谤诉讼。妇女的证词是经过宣誓的，所以免受诽谤的指控，得到法律制度的正式认可，可对他人的信誉做出评判。

债务诉讼的证人在直接介入争端的同时，他们的言辞还会起到更广泛的作用。证人通过自己的证词公开展示他们诠释和陈述信用债务活动的能力。源自证人口述的资料（也就是放进卷宗的证词）乃是宣誓人及记录其所述内容的官员共同完成的。故此，证词反映了证人的理解与体验，同样也反映了官员对法律的了解，以及官员认为哪些陈述可以成为证人合理的证词。记录在案的证词可能是证人亲笔所写的，也可能是由第三个人书写的，这些证词将证人的回忆转化为流畅的叙述，旁观者的犹豫或慨叹全被掩盖了起来。[74] 总而言之，这些由妇人以及男子给出的书面证词从表面来看，相似之处远大于差异之处。因为证据法指出唯有亲身所见所闻的细节方能算为确凿之证据，所以，为了确立自己的可信度，每一位证人都会活灵活现地描绘金融谈判的背景、场景及对话。正式出庭做证的行为展现出证人所掌握的金融和法律技能，而提交的书面证词则表明新英格兰人意识到，所有女人都拥有类似男子的悟性。[75]

普通法的原则坚持认为：唯有基于亲身体验获得具体且合理的细节，证人证词才最可靠。吉尔伯特所著的《证据法》则主张对证人陈述的评判应该基于"他们所知的理由和陈述"。最可靠的证人应"以简单明了的方式供出自己所知的要点"。[76] 反过来，证词若"与体验和观察相左"，也就是说，若证人未能说清楚他们相信的一切的来源，或他们声称回忆的事件发生在许久以前，但没有解释个中缘由或提供充足细节，那么此类证人证词便是"可疑"的或要被贴上"不可信"的标签。[77] 虽说现代早期的法庭并没有始终如一地遵循他的建议，可吉尔伯特还是坚称传闻是不可接受的证据。他坚持认为证人必须为"其之所知"做证，而不是提供"关于他人言谈的无把握的报道"。[78] 后续的法律专著支持了吉尔伯特的观点，强调要将源自具体细节的亲身所知放在尤其重要的位置上，这种极其重视观察的理论与启蒙时期的其他学科，尤其是自然学科的理论相一致。[79]

在这种理论框架下，只有将证人置于其做证的事件之中，他们的证词才具有可靠性。有鉴于此，证词的开篇会尽可能精准地将证人以及债权人、债务人放到具体的时间和地点上。安·阿斯顿（Ann Aston）的证词便含有这三个常见的元素，证词中指出，"1739年10月她正在伊莱沙·卡德夫妇家里"，这时"约翰·弗里伯恩来到卡德家"。塞思·亚当斯（Seth Adams）讲述，"1745年的某一天，他在梅德韦镇的爱德华·克拉克先生（Edward Clark Esq）家里，乔纳森·德雷珀和大卫·达林（David Darling）也在那里"。塞缪尔·卡尔（Samuel Carr）指出"去年秋天的某一天，在钱宁的厨房里，（我）听到约翰·伯特（John Burt）和约翰·柯特利奥（John Curtleo）之间的一段谈话"。[80] 证词会使用一些标准的词语，譬如

"在""我在"或"我看到"等，令人如身临其境，反映出现代早期
法律文化高度重视基于亲眼所见而获得的所知。

证人证词的开篇词还有第二个作用：描述参与常规金融谈判
或账目清算的相关当事人。有些证人报告说看到当事人一方来到
另一方的家中，想要讨论金融事务，譬如，露丝·弗里曼（Ruth
Freeman）回忆起奥利弗·库克（Oliver Cook）"因一张票据来到我
家……找跟我住在一起的亚历山大·克莱顿（Alexander Clayton）"，
或者是，约瑟夫·谢菲尔德（Joseph Sheffield）和本杰明·谢菲尔德
（Benjamin Sheffield）兄弟做证说"罗兹·黑文斯（Rodes Havens）
拿着账本来到父亲家里，要与他清算账目"。[81] 类似地，还有一些
证人报告说看到当事人"在店里说话写东西""在讨论账目清算事
宜前，他们拿着账簿和文件坐在桌旁"，或者"就像宣誓证人所理
解的清算场景一样，他们坐到摆着账簿的桌旁"。[82] 证人以符合标
准金融谈判的行为模式来描述这些场景，从而传达出相关各方正
在签订具有约束力的金融协议，而不仅仅是在闲谈。此外，通过强
调自己有能力对正在发生的事件的金融、法律意义进行诠释（"就
像宣誓证人所理解的清算场景一样"），证人将自身描述为敏锐的观
察者。

从证词来看，所有证人都能够仔细观察和诠释金融交易。证
词中的许多描述集中在金融文件上。无论是男人还是妇女都会汇
报这些文件的内容，还会报告那些表明清算进程的行为。证人讲
述一方当事人"出示一份含有纺织品账目的文件"或"展示他的
账目"，并且就双方是否达成协议给出评估。关于乔纳森·德雷
珀和大卫·庞德（David Pond）清算债务的情况，一位男证人解释
道：德雷珀"（给了）"庞德一张期票以偿还债务，庞德反过来"给
了（德雷珀）一份签过字的解除债务清偿协议"，还"放弃"了另
一张记录德雷珀欠他债的期票。同样，莎拉和多尔卡丝·福勒姐妹

指出詹姆斯·海沃德（James Hayward）"从我父亲那里收到了 3 英镑的汇票，同时还给了我父亲一张等额的收据"。两位女士将注意力集中在法庭关心的元素上，强调她们"相当肯定""海沃德先生是亲笔签署的"。 尤妮斯·希尔则提到奥利弗·庞德（Oliver Pond）与玛丽·库克（Mary Cook）处理文件的情况，证明他们未能使协议生效。她解释说"票据拟好、签好之后，他们又写了解除债务协议并签字，把各自的责任义务收了回去"。[83] 当男证人和女证人向法庭描述此类交易时，他们能够道出金融文件的名称，诠释文件的内容，解释文件处理方式所蕴含的意义。

再者，从证词来看，不管是男证人还是女证人，都同样能理解并诚实地叙述债权人和债务人之间的对话。显然，男女证人的证词十分相似，尤其是当多位证人无意中听到同一段谈话并同时对之加以描述时。在本章前文曾经提到的一个相关案例中，阿比盖尔·塞耶描述自己听到西尔维纳斯·巴罗斯和赫齐卡亚·比尔丁（Hezekiah Bilding）详谈他们的协议。她的陈述里包含与其他两位男子相同的细节：威廉·托马斯和大卫·西尔斯（David Sears）告诉了法庭一些巴罗斯开具给比尔丁的那张期票上没有的细节。她听到巴罗斯问比尔丁要怎样给他付钱，比尔丁回答他会"给他寄信"，告诉他"该把钱寄到哪里"。此外，西尔斯还报告了比尔丁承诺接受巴罗斯"以其他政府发行的货币"来支付，尽管期票上注明了以马萨诸塞州发行的美元来支付。阿比盖尔·塞耶在自己的证词中支持了这些观点。她讲述自己作为证人签署票据前，巴罗斯说可以等价的其他殖民地区货币支付。她还回忆了巴罗斯让比尔丁"给他寄信，告诉他该把钱寄到哪里"。[84]

1767 年，纽波特一位著名的酒馆女老板阿比盖尔·斯通曼与房东威廉·斯托达德（William Stoddard）发生了纠纷。在这场纠纷案件中，男女证人均回想起类似的细节。所有人都认同斯托达德让斯通曼女士从房租里中扣除房屋修缮费用，并承诺他会支付超出租金的部分。斯通曼女儿米哈布尔·唐斯（Mehitable Downs）在证词中解释，她"听到斯托达德希望母亲修缮房屋"，"若母亲的修缮费用超额的话，他会给她付钱。"托马斯·布伦顿（Thomas Brenton）同样"理解"斯通曼会从房租中扣除修缮费用，斯托达德会支付超额的费用。他听到斯托达德跟斯通曼说"需要做什么，就让（木匠）去做，我会让你满意的"。唐斯还回忆说她听到斯托达德告诉木匠"若斯通曼太太给的报酬不理想，他会支付相关费用的"。在那家工作的木匠的证词里也能看到相呼应的言辞。伊莱沙·诺顿（Elisha Norton）听到斯托达德承诺"若斯通曼太太给的报酬不合适的话，（他）会让他满意"。[85] 事实证明，像塞耶和唐斯这样的女子和男子一起无意中听到同样的对话，她们同样能够向法庭官员概述这些信息。在某种程度上，证人的陈述之所以如此相似，是因为他们努力让所讲述的故事协同一致，而女人和男人都参与了到这种协同之中。从证人给出的证词中，我们可以看到所有非专业的普通人均熟悉金融交易的关键元素，包括支付债务的方式和手段。

还有，男女证人在回忆那些关于债务是否已经清偿时，表现出了他们的专注。在债权人和债务人的直接谈判之外，新英格兰人也会讨论金融事务，听到这些对话的人也可以出庭做证。譬如，本杰明·惠普尔（Benjamin Whipple）指出丹尼尔·诺瑟普（Daniel Northup）"告诉我说他和格林（Greene）已经清算完了"，而且"充分证据表明，他欠格林 2 美元或更多"。皮莱格·斯普纳（Peleg Spooner）汇报称店主苏尔顿·格兰特说已故的威廉·贝内特（William Bennet）曾经欠他"一大笔钱"，后来除"大约 15 英镑"的账款外其他都还清了。[86] 女证人的证词也有类似的细节和精准的数字。譬如，玛格丽特·柯蒂洛（Margaret Curtelo）碰巧"听到约翰·伯特（John Bert）说他欠马克斯（Marks）先生 3 英镑"。莎拉·库克（Sarah Cook）解释说当"纳撒尼尔·英格拉哈姆（Nathaniel Ingraham）进来并在谈话间说到他从未因那张票据给奥利弗·庞德付过一便士"时，她就在纳撒尼尔·霍斯（Nathaniel Haws）家里。[87] 从这些证人的证词来看，他们都是具有知识、可以信赖的证人。这些叙述中的细节表明女人和男人一样，拥有足够的数字和金融技能，当她们听到债权人和债务人的对话时，便能辨别出他们话中的含义，随后还能准确地将这些对话回忆起来。

　　虽说妇女的证词不出所料地证明了她们在评判金融和法律事务方面拥有独立的技能，可在书记官和法官保存的法庭记录里，在丈夫也出庭做证的情况下，妻子的证词有时会被放到次要地位。一般来说，官员们会将每一位男子的证词逐一详细记录下来。相比之下，有时妻子在法庭记录里的地位只是确认丈夫的证词。大约有一半丈夫与妻子同时出庭做证的案子中，已婚妇女签署声明确认丈夫的证词是真实的。[88] 将男人的证词作为事件主要版本的做法与"有夫之妇的法律身份"的原则有着强烈的共鸣。不过，与此同时，这种做法仍然反映出法律对证人亲身亲历过程的重视。在确认丈夫证词真实的简短声明中，这些已婚妇女坚称自己"也在场，并听到了"涉案事件，她们还证实自己丈夫的陈述"确凿无疑"。[89] 有时，法庭官员也会分别记录夫妻双方的证词，从而使已婚妇女能够独立地对金融活动做出评判。[90]

　　与在法庭之外作为旁观者所获得的权利一样，当妇女签署信用文件或在诉讼案中做证时，她们获得的权利也会提升她们的权威。当有人请她们在债券和期票上签字的时候，她们会认真对待自己所发挥的作用：让具有法律约束力的义务生效，从而构建经济网络。当她们在债务诉讼案中被传唤出庭时，妇女可在法律官员、律师、债权人、债务人及普通观众面前公开宣誓发言。通过描述和诠释自己的所见所闻，这些女宣誓证人对他人的品格做出评价，表现出她们具有与男子相似的知识。通过参与各种各样的证人活动，妇女建立或切断蕴含着社会、经济和法律意义的联系。

小结

尽管债权人与债务人常常位于信用网络分析的核心位置，但还有许多其他的男人与女人为赋予金融协议合法性和促进金融义务的履行提供了助力。当我们把视野扩展开来，将证人涵盖其中，便进一步了解了性别在多大程度上影响着英属北美地区的经济法律活动模式。在萨福克郡和纽波特郡曾经签署金融文件并在诉讼案件中做证的人群里，妇女只占一小部分（却起着非常重要的作用），而人们事先规划好的证人选择反映出该时代约定俗成地将充当证人定义为男性活动。然而，同样重要的是，在广泛的庭外证人实践活动中，妇女也会成为记录在案的证人。在整个新英格兰，尤其是在港口城市人口拥挤的家庭里，女人和男人身边围绕着各种各样的信用交易。只要细心观察所发生的事件或仔细聆听当事人的谈话，新英格兰人便能了解到他人的经济事务，审视他人的品格。观察和聆听还让旁观者获得训练，学会如何使用信用，处理债务以及如何驾驭法庭事务。鉴于妇女接受正规教育和成为学徒的机会有限，此类非正式的学习方式对妇女尤为重要。

对于自由的女人和男人来说，信用交易就发生在他们身边，所以他们会承担起签署文件和出庭做证的责任，从而产生书面记录。由于殖民地的妇女被排除在政治和公务事务之外，因此她们很难接触到与这些职务相关的发言机会，而正式的证人活动是唯一扩大她们的社会影响力并展示她们的金融、法律知识的机会。尽管妇女以自身名义运用信用的能力有限，可她们能够成为正式的证人。值得注意的是，女证人涉及诸多社会阶层，她们有着不同程度的读写能力。不管是已婚妇女，还是仍住在父母家中的女儿，还是寄宿妇人或女仆，她们都有可能成为签署文件和出庭做证的人。这个界定清晰的法律角色让妇女获得了权威，鼓励她们做出与男子相似的行为。无论是在协助敲定协议时，还是在介入诉讼案件时，女人和男子都对各种金融文件及其意义有着敏锐的认识，对口头谈判与书面协议之间的法律关系也有着深刻的认知。此外，由于法庭尤为重视证人的感官体验和法律技术细节，故所有做证的证人都会以符合此偏好的方式来陈述关键事件。

　　证人活动隶属于更广泛的社会环境，在这样的社会环境中，妇女的技术性金融活动（其中许多发生在家庭中）提升了她们在社区中的权威。证人频繁提供证词，陈述住所里发生的事件，证实了家庭在金融活动和公众监督中的核心地位，意义重大。就像债权人和债务人在构建和驾驭信贷关系时展示出他们的技能和悟性一样，证人在诠释他人的金融活动时也展示了他们在金融活动方面的能力。同许多涉及信用的其他活动一样，证人活动会与基于性别、年龄和阶级的社会等级制度相交，甚至暂时扰乱社会等级制度。奔波于城市里收债的债权人要提出强烈的要求，而证人与他们很像，要在信用交易中坚持自己的主张，无论是澄清协议内容，还是在当事人大声念出文件内容前拒绝签署文件。在一个债权人和债务人的行为反映其品格的时代，在诉讼案件中做证的男子和女子可对他人的声誉做出评判并产生影响。事实证明，通过充当证人，女子与男子均十分善于驾驭法律与金融世界。

第五章

"步履维艰"
——债务之困与宽恕之辞

··········· § ···········

18 世纪中叶，信用网络不断扩大，经济波动不断加剧，法律制度日益严格，这一切向波士顿和纽波特的人提出了一些至关重要的政治经济问题。这两座城市的居民已经使用书面信用来构建新的经济关系，为新的商业企业提供资金。这一时期，货币危机反复出现，战争与和平的交替给经济带来了繁荣与萧条的更迭，在这样的时代大背景下，有些妇女与男子发现自己资不抵债，已无力偿还债务。这个问题在波士顿尤为严峻，因为这座城市自 1740 年就开始不断滑入经济萧条的泥潭。在马萨诸塞州和罗得岛州，法律体系对这类人的救济有限。殖民地没有全面且永久性的破产法，资不抵债的人没法据此重新开始，而且法庭还一贯强调遵循程序，偏袒债权人的利益。由于债务人面临财产被扣押或自己被监禁的困境，非专业的普通人和立法者都会对"个人在何种情况下可依据标准程序获得特别豁免"展开评估。尤其是在港口城市，妇女贫困日益成为社会难题，所以人们需要从另一个重要的角度来审视这些问题。然而，"妇女有权得到特别保护"的观点与偏袒债权人诉求的法律制度是相互冲突的。[1]

请愿是所有新英格兰人应对这种债务诉讼新问题的重要方式，请愿也是应对债务诉讼中性别维度的新机制。虽然大多数的债务关系都会顺利终结，但在旷日持久的法律纠纷中，向殖民地立法机构提出请愿是当事人最后的求助手段。从 18 世纪 30 年代中期至 70 年代中期，法庭越来越强调法律的技术细节，同时在这几十年里，越来越多的诉讼人通过向马萨诸塞州参事会①和罗得岛州议会提交请愿书，抗议债务案件的判决结果。18 世纪 30 年代，马萨诸塞州的立法委员只收到 16 份关于债务诉讼的请愿书，而仅仅十年后，他们就收到了 61 份此类请愿书。在罗得岛州，18 世纪 30 年代立法委员受理了 21 起此类上诉请愿，此后请愿数量每十年大约翻一番，到了 18 世纪 60 年代，他们受理的上诉请愿多达 169 起。大多数请愿者为债务人，其中不乏女性，许多请愿的女债务人同时也是寡妇兼遗产管理人或遗嘱执行人。[2] 所有请愿书都会在殖民地最高官员在场的情况下被大声宣读出来，并由他们进行评估。在此过程中，请愿者的委屈不平引起了立法者的关注，让他们注意到法律将债权人的利益置于所有其他人（尤其是寡妇）的利益之上。然而，债权人索债的诉求与寡妇继承、保留家庭财富的能力产生了冲突。[3]

债务诉讼的上诉符合现代早期欧洲法律文化的大背景，当时的法律文化认为请愿是一种权利。请愿的形式非常灵活，可包容各式各样的上诉情况。通过这一法律行动，大西洋世界各地的个人与群体要求官方对他们所蒙受的各种冤屈做出正式认可，并要求有义务做出回应的有关当局予以答复。哪怕不属于这个国家或处于从属法律地位的个人也拥有这项权利。因此，对于处于社会边缘的群体，包括妇女、黑人和原住民等，请愿乃是尤为重要的手段。请愿及其结果既影响着又反映出世人对法律与正义的理解。[4]

在 18 世纪的马萨诸塞州和罗得岛州，请愿发展成法律体系中一个界定清晰的狭窄安全阀，其宗旨是为了促进债务的回收。当请愿者起草自己的诉求、立法者对他们的诉求做出裁决时，他们都会评估：诉讼当事人是否遭遇到自身无法掌控的情况，如果情

---

① 参事会是北美殖民地时期兼行使司法权和立法权的机关，为马萨诸塞州首创，在新英格兰地区实行。——译者注

况属实，理应得到救助。通过上诉的方式，有些女请愿者道出了妇女在金融纠纷中可能面对的独特障碍。不过，请愿人（无论男女）对成功的请愿理由有着清晰的认识，所以他们提交的请愿书越来越多地以"不公平裁决"为由来展开陈述，而大多数的陈述内容是围绕"能力"（而非"无能"）展开的。这种标准化的陈述方式带来了多方面的后果。一方面，请愿强化了一种文化认识：自由的白人妇女和男子都是驾驭信用和法律的能手；另一方面，这一过程还使全为男子的律师行业以及男人对商业的追求变得合法；还有，它并没有从根本上打破偏袒债权人（无论男女）的法律体系。

　　纽波特寡妇安·梅勒姆的斗争乃是本章的核心内容。这个案例给我们提供了一个独特的机会，使我们能以 18 世纪经济法律体系的运转环境为背景，对请愿及其相关语言体系展开研究。18 世纪的妇女（包括安·梅勒姆本人）可以查阅大量的上诉记录，旷日持久的金融纠纷要求她们对所有这些记录加以利用。从 1742 年到 1748 年，安·梅勒姆与先夫的债权人发生冲突纠纷。她发表了一篇声讨文，表达自己的不满，召集律师来支持自己，通过诉讼与对手展开争论，并且多次向罗得岛州议会递交请愿书。通过查阅印刷品、信函、法庭和立法机构关于安·梅勒姆的资料，我们发现她在不同的场合会变换自己的措辞。安·梅勒姆所表达出来的每一段言辞里都浓缩着她的部分技能和经验。有时她将自己定位为一个痛苦的寡妇，在别处，她又把自己定位为精明能干的经济行为人。从根本上说，安·梅勒姆所面对的独特情景超出了申诉的标准程式。她反复努力（包括通过请愿寻求公正的待遇），却没能弥补她早期在管理丈夫遗产时犯下的错误。

驾驭负债：安·梅勒姆的法律斗争

1742 年 3 月，纽波特市议会指定安·梅勒姆来管理其亡夫约翰·梅勒姆（John Maylem）的遗产。[5] 正是在这个身份下，安·梅勒姆与另一位纽波特居民——朗姆酒酿酒师乔治·加德纳（George Gardner）——发生了旷日持久的冲突纠纷。安·梅勒姆的斗争展现出负债累累的寡妇在一个偏袒债权人的法律体系中所面临的挑战，也阐明了她们在保护家庭财产方面可利用的抗议渠道。妇女（包括安·梅勒姆在内）懂得使用诸多表达委屈不平的言辞，她们在不同场合寻求公正时会变换自我表达的方式。

安［娘家姓氏为"洛"（Low）］和约翰·梅勒姆均来自中等阶层家庭。洛家在罗得岛拥有地产，1720 年，安·梅勒姆继承了父亲六分之一的土地，这块土地价值 132 英镑。约翰·梅勒姆是波士顿一名泥瓦匠的儿子，家里有足够的财富和地位让他可以进入哈佛大学读书。[6] 安·梅勒姆和约翰·梅勒姆结婚 20 多年，其间他们在波士顿、纽波特和新罕布什尔等地搬来搬去，在这些城市购买了房产并进行商业投资。[7]

和其他来自中等阶层和精英阶层的新英格兰妇女一样，安·梅勒姆能读会写，这些技能为她参与金融交易提供了便利条件。到了 1742 年，她的签字笔迹始终如一，说明她经常签名，而且签名让她感觉很舒服。由于经常签署自己的名字并深谙其严肃意义，安·梅勒姆养成了一种签署文件的独特方式。安·梅勒姆曾向罗得岛州议会提交多份请愿书，其中一份有她的亲笔签名，这个签名很能说明问题，名字首字母为 A，旁边点缀着花饰（图 5-1）［安·梅勒姆也是唯一将"梅勒姆"写成"梅拉姆"（Maylam）的人，这让我们更容易辨认出她的签名］。正如我们所见，有些文件全文都是安·梅勒姆亲笔所书。她还会在其他由受过正规法律和书写培训的人起草的文件资料（包括请愿书）中附上自己的签名。[8] 对安·梅勒姆来说，与盟友合作既是一种策略选择，也是塑造自我形象的手段。

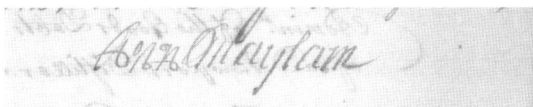

图 5-1 安·梅勒姆（梅拉姆）在请愿书上的签名（1744 年 9 月）

资料来源：罗得岛州档案馆所藏罗得岛州议会请愿书档案，第 6 卷第 13 份请愿书。此图片由罗得岛州档案馆赠送。

1739 年秋，梅勒姆夫妇回到纽波特，由于帝国战争对经济的刺激，他们想从这座日益繁荣的城市里获利。约翰·梅勒姆投身到港口城市的一个主要行业中去：将加勒比海的糖蜜蒸馏酿成朗姆酒。从这个行业中我们可以体会出纽波特正在日益融入大西洋的商业世界。酿制朗姆酒是桩复杂且花钱的生意。当时许多酿酒商都是著名的商人，能够利用他们拥有的其他企业的利润和关系来资助和协助这个行业。约翰·梅勒姆不是商人，所以踏入这个行业便意味着他需要承担巨额债务，承受巨大的风险。他以融资的方式从乔治·加德纳手里买下酿酒厂，为此签署了两份债券和一份抵押贷款协议。该酿酒厂连带相关物资和周围的土地价值不菲，高达 1360 英镑，超过约翰·梅勒姆其他所有财产价值的两倍，所以约翰·梅勒姆希望这家企业最终能够盈利。[9]

1742 年，梅勒姆夫妇搬回纽波特不到 3 年，约翰·梅勒姆意外离世。当时安·梅勒姆已经 40 多岁，有 4 个子女，年龄从 3 岁到 12 岁不等。在被指定为约翰·梅勒姆的遗产管理人之后，安·梅勒姆面对的是家里资不抵债的困境。[10] 约翰·梅勒姆去世前，他所拥有的个人财产相当可观，价值 659 英镑（不包括朗姆酒酿酒厂）。可他的财产还是无力偿付债务，他所欠的债务远超他的资产，同时没有人欠他债，所以安·梅勒姆没有债务可回收。此外，我们不确定梅勒姆家最赚钱的资产（也就是这家酿酒厂）是否已完全归他们家所有，还是抵押给了另一名纽波特居民。[11]

安·梅勒姆在保护家庭财产和满足亡夫债主诉求之间左右为难，她面临的困境受殖民地特定的继承法影响。英国普通法有个"寡妇产"原则：为维持遗孀的生活，失去丈夫的寡妇有权获得亡夫三分之一的遗产，马萨诸塞州和安·梅勒姆所在的罗得岛州均以"寡妇产"原则为出发点。"寡妇产"将个人财产（动产）与不动产（土地）区分开来。寡妇可以直接获得丈夫动产的所有权，但对于不动产，只有终身使用权，也就是说，她们可以占有这些土地或享受土地产生的利润，但不能将其出售或赠送给他人。"寡妇产"原则自动适用于那些丈夫没有留下遗嘱便离世的寡妇（包括安·梅勒姆在内）。对于丈夫写下遗嘱的寡妇来说，若她们愿意的话，可以拒绝接受遗嘱，维持自己的"寡妇产"权。理论上讲，"寡妇产"确保了遗孀有能力养活自己与家人。[12]

殖民地区的官员会对"三分之一的'寡妇产'是在债权人回收欠款之前还是之后计算"进行核定，他们的决定削弱了安·梅勒姆及其他寡妇获得财产的权利。依据英国普通法，"寡妇产"权排在债权人对土地的索赔权之前。不过，债权人对动产的索赔权优先于对寡妇的补贴。英国法律原则规定遗孀只能继承其亡夫个人财产偿还债务后剩余部分的三分之一。马萨诸塞州和罗得岛州与其他北美殖民地一样，采用了这一法律框架，债权人得以从中受益。1648 年的马萨诸塞州法律保护寡妇的不动产权，使其不受债主索赔诉求的影响。但到了 1692 年，马萨诸塞州做出明确规定：寡妇只能获得丈夫遗产支付完债权人所有债务之后剩余部分的三分之一。1718 年，罗得岛州同样做出要求：为满足债权人的债务索赔诉求，寡妇需交出基本生活用品外的所有财物。马萨诸塞州和罗得岛州还制定了法律程序，让遗产管理人（包括寡妇）可获得许可出售土地，以偿还遗产债务，从而进一步侵蚀寡妇的"寡妇产"权。[13] 到了 18 世纪中叶，商业投资导致许多居民（包括约翰·梅勒姆在内）因金融过度扩张而债台高筑。因此，新英格兰人经常看到寡妇与债主之间的剧烈冲突。寡妇的财产绝非是神圣而不可侵犯的。面对咄咄逼人的债主，寡妇被迫在出售最有价值的资产（很可能是她拥有的土地）或其拥有更大控制权的财产（日常生活所用的个人物品）之间进行选择。

18 世纪 40 年代初，新英格兰的殖民法律没有制定破产的相关程序，让资不抵债的个人可通过破产程序寻求救助，如此便进一步加剧了安·梅勒姆的困境。考虑到 18 世纪英属北美地区的人认为无力偿还债务意味着此人道德出现缺陷，所以约翰·梅勒姆在世时很可能不愿意公开承认自己的财务状况出现了危机。哪怕他愿意承认自己资不抵债，也没有法律渠道可让他的债务得到免除。到了 18 世纪中叶，债务人可寻求私下和解（与债主见面）或向殖民地的立法机构申请个人破产，通过这些方式，此人只能交出个人财产，按所欠金额的比例在债权人之间进行分配。虽然此类法律程序会终止任何正在进行的诉讼案件，却不会永久消除此人的债务，使其得以重新开始。[14]

"七年战争"及其余波带来了经济的动荡，这个时期立法者的观念发生了转变。他们开始意识到个人破产可能是宏观经济造成的，个人根本无法控制，于是罗得岛州和马萨诸塞州分别在 1756 年和 1757 年制定了个人破产法（1768 年马萨诸塞州废除了个人破产法）。罗得岛州法律在 1758 年还编纂了程序，让法律专员有权将破产人的财产按比例分配给债权人。通过参与破产程序，接受自己可得的份额，债权人同意不再对破产人的地产提出进一步的索赔。这项法律没有改变寡妇的"寡妇产"权，但它至少建立了一种机制，让寡妇得以阻止债主无限地追讨亡夫的遗产。[15] 然而，对于梅勒姆一家来说，这些对债务人的保护来得太晚了。约翰·梅勒姆在有生之年无法纠正自己的财务状况，他去世后，安·梅勒姆也无法阻止债主追讨家里的财产。若安·梅勒姆找不到足够的流动资产来清偿约翰·梅勒姆欠债主的债务，便不得不出售家里的财物，甚至可能不得不出售土地。

安·梅勒姆被迫制定自己的策略来对付债主的要求，她深知自家的酿酒厂非常重要，因为生产销售朗姆酒可为她提供收入。于是丈夫去世当日，她便雇用乔治·加德纳把所有存储在酿酒厂里的糖蜜酿成朗姆酒。鉴于她本无须如此着急地去酿酒，这个选择反映出这是她在财务与法律上的统一策略，甚至她可能已意识到自己要保不住酿酒厂了。短期内，她可以用出售朗姆酒的利润来支付丈夫的债务。若能长期保住这桩生意，就能在未来财源不断。正如安·梅勒姆可能担心的那样，乔治·加德纳和他的同伙声称酿酒厂是他们的，安·梅勒姆的计划被迫中断。[16] 由于丈夫破了产，而且酿酒厂十分重要，安·梅勒姆的困境促使她后来顽强地挑战对手。

约翰·梅勒姆以融资的方式买下这家酿酒厂，决定了安·梅勒姆作为遗产管理人所要面对的挑战。酿制朗姆酒是个复杂的行业，男人在介入此行业时通常会建立合作伙伴关系，只是这种联盟很不稳定，容易产生冲突。[17]1739 年，当约翰·梅勒姆最初买下这座酿酒厂时，安·梅勒姆的姐夫——商人雅各布·德哈恩（Jacob Dehane）——与他一起签署了一张债券。第二年，约翰·梅勒姆又找到了一位新合作伙伴——木匠乔纳森·戴曼（Jonathan Diman）。他们俩将酿酒厂抵押给商人乔治·古尔丁（George Goulding），以获得运营资金。古尔丁反过来给了约翰·梅勒姆和戴曼一份《废约条件保证书》。这份至关重要的文件对古尔丁在抵押协议中的义务作出了规定：古尔丁承诺在约翰·梅勒姆和戴曼付清抵押贷款后，将酿酒厂的所有权还给他们，否则的话，便欠他们违约金1600 英镑。约翰·梅勒姆去世时，他和伙伴仍未还清欠古尔丁的抵押贷款，而这份《废约条件保证书》在梅勒姆家中。[18]

作为遗产管理人，安·梅勒姆介入了已故丈夫的男性商业伙伴网络。戴曼上门拜访安·梅勒姆，要求清算遗产。安·梅勒姆请来雅各布·德哈恩和另一位纽波特的酿酒商纳撒尼尔·科吉歇尔（Nathaniel Coggeshall）来辅助此过程。这些男人认定戴曼欠已故的约翰·梅勒姆 90 英镑。[19] 此后不久，安·梅勒姆将古尔丁在 1740 年签署的那份《废约条件保证书》交给了戴曼。乔治·加德纳也来找安·梅勒姆索取数百英镑，他声称约翰·梅勒姆欠了他好几张债券，应从约翰·梅勒姆的遗产中支付。书面记录显示，在这些会面里，安·梅勒姆都是现场的唯一成年女性。[20]

安·梅勒姆将《废约条件保证书》交给戴曼只需几秒便完成了，但此行为对她持有酿酒厂的所有权产生了重大影响，进而影响了她的财务状况。因为手里拿着《废约条件保证书》，让戴曼得以重新确定酿酒厂的所有权。他抛弃了老伙伴——梅勒姆一家，改为与酿酒商伊齐基尔·伯勒斯（Ezekiel Burroughs）及乔治·加德纳合作，1739 年约翰·梅勒姆就是从乔治·加德纳手里买下酿酒厂的。戴曼拿到《废约条件保证书》几周之后，就把它交了古尔丁，古尔丁撤销了这份《废约条件保证书》。然后，戴曼、伯勒斯和加德纳再重新从古尔丁手里买下酿酒厂。依据书面记录，就在这一刻，约翰·梅勒姆的遗产及其继承人不再拥有这座酿酒厂。[21]

丈夫去世后的 6 年里，安·梅勒姆一直试图从新主人手里拿回酿酒厂。而加德纳及其同伙坚称他们已为梅勒姆家的那份《废约条件保证书》支付了费用，也就等同于买下了她的酿酒厂份额，他们还补充说，放弃时，她是"自愿同意"的，并且"非常满意"。[22] 可安·梅勒姆的说辞则相反，她坚持认为自己是在不知情、不自愿的情况下放弃这份《废约条件保证书》的。1742 年年末，安·梅勒姆就这场争端发表了一份声讨文，在 1743—1745 年 4 次起诉戴曼与加德纳，并在 1744—1748 年提交了 4 份请愿书。[23]

安·梅勒姆难以重获酿酒厂的所有权带来了一系列经济上的后

果，使她没有什么能力阻止其他债主从她的"寡妇产"和家庭遗产中分一杯羹。1742 年里，安·梅勒姆曾三次在拍卖会上出售亡夫的部分遗产（包括家居用品、衣物和一个奴隶）。每一次她都会在接下来的几天里用拍卖所得给债主支付一轮款项。她向 17 位不同的债主支付了总共 521 英镑。后来安·梅勒姆向纽波特市议会提交了这些活动的说明账目，从这份文件中，我们可以看出她为满足债主的诉求而疯狂出售家里许多低价值的财物。议员们接受了安·梅勒姆管理遗产的大部分说明账目，不过他们对她的记录形式提出了批评。该法律机构批评安·梅勒姆在账目说明中将拍卖的"各项物品"都事无巨细地写了下来，各项交易"混杂在一起"，以至于"难以对它们进行详细的检查"。看起来，议会审查了安·梅勒姆提交的说明账目，而审查的原则与法律体系对债权人诉求的关心相一致。在同一份文件中，安·梅勒姆报告说，法律赋予寡妇保留少量必要物品的权利，依据此原则，她只给自己留了一张"小"床及被褥，合起来值 10 英镑。[24]

提交遗产管理的说明账目通常意味着遗产管理人已完成职责，可债主们还是坚持要蚕食约翰·梅勒姆的遗产。其中一人表示，如果将约翰·梅勒姆的遗产按比例分给债权人，那么他便会停止索债，可安·梅勒姆本人与遗产的各位债主从未达成这样的协议。[25]1743 年 5 月和 1744 年，4 位债主分别将安·梅勒姆告上法庭，要求她偿还剩余的债务。在此之前，他们每人都从安·梅勒姆手上得到了小额款项。在下级法庭的审判与上诉中，安·梅勒姆争辩称她没法偿还债务，因为她手里已经不剩约翰·梅勒姆的任何财产了。法庭驳回了安·梅勒姆的抗辩，依照这些裁决，警长试图扣押她仅剩的几件物品。[26]与此同时，安·梅勒姆继续努力想拿回那份《废约条件保证书》，进而拿回酿酒厂及其潜在的收入。[27]安·梅勒姆与其他纽波特居民所发生的长期冲突及其财产的损失都是法律制度导致的后果，这种制度倾向于去满足债权人的诉求，而不是去保护寡妇的遗产。

安·梅勒姆意识到自己没有太多选择，于是企图利用公众舆论来给加德纳及其同伙施压。1742 年的最后几个月里，安·梅勒姆及其盟友来到纽波特另一位寡妇——印刷商安·富兰克林（Ann Franklin）的店里，请她提供服务。[28] 由此产生了这篇题为《纽波特酿酒商乔治·加德纳先生欺压纽波特酿酒商约翰·梅勒姆遗孀兼其遗产管理人安·梅勒姆之简述》的声讨文，文中安·梅勒姆详陈了对加德纳的不满（图 5-2）。此时，安·梅勒姆已将丈夫的大部分财物拍卖，可有些债主仍在等待回收欠款，而加德纳、戴曼和伯勒斯已拥有酿酒厂。这份声讨文让安·梅勒姆羞辱了对手，同时引起旁人的同情。几乎可以肯定，声讨文的复印件在纽波特居民中流传开来，全市引人注目的地点均能看到它。很快，声讨文中所宣称的内容引发纽波特市议会传唤加德纳来做证。安·梅勒姆后来让人将声讨文传播开，确保其成为法律证据，接下来的几年里，人们把这篇声讨文当作这场纠纷的简明版本。[29]

安·梅勒姆发布独立的声讨文超越了妇女惯常使用印刷品的做法。虽说女遗产管理人常在报纸上刊登公告，可安·梅勒姆的长篇大论却极不寻常。1640—1755 年，在英属北美地区，妇女公开发表的独立文章只有 26 篇，其中大多数不是妇女死后才发表的，就是法英作品的翻版，只有 8 篇是殖民地妇女还活着的时候发表的。安·梅勒姆这篇声讨文的内容也让她与众不同。帝国战争之前，大多数妇女撰写的文章都与宗教有关，如福音派的莎拉·奥斯本（Sarah Osborn）曾写过一篇文章，那是 18 世纪中叶纽波特妇女撰写的唯一文章。奥斯本这篇题为《真正基督教的本质、必然性与证据》（*The Nature, Certainty, and Evidence of True Christianity*）的文章以 1753 年的一封手抄信函为基础，在 1755 发表了一篇文章，她在文中只承认自己是"新英格兰的一位贵妇人"，并补充说她已同意

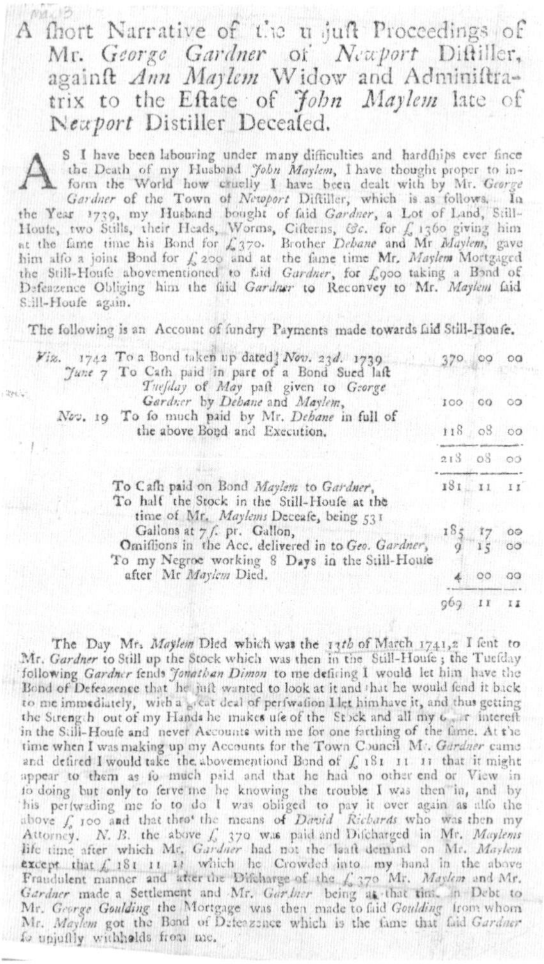

A ſhort Narrative of the unjuſt Proceedings of Mr. *George Gardner* of *Newport* Diſtiller, againſt *Ann Maylem* Widow and Adminiſtratrix to the Eſtate of *John Maylem* late of *Newport* Diſtiller Deceaſed.

AS I have been labouring under many difficulties and hardſhips ever ſince the Death of my Husband *John Maylem*, I have thought proper to inform the World how cruelly I have been dealt with by Mr. *George Gardner* of the Town of *Newport* Diſtiller, which is as follows. In the Year 1739, my Husband bought of ſaid *Gardner*, a Lot of Land, Still-Houſe, two Stills, their Heads, Worms, Ciſterns, *&c.* for £1360 giving him at the ſame time his Bond for £370. Brother *Debane* and Mr *Maylem*, gave him alſo a joint Bond for £200 and at the ſame time Mr. *Maylem* Mortgaged the Still-Houſe abovementioned to ſaid *Gardner*, for £900 taking a Bond of Defeazence Obliging him the ſaid *Gardner* to Reconvey to Mr. *Maylem* ſaid Still-Houſe again.

The following is an Account of ſundry Payments made towards ſaid Still-Houſe.

Viz. 1742	To a Bond taken up dated *Nov. 23d.* 1739	370	00	00
June 7	To Caſh paid in part of a Bond Sued laſt *Tueſday* of *May* paſt given to *George Gardner* by *Debane* and *Maylem*,	100	00	00
Nov. 19	To ſo much paid by Mr. *Debane* in full of the above Bond and Execution.	118	08	00
		218	08	00
	To Caſh paid on Bond *Maylem* to *Gardner*,	181	11	11
	To half the Stock in the Still-Houſe at the time of Mr. *Maylems* Deceaſe, being 531 Gallons at 7 *ſ.* pr. Gallon,	185	17	00
	Omiſſions in the Acc. delivered in to *Geo. Gardner*,	9	15	00
	To my Negroe working 8 Days in the Still-Houſe after Mr *Maylem* Died.	4	00	00
		969	11	11

The Day Mr. *Maylem* Died which was the *13th* of March 1741,2 I ſent to Mr. *Gardner* to Still up the Stock which was then in the Still-Houſe; the Tueſday following *Gardner* ſends *Jonathan Dimon* to me deſiring I would let him have the Bond of Defeazence that he juſt wanted to look at it and that he would ſend it back to me immediately, with a great deal of perſwaſion I let him have it, and thus getting the Strength out of my Hands he makes uſe of the Stock and all my other intereſt in the Still-Houſe and never Accounts with me for one farthing of the ſame. At the time when I was making up my Accounts for the Town Council Mr. *Gardner* came and deſired I would take the abovementiond Bond of £181 11 11 that it might appear to them as ſo much paid and that he had no other end or View in ſo doing but only to ſerve me he knowing the trouble I was then in, and by his perſwading me ſo to do I was obliged to pay it over again as alſo the above £100 and that thro' the means of *David Richards* who was then my Attorney. *N. B.* the above £370 was paid and Diſcharged in Mr. *Maylems* life time after which Mr. *Gardner* had not the leaſt demand on Mr. *Maylem* except that £181 11 11 which he Crowded into my hand in the above Fraudulent manner and after the Diſcharge of the £370 Mr. *Maylem* and Mr. *Gardner* made a Settlement and Mr. *Gardner* being at that time in Debt to Mr. *George Goulding* the Mortgage was then made to ſaid *Goulding* from whom Mr. *Maylem* got the Bond of Defeazence which is the ſame that ſaid *Gardner* ſo unjuſtly withholds from me.

图 5-2　安・梅勒姆的声讨文《纽波特酿酒商乔治・加德纳先生欺压纽波特酿酒商约翰・梅勒姆遗孀兼其遗产管理人安・梅勒姆之简述》（罗得岛州纽波特市：安・富兰克林，1742 年），4 开版面，31 厘米 X23.2 厘米

资料来源：马萨诸塞州历史学会收藏品。

“在不公开自己的姓名与住址的情况下”发表文章。[30] 安・梅勒姆的这篇声讨文则不同，题中便点出了自己的名字，并且通篇都使用第一人称。文中宣称她之所以撰写本文并公之于众，是因为她“认为该让世界知道”自己的痛苦。从这些方面看，安・梅勒姆的这篇文

章与男子有时在旷日持久的金融法律纠纷中发表的声讨文、宣传册和报纸文章极为相似。[31]

安·梅勒姆的声讨文列举了大量的财务细节，以表明自己是正义的一方，而非乔治·加德纳。文章开篇便解释了她"自丈夫死后，一直步履维艰"，遭受加德纳的"残酷"欺压。首段的其余部分内容追溯了加德纳与约翰·梅勒姆之间的商业关系。中间三分之一的内容是她为酿酒厂相关事宜支付款项的表格。最后三分之一的内容讲述了她与加德纳打交道的过程，以及所导致的恶果。这三个部分的内容为现代读者描绘出一幅错综复杂的画卷，甚至连 18 世纪的读者可能也读不懂此文，这正是历史学家基本上忽视安·梅勒姆这篇文章的原因之一。文中最后三分之一的内容引用了大量的技术文件，而要讲清楚加德纳对安·梅勒姆所谓的"欺压"，就需要将这些文件中的金额与账目里的条目进行交叉比对。此外，这段内容并不是严格按照时间顺序排列的。最后一段冗长的论述（"注：上述的 370 英镑……"）倒回去为那些被提及的债券阐明细节。哪怕（或许尤其是）对于那些没有充分了解这篇声讨文内容的读者来说，从文章的风格和形式（包括在文章中央放置账目），就能看出安·梅勒姆精通财务。她的这篇文章乃是"越来越强调经验主义与具体数字"的知识框架的产物，表明书面记录明确支持着她的主张。[32]

安·梅勒姆的声讨文还讲述了处理金融文件的两个情节，进一步对加德纳加以抨击。其中一个情节成了安·梅勒姆请愿的主题，那就是戴曼与加德纳得到《废约条件保证书》的过程。另一个情节就是加德纳逼迫安·梅勒姆两次偿还同一笔债务。声讨文坚称在这两个事件中戴曼和加德纳都是故意误导她的。文中声称：加德纳"派"戴曼来拿这份文件，他还劝说安·梅勒姆，他"没其他目的或想法……只想为安·梅勒姆服务"，从而骗安·梅勒姆又付了一次款。从整篇文章看来，安·梅勒姆是个坚持自身主张、深谙金融知

信用女士：18 世纪新英格兰城市的妇女、金融和法律

识的妇人，文中描述她在与两位男子打交道的过程中是持怀疑态度的：戴曼"好说歹说"，而加德纳是拿着自己的计划"说服"安·梅勒姆之后，才让她再次支付那笔欠款。文中对这两场对抗均有具体的感觉描写。安·梅勒姆特别指出，当她将《废约条件保证书》交给这些男人时，感觉就像"力量从手中流走了"，她还指控加德纳把她付过两次款的债券"又塞给自己"。这些描述让人想起男人粗暴对待女人的场面，凸显出加德纳和戴曼的不良之举。然而，声讨文暗示这些男人需经过一番斗争后才能实施自己的计划，从而同样将安·梅勒姆描述为一个强大的对手。[33]

然后，安·梅勒姆转向法庭，普通法诉讼技术的要求让她的主张变成了条分缕析的纸上诉状。1745 年 11 月，她起诉戴曼，要求他归还《废约条件保证书》，并赔偿损失 2000 英镑。安·梅勒姆的这起案子属于要求归还非法占有物品的诉讼，本案中的非法占有物品就是那份《废约条件保证书》。[34] 根据安·梅勒姆律师提交的诉状，她于 1742 年 3 月 16 日"不慎失去了涉案的《废约条件保证书》"，然后"发现这份文件落到了（被告）手里"，随后他拒绝归还。[35] 因为本案的诉讼内容是戴曼不归还《废约条件保证书》，所以安·梅勒姆递交给法庭的诉状中没有提及她与戴曼之间的激烈对话。而声讨文中则没有提及自己不合时宜的信任和对方处心积虑的欺骗等内容。

安·梅勒姆针对加德纳提起的 3 起诉讼指控内容同样也不多。每起诉讼都只事关一件事：安·梅勒姆坚称加德纳从未将糖蜜酿制成酒的利润分给过她。然而，在这些诉讼中，她从未提及《废约条件保证书》或关于酿酒厂所有权的竞争。[36] 安·梅勒姆的诉讼案件只反映出她所陷纠纷的一小部分内容，因为每起案件都是对具体个人提出的独立指控。诉讼为安·梅勒姆提供了赔偿损失的机会，也表达了她对加德纳与戴曼的行为直言不讳的批评。

　　由于在郡级法庭无法得到救助，所以安·梅勒姆使出最后的策略，向罗得岛州立法会提出请愿，让她与合作者一起详细描述她的困境（和大多数请愿书一样，安·梅勒姆的请愿书是由具有专业法律知识的人正式起草的，她本人至少签署了两份请愿书，不过这足以证明她直接参与到自己的上诉进程之中）。[37] 一份标准的请愿书会以问候收文机构及明确请愿人身份来开篇，并以提出具体要求来结束，中间的内容是开放式的，按事件发生的顺序讲述签字请愿人的困境，并详细列出为何当局应批准其请求的原因，篇幅可达数页之多。

　　安·梅勒姆请愿书的中间部分内容强调了自己的脆弱特性，与抨击加德纳的声讨文开篇一致。不过，声讨文很快便转向展示财务细节，而请愿书则更统一地在描述一位债主威胁要"毁掉"她这个"痛苦"的寡妇。在安·梅勒姆的请愿书中，乔治·加德纳与"共谋者"乔纳森·戴曼犯有"欺诈"罪，行为"歹毒"；[38] 安·梅勒姆在自己与两位男人就《废约条件保证书》打交道的细节描述中刻画了自己的脆弱形象。在声讨文中，安·梅勒姆将自己描画得足够精明，能够挑战戴曼对《废约条件保证书》的索取，可当她向立法机构上诉时，却淡化了自己的这份自信果敢。有份请愿书是这样解释的：丈夫去世后的那些日子里，安·梅勒姆"因丧夫而终日愁苦"，所以"一时疏忽"让戴曼"夺走"了那份关键的《废约条件保证书》。[39] 在这个事件的另一个版本中，戴曼提出要那份《废约条件保证书》，并"承诺很快就把文件还回来"。安·梅勒姆"丝毫没有怀疑他的忠诚，并且当时正因丧夫而极度愁苦"，于是便把文件交了出去。[40] 虽然这些描述在具体细节上有所不同，但都强调了安·梅勒姆的被动境况。她声称自己是名悲痛欲绝的寡妇，无力抗拒戴曼对《废约条件保证书》的索求。

　　安·梅勒姆多次向萨福克郡法庭和罗得岛州立法机构提出上诉，因此雇用了多名律师，包括马萨诸塞州的詹姆斯·奥蒂斯律师。

安·梅勒姆写给奥蒂斯的 7 封信件幸存了下来，写这些信的时候，她正在提交第四次（也是最后一次）请愿书，表述自己的困境。1745 年，安·梅勒姆给奥蒂斯写信，让他去处理与酿酒厂无关的事务。1746 年，她再次雇用奥蒂斯做代理律师，这一次是起诉加德纳和戴曼。在等待最高法庭与州议会就请愿听证时，安·梅勒姆与奥蒂斯联系了 6 次。安·梅勒姆还请了两位具有正规书写技能的人士来起草她 1745 年写给奥蒂斯的备忘录，以及 1746 年写给奥蒂斯的第一封信函，每封信件写好之后，她都会在底部签上自己的名字（图 5–3）。[41]

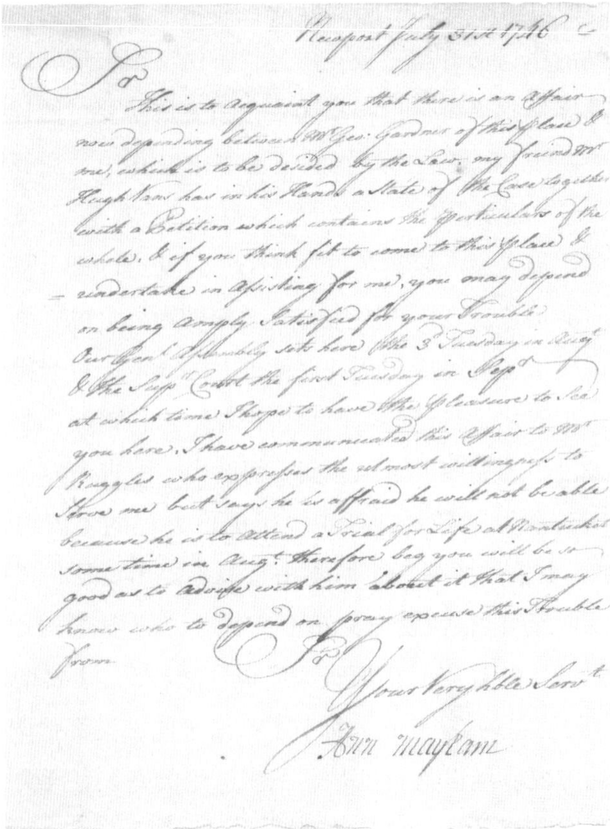
Newport July 31st 1746

Sir

This is to acquaint you that there is an Affair now depending between Mr Geo: Gardner of this place & me, which is to be decided by the Law, my friend Mr Hugh Ners has in his Hands a State of the Case together with a Petition which contains the particulars of the whole. & if you think fit to come to this place & undertake in Assisting for me, you may depend on being Amply Satisfied for your Trouble. Our Genl Assembly sits here the 3d Tuesday in Augt & the Supr Court the first Tuesday in Sepr at which time I hope to have the pleasure to see you here. I have communicated this Affair to Mr Ruggles who expresses the utmost willingness to Serve me but says he is affraid he will not be able because he is to Attend a Trial for Life at Nantucket some time in Augt therefore beg you will be so good as to Advise with him about it that I may know who to depend on. pray excuse this Trouble from

Sir

Your Very Hble Servt

Ann Maylam

图 5–3　1746 年 7 月 31 日安·梅勒姆写给詹姆斯·奥蒂斯的信件

资料来源：马萨诸塞州历史学会的奥蒂斯家族文件；马萨诸塞州历史学会收藏品。

　　然后，她亲笔撰写了另外 5 封给奥蒂斯的信，其中 4 封是在 9 月的 4 天之内写的，她命令奥蒂斯到纽波特出席她的听证会（图 5-4）。

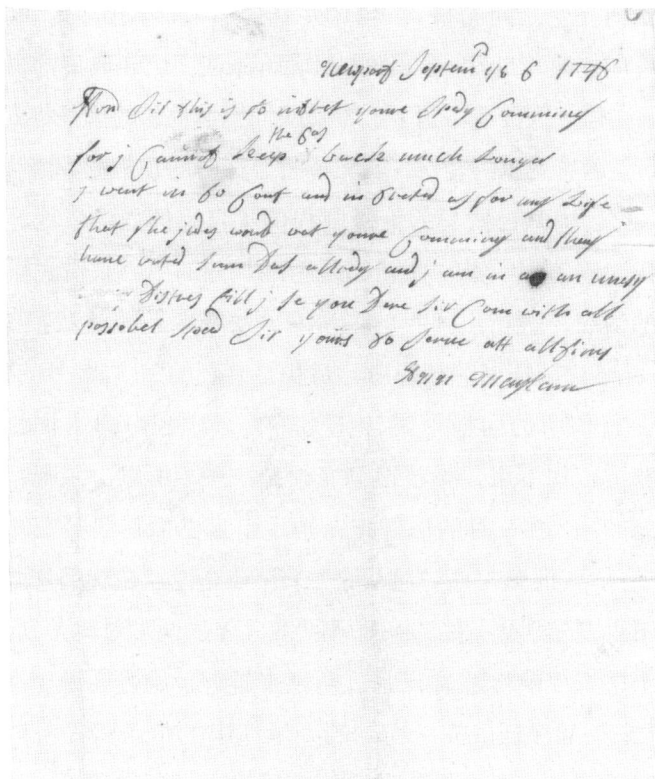

图 5-4　1746 年 9 月 6 日安·梅勒姆写给詹姆斯·奥蒂斯的信件

资料来源：马萨诸塞州历史学会的奥蒂斯家族文件；马萨诸塞州历史学会收藏品。

　　这些信函的篇幅从四行到一整页不等。鉴于她向奥蒂斯提出请求的时间紧迫，所以安·梅勒姆可能觉得寻求他人帮助撰写信函不太切实可行，也有可能是奥蒂斯同意接下她的案子之后，安·梅勒姆对他更为熟悉了（若奥蒂斯曾给这位寡妇写过信，那么他的信函一封都没有留存下来）。这 5 封信的笔迹一致，其中偶尔会出现近似发音的错误拼写，毫无疑问它们是安·梅勒姆亲笔所书。[42]

　　1746 年安·梅勒姆写给奥蒂斯的所有信件都是请奥蒂斯来纽波

特，在重申这个要求时，她采用了多种不同的方式来陈述自己的意图。7 月写的信是在盟友的帮助下完成的，信中提到"我和此地的乔·加德纳先生之间的事"。信中承诺，若奥蒂斯认为"可以来到此地并答应提供帮助"，会得到"丰厚的回报"。和典型的彬彬有礼商务信函一样，这种简洁明了、不带任何感情色彩的措辞将安·梅勒姆定位为一名有见识的客户，其案件符合律师的正常业务流程。[43]

安·梅勒姆亲自撰写的信函则强调了自己的危险境地，紧迫性更甚。在这些信中，安·梅勒姆运用评判性的措辞来讲述她与加德纳之间的纠纷，她指出"我的诉讼案判决不公正，让我损失了 800 英镑"，并坚称"证据清晰确凿，对我是有利的"。在 8 月的信函中，她将第一封信中的回报承诺转化为苦苦哀求，声称"我的生活已危如累卵，若您不来，我将被彻底毁掉……（所以）来吧，我会好好报答您的"。在 9 月的信件中，她重申自己面临"不安的危难"，"仓促"写信敦促奥蒂斯"赶快来"，并补充说"在看到您之前，我一刻都不得安宁"。[44] 安·梅勒姆所书言辞强调了对奥蒂斯的依赖，她的这个选择反映出随着开庭日期越来越近，她极度渴望律师给出"可以前来"的保证。安·梅勒姆亲笔所书的信函将经济危机与情感危机联系起来，也更符合请愿书的风格，而不像那篇声讨文章或起诉书。或许安·梅勒姆自己的话影响了请愿书的内容，或许她对请愿书很熟悉，影响了她写给奥蒂斯的信。无论是何种情况，这些信件与请愿书之间的相似之处表明安·梅勒姆及其合作者十分熟悉这个心急如焚、经济困难的寡妇形象。

安·梅勒姆亲自撰写的信函也将自己定位为诉讼案中公开而积极的对手。除了提醒奥蒂斯自己是个会付费的客户，她还提供了准确的开庭时间和地点，详细描述自己如何努力推迟审判，直至他的到来。她告诉奥蒂斯她"上了法庭"，并坚持"会竭尽全力让法官等待您的到来"。出庭两天后，安·梅勒姆拜访了加德纳的律师，要求他推迟诉讼程序。她对加德纳的律师的反应不满意，于是又拜访了法庭的书记员。当安·梅勒姆被告知法庭会在第二天审理她的案子时，她再次拜访了加德纳的律师，说服他将审判再延长 24 小时。[45]由于必须将案子最新的时间安排告诉奥蒂斯，安·梅勒姆不得不将自己在纽波特的活动以及与法律官员的谈判向他坦白，之所以这般复杂，是因为她想将自己描绘成一个痛苦且依赖他人的寡妇。

总体来说，在处理约翰·梅勒姆事务的过程中，安·梅勒姆遭遇了两类相互关联的困难，这些困难产生了影响深远的后果。第一，作为一位寡妇，在一个偏袒债权人利益的法律制度框架下，管理亡夫资不抵债的遗产，她难以应对债主的付款要求。为偿还约翰的债务，她卖掉了家里的财物，哪怕这样做之后，还要面对债主的起诉。第二，在成为遗产管理人后不久，她便失去了家里最宝贵的财产——那家酿酒厂，同时也失去了酿酒厂有可能产生的源源不断的利润。

在诸多不同类型的资料文件中，安·梅勒姆及其合作者将更多笔墨放在描写与加德纳的具体冲突上，没有过多累述她面临的整体经济困境。在那篇声讨文以及其他诉状、请愿书和信函中，安·梅勒姆专注于从加德纳手中重新夺回酿酒厂及其宝贵的存货，为达到此目的，还要拿回那份《废约条件保证书》。正如声讨文中所指出的，《废约条件保证书》乃是安·梅勒姆的"力量"源泉，殖民地的人高度重视书面债务文件，这意味着某个瞬间的决定可能会产生影响深远的后果。[46]波士顿和纽波特的其他妇女想要顺顺利利管理遗产，使用信用与债务，就必须证明自己精于处理关键性文件，避免犯下与安·梅勒姆类似的错误。

从财务的角度，安·梅勒姆将焦点放在酿酒厂和《废约条件保证书》上的做法合情合理，但也反映出法律制度的限制：优先就个人冲突做出裁决。正如我们所见，安·梅勒姆会提及自己的经济困境，指出自己是个濒临"被毁"的"痛苦"寡妇。[47]她这样做是为了支持自己反抗加德纳、戴曼及其他债主的具体主张，而不是为了提醒人们关注，在偏袒债权人权利的经济法律制度中，寡妇所面对的结构性问题。18 世纪的法律环境为女性提供了许多申诉的渠道，同时也限制她们将自己认为的不平之事表达出来。

各种关于安·梅勒姆的证据让我们看到：对于丈夫去世留下大量债务的遗孀来说，她们要面对怎样的挑战，而将不同类型的文件进行比较，则凸显出妇女（包括安·梅勒姆在内）如何在不同场合采用不同的措辞。在那篇非比寻常的声讨文中，通过描述反抗加德纳和戴曼的情形，以及随后把控相关财务细节，塑造了安·梅勒姆极其精明、极具权威的人物形象。同时，安·梅勒姆的诉状用法言法语表达了自己的冤屈，而请愿书则把她刻画成一个危如累卵的寡妇，需要立法者的帮助来抵抗加德纳和戴曼的阴谋。最后，在写给詹姆斯·奥蒂斯的信函里，有毕恭毕敬的请求，有焦躁不安的恳求，还有自身事务的细节，方便奥蒂斯直接介入其中。

通过上述信息，我们对妇女的金融、法律能力有了新的认识。我们跟随这些妇女（包括安·梅勒姆）奔波于各个不同的地点，里面保存的档案文件揭示出她们在自身事务中扮演着精明且积极的角色。在不同的场合中采用不同的措辞是一项至关重要的法律技能，这项技能要求个人必须拥有相关的专业知识。就像 18 世纪人们常用的做法一样，上述许多文件是安·梅勒姆与其他人（印刷商、律师或拥有技能的非专业人士）一起撰写的。对于包括安·梅勒姆在内的女债务人来说，要与偏袒债权人的法律制度抗争，不仅需要掌握不同文件的撰写方式与措辞，还需要与各方人士结成联盟。

提供救助和构建能力：请求重新审理案件的请愿

1748 年 8 月，丈夫去世 6 年后，安·梅勒姆向罗得岛州议会递交第四份请愿书。她再次强调自己"伤痕累累，痛苦不堪"，请求立法者要求下级法庭进行"公平的审理"，让她能重新拿回《废约条件保证书》。这次请愿是安·梅勒姆可用的最终手段。她之前所做的一切努力均以失败告终。在安·梅勒姆发出那篇声讨文之后，纽波特市议会传唤了加德纳做证，但拒绝以安·梅勒姆的名义进行调解。安·梅勒姆输掉了所有官司。罗得岛州议会拒绝就其之前的请愿采取行动，有些请愿被直接驳回，有些请愿不了了之。对于她1748年递交的请愿，该立法机构的回应也不例外。议员们将请愿押后到下一次会议才进行审理，并传唤乔治·加德纳出席会议。然而，他们对于安·梅勒姆的请愿并没有采取进一步的行动，自此之后，安·梅勒姆再也没有向纽波特郡级法庭起诉加德纳或戴曼。[48]

乍一看，罗得岛州的议员不愿意以安·梅勒姆的名义进行调解似乎令人惊讶。安·梅勒姆在请愿书中强调了自己的性别和婚姻状况，将自己描绘成一个容易受到伤害的女人，因阴险的男子而蒙冤，其困境只能通过其他人（即殖民地的立法者）的善意干预才能得到缓解。遵循请愿书的惯例，安·梅勒姆的请愿书在恳求、恭敬的言辞中嵌入了坚定的主张。书中内容似乎也符合18世纪人们对男权政治的理解。然而，如果我们将安·梅勒姆的4次请愿放到数量更为庞大的债务诉讼请愿中，我们就能理解为什么罗得岛州议员们一次又一次拒绝批准她的请求，同时也让我们了解到这些文件的法律功能及其对文化的影响。[49]

马萨诸塞州和罗得岛州的立法机构一直有收到关于债务诉讼的请愿书，安·梅勒姆的请愿书只是其中的4份。1730—1776年，有472份来自男子的请愿书及30份来自妇女的请愿书保存下来。这些文件代表着在偏袒债权人的法律制度下的一个重要抗议渠道。有若干理由符合请愿的法律标准，而请愿者倾向于提出其中某个标准化的理由，从这些越来越标准化的请愿书来看，请愿人（无论男女）

基本具备处理信用纠纷的能力。不过，虽然我们从请愿书看到了这些非专业普通人的能力，但男人和女人的能力是有差别的。其中一些关键的请愿案例提升了律师的专业技能，让男人的商业活动合法化，同时承认成为债务人和被告的女人（尤其是那些身为丈夫的代理人或遗产管理人的妇女）会面对更严峻的困难，虽然只是暂时的。安·梅勒姆的请愿书特别集中地讲述了她与加德纳、戴曼的纷争，相较于其他请愿者所陈述的越来越标准化的理由，这些笨拙的故事并不符合请求重新审理案件的请愿理由。这些独特且叙述高度具体化的请愿书导致了她最终的失败。

请愿程序弱化了优先考虑债权人利益而非债务人利益的法律制度所造成的影响，通过向罗得岛州立法机构请愿，安·梅勒姆试图从中获益。和安·梅勒姆一样，绝大多数（超过80%）的财务纠纷请愿者是债务人[50]（因为在超过90%的案件中债权人会胜出，所以他们鲜少有理由提出请愿）。郡级法庭迅速处理大量的常规债务案件，法官通常根据对法律技术细节的评判来做出裁决，而请愿及由此产生的诉讼程序则更为灵活。请愿书中的内容可以包含请愿者认为有利于自身目标的任何申辩理由，而殖民地的议会会秉持公平原则来做出评判，对案件问题的考虑比普通法更为广泛。一般来说，立法者不会对请愿书中详述的案件做出裁决。相反，他们会直接宣布之前的判决无效，并下令在郡级法庭重新听证审理。虽然立法者的干预不一定永远确保请愿者的胜利，但至少在新听证会举行前，债务人的财产得到了保护。在要求重新审理债务案件的请愿者中，大约四分之三的人不同于安·梅勒姆，成功获得了重新审理案件的机会。[51]

相较于其他妇女提交的法律纠纷请愿书，安·梅勒姆的请愿书非比寻常，里面过分强调了她的性别和婚姻状况。从1730年至美国革命拉开帷幕，在马萨诸塞州和罗得岛州，只有另外两份要求重新审理案件的请愿书中明确提出：立法者之所以应该批准这些请求，是因为他们在帮助脆弱不堪的寡妇。苏珊娜·胡德（Susannah Hood）的请愿书敦促官员们不要"再让她无所依归，尤其是当她失去人生方向的时候"，声称若他们拒绝她提出的重新审理请求，将"让孤儿寡母蒙受巨大的冤屈"。同样，伊丽莎白·蒂法妮（Elizabeth Tiffany）的请愿书做出解释，丈夫"突然死于非命，只留下一大家子人和幼子"，她请求立法者"为孤儿寡母伸张正义"，对她的债务案件进行重新审理。尽管档案里没有记录立法者对胡德请愿的最终决定，但胡德的对手对她的请求提出了强烈的抗议。至于蒂法妮，和安·梅勒姆的情况一样，立法委员们拒绝了她的请求。[52]

在妇女的请愿书中，对寡妇的身份问题大书特书是不常见、不成功的策略，因为，至少就这种讨论本身而言，不构成重新审理案件的标准理由。尽管与郡级法庭的法官相比，立法委员拥有更大的自由裁量权，但殖民议会在处理请愿问题上还是要遵从法律原则。这一时期的法律专著具体规定了请愿当事人只有因"司法缺陷"（defects of justice）而蒙受冤屈时才能获得重新审理案件的机会，而"司法缺陷"可分为三类："意外"（surprise），"事故"（accident）和"错误"（mistake）。"意外"是指诉讼当事人未被告知有人对其提起了诉讼；"事故"和"错误"是指外部力量或非被告个人的错误导致判决结果。显然，若诉讼当事人输掉官司源于自身的"疏忽"（laches），则不该获得重新审理案件的机会。[53] 那些撰写请愿书和辩驳书的人深谙此法律准则，所以有时候他们会明确地援引这一原则，譬如债务人会坚称自己"没有疏忽"，债权人会反驳请愿者企图"利用自身的疏忽"，或者请愿者是因为自身的"疏忽和错误"才输掉官司的。[54] 虽然关于寡妇困境的描述可能会激起立法者的同情，但这些描述本身并不能成为重新审理案件的理由。

"司法缺陷"与"疏忽"在法律上的差别似乎取决于立法者对非专业普通人的财务及法律能力的主观预期。"司法缺陷"是诉讼当事人无法掌控的，那到底什么情况才算"司法缺陷"呢？什么情况下判决结果是由诉讼当事人自身的疏忽导致的呢？在多大程度上，某些特殊的能力和困难是男性或女性所独有的呢？当请愿当事人及其盟友策略性地撰写请愿书时，当反驳请愿当事人提出的重新审理请求时，当议员们批准或拒绝请愿书的请求时，马萨诸塞州和罗得岛州的居民都在共同面对着这些问题。人们会做出决定，会审度某些请愿者的请求，会接受其中一些请求而拒绝另外一些请求，如此这般，随着时间的推移，他们达成了共识。

由于人们很清楚"司法缺陷"与"疏忽"在法律上的区别，所以请愿者最终将自己的请愿集中到 5 种理由上。以下 4 种是请愿书中最常见的申辩理由：被告无法出庭、律师无法代表客户出庭、关键证据缺失和法庭误判。绝大多数的请愿书会引用其中某个或多个理由（表 5-1）。

表 5-1 1730—1776 年要求重新审理债务案件的请愿书中所援引的理由

诉讼当事人	请愿数量（起）	无法应诉占比（%）	律师失职占比（%）	证据缺失占比（%）	法庭误判占比（%）	不熟悉相关法律占比（%）
妇女	30	43	30	20	17	17
男人	472	45	30	29	15	7

资料来源：源自罗得岛州的请愿书，见《罗得岛州请愿书》（第 2~16 卷和第 25 卷第 2 部分），罗得岛州档案馆。源自马萨诸塞州的请愿书，见《马萨诸塞州档案集》（第 17~19B 卷，第 41~44 卷，第 105 卷，第 303 卷），马萨诸塞州档案馆。

注：本表反映了 1730—1776 年女子或男子独自向罗得岛州或马萨诸塞州递交的请求重新审理债务案件的请愿书。该时期罗得岛州的所有请愿书均留存了下来，而在马萨诸塞州，只有 1730—1757 年的请愿书留存了下来。为了便于比较男子和女子的请愿书，本表不包括少量男子和女子联合提交的请愿书。因为一些请愿者在请愿书中提出了多项理由，所以总占比超过 100%。

这些请求重新审理案件的理由是那般常用，早在 1739 年，就有一位债权人指控对手"以司空见惯的方式"提出请愿，而后者只是机械式地复述这些标准化的论点，"案子开庭的时候，他没有出庭，他感到非常意外，诸如此类"，哪怕实情并非如此。[55] 第五个经常用来申辩的理由是请愿当事人不熟悉相关方面的法律。与其他理由相比，这个理由出现的频率较低，需要请愿者更细致地定位，但这个申辩理由也是很典型的。

绝大多数要求重新审理案件的请愿书强化了我们的认识：在赢取债务诉讼方面，男人和女人有着同等的能力。不管是男人还是女人，他们以几乎相同的频率援引最常见的理由（无法应诉、律师失职、证据缺失和法庭误判）来请求重新审理案件。由于请愿者深知法律坚持故意疏忽不构成重新审理案件的理由，所以此四个理由均基于一个前提：若不是这些可识别的障碍，被告会成功地驳斥原告的指控。无论请愿者是男人还是女人，标准请愿书开篇便会逐一列举他们所遭遇的障碍，然后自信地宣称，若他们获准重新审理案件，便能赢得官司，最后，他们会要求殖民议会批准他们的请求。

在请愿者（无论男女）请求重新审理案件的最司空见惯的理由中，都提到了类似的基本前提：不可预见的情况导致诉讼当事人无法出庭。在 18 世纪中叶的罗得岛州，疾病让赛拉斯·托尔曼（Silas Tallman）和贝西娅·赫奇没法出庭对债务案件进行应诉。他们都雇用了拥有法律专业知识的人来撰写请愿书，请求重新审理案件，这是一个个人经历转化为法律语言的过程，此过程淡化了性别的重要性。1746 年，托尔曼在程式化的请愿书中解释：庭审"不久之前"和"之后很长时间里"，他"重病缠身，根本无法出庭，哪怕是走出家门都可能让他丧命"。若托尔曼被迫偿还涉案的债务，将遭受"重创"，此结果"有悖法律精神"。贝西娅·赫奇在 1738 年的请愿书中同样陈述了自己之所以在一起债务案件中没有应诉，"是因为她病了，没法前往纽波特做出回应"。请愿书请求立法会"酌情"予以她"一个公平审理的机会"。贝西娅·赫奇的请愿书十分标准，开篇介绍自己乃约翰·赫奇（John Hedge）的遗孀，除此之外，文中再没提及自己身为女性或寡妇的身份。从托尔曼和赫奇请愿书中坚称是"疾病让他们输掉了官司"这一点，表明他们熟知必要的法律程序以及自身案件的实质情况。他们的请求基于一个假设前提：不管是男人还是女人，均有能力在债务诉讼案中为自己辩护。议会批准了他们的请求。[56]

当请愿者与撰写请愿书的人进一步陈述更多的额外细节时，他们会展现出对金融和法律技能的微妙理解：必须把当事人描述为境遇的受害者。与赛拉斯·托尔曼、贝西娅·诺顿一样，于 1743 年提交请愿书请求重新审理一起债务案件的德博拉·约翰逊也是因为疾病而无法出庭。她"病得很厉害"，其他家人不是已经去世，就是"危在旦夕"。第二章为证明妇女在当面交易中所使用的策略时，曾提到过德博拉·约翰逊的请愿书，这份文件力求将约翰逊描绘为一个有能力管理自身事务的人，她因"天意"而输掉了官司。请愿书指出约翰逊"既不会读，也不会写"，可其他各个方面（从对涉案账目的描述到关于使用证人的陈述）都证明了她是个十分专注的人。[57] 当撰写请愿书的人列举细节来证明是"司法缺陷"导致了案件结果时，他们将实践技能与正规的识字能力区分开来，证明任何一个普通人都有能力成为诉讼当事人。

请愿书中提出的第二个最司空见惯理由是律师未能代表客户出庭，强化了律师在诉讼案件中提供专业服务的必要性。似乎有各式各样的障碍阻止律师出庭。妇女请愿书列举的例子有：律师"无视"她们的案子；"记错了必须出庭的星期"；"须（到另一个法庭）出席其他同时审理的案件"；"生病了"；"由于所处的季节"无法抵达法庭；"住的地方（离法庭）实在太远了"。[58] 同样，男子的请愿书也解释了律师不能代表他们出庭的各种原因："天气太恶劣了"，根本没法旅行；律师"病了"，"不可能"上法庭；他被"非公务业务"耽搁了或要出席"同一天进行"的另一场庭审；"业务繁多"，"看错疏忽了"，导致案子遗漏。[59] 请愿书将律师描写成不可靠之人，由于自然的原因和庭审的安排组织，老是错过开庭的日子。

虽然这些请愿书表面上败坏了法律专业人士的名声，但它们还揭示出这个常态化的现象：非专业的男人和女人最终还是决定要雇用律师。因为他们深谙"司法缺陷"与"疏忽"之间的法律区别，所以请愿者会将雇用律师当作自己专注于处理案件的证据。1742 年，玛丽·卡尔在请愿书中做出解释：她"要求律师向法庭做出回应，可他却疏忽了"。1762 年，约翰·康登（John Congdon）同样在请愿书中回忆说他已经"请了一名律师向法庭做出回应"，律师"答应定会处理好此事"。[60] 由此可见，关于律师失职所引发的请愿书有既定的标准格式，第一步是雇用律师来回应诉讼案件，然后提及他们事务繁忙来强化这一信息。反对债务人请愿的债权人也接受同样的逻辑，所以只会对请愿书中提及的事实主张提出异议。1743 年，当苏珊娜·沃尔多（Susanna Waldo）想寻求重新审理案件的机会时，对手反驳说，沃尔多在请愿书中指控雇用的两位律师忽视了她的案子，可她从未雇用过这两位律师。[61] 请愿当事人暗示自己的损失是由雇用的律师没有出庭而直接造成的，他们的请愿书和对手做出的回应同样也意味着律师提供的技能与服务对赢得案件至关重要。

事关律师过失的请愿书数量很多，也为雇用律师的男女当事人衍生出制度性的保护。由于立法者会对绝大多数此类型的请愿做出有利的回应，于是便对雇用律师产生了额外的激励。他们的决定强化了以下观点：律师与客户是独立的个体，律师的过失并不代表客户的疏忽。当我们认识到请愿当事人经常雇用律师协助他们撰写请愿书时，请愿程序中的这一面就变得愈加清晰了。有些情况下，撰写请愿书的律师就是原先丢了官司的律师。[62] 通过认定自己的过失是可以被原谅的，以帮助客户获得重新审理案件的机会，律师也提升了自身的职业抱负。由于知道此类请愿会取得成功，18 世纪精明的请愿当事人开始认识到律师既能为他们的案件带来宝贵的专业知识，同时还能为争取重新审理带来潜在的可能性。

请愿书将诉讼当事人输掉官司归咎于律师，从而让非专业普通人与专业律师之间的区别比男女之间的区别更为明显。由此，这种请愿书便具有了两个层面的意义。一方面，这些请愿书提升了全为男子的律师行业的地位。请愿书增强了男性与律师专长之间的联系，让法庭与上诉成为男人的竞技场。如此一来，便将新英格兰人介入债务诉讼的多元性掩盖了起来，其实，许多新英格兰人会介入法律诉讼，他们之中有男有女，介入的情景既会发生在法庭之内，也会发生在法庭之外。另一方面，请愿者对请愿机制十分关注，也意味着他们必须了解这种涉及面更广的法律活动。与其他常见的申辩理由一样，事关律师过失的理由明确要求妇女和男子一样，有能力雇用和指导律师，从而参与到债务诉讼当中。

尽管通过请愿我们可以看到无论男人还是女人都可以提起诉讼，可理由大体相似的请愿书中却包含着千差万别的细节，这些细节承认并延续了男人与女人在经济地位之间的若干差别。第一个差别，请愿书让男人获得了比女人更宽广的地域流动性。男请愿者与女请愿者都会辩称，由于不可掌控的情况阻碍了他们出庭，所以理应获得重新审理案件的机会，他们会列举生病、恶劣天气、旅行困难等原因，还有官员和对手没有通知他们。然而，有些男子的请愿书还为他们没有出庭给出了其他的解释，而其中有一条没有出庭的妇女从未援引过，即男人为了养家糊口，不得不离家，因此在庭审结束后，他们才知道有人对自己提起了债务诉讼。1747 年，纽波特的一位商人提起请愿，要求对案件进行重新审理，因为最初的诉讼过程发生在"他不在家的日子里"，所以他没法出庭为自己辩护，"若他在家，能早点收到这个案子的通知，本可为自己辩护"。[63]1768 年，另一位商人坚称他错过了开庭的日子，当时他"没法离开自己的生意"，因为他有艘"装载着非常贵重货物的船只"当天抵达另一个港口。[64]还有一些男人也会重复使用类似的理由，辩称他们正在处理"紧急事务"，或解释他们根本不知晓有针对自己的诉讼，当时他们在"出海捕鱼""正在公干"或"必须出海航行"。[65]这些请愿书反映了波士顿和纽波特有大量正在开展业务的商人、船长和水手，还将"生意"和"出海"定位为男性专属的活动。

已婚妇女就针对丈夫的诉讼所提起的请愿确认了男子常常不在家的现象。与男子请愿书所用的措辞相似，妻子会解释丈夫"被迫出海去了"或"必须出海航行"，所以在债权人提起诉讼时没法为自身辩护。[66]其中有些女请愿者请求重新审理案件，声称重新听证时自己会以丈夫的名义出庭应诉。此等请求意味着程序上的不规范，而非妇女没有代表丈夫行事的能力，才导致了案件的初审结果。[67]其他已婚妇女请求议会批准等丈夫回来之后再重新审理案件。1769 年，莉迪娅·曼彻斯特（Lydia Manchester）解释说，有位债主在丈夫离开罗得岛到船上当船长之后起诉丈夫。她坚称债主肯定是"完全搞错了"，她没法证明这一点，不过她指出丈夫最迟有望在春天回家。到那时，"整个案件可在不损害任何一方利益的情况下得到解决"。[68]妇女的社会地位以及丈夫事务的复杂程度不一定与其在请愿书中所持的态度有关联。譬如，尽管莉迪娅·曼彻斯特试图从这起事关某艘船只部分所有权的复杂案件中脱身，可其他船长的妻子则坚持认为自己有能力在同样复杂的商业信用案件中代表丈夫行事。[69]

随着越来越多请愿书陈述男子无法出席法庭的情况，围绕男子商务旅行的常规惯例和法律保护制度便建立了起来。为了证明涉案的男被告并非因为疏忽大意才没有出席法庭，由丈夫及其妻子提交的请愿书确立了一个标准策略：水手可在执行出海任务前承担自己的责任，包括与已知的债权人清算债务或雇用律师来处理悬而未决的诉讼案件。[70] 这种差异反映出，在日常经济活动中，男人与女人在流动程度上的差距，而请愿程序本身强化了这种经济活动模式。若男子出行前的预防措施失败，譬如，债权人违背此前不起诉的口头承诺，新的债权人出现，或律师错过了开庭日期，那么请愿程序便提供了一层额外的保护。每次立法者给"出海"的水手或商人重新听证的机会时，便是对此类活动的经济重要性予以肯定，相当于对男子出海航行（港口城市经济活动中的重要组成部分）开了绿灯。

请愿书还证实了一种现象：女遗产管理人在获得书面证据控制权方面需要面对更大的困难，不过她们最终可以克服这些困难。在事关"无法拿到证据"的请愿书中，最常见的解释是法庭忽略了关键文件或证人证词，或后来又"出现"或"发现"了新的证人或文件。[71] 塞缪尔·布恩（Samuel Boone）在 1752 年提交的请愿书便是此类上诉的典型代表。在一起涉及账本记录的债务诉讼案中输掉了官司之后，布恩指出："在好证人的帮助下"，现在他"能证明自己已经支付了全部的到期款项"，还"找到了一些新证据"来支持自己的诉求。可对于自己此前为什么没有找到这样的证人和证据，他并没有做出解释。[72] 男子会在自己当诉讼当事人或身为遗产管理人时声称自己找到了额外的证据，而所有提出如此声明的妇女均为遗产管理人。女请愿者的此类请愿书比男请愿者的陈述性更强，但它们还是符合标准的。女遗产管理人会解释说她们最近才开始管理已故丈夫的事务，所以刚刚拿到与案件相关的证明文件。

纽波特的玛莎·哈特（Martha Hart）和波士顿的莎拉·斯塔尼福特（Sarah Staniford）就是这样的两位寡妇兼遗产管理人。由于缺少关键的金融文件，她们一开始在债主提起的诉讼案中并不占上风。1749 年，普罗维登斯镇的箍桶匠凯莱布·波特（Caleb Potter）起诉玛莎·哈特已故的水手丈夫从未给他运送过一桶牛油，玛莎·哈特因没有应诉而丢掉了官司。她咨询了律师，可因缺乏必要的证据，律师甚至都没有就玛莎·哈特的诉求进行尝试。后来，玛莎·哈特找到了几张收据，才质疑了波特的诉求，并请求重新审理案件。[73] 波士顿的寡妇兼遗产管理人莎拉·斯塔尼福特也面临着类似的困难，当时约翰·凯莱福（John Calef）要求她偿还其亡夫生前所欠的债务。凯莱福第一次找上这位遗孀要求清算账目时，斯塔尼福特找不到可以反驳其要求的文件。于是凯莱福起诉了斯塔尼福特并赢了官司。后来，她更加彻底地检查了丈夫的账目，发现凯莱福在丈夫生前欠丈夫一笔款项，于是便要求重审此案。[74] 若没有丈夫的收据和账目作为支持，玛莎·哈特和莎拉·斯塔尼福特根本没法反驳债主提出的索求，也没法正确指导律师的活动，或在法庭上质疑债主的主张。

　　女遗产管理人（包括玛莎·哈特和莎拉·斯塔尼福特在内）会强调她们暂时不熟悉丈夫所开展的交易。据玛莎·哈特在请愿书中称，"在（她）管理遗产不久之后"波特就把她告上法庭，当时她"还不熟悉已故丈夫的事务"。同样地，莎拉·斯塔尼福特在丈夫去世前也是"从不知晓"涉案的账目。"当她刚刚成为遗产管理人，对事务不熟悉的时候"，凯莱福便找上了她。于是，这两位寡妇均表示自己已经克服了早期的困难。玛莎·哈特声称自己"找到了确凿证据，证明案中那位波特提出的诉求是完全错误的"，而莎拉·斯塔尼福特则只需"一点儿时间检查（我）丈夫的账目"便能找到证据。等她找到了证据，便可充分证明凯莱福"根本不应该"提起诉讼，实际上是他欠了丈夫账款。为了获得重新审理的机会，玛莎·哈特和莎拉·斯塔尼福特将自己的无知描绘成一种短期状态，而非身为女性的天生能力不足。玛莎·哈特和莎拉·斯塔尼福特的请愿书都解释了她们可以利用这些文件作为证据，表明了她们有能力解读金融文件，从而了解随之而来的法律后果。罗得岛州和马萨诸塞州的立法者批准了这两位请愿者的请求。[75]

女遗产管理人会描述自己找到了这些能反映事实的文件，她们的描述符合规范。遗产管理要求管理者迅速掌握死者的事务。在一个更重视书面文件的经济体系与法律制度中，人们需要用大量的金融文件来确立自己的位置。当遗产管理人的日常实践活动所涉及的空间、文件或业务关系与死者有所不同时，这项任务会变得更加艰巨。丈夫从事商业交易或进行海外旅行的寡妇遗产管理者就属于特别容易遭遇此类挑战的群体。安·梅勒姆围绕酿酒厂的斗争便反映了这样的困境。另一位纽波特的寡妇费布·巴蒂（Phebe Battey）也经历过类似的困境。1753 年正在"迷人的阿比盖尔号"（Charming Abigail）上当船长的威廉·巴蒂（William Battey）在苏里南海岸去世。巴蒂死于船上，使其妻子不得不去面对广泛的网络和遥远的业务。作为威廉的遗产管理人，费布·巴蒂拼命地掌控丈夫的金融文件。当船还在海上时，"迷人的阿比盖尔号"的大副代为保管了已故船长生前的一本日记本兼账本。这艘单桅帆船返回纽波特后，费布·巴蒂便把大副告上了法庭，指控他拒绝归还这份至关重要的资料，费布·巴蒂声称日记本里有亡夫的个人记录，而不是只有航行记录。[76]像费布·巴蒂这样的诉讼案凸显出寡妇难以拿到亡夫的文件，这些案子为女请愿者提供了合理的理由，申辩自己拿到了新证据。

虽说掌控相关文件对于女性来说是一个特有且普遍的挑战，然而，总体说起来，请愿书夸大了妇女遭遇此类挑战的程度。正如我们所见，无数其他例子表明，在家庭生意开展的过程中，妻子参与到制作和保存相关文件的活动中，包括我们以为只有男子才会涉足的商业交易领域。这些坚称寡妇兼遗产管理人突然间"发现"了相关文件的请愿书掩盖了更广泛的实践活动。此外，翻找不熟悉的文件箱，翻阅不知情的账簿，是所有遗产管理人都要完成的任务，不仅限于寡妇。有时候，妇女对已故丈夫事务的熟悉程度高于其他男遗产管理人。这些请愿书将遗产管理的困难只放到寡妇身上，回避了日常生活的复杂性，夸大了男人和女人在作为遗产管理人时初始能力的差异。随着立法者批准了越来越多的寡妇兼遗产管理人重新审理的要求，他们的决定增强了此类请愿书的文化力量。有利的结果促使其他女请愿者也以同样的陈述框架（"一开始不知道，后来找到了证据"）来讲述自己的经历。[77]

　　我们在请愿书中发现了 5 个标准理由，其中一个（即诉讼当事人不熟悉相关的法律）不大符合公平原则和普通法准则。虽然马萨诸塞州和罗得岛州的立法会有可能像对待提出其他论点的请愿书一样，根据这一理由批准请愿书的请求，但是利用这一特定理由的请愿者在定位自己时需非常小心，不要变成一种"过失"。[78]男人非常不愿意说是因为自己不熟悉法律，所以应得到重新审理的机会。这样的理由在女性中也并不受欢迎（表 5–1）。尽管此类请愿书的数量太少，让我们无法做出明确的判断：女性是否比男性更易于使用这一理由，不过男女请愿者对于此类请愿书的使用情况有所不同，使得男性与能力之间构建了短暂的联系。因此，此类请求重新审理的请愿与其他大多数的请愿之间存在着矛盾，掩盖了男女同时参与日常金融实践的本质。

　　妇女提出"不熟悉法律"的请愿书坚称：身为女性，她们对法律知识缺乏普遍认识。在 1755 年和 1765 年，安妮·克拉克（Anne Clarke）解释说，她因债券债务被起诉，"作为一个女人，对案子所涉的法律一无所知"。这种声称女性对法律一无所知的说法也会出现在妇女请求重新审理其他类型诉讼案的请愿书中。安·卡尔（Ann Carr）在 1750 年一起事关雇用仆人的案件中败诉了，对此她认为，因为她是"女人，完全不懂法"。1754 年，汉娜·柯蒂斯（Hannah Curtis）在指控她偷盗的诉讼中没有出庭，她说自己"身为女人"并且"一点也不懂法"。诸如此类的请愿书将女诉讼当事人描述为对法律一无所知，而不是不熟悉具体的法律条款，可以看出，撰写此类请愿书的人所用措辞与妇女在充斥着信贷交易与诉讼的日常生活现实之间存在着矛盾。[79]

男人在说自己不懂法的时候，涉及的法律范围要比女人狭窄得多。四分之三采用此申辩理由的男请愿者解释说他们不熟悉某些具体的法律，常常是因为他们最近刚刚来到马萨诸塞州或罗得岛州，抑或因为这些法律是新的。男人会解释说，他们"完全不清楚要求所有被起诉人在开庭前六天提交答辩状"这条法律规定，或者他们"不知道最新的法律……要求"——诉讼当事人在宣誓保证自己的账簿准确性前"要先通知对方"。其他男子则称他们"在本地区居住的时间不长，没有听说过这条法律"，或者他们"住在另一个地方"，所以"对于马萨诸塞州法庭的审案方法和程序都很陌生"。通过将自己的无知描述成一种暂时的、有限的状态，请愿者暗示这些情况并没有对他们的男子气概和能力产生不良影响。[80]

只有少数男子会采用妇女请愿书中有时候使用的理由，公开表明自己对法律一无所知。所有男子都会用穷困潦倒、年轻幼稚或者有色人种身份等来当借口。其中一人声称自己之所以输了官司，是因为自己是个"无知的傻瓜，还很穷"。其他人则说自己是个"水手，完全不懂法"，以及自己是个"生手，不清楚是什么原因让自己做出了这样的事"。这些申辩理由类似于女请愿者所称的由于"身为女性"而无知。此类男请愿者把缺乏某种知识的原因归咎于自己的身份地位。由于身处社会边缘，因此他们不具备男性应有的能力。[81]

对于男人提出的"无知"作为申辩理由，人们的反应几乎总是反对的，认为这个理由"不成立"。1747 年，波士顿人约翰·费尔塞维斯（John Fairservice）怒斥他的男对手，因为这位对手声称自己的案子理应重新审理，因为他"完全不懂"相关的法律。费尔塞维斯引用了获得重新审理机会的法律标准，反驳说，"每个男人都应该了解法律，尤其是与他息息相关的事务"，这是"无可辩驳的真理"。如果对手"不懂法，他就该设法去了解法律"。尽管立法会最终还是批准了这位男请愿者重新审理的要求，但费尔塞维斯的反驳表明"无知"不能成为真男人的借口，知识上的差距会让他们显得无能，没有男子气概。[82]

18世纪40年代，也就是安·梅勒姆多次向罗得岛州议会提出上诉请愿的10年里，罗得岛州议会还审理了44起涉及债务诉讼案的请愿申请。正如我们现在所见，安·梅勒姆提出的请愿有别于所有其他要求重新审理案件的请愿。虽说安·梅勒姆遭遇的困难事关那份《废约条件保证书》，可它们不符合女遗产管理人一般会用的简单理由：获得了有价值的新证据，从而可以推翻之前的判决结果。大多数请愿书会对诉讼当事人之前输掉官司给出简洁的理由，但安·梅勒姆的4份请愿书都絮絮叨叨地把她围绕酿酒厂展开的斗争从头到尾讲述了一遍。安·梅勒姆的第一份请愿书并没有就某个具体案件提出重新审理的要求，而是含糊地请求"某些补救措施"，从而让她"沉冤得雪"。对于其他关于债务诉讼的请愿书中提出的5种常见申辩理由，这份请愿书丝毫没有提及。[83]安·梅勒姆的第二份请愿书变成了以律师的标准方式来对第一份请愿书里的内容进行陈述。诸如此类的陈述通常意味着律师不经意间疏忽了某个案件，或不可控的事件阻止了他出席法庭，但安·梅勒姆的请愿书中只是一带而过地提到：律师"撤回"了她针对乔治·加德纳的第一起诉讼案，"但她不知是何原因"。安·梅勒姆本可利用"诉讼人难以控制律师行为"为由来提起上诉，但请愿书随后指出，安·梅勒姆又雇了另一名律师重新起诉加德纳，且法庭也驳回了这起诉讼案，从而削弱了这个理由的效力。[84]

安·梅勒姆的第三和第四份请愿书则是变着法儿地申辩"法庭

做出了错误判决"这一常见的理由。这两份请愿书抱怨安·梅勒姆之所以会输掉起诉乔纳森·戴曼的官司，是因为法庭允许加德纳出庭做证，尽管他对这些案子本就"居心叵测"。然而，如果想要了解安·梅勒姆的说辞，就需深入关注这场围绕酿酒厂的纠纷。相较于请求重新审理的典型理由，安·梅勒姆的说辞就没有那么直截了当了。[85] 因为安·梅勒姆多年以来一直公开与加德纳、戴曼争斗，所以身为局外人的罗得岛州官员们对这场纠纷还是有所了解的，他们了解的情况很可能致使他们拒绝了她的请求。尽管如此，她的请愿书中缺乏合乎标准、直截了当的申辩理由，这无疑阻碍了她实现目标。

从长期来看，安·梅勒姆由于无法从加德纳和戴曼手上得到补偿，因而生活水平受限，子女继承的财产也减少了。[86] 为了维持生计，她不得不做出各种不同的生活安排。有一次，她还接纳一位房客在家里住了好几个月。还有一次，她从某位男性亲戚处租了一间房。她还被正式指定为子女的监护人，后来又成为孙子的监护人。这些职责让她有权索取补偿来照顾子女们。[87]18 世纪 60 年代，安·梅勒姆再次陷入第二轮旷日持久的法律纠纷，这一次是与她的两位侄子争夺已故的姐姐的遗产。或许是拮据的生活让她愈加坚持索求涉案的财产。[88]

安·梅勒姆的经历表明：在越来越偏袒债权人的新英格兰殖民法律体系里，请愿成了不完美的补救措施。在与加德纳、戴曼的纷争中，安·梅勒姆以各种各样不同的方式展现出她的法律见识，包括发表声讨文章，在法律的框架下对对手穷追不舍，雇用律师并频繁与律师通信。鉴于她所展示出来的见识以及与律师的紧密合作，无知和天真无法解释为什么她的请愿书偏离标准的请愿书范式。其实，这是因为约翰·梅勒姆错综复杂的财务状况，以及其遗孀随后遭遇的复杂冲突，令安·梅勒姆的请愿书与请愿书中最常见的申辩理由难以吻合。尽管请愿程序救助了部分债务人，但它无法适应更为复杂的情况，譬如安·梅勒姆所面临的境况。

立法者如何裁决请愿书，对于请愿者个人（无论男女）来说很重要，同时，他们的决定还会带来更广泛的文化影响。在请愿过程中，非专业的普通人、律师和立法者一起做出评估：什么情况下债务人应该获得重新审理案件的机会，还有非专业的普通请愿者（无论男女）应该具备哪些技能。绝大多数依据申请重新审理案件的法律框架来撰写的请愿书（无论出自男人还是女人之手）都会把败诉归咎到具体的事件上，而不会质疑程序本身的普遍限制。请愿程序要求诉讼当事人专注于少数几个申辩的理由，对败诉给出狭窄的解释空间，这种制度安排意味着殖民地区的请愿程序认为非专业的普通人普遍具有处理金融事务和债务诉讼的能力。同时，请愿程序增强了某些性别分工。它提升了男律师服务的重要性，准许男子为业务进行旅行，同时又对女遗产管理人所遭遇的独特困难予以认可。

小结

18世纪中期，为应对信用交易数量的激增，交易步伐的加快，新英格兰人对法庭制度进行了调整。法庭不再仅仅根据诉讼案的具体情况来做出评判，而是将没有争议的案件以及一方当事人偏离法律技术细节的案件迅速打发掉。如此一来，在债权人没有其他制度性手段逼迫债务人偿还债务的情况下，法庭让大量债权人就债务人所欠债务提出诉求，并强制债务人偿还债务。但效率的提高却对债务人产生了负面影响。一个不期而至的事件（譬如，春季时一场意想不到的暴风雪、一场流感、诉讼案的文件中丢了一张收据等）可能会导致法庭迅速做出有利于债权人的判决。此外，法律制度对资不抵债的人没有提供什么救助。对于像安·梅勒姆这样的寡妇来说，这样的制度安排尤其成问题，她们未来的生活水平与亡夫所留下来的财产息息相关，而债权人也紧紧盯着同一笔财产。

在这样的情况下，向马萨诸塞州参事会和罗得岛州议会提交请愿书为败诉方提供了部分补救措施。一开始输掉官司的诉讼当事人（无论男女）可在低级别的法庭获得重新审理案件的机会。立法者运用衡平法①来对请求重新审理的请愿进行评判，这鼓励了败诉的当事人提交请愿书，列举败诉的具体因由。请愿书的体裁惯例和法律框架使其内容千篇一律，因此绝大部分的请愿者会挑选一些陈词滥调的理由，将其改头换面来解释自己的败诉。对于能够根据请求重新审理的标准理由来陈述自身经历的诉讼人来说，这些请愿书正好可以达成他们的目的：在一个偏袒债权人的制度中减缓或阻止债权人收债。不过，与其他类型的请愿不同，群体不能提出请求重新审理债务案件的请愿。由于债务诉讼的请愿只适用于个人，而且请愿书内容基本千篇一律，这些特征转移了人们的注意力，让他们忽略了债务（包括寡妇的债务）的结构性问题。

由于殖民地的立法机构在每届立法会上都会听取重新审理案件的请求，而请愿者中既有男人又有女人，所以这种形式的法律活动会充分体现当时人们在文化层面对非专业普通人能力的理解。除列举出具体的困难，成功的请愿还展现了：自由的男人和自由的女人一样，都是精明的信用使用者，都拥有打赢官司所必需的知识。相反，在极少数的请愿案例中，立法者拒绝了像安·梅勒姆这样在请愿书中唠唠叨叨地诉说自己是个遭受男人迫害的寡妇的重新审理请求。在衡平法框架的影响下，请愿者所采取的策略以及立法者所做

---

① 衡平法是英国自 14 世纪末开始与普通法平行发展的、适用于民事案件的一种法律，以"正义、良心和公正"为基本原则，以实现和体现自然正义为主要任务。同时，衡平法也是为了弥补普通法的一些不足之处而产生的。衡平法的形式更加灵活，在审判中更加注重实际，而不固守僵化的形式。——译者注

出的裁定，影响了人们在文化层面对男性和女性的理解。请愿非但没有体现性别的基本观念，反而强化了人们的预期：自由的成年人（无论男女）能够，并且应该有能力去处理与信用相关的事宜。然而，这种对男人和女人承担同等责任的强化也有很大的局限性，因为随着时间推移，请愿会将男人从事远程业务的情况合法化，还会让全是男人的律师职业在诉讼中的核心地位变得正当合理。

随着男人和女人提出请愿要求对案子进行重新审理，大量的档案资料随之产生，对于历史学家来说，这些档案卷宗阐明了人们围绕金融清算和法律诉讼所开展的日常实践活动。为明确指出诉讼当事人败诉的原因，请愿书会对金融清算与法律诉讼活动进行庖丁解牛般的剖析，从而将其他非专业普通人成功完成的任务展现在世人眼前。譬如，安·梅勒姆曾在请愿书中抱怨律师撤销了她对加德纳提起的一桩诉讼，从中我们可以看出，女诉讼当事人需与自己的律师保持良好的沟通。而德博拉·约翰逊和贝西娅·赫奇生病的请愿书则凸显出妇女亲自出庭的重要性。玛莎·哈特和莎拉·斯塔尼福特声称近期发现了新文件的请愿书则强调了掌握相关文件在对抗债权人提出的诉求方面发挥着至关重要的作用。此外，男人的请愿书与女人的请愿书之间的共同点提醒我们，这些基本技能是经济法律体系对所有参与者都要求的技能。通过掌握书面文件、熟悉法律程序以及与律师展开合作，无论男女，都可在围绕信用的纠纷中占据上风。

最后要提的是，虽然通过分析请愿书便可收集许多信息，但对于 18 世纪的诉讼当事人来说，这些要求重新审理案件的请愿总是在更广阔的法律策略范围内发挥作用。请愿者的目标有可能像"推迟偿还某笔债务"那般明确，也有可能像安·梅勒姆的目的那般复杂。这位女士又印声讨文章，又上法庭，还上诉到立法会，试图保护家里的财产免受债权人的索赔，尤其是那家酿酒厂。随着自由的白人妇女（包括安·梅勒姆在内）在这些领域中长袖善舞，她们必然会以不同的方式展现自己，从试图引起其他居民的同情，到巩固联盟，再到在法庭上取得胜利。尽管在请愿书中尤为常见的情况是妇女力求与他人合作，以令人信服的方式来陈述自己的遭遇，但出于策略性的选择，这些妇女在所有生意往来和诉讼纠纷的相关领域中会以千变万化的方式进行自我展示。在一个对女性或债务人没有多少救济的制度下，女请愿者展示出自己的智慧悟性，通过她们的抗议，我们可以窥探到其他无数从未利用这种上诉方式的妇女所具备的技巧。

第六章

"依您所判"

——18 世纪末期对金融活动的重新定义

············ § ············

　　1765 年，因帝国危机升级，波士顿人和纽波特人组织起来反抗《印花税法案》。等到 11 年后第二届大陆会议①发表《独立宣言》时，这些城市的居民在日常经济生活中遭遇了数不胜数的变化。[1]英国军队占据着波士顿和纽波特，导致城里许多居民逃离；物品的缺乏和货币体系的动荡，扰乱了留在城里的人们的日常交易；而长期以来一直作为收债关键机构的郡级法庭也暂时关闭了大门。美国革命之后，波士顿和纽波特的居民开始重建信用网络，恢复相关的金融法律实践活动。作为殖民地经济的重要贡献者，同时是战争前后这两座城市自由成年人口中的大多数，妇女成为被迫应对革命性剧变的人群之一。

　　我们通常认为革命时代给妇女带来的是短期的影响和持久的变化。战争时期是以暴力与政治模式不断转变为特征的时代，其间，无论身为爱国者还是效忠派，无论是非裔美国人还是原住民，所有妇女在奋力保护家庭的财产时，都会遇到独特的机遇与挑战。[2]18世纪末期与 19 世纪早期，美国的精英阶层与中等阶层在文化层面上逐渐对男人和女人在政治、工作及家庭中的不同作用重构了新的理解。"共和母性与党性"等新兴观念将妇女的政治影响力定位在家庭内部，而不是直接介入正规的机构之中，而"生产劳动"的定

---

① 大陆会议是 1774—1781 年英属北美殖民地（十三州）以及后来美利坚合众国的立法机构和临时政府。——译者注

义则将范围缩小为只包括男性从事的以市场为导向和挣取钱财的活动。[3]

我们虽然对美国革命期间及之后妇女地位的变化所知甚多，但对于同一时期妇女参与信用交易和债务诉讼（经济法律生活中的核心领域）的活动发生了哪些变化，我们却知之甚少。本章将从两个不同的方向来探究革命时期妇女在金融和法律实践上的演变程度。第一个方向继续研究妇女日常的金融劳动，从而揭示战争期间及之后妇女坚持从事金融活动的情况及其变化；第二个方向探究精英阶层处理复杂金融事务的情况，从而揭示当时人们对女性在金融和法律劳动中分工的理解的变化。

美国革命在其他无数方面搅乱了妇女的生活，迫使她们及其家庭不得不采取战略性行动，应对新的紧急状况。同样，这场战争也让严重依赖妇女劳动的信用与债务实践活动变得越来越难以开展。英国占领波士顿和纽波特、金融动荡、法庭关门以及家庭成员的分崩离析，这一切让债权人 – 债务人关系变得错综复杂。在波士顿和纽波特，以及许多此前两城居民分散居住的周边城镇，妇女愈加依赖殖民时期培养起来的技能，包括在法庭之外对金融知识加以运用，还有与家庭成员展开协作。好在这种战时的破坏是短暂的。新英格兰恢复和平后，波士顿和纽波特的居民又重拾了之前的金融和法律活动模式。自由的妇女们，无论是为自身还是作为家庭成员，又再次与债权人和债务人展开谈判，在法庭上长袖善舞，雇用和监督律师，作为证人见证有法律约束力的金融交易。

18 世纪 60 年代至 90 年代，波士顿和纽波特以及其他地方的精英也推动了人们重新审视男女之间的分工，从而在文化层面上产生了持久的影响。人们常常认为，18 世纪后半叶形成的阶级和绅士观念导致精英女性不再纠缠于法律活动的技术细节与纷争，然而我们缺乏对这种转变的细致分析。[4] 通过仔细研读 3 个家庭的信函，我们可以发现，18世纪80年代，精英女性与金融和法律的关系仍然视情况而定，还充满矛盾。由于名门望族会与律师和其他代理人就远程事务通力合作，所以他们有时会认为这些名门贵妇，尤其是寡妇，有资格摆脱金融和法律方面的顾虑。在此过程中，他们断言性别阶级身份开始形成，这种身份明确要求职业男性监督并保护精英女性的利益。与那些继续参与到城市信贷活动之中的社会下层和中等阶层妇女形成鲜明对比，上流社会的女性理应从金融事务中抽身出来，以彰显自己所处的社会阶层和所拥有的性别特权。与此同时，她们的实践活动在许多方面与殖民时期的前辈很相似。精英女性的形象大多足智多谋，她们和男人一样，会以适合不同性别、不同阶层的方式让律师和其他专业代理人为她们提供帮助。不过，地位较高的妇女继续以熟练的方式来监督这些律师及其他专业代理人的事务，这种情况有悖人们心中"她们依赖男代理人"的常识。

战时的破坏和战后的延续

美国革命时期，波士顿、纽波特及周边新英格兰地区的社区都经历了经济与政治上的动荡不安。"七年战争"结束后，波士顿和纽波特的居民组织起来反对大英帝国的政策，英国政府将这两座城市定为镇压日益高涨的殖民抗议活动的目标。自1768年起，驻扎在波士顿的英军正式占领这座城市，并在1774—1776年关闭了波士顿的港口。同期，纽波特在1775年的夏季和秋季遭遇英国海军的封锁，1776—1779年，英军占领了这座城市并在此驻军。[5] 这些冲击打乱了波士顿和纽波特的经济生活，逼迫许多城里的居民（无论是爱国者还是效忠派）离开了自己的社区。在这些城市及其周边城镇里，妇女首先承受了战争带来的经济挑战。许多独身妇人缺乏资源，没法离开自己所在的城市，而有夫之妇则继续像殖民时期的妇女那般（殖民时期的妇女在丈夫出海和服兵役期间，会承担起家庭的责任），当丈夫赴远方承担自己职责时，妻子往往会承担起照护家庭的责任。不过，事实证明，战争对经济和社会的破坏只是短暂的。美国革命之后，女人和男人一样，又再次投身到信用网络和债务诉讼的运作中。

美国革命让家庭分崩离析，这种状况在包括波士顿和纽波特在内的港口城市尤为严重。在整个北美地区，当丈夫在州里的民兵队、大陆军中服兵役，或者在刚成立的美国政府中担任职务时，妻子们在背后支持着丈夫。有时，当身为爱国者的丈夫逃离时，妻子为保护家里的财产还得继续在家里住着。[6] 在波士顿和纽波特，城市封锁和军事占领迫使那些可以离开的人弃城而去。成千上万的城市居民逃到周边的城镇，他们要么跟亲人朋友住在一起，要么自己租赁住所。而效忠派则会迁到大英帝国的其他地方。波士顿和纽波特的人口锐减。波士顿的人口从 1771 年的峰值 16000 人下降到1776 年的 2719 人。而在拥有 11000 人的纽波特，一半以上的居民离开了这座城市。[7]

不管是留在城里的人，还是弃城而去的人，都受到了性别、社会阶层和社会关系等因素的影响。财力有限的未婚女人是最没能力离开被占领城市的人群之一。到了 1782 年，"纽波特的人口大多数为女性"的情况比殖民时期更为明显。成年白人女性占纽波特人口的 30%，而成年白人男性只占 17.6%。[8] 那些留在波士顿和纽波特的人不得不面对混乱的政府、食品和木柴短缺、买不到进口商品，以及因士兵与平民的日常接触所滋生出来的复杂境况。[9] 美国革命时期，莎拉·奥斯本已 60 多岁，是留在城里遭遇经济困境的妇女之一。奥斯本和家人被迫关闭了经营多年的学校，还没钱买食物和木柴。他们到纽波特一位朋友家避难，和另外 15 位同样因战争而流离失所的人住在一起。1778 年，奥斯本的丈夫去世，她的成年子女搬到了附近的小镇，把奥斯本一个人留在纽波特。当她 1792 年去世时，只留下了微薄的财产，刚刚够支付欠下的债务。[10]

波士顿和纽波特的未婚女生意人也碰到了经济挑战，因为帝国危机和美国革命破坏了她们的供应链和信用链。英国封锁阻碍了进口商品流入城市，这些店主的零售库存枯竭。尽管她们也想方设法弄些产品来卖，可对英国商品的抵制意味着顾客常常会拒绝购买她们的商品。1767 年，本杰明·富兰克林的姐姐简·梅科姆（Jane Mecom）想在波士顿开家女帽店，便亲身体验到此类困境。正当她给店里进好货，打出广告时，波士顿人为了抵制《唐森德法案》（Townsend Act）开始抵制英国商品，弄得简·梅科姆不得不哀叹"看来我有点儿走背运，我们的人民一心只想过艰苦朴素的生活"。[11]城里的报纸对其他继续销售进口商品的店主口诛笔伐，包括卡明姐妹——安妮·卡明（Anne Cuming）和伊丽莎白·卡明（Elizabeth Cuming），《波士顿公报》（Boston Gazette）给她们贴上了"国家公敌"的标签；还有简·尤斯蒂斯（Jane Eustis），遭受抨击之后她便停了业。连长期充当其他女店主导师的伊丽莎白·默里·坎贝尔也不得不奋力去帮助年轻的亲戚继续维持店铺的经营。1774 年，波士顿被英军占领期间，她的侄女安妮·默里（Anne Murray）最终关闭了自己的店铺。[12]

那些经营供膳宿舍的妇女同样因城市人口下降而步履维艰。虽然有些人通过向英国士兵出租房间创造出新的机会，可是许多店主还是发现客户减少了。简·梅科姆是个房东，还是个有抱负的女帽店店主，1768 年马萨诸塞州的皇家总督解散了州议会后，她便失去了一个重要的租户资源。[13]另一位供膳宿舍店主玛丽·阿尔米（Mary Almy）是这样描述 1778 年英军占领纽波特后期城里的惨淡景象的："根本没生意可做。所有店铺大门紧闭，大街上空空荡荡，只有一些马车经过，上面坐着衣衫褴褛的马车夫。"[14]殖民时期，港口城市里充斥着熙熙攘攘的来自各地的人，女生意人可以从中找到现成的客户。从阿尔米的哀叹中，我们可以看出，帝国危机与独立革命破坏了城市经济的各个层面，在此之前，正是城市经济为妇女的商业活动提供了便利。

中等阶层和精英阶层的家庭应对战争的办法是：加倍依赖家庭发挥经济单元的作用。这导致了妻子们继续参与到金融事务中，甚至扩大了参与的程度。一对波士顿的精英阶层夫妇——苏珊娜·帕尔弗里（Susannah Palfrey）和威廉·帕尔弗里（William Palfrey）——开展的活动说明了这些更广泛的趋势。苏珊娜·帕尔弗里和威廉·帕尔弗里都来自富裕家庭，威廉·帕尔弗里经商，是著名的约翰·汉考克（John Hancock）的商业伙伴。美国革命时期，威廉·帕尔弗里离开马萨诸塞州，担任大陆军的军需部部长，而苏珊娜·帕尔弗里和孩子们则暂时搬到马萨诸塞州中部的马尔伯勒镇。[15] 由于家庭所属的社会阶层及对经济的追求决定了已婚妇女参与经济交易的规模与复杂性，因此，在威廉·帕尔弗里不在家的情况下，苏珊娜·帕尔弗里承担起各式各样的责任。在为家人准备吃穿用度的过程中，她独立建立起新的信用关系，通过与威廉·帕尔弗里的协作，她亲自与家里的债权人和债务人展开谈判。由于威廉·帕尔弗里经商，在很多情况下，苏珊娜·帕尔弗里必须收回和支付大额钱款。她还帮助威廉·帕尔弗里参与到业务复杂投资巨大的私掠巡航合作项目中。[16] 殖民时期，当商人、船长和水手出海时，他们的妻子会打理家里的事务。同样，在战争时期，像苏珊娜·帕尔弗里这样的已婚妇女也在稳定家庭和金融关系方面发挥着关键性的作用。

正如殖民时期所发生的情况那样，此类参与信用交易的活动让身为妻子的妇女必须制作和管理具有技术性的金融文件。在金融交易的过程中，苏珊娜·帕尔弗里写过收据及其他文件，她用正式的账簿来记录家里的收支状况，还给威廉·帕尔弗里发去消息，汇报家里的经济状况。[17] 此外，威廉·帕尔弗里不在时，苏珊娜·帕尔弗里会充当他的商业文件保管人，根据威廉·帕尔弗里的指示，保管相关文件，按照他的要求，把相关文件送给其他人。1776 年，威廉·帕尔弗里叫苏珊娜·帕尔弗里"把我的小本子送过来"，不过要求她先把夹在本子里的金融文件（包括一张彩票）拿出来保存好。还有一次，威廉·帕尔弗里让苏珊娜·帕尔弗里把一张公债经募处发行的债券寄给他，这是大陆会议为战争筹款而发行的一种可按利息赎回的债券。除了信任苏珊娜·帕尔弗里，让她去找出这份十分重要的金融文件，威廉·帕尔弗里还指示苏珊娜·帕尔弗里，在把这份文件寄给他之前，让孩子们誊抄这份文件，还要监督他们，确保他们的誊写正确无误。所有这些活动乃是延续美国革命前已婚妇女使用金融文件的常规做法，先前的经历让她们可以找到丈夫在信中描述的文件，并妥善处理它们。[18]

不管妇女是留在城里还是搬到别处，她们都会遭遇金融和法律结构被破坏的境况。帝国危机与战争动摇了郡级法庭的根本，而长期以来债权人主要是通过郡级法庭这个机构来逼迫债务人履行偿债责任的。1765 年 3 月英国议会通过了印花税法案，次年 2 月又废除此法案，其间，这个法案引起重大争议，导致马萨诸塞州和罗得岛州法庭不确定是否要遵循此法案行事。据此法案，法律文件属于征税的文书之一，有些人认为应该关闭法庭，以避免使用印花纸。[19] 英国占领波士顿和纽波特期间及之后的一段时期，两城的法庭一直关闭。萨福克郡法庭从 1774 年 9 月至 1780 年一直关闭；纽波特郡法庭从 1777 年至 1780 年没有审理任何新案件。[20]

法庭不开庭，包括妇女在内的债权人被迫愈加依赖庭外方式来催收债务，即通过面对面的谈判和信函来向债务人施压。个人与家庭的流动使此类努力变得愈加复杂，有些家庭相互配合，以便在短暂时机内联手对付欠他们钱款的人，然后拿着钱从远方的工作岗位返家。1776 年，达德利·科尔曼（Dudley Colman）中尉告诉留在纽伯里家中的妻子玛丽·科尔曼（Mary Colman）：有个欠他们债的男人"退役了，可能走了，也可能回家了"，所以"如果你见到他，就把钱要回来"。[21] 即使可以找到债务人，有些人也会拒绝还钱，可能是因为他们自身也没有钱，也可能是因为他们知道债主没法逼迫他们。1774 年，阿比盖尔·亚当斯（Abigail Adams）向丈夫约翰·亚当斯（John Adams）解释说，她"快没钱了"，因为"没人想还钱"。接下来的一年，萨利·佩因（Sally Paine）同样告诉丈夫罗伯特·特里特·佩因（Robert Treat Paine）："没法收回的债便不值一提。"[22] 从亚当斯太太的抱怨之语中，我们可以看出，留在家中的妇女在讨债方面困难重重，而在某种程度上她们却要依靠收债来维持家人的生计。

战争带来的金融动荡进一步考验着妇女的经济策略。殖民时期的新英格兰人习惯于多种不同的货币在市场上流通，这些货币的价值会来回波动，可到了美国革命时期，这种多种货币流通、货币价值来回波动的现象变得越发错综复杂。首先，为了资助战争，大陆会议及包括马萨诸塞州和罗得岛州在内的各州印发了大量的纸币。纸币迅速贬值，随后，联邦政府和各州政府想通过立法来遏制通货膨胀，却徒劳无功。[23] 联邦政府和各州政府还开始发行债券，以图获得额外的收入。妇女则企图利用这些金融工具来投机谋利，其中最出名的就是阿比盖尔·亚当斯。[24]

这种无序的金融体系让债务人在与债权人谈判时，心中滋生出新的念头。和在独立前的做法一样，妇女会跟踪波动的货币与债券价值，并考虑是否要用以物易物的交易方式来替代现金交易。尽管法律规定各州政府发行的货币为法定货币，可有些债主不接受贬值的纸币。马萨诸塞州韦斯顿镇（Weston）的寡妇丽贝卡·鲍德温（Rebecca Baldwin）在 1779 年便遭遇了这样的情形。作为已故丈夫的遗产管理人，鲍德温太太上门拜访一位男债主，想偿还一笔债券欠款。正如鲍德温太太后来回忆的，她"恳求"债主"收下我付的钱"，可债主拒绝收下纸币，坚称"只接受金银，其他一概不收"。另外，女债权人也会对债务人的还款方式做出评估。从某种意义上说，如果她们收下这样的还款，所得金额的价值会大打折扣。[25]

不受控制的通货膨胀和波动不定的价格也让妇女难上加难，不管她们身为消费者还是生意人，放贷人还是借贷人。食品和劳动力的成本急剧上升，使得萨利·佩因在 1776 年抱怨说，想买过冬的物资"得要一车子的钱"。作为持家人，佩因太太及其他妇女一丝不苟地跟踪着货币价值与物资价格的变化，力图在汇率有利时兑换货币，在商品价格较低时购买物资。身为店主和家族生意的参与者，妇女也会采用类似的策略，选择适当的时机购买和销售商品。譬如，玛丽·科尔曼在丈夫服兵役期间继续经营家里的店铺。她迅速卖掉了某些商品，同时囤积其他价格可能会上涨的商品。[26] 虽说参与商业、信用交易总是需要仔细监控市场的状况，可在这场革命带来的经济动荡中，这么做的必要性变得更加迫切。

随着战斗转移到南部，美国和英国协商解决了争端，新英格兰人得以重建社区，恢复经济，重整法律体系。虽然我们通常习惯于将美国革命视为一个起点或终点，但是对于人们围绕信用展开的日常实践来说，美国独立并没有带来戏剧性的变化。只是纽波特和波士顿的人口开始回升，一开始是缓慢回升，后来波士顿的人口回升得更快。到了 19 世纪，纽波特的居民不足 7000 人，相较于战前的人口峰值 9000 多人，这是较大幅度的下降。1780 年波士顿的居民人数仅为 1 万人，是战前人口的三分之二。到了 1790 年，这座城市的居民数量出现了新高，达到 1.8 万人，并在随后的几十年里继续激增。[27] 1780 年萨福克郡和纽波特郡的法庭重新开庭，一开始两个郡级法庭收到的新案件都不多。但随后的 10 年里，法庭接到的新案件量逐步回升到战前水平，不过在这两个郡级法庭收到的新案件中，并没有太多涉及 18 世纪 70 年代的债务案件。这表明，新英格兰人通过庭外方式解决了一些战时债务问题。至于其他债务，考虑到时间已经过去太久，很多人在革命时期都搬走了，债权人会认为这些债务已无法追回。[28]

整个 18 世纪 80 年代，直至 90 年代，波士顿与纽波特的妇女又重新参与到男女有别的城市及地区政治经济中，继续以生意人、放贷人和借贷人的身份有规律地使用信用。和革命前一样，女店主以赊账的方式把商品卖给顾客，然后记入账目。譬如，1785 年到 1786 年，纽波特寡妇苏珊娜·芒福德（Susannah Mumford）卖给乔纳森·巴尼斯特各种各样的商品，包括织物、丝线、手套和薰衣草，并将他的购买情况记入账目。10 年后，纽波特居民杰贝兹·钱普林（Jabez Champlin）每隔几个月便会来到寡妇伊丽莎白·米勒（Elizabeth Miller）的店里，购买茶、糖、朗姆酒和葡萄酒。米勒将这一笔笔数额不大的采购记入账目，共计 6 英镑 7 先令。[29] 同样，女店主们，如波士顿的玛丽·洛布（Mary Lobb），坚持为租户提供住房，并记录由此而产生的金融关系。1789 年，洛布用信用的方式将房间租给另一个波士顿妇女布拉·伊兹（Bulah Edes）住了几个月。她接受伊兹用现金与劳动结合的方式来交房租。她们俩清算账目的那一天，洛布还给伊兹签署了收据，作为付款的证明。[30] 还有一些人使用债券和期票来向社区内的其他人提供贷款，或者像布拉·伊兹的例子那般，利用信用来购买必需的商品与服务。[31] 和殖民时期一样，要建立起这种信用关系需要妇女娴熟地对款项条件进行谈判，提出清算建议，还需要她们处理和理解与交易相关的文件。

波士顿和纽波特的居民接受有夫之妇介入金融交易，哪怕他们所写下的记录乍看起来会把这些妇女的活动隐藏起来，所以有夫之妇的劳动在建立和维持信用关系方面仍起着至关重要的作用。例如，1783 年，纽波特劳工吉迪恩·霍克斯（Gideon Hoxie）起诉一名纽波特的造船商没有支付他造船的费用。然而，正如证人证词中明确指出的，霍克斯的协议并不是与诉讼中的男被告签订的，而是和一个女人签订的，文件中只提到这位妇女为蔡平太太——塞思·蔡平（Seth Chapin，他是监督这个造船项目的另一个造船商）的妻子。蔡平太太来到霍克斯与另一个男劳工丹尼尔·沃兹（Daniel Watts）的住处，想雇用他们。蔡平太太来的时候，吉迪恩·霍克斯和丹尼尔·沃兹不在家，所以后来他们俩一起去了蔡平家。在那里，这位造船商的妻子与他俩就雇用报酬讨价还价了一番，最终蔡平太太同意霍克斯和沃兹每人每天可以得到 8 先令。此外，在经手这份协议的人员中，蔡平太太并非唯一的女性。当她来到丹尼尔·沃兹的住处时，和丹尼尔·沃兹的妻子说了话，是沃兹妻子把这份劳务协议转交给自己丈夫的。可见，哪怕是需要大量资本和劳动力的造船业，仍然与以家庭为基础的劳动体系和信用体系紧密相连，而妻子们正是促成这些关键金融协议的群体之一。[32]

　　妇女还继续利用法庭来回收债务和反驳债主的主张。18 世纪 90 年代初，纽波特郡和萨福克郡的法庭恢复了正常工作，诉讼案中的女当事人比例与殖民后期的比例大致相同。正如我们所见，1730 年至美国革命期间，在纽波特郡的债务诉讼中，女诉讼人占比约为 12%；而在萨福克郡，该占比为 9%。根据 18 世纪 90 年代早期的抽样调查，在纽波特郡的债务诉讼案中，该占比为 19%，而萨福克郡的女诉讼当事人占比则为 11%。[33] 和殖民时期的情况相似，这些女诉讼当事人包括：与丈夫一道出庭的已婚妇女、担任遗产管理人和遗嘱执行人的寡妇以及为了自身利益而成为诉讼当事人的独身妇人。我们之所以能了解到这些女生意人（包括店主苏珊娜·芒福德、伊丽莎白·米勒和房东玛丽·洛布）开展的商业活动，是因为她们后来参与到与交易相关的诉讼之中。

　　无论是 18 世纪末期还是殖民时期，妇女参与诉讼的实践成为妇女（尤其是妻子）开展法律活动的补充证据。18 世纪八九十年代，她们积极通过法庭关注自己案子的进展，监督她们雇用来协助自己的法律专业人士。譬如，玛丽·惠普尔（Mary Whipple）所做出的努力与殖民时期水手、船长的妻子所做出的努力十分相似，在殖民时期，这些妻子负责处理家中的法律事务。1785 年，惠普尔的船长丈夫离开罗得岛前往西印度群岛。在他离家期间，有位债主把他告上了法庭，于是玛丽·惠普尔便代丈夫应诉。正如玛丽·惠普尔后来解释的那样，她很清楚自己丈夫"丝毫不欠"那位提起诉讼的债权人，于是便"咨询了些朋友"为她出谋划策，讨论接下来该怎么办。基于朋友的建议，她雇用了一名律师来对案子做出应对。律师没有按时应诉，玛丽·惠普尔因不应诉而输了官司，于是她提出请愿，请求重新审理案件。在请愿书中，玛丽·惠普尔请求"法庭能给她一天时间"，这样她便可"充分证明"丈夫丝毫不欠这位"所谓的"债主，罗得岛州议会批准了她的请求。在这个事件的每个阶段，惠普尔就像殖民时期的前辈一样，巧妙地运用自己掌控的法律网络（包括其他非专业的普通人和专业律师）来保护家里的财产。[34]

　　随着郡级法庭恢复运转，人们的日常实践与债务诉讼的新关系又重新让妇女承担起证人的重要职责。譬如，在纽波特造船商雇用劳工吉迪恩·霍克斯和丹尼尔·沃兹的纠纷中，作为当时蔡平家中唯一的现场目击证人，伊丽莎白·邓纳姆（Elizabeth Dunham）无意中听到了这场关于劳工工资的关键性对话。当此事上了法庭，邓纳姆为自己的证词画押，精确地讲述了这场谈判过程。她回忆说，霍克斯和沃兹提出了每天 8 先令工资标准的要求。然后她补充，蔡平太太回应说她"认为"这个标准"应该不会"带来"任何麻烦"，而另一个造船商认为这个工资标准太高了，并且宣布他与支付劳工工资这件事"毫无关系"。[35] 邓纳姆出庭做证这件事只是众多妇女继续以证人的身份介入金融交易的其中一个例子。18 世纪八九十年代，在纽波特郡和萨福克郡的债务诉讼案里，仍有 4% 至 11% 的金融文件签字人兼证人为女性。[36] 与殖民时期情况相似，这个占比虽不大，可意义重大，揭示出更为广泛的金融活动模式。男人和女人一起参与到日常的交易与谈判中，尤其是发生在住所里的交易与谈判，这一特征继续让妇女获得身为证人所带来的权利。

总而言之，美国革命暂时改变了波士顿和纽波特的金融、法律实践，使所有新英格兰人不得不把殖民时期培养出来的技能和策略重新运用，以应对新的挑战。战后，城里居民逐渐回归到战前的金融、法律活动模式中，包括有规律地使用个人信用，频繁地通过诉诸法庭来强迫债务人履行还债义务。在此过程中，妇女再次作为放贷人和借贷人，推动法庭之外的协商，让人与人之间的交易谈判变得越来越活跃；再次作为原告和被告，巧妙地提起和回应诉讼；再次作为证人，证明交易的发生情况，介入纠纷之中。虽然美国革命带来了翻天覆地的政治变革，但在美国建国的最初几十年里，家族、家庭结构和人员构成仍然如旧，支持着城市里的妇女开展金融和法律活动。

让金融工作成为唯有男人可涉足的领域

就在所有波士顿和纽波特居民应对帝国危机与战争带来的暂时动荡的那几十年间，这两座城市和其他地方的精英们重新对金融、法律劳动的性别分工进行了评估。富裕家庭有时会将专业人士塑造成具有独特能力的人群，专门处理庞杂的金融事务及相关法律纠纷，此等安排既是出于短期策略的需要，同时也在文化层面产生了深远的影响。在这样的框架下，精英阶层的妇女可从这些具有技术性、争议性的事务中脱身出来，因为她们的见识有限，而且抽身事外象征着她们的所处阶层及性别特权。这些观点跨越了美国革命前后的时期，似乎成了 19 世纪"女安于室"观念的前身，"女安于室"观念认为妇女应该待在家里，不要出现在商业市场上。[37] 不过，18 世纪末，这种所谓的"精英妇女远离金融与法律事务"的观念与"精英妇女仍然拥有丰富的金融知识和成熟观点"的现实格格不入。

要对此类妇女与金融之间的关系所存在的固有矛盾展开研究，就必须将我们的关注焦点从法庭卷宗转移到具体家庭长期往来的信函上。因为精英人士及其代理人之间主要是依赖通信来协调彼此的活动，所以这些信函成为我们探究性别责任分工的理想渠道。此外，写信人会将书信作为自我表述的舞台，在书信里为男人和女人所承担的责任赋予社会和文化的意义，因此通信本身就是一种变革的工具。[38] 为了仔细研究通信者如何塑造对金融劳动的性别理解，本章会按时间顺序讲述三位妇女的经历，这三位女士在很长一段时间里撰写和接收了大量关于自身事务的信件。18 世纪 50 年代至 80 年代中期，伊丽莎白·弗莱彻（Elizabeth Fletcher）与丈夫威廉·弗莱彻（William Fletcher），或联手或各自努力去保护他们的财产免受债主的侵害。18 世纪 60 年代末至 70 年代初，寡妇汉娜·莱科克（Hannah Laycock）竭力去处理亡夫遗留下来的事务。1776 年至 1785 年，另一位寡妇玛莎·史蒂文斯（Martha Stevens）对土地及相关的信用关系进行管理。虽然这些故事大部分发生在波士顿或纽波特，但弗莱彻、史蒂文斯和莱科克这三个家庭的金融事务还涉及其他地方，包括英国、加勒比海地区以及其他北美地区的港口和内陆城镇。对这些案例的研究，揭示出阶级分化与性别行为标准变化相互影响、相互作用的进程，这一进程不只是发生在某个单一的地区，而是发生在整个英属北美地区和大西洋世界。

伊丽莎白·弗莱彻、汉娜·莱科克和玛莎·史蒂文斯都涉足纷繁复杂的商业事务，这些商业事务有别于其他 18 世纪白人妇女所开展的日常金融实践活动，包括本书前文章节中所讨论的大部分金融活动。虽然我们看到的大多数情况是妇女娴熟地参与到当地和地区的交易中，但此类交易是更广泛的大西洋经济的重要组成部分，弗莱彻、莱科克和史蒂文斯家的远程商业联系反映出 18 世纪末两种相互交织的趋势：大西洋商业网络越来越密集，沟通网络越来越完善，让相隔千里的合作者可以通过信函更广泛地协调他们之间的活动。[39] 此外，这三位女士面对的诉讼案件涉及数额庞大的金钱与财产，她们开展的事务涉及 18 世纪 50 年代至 80 年代仍未解决的政治经济关键问题，包括破产的制度救助措施以及土地所有权、信用与税收之间的关系。[40] 相较于参与纯粹的当地债务诉讼的妇女来说，这些相隔千里、错综复杂的状况让伊丽莎白·弗莱彻、汉娜·莱科克和玛莎·史蒂文斯必须与律师、代理人开展更为广泛的合作。

随着非专业的普通人与专业律师开始重塑对精英阶层男女特征的理解，他们同时要应对关于律师－客户关系性质及其性别维度的问题。从 18 世纪 60 年代起，越来越多的男子成为律师并加入律师协会，新英格兰的律师行业开始加速发展起来。律师们在逐渐扩大业务规模的同时，也谋求融入商业精英社会及商业圈子中，而商业精英的交易会衍生出最耗时的案件。[41] 另外，像伊丽莎白·弗莱彻、汉娜·莱科克和玛莎·史蒂文斯这样的非专业人士在以符合其性别身份的方式行事的同时，力求获得律师的周到服务。律师与精英共同努力，塑造着律师与客户关系在多大程度上是专业性的、交易性的，或只是像大多数 18 世纪的商业关系一样，仍根植于个人信任与友谊的纽带中。精英人士与代理人之间使用蕴含务实细节与情感措辞的"亲密信函"来沟通，使情况变得更加模棱两可。这些"亲密信函"将相隔千里的"朋友"连接在一起，在 18 世纪的语言体例中，"朋友"一词可以指平等的关系，也可以指不同等级的关系。[42]

写信人用"朋友"一词，以淡化或强化对律师的驱使，这种措辞方式还带着深刻的性别差异。精英阶层的妇女对律师的依赖似乎与性别化的社会等级制度相吻合，而男人则会力图避免这种依赖关系，因为这样的话会被认为具有女性化特征。

1755 年，威廉·弗莱彻为躲避被债主追债而脸面尽失的境况，逃离了家乡波士顿。从此，他开始给妻子及两位律师分别写信，这种情况一直持续到 1789 年。威廉·弗莱彻是马萨诸塞州立法会的成员，也是波士顿城里的商业精英，他从事加勒比海地区的航运贸易。18 世纪 50 年代初期，随着波士顿经济进一步衰退，他生意惨淡，负债累累。威廉·弗莱彻希望挽回损失，但该市的经济困境一直让他的努力受阻。"七年战争"期间，战争冲突与货币短缺搅乱了商业网络，之后城市陷入经济衰退。到了帝国危机与革命战争时期，港口经济遭受破坏，生意失败的例子屡见不鲜。由于没有永久破产的相关法律，威廉·弗莱彻无法消除所有债务，重新开始。[43]

导致威廉·弗莱彻离开的直接原因是他与另一位精英——威廉·图德（William Tudor）——发生的纠纷，这场纠纷也耗费了代理人的大量精力。为说服图德在一场旷日持久、广为人知的诽谤诉讼中担任担保人，威廉·弗莱彻将自己的房子抵押给了图德。逃离波士顿的那一年，威廉·弗莱彻输掉了这场官司，没法向对手支付赔偿款。作为威廉·弗莱彻的担保人，图德向胜诉方支付了 2000 英镑的巨款。接下来的几年里，图德一直想从威廉·弗莱彻手里收回这笔欠款，或没收抵押的房产。[44] 因此，逃到国外给威廉·弗莱彻提供了一次有望挽回损失的机会，同时可以逃离纷争，保护自己的财产不落入债权人的手里。威廉·弗莱彻先去了伦敦，然后到了荷兰殖民地圣尤斯特歇斯（St. Eustatius）。尽管他一直乐观地认为"欣欣向荣，蒸蒸日上"的商业很快就能让他的经济状况好转，重返新英格兰，可他一直住在加勒比海地区，直至去世，这时距离他离开波士顿已过去三十多年。[45]

威廉·弗莱彻的妻子伊丽莎白·弗莱彻和孩子们则一直留在波士顿，直至 1764 年。在两位法律专业人士的帮助下，她承担起管理弗莱彻一家在波士顿的事务与资产的重任。早在 1755 年，威廉·弗莱彻便给了伊丽莎白·弗莱彻权限广泛的授权书。他赋予她权利，"在法庭内外一切与我相关的事务中"代表他行事。普通法对妻子在婚姻期间掌控财产有所限制，通过免除普通法对她的限制，威廉·弗莱彻授权伊丽莎白·弗莱彻出售他的土地和财产来替他还债。[46]威廉·弗莱彻还依仗两位具有法律专业技能的人：首席律师埃德蒙·特罗布里奇（Edmund Trowbridge）；普利茅斯郡最高法庭的法官约翰·库欣（John Cushing）。[47]在威廉·弗莱彻、伊丽莎白·弗莱彻与这两位律师合作的过程中，这些精英男士坚持让伊丽莎白·弗莱彻处于被动地位，从而掩盖了她作为经济事务管理人的敏锐洞察力。

威廉·弗莱彻求助埃德蒙·特罗布里奇、约翰·库欣和伊丽莎白·弗莱彻，请他们分别完成不同的任务。他依靠特罗布里奇来保护自己的财产免受债权人（包括图德在内）起诉，并请特罗布里奇就法律技术细节问题提供建议。[48]与此同时，伊丽莎白·弗莱彻管理着家里的经济事务。她为自己和孩子们购买食物、衣物和其他物品，做出各种各样的决定，不让家庭进一步陷入债务旋涡。威廉·弗莱彻离开波士顿的时间里，许多债主登门催债，伊丽莎白·弗莱彻亲自与威廉逃避的债主们谈判。她向欠威廉·弗莱彻债的人催收欠款；保管好他的账簿与文件；收下威廉·弗莱彻寄回家的现金、物品和汇票；还通过信件将所有这些活动向丈夫一一汇报。[49]伊丽莎白·弗莱彻的所有这些劳动都有一个特点：总要用到信用和金钱。这些劳动对于维持家里的经济状况至关重要，与殖民时期丈夫出海后，城里其他妇人所开展的金融工作相类似。

鉴于信用与债务的法律维度，还有跨大西洋通信的困难，特罗布里奇、库欣和伊丽莎白·弗莱彻的活动常有重叠之处。他们三人都和图德进行过谈判，想跟他达成长期和解及短期协议，从而让弗莱彻一家留在已经抵押出去的宅子里。[50] 此外，圣尤斯特歇斯与波士顿之间的信件往来大约需要 6 周时间，有时候信件还送不到，所以威廉·弗莱彻千方百计通过所有可用的渠道交流最新信息。有时在写给特罗布里奇的信函中，他会顺便对伊丽莎白·弗莱彻所汇报的情况进行回复，或在给伊丽莎白·弗莱彻的信里给出详细的指示，然后让特罗布里奇跟她谈，从而了解全面的信息。[51]

威廉·弗莱彻与男代理人必然会就伊丽莎白·弗莱彻在财务谈判中的积极作用展开讨论。讲到实际的协调活动时，威廉·弗莱彻会把妻子描绘成能干的管理者。在一封指示特罗布里奇向波士顿地区债权人付款的信函中，他实事求是地指明伊丽莎白·弗莱彻要做一次结算。[52] 同样，威廉·弗莱彻指示特罗布里奇去查阅"我桌上的一份账目，我妻子会拿给你"，在描述自己处理一艘船上的货物而获得的利润时，他给出解释"我即刻让我妻子留下2000 英镑……给图德"。[53] 从这些间接提到伊丽莎白·弗莱彻的内容看，威廉·弗莱彻承认伊丽莎白·弗莱彻承担着管理家里的文件与财产的责任。

同样是在这些信函中，当威廉·弗莱彻反思自己的处境，而不是协调具体事务时，会将伊丽莎白·弗莱彻描绘成图德残忍行为的痛苦受害者。18 世纪的男商人会谴责对手是阴谋家，所做非男子汉大丈夫所为，同样，威廉·弗莱彻谴责图德是个"魔鬼"，"费尽心机陷害"自己。[54] 在当时的世界观中，为难女人绝非男子汉大丈夫所为。他强调，图德威胁要夺走弗莱彻家的宅邸，这种威胁"让我妻子心慌意乱，没法好好生活"，使她写下"许多忧心忡忡的信"。威廉·弗莱彻的这些话从某种程度上反映出一个现实：如

果图德夺走弗莱彻家的宅邸，那么伊丽莎白·弗莱彻和他们的孩子
就会被赶出家门。他的这些话还将关注点从他自身欠图德债的事实
转移开来。威廉·弗莱彻让特罗布里奇和库欣帮助伊丽莎白·弗莱
彻解决与图德的冲突，"让她保持轻松和愉悦的心情"，如此，威
廉·弗莱彻将自己和两位男盟友定位为伊丽莎白·弗莱彻的侠义保
护者。[55] 这样做等于强调了伊丽莎白·弗莱彻的被动性，此特性与
他在信中其他地方对妻子的描述格格不入。

　　威廉·弗莱彻把妻子描述成一个长期受苦受难的受害者，这
与她老练地应对家庭困境的行为不符。18 世纪 60 年代初，伊丽莎
白·弗莱彻带着两个儿子赶赴加勒比海地区，与威廉·弗莱彻团
聚。他们先在圣尤斯特歇斯住了几年，然后在 18 世纪 60 年代末搬
到圣马丁（St. Martin），他们在那里最起码住到了 1789 年。[56] 这些
变迁改变了伊丽莎白·弗莱彻与丈夫、特罗布里奇之间的通信网络
与联盟。在威廉·弗莱彻写给特罗布里奇的信中越来越多地充满渴
望和回忆，与此同时，伊丽莎白·弗莱彻会单独给这位波士顿的律
师写信。她亲手撰写信件，同时坚称"虽然我不大会写，字也拼不
好，（可）我不会让他人代劳"。她还指示特罗布里奇把给她的信寄
到邻居手里，这样威廉·弗莱彻便无法拦截她的信函。[57]

　　伊丽莎白·弗莱彻利用这种直接与特罗布里奇沟通的方式来养
活自己和儿子，不用依靠丈夫。正如她向特罗布里奇解释的那样，
她看不惯威廉·弗莱彻无法供养孩子们，也不赞同他整天追求"新
计划"，这些计划终将不可避免地导致"毁灭"。[58] 于是她对威廉·弗
莱彻隐瞒了家里所拥有的地产情况。在伊丽莎白·弗莱彻搬到加勒
比海地区前，特罗布里奇帮助弗莱彻家在马萨诸塞州剑桥镇买了两
个农场，这是图德不能夺走的资产。一来到圣尤斯特歇斯，伊丽莎
白便撒了谎，声称这块地产是以特罗布里奇的名义买下的，如此便
可阻止丈夫将这块地卖出去。伊丽莎白假装不知这片土地的价值，

拒绝给威廉·弗莱彻看相关账目。与此同时，她指示特罗布里奇继续欺骗威廉·弗莱彻，并将土地租出去，如此得到的利润便可养活这对夫妇留在新英格兰地区的其他孩子。[59] 伊丽莎白·弗莱彻就在丈夫身边，与特罗布里奇相隔很远，可矛盾的是，这种状况却为她提供了新的自主机会，至少从历史材料上看是这样的。

为确保特罗布里奇一定会帮她，伊丽莎白·弗莱彻在信中用了丈夫此前用过的"友谊""恳求"之类的措辞。在威廉·弗莱彻的信中，他反复强调自己对特罗布里奇的信任，在给出指令的同时，老掺杂着"我丝毫不怀疑与您的友谊会延续下去"之类的话。[60] 同样，伊丽莎白·弗莱彻也称特罗布里奇是自己的朋友，恳求他帮助自己。有一次，伊丽莎白·弗莱彻在给特罗布里奇的信中写道："亲爱的先生，我必须求您继续当我的朋友。"在另一封信中，她表达了自己的"信任"，称特罗布里奇将"是我一直需要的那种朋友"，"因为您总在为我着想"。这些话之后往往跟着具体的指示，譬如伊丽莎白·弗莱彻要求特罗布里奇用那块土地产生的部分利润来支付照顾留在波士顿的孩子的费用，或者让他瞒着家人，不说出家里拥有那块地。[61] 特罗布里奇按伊丽莎白·弗莱彻的计划行事，不过，除她提出的经济方面的愿望，"其他的话"特罗布里奇不会听。[62] 基于自己在马萨诸塞州时建立的个人关系，伊丽莎白与大西洋彼岸的特罗布里奇保持联盟关系的同时，有效地利用了男人的通信习惯。

在写给特罗布里奇的信件中，威廉·弗莱彻与伊丽莎白·弗莱彻分别表达了他们希望返回波士顿的愿望：威廉·弗莱彻想去拜访老友，伊丽莎白·弗莱彻则希望逃离婚姻，逃离她越来越反感的地方。[63] 记录里没有证据表明威廉·弗莱彻或伊丽莎白·弗莱彻曾将自己的计划付诸实践。尽管如此，从他们的例子里，我们看到，通信不仅是一种协调的手段，同时还是解读和改写妇女在经济事务方面做出贡献的平台。面对累累债务，威廉·弗莱彻努力重塑自己的男子汉大丈夫形象，还要获得特罗布里奇的帮助，与此同时，他将妻子描写为无情债主的最终受害人。伊丽莎白·弗莱彻本人的措辞则与之大相径庭。18 世纪中叶的通信习惯灵活度很高，让伊丽莎白·弗莱彻既能将特罗布里奇定位为自己的忠实朋友，也能将其定义为盟友，就像威廉·弗莱彻在自己的信函中所做的那样。

到了 18 世纪 60 年代和美国革命时期，精英阶层的妇女会选择性地利用女性柔弱可欺的措辞来争取自身的策略优势。正如汉娜·莱科克和玛莎·史蒂文斯的例子所示，会这样做的常常是寡妇。与更普遍的"女性十分脆弱"的观念不同，她们会明确地将自己的经济困境与婚姻状况改变所带来的悲痛心情联系在一起。如此一来，她们与通信者之间的对话便很自然地进入了长期以来围绕"寡妇"而确立的模式。在整个现代早期，欧洲地区与殖民地的人认定此类女性难以融入男权的制度框架。在戏剧和宣传册子里，寡妇常常是失去丈夫，十分可怜并且贫穷的形象。在说到深陷困境的寡妇时，人们常常会用"孤儿寡母"一词，并认为她们应该获得特别救济，这样一来，人们便重新将寡妇安置在男权主义的保护框架内。[64] 正如我们所见，在整个殖民时期，波士顿和纽波特的寡妇偶尔会使用这种观念，包括写信给律师寻求帮助时，或向立法机构提出请愿，要求重新审理案件时。与安·梅勒姆及其他强调自身很容易受到伤害的 18 世纪中期的寡妇不同，汉娜·莱科克和玛莎·史蒂文斯是处于精英阶层的债权人，而不是资不抵债或濒临破产的债务人。在莱科克与史蒂文斯的大量往来信函中，我们可以看到，这种提及"寡妇"的言辞在 18 世纪末法律事务中所发挥的作用及其带来的后果。

1768 年，当时已经 60 多岁的汉娜·莱科克痛失丈夫，并成为亡夫的遗产管理人。莱科克一家住在英格兰的哈利法克斯镇（Halifax），位于伦敦西北方约 170 英里处，可汉娜的丈夫——商人戈弗雷·莱科克（Godfrey Laycock）的金融关系跨越大西洋，一直延伸到英属北美地区，尤其是纽波特。就在伊丽莎白·弗莱彻竭力保护资不抵债的家庭免受债权人侵害的那 10 年里，汉娜·莱科克则遭遇了身为遗产管理人的另一个层面的问题。她费尽心机地向已故丈夫的北美贸易伙伴讨债，有些债务人已是资不抵债，所以她必须抢在其他债主没收他们的剩余资产前追回自己的债务。1768 年，她给费城商人威廉·波拉德写了一份授权书，威廉·波拉德之前也住在哈利法克斯镇，同时汉娜·莱科克还给波拉德在费城的合伙人——商人托马斯和塞缪尔·沃顿（Samuel Wharton）兄弟写了授权书。[65] 这些男人反过来又雇用了初出茅庐的纽波特律师亨利·马钱特在该市追讨戈弗雷·莱科克的债务。虽然马钱特后来成了一位非常有名望的律师，但在接手汉娜·莱科克的案子前一年，他才刚刚加入罗得岛州的律师协会，所以当时，他十分渴望拓展业务。[66] 汉娜·莱科克有时会强调自己对这些合作的男代理人的依赖，此策略产生了比她的预想更深远的后果。

和伊丽莎白·弗莱彻及殖民时期波士顿和纽波特的自由白人妇女一样，汉娜·莱科克也是家庭经济事务的精明参与者，包括积极监督三位费城代理人（即波拉德和沃顿兄弟）的活动。从汉娜·莱科克开始向这些男士摆出友好姿态那一刻起，她便直接参与了家庭经济事务。她雇用一位哈利法克斯镇的律师来起草授权书，指定波拉德和沃顿兄弟为自己的代理人；她坚持亲笔写下自己的介绍信，介绍信与授权书由同一艘船送达费城。在这封介绍信里，汉娜·莱科克指示几位费城商人直接向她报告最新的进展情况，敦促他们"尽可能经常地"给身在哈利法克斯镇的自己写信。[67] 在随后往来的信件中，她常常依据自己对丈夫留在哈利法克斯镇的文件的想法，就个人事务向波拉德和沃顿兄弟发出指令。有一次，一位房东声称戈弗雷·莱科克来北美的时候，他为戈弗雷·莱科克提供了住房，因此不断地要求支付这笔住房费用，汉娜·莱科克则宣布她"没有找到"关于这笔债务的"备忘录"。她指示沃顿兄弟和波拉德去问这位房东，他是否"在我丈夫于（17）62年回到北美地区的时候"收过一笔"（17）60年的长达28周"的住宿费用，她还在信中抄录了丈夫账目中几条表明这位房东仍欠丈夫钱的记录。[68] 由于距离的原因，汉娜·莱科克无法面对面地与丈夫的债权人和债务人进行清算，可她仍仔细监督着所有的账目。

在给波拉德和沃顿兄弟发出这些具体指令的信件里，汉娜·莱科克有时会策略性地强调自己身为女性，必须依靠男代理人。虽然汉娜·莱科克相当富有，可她却哀叹：丈夫的债主"企图剥削一位贫穷的寡妇"；还多次给遗产管理贴上标签——一项"叫人无所适从"的任务，在这项任务中，她"完全没有能力"对北美地区的代理人做出指导。[69] 汉娜·莱科克会把代理人的服务描绘成"对痛苦寡妇的同情慷慨之举"，理应得到"一份配得上这种高尚行为的奖赏"。[70] 对于年事已高的莱科克太太来说，遗产管理的确是个负担，这些说辞从策略上发挥了作用，激发起男代理人的同情与忠诚。[71]

费城商人与律师亨利·马钱特通力合作，进一步减少了汉娜·莱科克积极参与解决亡夫事务的机会。男子通常会请双方都认识的人与远程的律师建立联系，然后直接与律师沟通，而汉娜·莱科克与马钱特显然从未给彼此写过信。相反，她会与费城商人（即沃顿兄弟和波拉德）往来通信，他们继而雇用了这位纽波特律师，并与之通信。马钱特与费城商人之间的这些往来信函主要集中在商讨向戈弗雷·莱科克的债务人收债的策略上，很多信件里根本没有提及汉娜·莱科克的名字。譬如，1769年，威廉·波拉德给沃顿兄弟寄去一封好几页的长信，谈论与戈弗雷·莱科克的债务人的谈判事宜。在这封信中，威廉·波拉德只在最后的一句哀叹之语里提到汉娜·莱科克："所以你看寡妇的处境多可怜啊。"同年，马钱特也给费城商人寄了一封篇幅同样很长的信，也只是在最后的承诺中提到汉娜·莱科克："我以最诚恳的心确保这位寡妇的正当要求会得到满足。"[72] 如果一个人在事先不熟悉莱科克家事务的情况下阅读这些信件，那么他很难意识到汉娜·莱科克是他们的客户，专门监督他们的工作。

在这些男代理人之间的通信中，"寡妇"一词有时是个实际的叙词，有时是个有力的记号，并对汉娜·莱科克在自己的信中表现出的痛苦寡妇形象加以利用。尤其是律师马钱特，他常常描述自己对汉娜·莱科克的案子投入了私人情感和专业知识。有一次，他这样表示："我完全有理由担心，试过一个方案又一个方案之后，她的辛劳永远一无所获，一想到这位可怜的寡妇会遭遇这样的状况，我就会很难过。"[73] 在这封及其他信函里，马钱特会将"寡妇"与同情、阴谋等词汇相提并论，这些词汇在男人谈到经济困难的信件中屡见不鲜。[74] 与威廉·弗莱彻把自己和特罗布里奇描绘成共同保护伊丽莎白·弗莱彻的人一样，马钱特对汉娜·莱科克的刻画加倍强化了自己男子汉大丈夫的形象。他一方面把自己定位为一位正在帮助女士的人，如果没有自己，她便得不到男性的保护，即使自己能做的只是履行职业责任，帮助她讨回债务；另一方面，他还把自己描述成一个为她的困境感到痛苦的男人。

莱科克太太的这些男代理人所写的信件只是众多男性在涉及寡妇法律事务时所撰写的信函中的一部分。18 世纪 60 年代之后的信件中，其他非专业人士和律师同样会呼吁：作为男人，我们有责任保护女性。对于一位迫切需要别人帮助她讨债（虽然对于他人来说，债务数额或许"微不足道"）的不知名"穷寡妇"，男人会伸出援助之手，从而相互奉承"我知道你就爱帮助孤儿寡母"。这些呼吁根植于男权主义的性别价值观中，强化了男性的能力与寡妇的被动脆弱特征之间的对立。[75]

　　有时候，代理人将汉娜·莱科克视为"精明的主导者"，有时候则将她视为"脆弱的寡妇"，这种矛盾在与瑟斯顿（Thurston）、康珀尼（Company）的遗产纠纷中最为明显。瑟斯顿和康珀尼都是资不抵债的纽波特商人，与汉娜·莱科克的丈夫曾有广泛的生意往来。起初，汉娜·莱科克告诉波拉德和沃顿兄弟，在这场冲突中，她"没有能力"指导他们，根据授权书，他们应该"依据自身的判断处理整件事"。[76] 随后，这几位费城商人没有征询她的意见便与瑟斯顿家展开谈判，从表面上看也是遵照她的意愿行事。可后来当律师亨利·马钱特未与汉娜·莱科克商量便与瑟斯顿家达成最终和解时，汉娜·莱科克则显得很懊恼。她哀叹这一和解免除了瑟斯顿一家支付"处理此事的费用"，以及"船与货物"的相关成本，这些成本才是这场争端的核心。[77] 一旦汉娜·莱科克在信中强调自己身为寡妇的无能为力，不管她这样做是出于真心还是策略性的考虑，都很难摒弃这个说辞，以便在自己的事务中重新获得更大的发言权。

　　从汉娜·莱科克参与遗产管理这一事件中，我们了解到当时人们对"寡妇"的理解。大约10年后，波士顿寡妇玛莎·史蒂文斯利用类似的说辞，既让自己从经济事务中脱身，又使自己掌控了男性代理人。她是美国革命时期及建国初期众多成为大地主的妇女中的一员。[78] 玛莎·史蒂文斯出身于一个富裕的商人家庭，1776年，第三任丈夫去世后，玛莎·史蒂文斯成为康涅狄格州东北部阿什福德镇（Ashford）2000多英亩土地的唯一所有者。直到1785年去世前，玛莎·史蒂文斯一直住在波士顿，她将阿什福德镇的土地分割成许多小块，租给佃户。由于玛莎·史蒂文斯本人不在阿什福德镇，于是她便与两名康涅狄格州的男代理人通力协作。[79] 她在技术性的法律事务上主要依赖首席律师查尔斯·丘奇·钱德勒（Charles Church Chandler），例如，在因土地所有权引发的诉讼中，由钱德勒代表她处理相关事务。[80] 她还雇用非专业人士埃比尼泽·拜尔斯（Ebenezer Byles）来负责大量地产日常事务的管理工作，尤其是向她汇报阿什福德镇上发生的事件，并向众多佃户收租。[81] 玛莎·史蒂文斯一直是个要求严格、考虑周全的雇主，与此同时，她还会策略性地利用自己的寡妇身份来影响自己与这两个男人之间的关系。

革命时期经济不稳定，这对玛莎·史蒂文斯及其代理人管理阿什福德镇地产构成了持续的挑战。和其他州政府一样，为支付战事相关的费用，康涅狄格州政府提高了土地税，使玛莎·史蒂文斯的收入越来越不足以负担政府规定的税款。作为一位地主，她与信用、债务等元素密不可分。她会拖欠政府的税款，同时作为佃农的债权人，她允许佃农在月末支付租金，而不是在月初支付。由于多个州政府印发纸币，引发了大规模的通货膨胀，税款的交付期限较短，而佃农的租金则会拖欠较长时间，如此一来，相较于税收债务，长期拖欠的租金便会贬值。然后，到了 18 世纪 80 年代初期，流通的货币量减少时，佃户更难以按时支付租金了，而且，哪怕税款已列入租赁条款中，他们也会直接拒绝支付税款。1781 年，在给玛莎·史蒂文斯的一封信件中，拜尔斯简洁地描述了这一"巨大的困难"，他指出"官员来找我，要求我支付"税款，"可我不知道什么时候才能从佃户手里把这笔款子收上来"。[82]

玛莎·史蒂文斯面临的经济困境与当时的政治、社会挑战交织在一起。18 世纪末，革命言论给共和党的政治制度框架注入了新维度，独立的自耕农成为国家公民与男子汉大丈夫的理想代表。[83] 然而，日益加剧的不平等以及投机者的投机行为，推高了土地的价格，许多人根本买不起土地。阿什福德镇居民开始憎恨玛莎·史蒂文斯——这位处于精英阶层且老不在镇上的地主。拜尔斯向玛莎·史蒂文斯汇报"好多人对您怀有恶意"，他写了好多封信，集中讲述"持续有人非法侵入"玛莎·史蒂文斯的土地，有些人擅自占用空地，有些人劫掠财物。[84] 他指出："在法庭下令前"佃农们不会交付租金，而且这个时期许多庭审都取消了。这些情况使玛莎·史蒂文斯陷入了困境。[85] 玛莎·史蒂文斯的性别可能加深了阿什福德镇居民对她的恶意与抗拒，因为她所拥有的财富和所追求的利润似乎让不那么富有的男子没法拥有地产，进而让他们没法展现自己的男子气概。战争带来的经济动荡及后续影响限制了玛莎·史蒂文斯摆脱困境的可能性。购买土地的潜在买家非常稀少，同时快速提升的通货膨胀让玛莎·史蒂文斯及其代理人难以对买家的出价做出评估。[86]

在这些充满挑战的环境中，玛莎·史蒂文斯成长为一个性格多面的人。和伊丽莎白·弗莱彻、汉娜·莱科克一样，她继续着殖民时期妇女的做法，处理各种经济事务的细节，这位波士顿寡妇还通过面对面的对话和频繁的信件往来，仔细监督拜尔斯和钱德勒的活动。[87] 事实上，她对自己的事务事无巨细，会发表详细的意见，包括纳税评估、租金收取、土地测量、对拖欠租金的佃户和非法入侵者提起诉讼，以及对所要出售的土地定价等。这些指令反映出她的金融知识相当丰富，包括对汇率和地产价值的理解[88]。从拜尔斯对她予以全面深入的回应看来，他是认可玛莎·史蒂文斯对他进行技术性监督的。[89]

同时，玛莎·史蒂文斯与汉娜·莱科克非常相似，在说到自己的经济困境时，会策略性地提到自己的寡妇身份。当她提出抗议，反对对她的土地征收高额税款时，她会问评估人员：难道"审判世界的主会赞同这种对寡妇的压迫吗"。还有一次，她哀叹道："也许没有什么行为会比这更严厉、更压迫人的了，尤其是对孤儿寡母。"[90] 通过将自己与艰难度日的寡妇形象联系在一起，玛莎·史蒂文斯弱化了自己富有地主的身份。此外，通过将自己描绘成一个值得保护的可怜人，还有利于让玛莎·史蒂文斯进一步得到男代理人的协助。

　　还有其他与性别有关的矛盾关系渗透在玛莎·史蒂文斯与男代理人的关系中。玛莎·史蒂文斯身为阿什福德镇地主时，正是男代理人工作性质发生转变的过渡期。许多 18 世纪的金融合作（包括伊丽莎白·弗莱彻和汉娜·莱科克的金融合作）有着强烈的个人因素，通信者经常借用友谊之名。然而，随着律师职业在美国革命时期及之后变得越来越重要，我们可以推断，律师与客户关系中的交易特性也变得越来越明显。[91] 由此，玛莎·史蒂文斯与代理人的关系便产生了分歧：拜尔斯和钱德勒是被雇用的专业人士，还是作为朋友来帮忙的？

　　由于拜尔斯所提供的服务在性质上含混不清、模棱两可，导致围绕他的酬劳问题产生了冲突。从玛莎·史蒂文斯与拜尔斯往来书信里流露出的熟悉感看，两者是以朋友的身份通信的，在同一封讨论阿什福德镇土地问题的长信中，他们还会相互寒暄，彼此通报熟人的消息。不过，玛莎·史蒂文斯也多次提出，如果拜尔斯给她提供详尽的账目，她会给他付钱。[92] 尽管拜尔斯在工作的其他所有方面非常讲究数字的精准度，可他却拒绝给自己的劳动明码标价。他只把自己提供的众多服务向玛莎·史蒂文斯列出清单，包括花费数天的时间与钱德勒一起把农场租出去，并与佃农谈判；前往相邻的小镇出席法庭和送达令状；称量、运输和销售玛莎·史蒂文斯土地上种植的谷物。他将这些需要花费大量时间的工作称为替"朋友"帮忙，是"愿您安好的愿望"，同时坚称"若您愿意为我的这些付出支付费用，我会心怀感激地收下"。[93] 这些说辞让玛莎·史蒂文斯很苦恼，她多次提出抗议，说拜尔斯的账目"空缺好多我根本无法填上去的项目内容"，她只想对他的"付出"支付"充足的报酬"。[94] 从他们两人关系的层面来讲，拜尔斯所做的一切是出于友谊，而不是把它当作一桩市场交易。

　　而玛莎·史蒂文斯则利用这些对友谊的理解来阻止拜尔斯辞去

职务，尽管 1778 年起拜尔斯曾多次想辞去职务。拜尔斯建议，玛莎·史蒂文斯要么更多地参与到自己的事务中去，要么就把管理地产的全部职责交给钱德勒（拜尔斯认为钱德勒"比我更有能力"），或交给另一位值得信赖的代理人。[95] 玛莎·史蒂文斯拒绝接受拜尔斯辞职，她坚持说"我不允许这件事发生"，并要求他永远不要"提起"离开这事，甚至不要"动这个念头"。在她看来，钱德勒不足以替代拜尔斯，她抗议说这个律师"非常拖沓"，不及时汇报新进展，"极少想着要给我回信"。[96] 在对政府的税收政策提出政治性的反对意见时，玛莎·史蒂文斯会策略性地提及自己的寡妇身份，同样地，为了缓解与拜尔斯之间的紧张关系，她也会这样做。她曾多次阻止拜尔斯辞去职务，其中一次，就在劝阻完拜尔斯不要辞职之后，玛莎·史蒂文斯即刻表示希望来世拜尔斯能因"救助寡妇"而得到回报（此时由于账目的分歧，她尚未支付拜尔斯报酬）。[97] 就像汉娜·莱科克对费城商人的致谢那般，玛莎·史蒂文斯的措辞同样将男性的劳动归入性别等级框架内。最终，拜尔斯一直担任玛莎·史蒂文斯在阿什福德镇的代理人，直到她 1785 年离开人世，而且在那之后 10 年的大部分时间里，他也在协助玛莎·史蒂文斯的遗产管理人管理地产。[98]

事实证明，作为一位与远程代理人合作的女地主，玛莎·史蒂文斯的要求相当严格，甚至还会操纵他人。玛莎·史蒂文斯专注于自身的事务，向远程代理人发出具体的指令，提出尖锐的问题。她坚持让代理人经常向她提供最新的进展情况。从拜尔斯所写的无数封冗长的信件来看，他是符合玛莎·史蒂文斯的期待的，而钱德勒显然并不符合。拜尔斯的信件与账目常常提及钱德勒的工作，而后者显然只在必要时提交法律文件，代表玛莎·史蒂文斯出庭。[99] 不过，钱德勒只是将玛莎·史蒂文斯的事务当作自己众多法律实践活动中的一部分，所以并没有予以玛莎·史蒂文斯所期盼的各种关注，玛莎·史蒂文斯所期盼的关注是以友谊为基础的，而不是职业化的律师 – 客户关系。

玛莎·史蒂文斯以自己的方式监督自己的事务。她拒绝亲自到康涅狄格州处理地产事务，部分原因是，如果这样的话，会让她直接卷入与佃户、税收相关的政治争论之中。她还拒绝让埃比尼泽·拜尔斯辞职，这会迫使她更多地参与地产管理，至少在短期内如此。如果玛莎·史蒂文斯用另一位代理人来取代拜尔斯，便不太可能享有同样的控制力和权利，因为这种控制力与权利是建立在长期的情感纽带之上的。1785 年玛莎·史蒂文斯去世时，她的遗产仍受高额税款与租金收入不足的困扰。然而，在某种程度上，正是由于玛莎·史蒂文斯与钱德勒、拜尔斯的通力合作，她仍然保有相当可观的财产，还能给许多继承人留下大笔遗产。[100]

总体来说，伊丽莎白·弗莱彻、汉娜·莱科克和玛莎·史蒂文斯的经历映射出，帝国危机时期与美国建国初期，精英阶层妇女在商业和金融世界中的关系被重新调整。从她们每个人的通信网络看，信件往来不仅是男人与女人努力确保远方盟友忠诚的手段，而且，在某些情况下，还鼓励他们刻意培养自己的性别形象。当精英女性或围绕在她们身边的人描述女子与经济事务关系时，有时会以世人对女性的理解为核心。在讨论弗莱彻家的困境时，精英男士提到了女性的脆弱特征，还提到男性保护主义。汉娜·莱科克与男士合作时，会强调自己身为寡妇，理应得到保护。而玛莎·史蒂文斯则利用自己的寡妇身份来批判税收政策，还让埃比尼泽·拜尔斯继续帮助她。

虽然妇女偶尔会称她们完全仰仗于专业男士的努力，可她们继续展示着自己的金融技能及法律悟性。就像威廉·弗莱彻坚称自己的妻子要依靠男人来保护她免受债主的侵害，但伊丽莎白·弗莱彻作为家族在波士顿的代表，承担了重大的责任，后来还与埃德

蒙·特罗布里奇合作，保护家里的财产。虽然汉娜·莱科克对亡夫
事务发表了成熟的看法，可她与位于北美的代理人都认为她无法参
与这些事务。尽管玛莎·史蒂文斯声称自己依赖埃比尼泽·拜尔斯
和查尔斯·钱德勒的帮助，可她一直是这两人挑剔苛刻的监督者。
同样值得注意的是，这两位明确表示自己仰仗于男人的妇女（汉
娜·莱科克与玛莎·史蒂文斯）会强调自己身为寡妇的脆弱不堪，
从而让人们想到她们的年龄、婚姻状态及性别等因素。直到 18 世
纪 80 年代，女性仍未完全退出金融事务。

小结

从表面上看，18 世纪末期，妇女的金融劳动似乎包含两条截
然不同的脉络。第一条，帝国危机与战争带来的政治经济动荡让家
庭分崩离析，既搅乱了个人的信用网络，也破坏了郡级法庭在金融
事务中所发挥的重要作用，迫使自由妇女重新将自己已经掌握的法
律经济技能发挥出来，以应对新挑战。等英军从波士顿和纽波特撤
离，和平便又回到了新英格兰地区，城市居民恢复了战前的金融和
法律实践活动，妇女再次成为城市商业网络与法庭系统的熟练参与
者和关键纽带。第二条，在大西洋两岸先后发生战争的那几十年
里，与波士顿和纽波特有着密切联系的精英们将技术性强、风险度
高的金融事务定位为律师和其他男性技术人员的专有领域。这些精
英人士认为，妇女没能力处理此类错综复杂的事务，应该从此类事
务带来的压力中摆脱出来。不管是男人还是女人，在往来信函中，
都会提及这种性别分工，而他们之所以这样做，通常是为了获得他
人的帮助或忠诚。这两条脉络的发展在时间上并不一致，进一步扩
大了彼此之间的明显差距。帝国危机与战争在短期内搅乱了城市里
的金融实践活动，而在精英人士往来通信中的性别分工演变则更为

漫长。

一开始，人们以为妇女金融实践中的这两个因素（美国独立战争短暂打断了妇女的金融实践；对阶级与性别的新兴理解）是对立的，但实际上，两者有着很多共同点。无论是战时保护生意和家庭，还是恢复和平后重建城市商业网络，又或是远程管理技术性事务，普通人与精英人士一样，都需要运用金融、法律技能，调整自身的活动，以应对紧急的经济状况。美国革命时期出现了新的政治语言，各种不同的群体对这些新的政治语言加以运用，这是美国革命时期的重要组成部分。事实证明，在这个时期，经济、法律实践活动及性别因素具有很强的适应力，使经济法律实践在殖民时期和美国建国初期之间保持了连续性。

此外，日常的城市活动和精英阶层的男女性别观念是相互关联的。在精英阶层试图让妇女远离金融事务的同时，社会下层与中层的妇女则持续参与到信用网络与法庭事务当中，两者形成了一种隐性的对比。弗莱彻夫妇、汉娜·莱科克和玛莎·史蒂文斯都十分专注于自身的事务，从未明确评论过其他家庭的性别分工。不管怎么样，精英女性与专业人士的长期伙伴关系是她们的特权象征，将她们与穿街过巷亲自与债权人、债务人讨价还价，或者坐在拥挤的法庭中听审的中下层妇女区分开来。换句话说，正是因为人们总在日常的金融与法律活动中看到中下层妇女的身影，所以富裕家庭才觉得"精英女性远离金融法律事务"的观念有吸引力，而事实证明，此观念（即"精英女性远离金融法律事务"）或许只在文化层面具有强大的影响力。[101]

富裕家庭将这些事务定义为职业男性的专属领域，含蓄地让女性安于家庭之内，通过信件往来对金融关系进行监督。尽管在美国建国初期，要改变妇女与金融事务的关系任重而道远，不过伊丽莎白·弗莱彻、汉娜·莱科克和玛莎·史蒂文斯所遭遇的困境表明：

精英人士及其盟友影响着这个时代世人对性别分工的重新定位。随着 19 世纪早期工业化的迹象越来越明显，支付报酬的劳动越来越盛行，美国人越来越多地认为只有男性的工作才具有生产力，而忽视女性无报酬劳动的经济价值。这些变化的形式多种多样，从政治领导人为新成立的美国制订经济计划，到努力奋斗的男工匠要求提高工资的喧嚣呼声。到了 1812 年的美国"第二次独立战争"时期，与美国革命时期不同，爱国者的言论不承认妇女在家庭里的生产或消费选择具有政治意义。19 世纪初期，这种对工作的重新定义将人们对家庭隐私、家居生活的新观念推到巅峰，在新观念里，妇女的位置在家庭，而家庭成了远离公共生活和商业市场等男性领域的地方。精英阶层和中等阶层家庭的身份认定取决于他们实现这一理想愿景的能力，所以他们会掩盖"妇女的娴熟劳动对家庭的经济生存能力仍至关重要"的事实。[102]18 世纪 60 年代至 80 年代，精英人士在偶尔的情况下会策略性地宣称妇女应置身于纷争之外，金融市场与法庭乃是男子的专属领域，从而对这些在 19 世纪初期盛行的性别分工观念做出了部分诠释。

　　富裕家庭往来信函中对性别分工做出了重新设定，这种重新设定还就文化层面的性别分工理解与美国建国初期的新制度提出了重要问题。18 世纪末到 19 世纪初这段时间里，美国人创建了许多金融与法律方面的新制度，其中包括为贷款提供便利的银行、降低信用风险的保险公司与信用局，还有当事人可就州际贸易提起诉讼的新联邦法院系统，这些制度安排逐渐取代了原有的人际谈判和郡级法庭诉讼的制度安排。[103]新制度机构中的每个职业层级均被男性占领，从机构负责人、法官到白领文职人员。男性也越来越多地利用约束性的法律（譬如信托制度和婚前协议等）来限制女性。[104]诚然，19 世纪，妇女的资产与劳动继续成为资本主义制度的支撑，因为她们会维持家庭的运转，会投资银行，会巩固当时新英格兰地区商人家族的人脉财富。[105] 然而，美利坚合众国早期的性别政治经济学越来越有别于殖民时期的政治经济学：殖民时期，新英格兰港口城市的居民接受女人和男人一样直接且熟练地介入金融事务，从而巩固个人的信用网络。

结论

·············· § ··············

美国革命后的一个世纪里，民选出来的官员以及活动家和媒体对妇女的法律权利及妇女介入金融事务进行了重新评估定位。其中一个最关键的转变始于 19 世纪 30 年代末，当时各州立法机构开始陆续颁布《已婚妇女财产法》(*Married Women's Property Act*s)，这些法律增强了妻子拥有和控制财产的能力。《已婚妇女财产法》的目标和范围在一定程度上反映了家长式的冲动。1837 年美国金融恐慌过后，立法官员通过了这些立法，旨在保护已婚妇女的资产（特别是从父亲那里继承的财产）不被丈夫的债主没收。然而，这些法律保留了"有夫之妇的法律身份"的规定和文化框架，包括限制已婚妇女独立提起诉讼的权利，还有掩盖妻子在家庭日常金融劳动的文件记录实践。不过，从 19 世纪 30 年代到 70 年代通过的各项《已婚妇女财产法》还是削弱了婚姻法的基石（即"妻子不能拥有财产"），女权活动家是为这些立法游说的群体之一。[1]

其中有些活动家还开始挑战男子的政治经济权利，而这种权利源于他们对金融机构的控制。1870 年，首家女经纪公司——伍德哈尔－克拉夫林公司在纽约华尔街成立。这家公司由维多利亚·伍德哈尔（Victoria Woodhull，她后来成为第一位竞选美国总统的女性）和妹妹田纳西·克拉夫林（Tennessee Claflin）共同经营，这是这对姐妹为女权抗争所做的部分努力。伍德哈尔将这家公司描述为"女性向男性金融领域的进攻"。而纸媒对这家公司的态度却是口诛笔伐，冷嘲热讽。媒体坚称：这对姐妹进入金融领域的行为不仅不道德，还威胁到社会性别秩序。纽约《晚间电讯报》（*Evening Telegraph*）上刊登的一幅漫画将伍德哈尔和克拉夫林的公司描绘成"华尔街的跑马场"，还把她们姐妹俩画成顶着男人头，正在驾驶一架由公牛和熊拉着的马车的样子。虽然这家伍德哈尔－克拉夫林公司只是昙花一现，但关于它的争论却明确地展现出女活动家和评论人对金融乃男性专属领域的分歧。妇女努力去打破当时的性别文化，而男性主导的媒体则对它极力维护。[2]

乍一看，19 世纪的这两个里程碑（即《已婚妇女财产法》和围绕伍德哈尔－克拉夫林公司所引起的动荡）符合美国史所讲述的妇女法律和经济权利在逐渐扩张。可实际上，立法者与法官一直在通过法律与法庭判决来消除"有夫之妇的法律身份"的影响。同样，自伍德哈尔－克拉夫林公司成立之后，妇女进入金融行业的步伐也是缓慢的，时至今日，金融行业的从业者中女性占比为41%。批评人士可能会注意到，直到 1974 年，随着《平等信贷机会法案》（*Equal Credit Opportunity Act*）的通过，美国国会才禁止放贷人在发放贷款时考虑女性的婚姻状况。在此之前，金融部门在执行层面上仍然存在着巨大的性别鸿沟。[3] 在我看来，这要么是水到渠成式的发展进程，要么是男权制度顽抗的结果。[4]

18 世纪强迫我们去承认这些只是无规律的、偶发性的故事，它们并没有遵循循序渐进的规律或男权制度延续的轨迹。全面了解那个时代妇女所付出的金融劳动，让我们对法律和经济的发展及性别社会等级有了新的认识。从大约 18 世纪 30 年代到美国革命的这段时间里，英属北美地区（尤其是包括波士顿和纽波特在内的港口城市）经历了彼此交错的经济法律变革，在这场转型中，妇女的工作、技能和资产发挥了关键性的作用。随着波士顿和纽波特成为连接新英格兰腹地和大西洋地区的关键节点，市场化交易的步伐加快了。自由的白人越来越多地使用书面信用来构建经济关系。性别制约着所有的个人信贷活动，而人们在文化层面对信用的理解引发了男性与女性的对立。这说明，即使在法律与文化层面受到限制的情况下，妇女对个人信用的广泛使用为至关重要的商品和服务交易提供了便利条件。在一个以经济风险和动荡为特征的时代，新英格兰人不可避免地接受了这个事实：面对男人们随时可能死去和不在家的现实，妇女的劳动保护了家庭的财富，稳定了金融网络。妇女对信用的使用还推动了美国革命前两个重大法律的变革：法律的程式化与律师行业的发展。越来越多的自由妇女和男子求助于法庭，要求对方为曾经许下的支付承诺负责，大量案件的出现支撑着律师们的业务，强化了法庭对正式程序和法律技术问题的重视。19世纪工业和金融资本主义制度（包括维多利亚·伍德哈尔和田纳西·克拉夫林努力渗透的市场）的发展取决于妇女与男子直接参与18世纪变革的程度。

维多利亚·伍德哈尔和田纳西·克拉夫林对19世纪金融的性别空间维度提出挑战，这种情况在18世纪的波士顿和纽波特是不可能出现的，也是难以理解的，因为在当时的这两座城市里，家庭生活与商业活动是混在一起的，这便意味着家庭里的所有成员都会参与到与信用交易有关的劳动中。妇女通常负责管理家里生意的财务，从债务人那里收回欠款，评估债权人提出的诉求，见证交易进行，还与当地执法部门斗智斗勇。信用交易让她们进入城市里更广泛的区域。那些向债务人追讨债务或找寻债主的妇女奔波于城市街道之间，找到店铺，进入别人的家门。女诉讼人和女证人来到律师和办事员的办公室，还出席郡级法庭，参加立法机关的听证会。虽说拥有中等收入的自由白人妇女最有可能接触到信用与债务，可是，社会底层的妇女——包括女仆和女奴——有时也会在劳动关系中用到信用与债务，她们会充当信用纠纷的非正式观察者。不管家里还是家外，都是男人与女人共同活动的领域，为所有城市居民提供了开展金融和法律活动的公共场所。

与维多利亚·伍德哈尔和田纳西·克拉夫林挑战华尔街 19 世纪特定的制度极为相似，南北战争前的改革者也试图将"有夫之妇的法律身份"从其 19 世纪的独特形式中改变过来。虽然普通法里独身妇人与有夫之妇的对立源自中世纪的英格兰，但法学家与非专业的普通人却在特定的时间和地点对"有夫之妇的法律身份"进行了修改。在北美英属殖民地区，"有夫之妇的法律身份"的确限制了已婚妇女拥有和转移财产的能力，也决定了文件记录的方式，所以文献资料中通常将家里的男主人定位为自主的放贷人、借贷人和诉讼当事人。然而，对于所有殖民地的居民（无论男女）来说，他们的金融网络是通过亲属纽带来构建的，而家庭乃是至关重要的经济单位和劳动体系，在这样的制度里，已婚妇女发挥着关键性的作用。尤其是当航海和帝国战争耗尽了波士顿和纽波特的成年男子时，这些城市的居民在信用和债务问题上不可避免地要接受并依赖妻子的劳动。在日常实践层面，有夫之妇在港口城市的活动与独身妇人的活动十分相似。有夫之妇与债权人、债务人谈判，保存金融文件，雇用和监督律师，签署文件，还会作为证人出庭做证。威廉·布莱克斯通的《英国法释义》是一部影响深远的法律专著，而美国的法学院在建国初期开始采用标准化的培养方案，在这本著作发行和法学院教学标准化前，非专业的普通人和他们的律师会在各自的诉讼中策略性地援引"有夫之妇的法律身份"，但产生的影响难以协同一致。[5] 殖民地与大西洋的经济及金融网络的发展取决于所有参与者的技术性贡献。如果我们只强调"有夫之妇的法律身份"的限制，很可能会复制卷宗档案里的逻辑，而无法质疑现代早期的劳动关系体系。

信用网络与法庭赋予个人权利的机制完全是视情况而定的，它会受金融和法律关系的即时情形及性别、种族和社会阶层的影响。

仔细研究日常实践，就会发现男人与女人围绕信用和债务所开展的活动在许多方面都是很相似的。和自由的白人男子一样，自由的白人妇女会开展和见证各种利用不同的信用和债务形式（包括债券、期票和汇票等正式工具）所进行的交易，这些都是商业经济发展的标志。作为债权人、债务人、客户或证人，这些身份授予了非专业的普通人权利，让他们能够以特定角色的方式行事，从而反过来影响着男人与女人之间的关系。身为债权人和收债人，新英格兰人对他人行使着重大的权利，可亲自或以书面的形式向债务人提出强有力的要求，并在诉讼中获得较高的胜诉率。这些判决结果让他们能对债务人的人身和财产提出索赔诉求。作为客户，妇女与男子会监督男律师，并要求他们对自己忠诚。女证人与男证人一样，会帮助人们构建更加巩固的金融关系，评估他人的声誉，并影响诉讼的结果。

当时，一个人的经济和法律角色会决定其所拥有的特定权利和所做出的预期行为，在如此的制度体系中，女债务人的脆弱特性显得尤为突出。所有债务人（无论男女）没有什么办法质疑有正规文件支持的债务。因此，在债权人向郡级法庭提起的针对他们的诉讼案中，他们通常会败诉或根本不应诉。然而，考虑到"有夫之妇的法律身份"以及妇女通常比男子长寿，殖民地区法庭日益偏袒债权人诉求对妇女产生了不同的影响。由于无法控制或放弃丈夫所做出的财务决定，所以当债主来没收家里的物品和财产时，妻子就要对丈夫的债务负责，由此，寡妇兼遗产管理人只能奋力保护遗产不被亡夫的债主侵占。

在金融关系与法律纠纷中，妇女有时会提醒人们关注她们的脆弱特性，将这些例子放在日常实践的大背景中，有助于我们对它们的理解。为了得到男人的帮助，有些女请愿者和写信人会强调自己所面临的经济、法律风险，或所具有的知识有限。然而，即使在这些类型的文件里，性别化措辞也是众多可用语域中的一种，妇女经常将自己具体的困境归咎为"负债累累的寡妇"，而不会说这是因为自己身为女人，有着诸多不足之处。尽管这种措辞是法律现实的映射，但它在策略上同样也发挥着作用。脆弱特性与专业知识并不是对立的两个极端。相反，妇女有时会显得毫无防御能力，有时会显得拥有巨大的权利，二者在她们运用技能和策略时会交织在一起。驾驭信用关系和法庭事务需要大量的实践能力，虽然高水平的计算能力或广泛阅读和写作能力可能是有利的因素，但要诠释他人的活动或顺利解决自身的事务，这些能力并非先决条件。"根据标准套路来选择援引自己的脆弱特性"本身就是一种能力，是妇女在金融交易中会运用的众多能力中的一种。

对于 18 世纪的性别关系和社会秩序来说，妇女参与到信用经济当中有着重大的意义。观察到这一事实，并不意味着我们要回到早先的观点：殖民时代乃妇女的"黄金时代"。[6] 殖民时代从根本来说是个男权社会。男孩比女孩更容易接受到正规教育和学徒训练。成年的白人男子会充分参与到政治和公民生活中去，对于依赖家庭生存的成员，他们可以行使社会与法律赋予他们的权利。而成年的白人妇女基本上被排除在正式的政治活动之外，她们对男子（尤其是对并非家中劳工的男子）可行使的权利有限。然而，在介入信用经济和法庭事务的过程中，妇女收获了重要且实用的知识，并对之加以运用，让世人看到她们在这些事务里的身影，获得政府的认可。当她们的身份为债权人、客户和证人时，还可对他人行使相关权力。对日常实践进行重构，是为了凸显出流动性是 18 世纪社会关系中的一个决定性因素，同时还强调了一个现象：对于妇女来说，日常的金融交易和法律事务十分重要，是她们的权利来源。

直到 18 世纪 80 年代，金融与法律都是男人与女人共同涉足的社会领域。虽然人们看到了变革的先兆，可当时大家并不清楚，金融领域会演化为彻彻底底的"男性专属领域"，而大约在 90 年后，伍德哈尔和克拉夫林则毅然决然地在声明中使用了这个词。美国革命时期，妇女愈加依赖已有的金融知识和策略来达成非正式的纠纷解决方案。英国军队结束对波士顿和纽波特的占领后，城市信用网络与法庭系统恢复了正常运转，而所有家庭成员（包括妇女）对此做出了关键贡献。可是，在18世纪中叶之后，非专业的普通人开始用新的方式看待金融与法律。申请重新审理案件的请愿书会将商业活动及法律实践活动提升为男性专长的领域，精英阶层的妇女有时认为将技术性、有争议的金融事务委托给专业男士是她们所处阶级的标记，是身为女性的特权。不过，这些妇女会对专业男士应该如何处理自己的事务提出成熟的意见，从而展示自身所具备的金融和法律知识。在这样做的过程中，她们继续采用了类似于她们母亲和祖母的做法。

当我们仔细翻阅18世纪的历史记录，尤其是那些关于日常生活的平淡无奇的记录时，我们发现了大量的证据，证明妇女对金融和法律制度所做出的贡献。当我们有意识地将这些证据汇集起来，便可看到妇女所开展的具有技能性的劳动支撑着新英格兰城市的政治经济关系以及大西洋世界的资本主义制度。在任何一项不明确针对女性的研究中，往往很容易忽视这些碎片化的证据，于是人们便将妇女的劳动视为微不足道的因素。如此一来，我们把"经济法律体系乃男性专属领域"的印象保留了下来，从而影响着我们对18世纪之后的社会乃至当今社会的理解。有人强调妇女的地位一直在提升，或者在逐渐提升，然而这项关于18世纪经济法律实践的研究却展现出不一样的现象，推动我们去关注和理解各个历史时期不断变化的政策与文化层面。同样重要的是，这项研究提醒我们：微观层面的协商谈判活动不仅对妇女的日常生活至关重要，对男女的性别权利关系也起着关键性的作用。

附件：债务案例定量分析的资料来源及取样

············· § ·············

通常来说，萨福克郡和纽波特郡中级民事法庭的每一期庭审，诉讼人都会提起数百起诉讼。因此，要对这些案件及其诉讼当事人进行定量分析，以便取样。本附件概述了第三章和第六章定量分析所用债务诉讼案件的取样程序。

为了将债务案件在案件总数中的占比、男女参与率、男子提起诉讼的案件判决结果以及债务类型等因素进行量化，我创建了一个数据库，其中包含了纽波特郡和萨福克郡每十年一期庭审的所有案件（纽波特郡级法庭每年开庭 2 次；在 18 世纪 90 年代以前萨福克郡级法庭每年开庭 4 次，之后每年开庭 2 次）。对于纽波特郡，我使用每十年第一年度（1731 年、1741 年、1751 年、1761 年、1771 年、1781 年、1791 年）的 5 月庭审案件（除了 1731 年，这一年我用的是 11 月的庭审案件，因为 5 月庭审的案件记录不完整）。对于萨福克郡，我用的是 1730 年、1740 年、1750 年、1760 年、1770 年、1780 年和 1790 年的 7 月庭审案件。由于 1756—1776 年的可用法庭记录书里并没有悉数记录判决结果，所以，在对男子提起诉讼的案件判决结果进行分析时，我将 1760 年和 1770 年排除在外。

我通过法庭记录书来确认在纽波特郡中级民事法庭提起的债务诉讼案件。对于萨福克郡，我用了 1730 年、1740 年、1750 年、1780 年和 1790 年的法庭记录书来创建数据库。而 1756—1776 年萨福克郡中级民事法庭没有法庭记录书，不过该法庭依据现存的卷宗在新英格兰历史家谱协会网站上创建了索引：《1756—1776 年萨福克郡中级民事法庭案件索引》（出自美国先辈，新英格兰历史宗谱学会）。我利用此索引来分析 1760 年和 1770 年的案件。但是，在分析男子提起诉讼的案件判决结果时，我将这两个年度排除在外，因为索引里没有悉数记录判决结果。不管是萨福克郡的案子，还是纽波特郡的案子，必要时我都会将法庭记录书、索引与案卷、个案记录进行交叉比对。

我通过法庭记录书所记内容中的两个因素来确认债务案例。第一个因素，纽波特法庭的书记员会悉数记录引发案件的各类经济责任，有些萨福克法庭的书记员也会这么做。由于书记员在相关年份的笔记中记录了这些细节，我便将所有涉及账目、期票、债券、汇票或租金的诉讼算作债务案件。第二个因素，当萨福克法庭的书记员没有记录引发案件的经济责任时，我便利用诉讼的技术类别来确定 1750 年、1780 年和 1790 年该郡的债务案件。

当依赖诉讼的技术类别来估测债务案件的比例时，我将所有"债务赔付"（actions of debt）和"案件赔付"（actions on the case）算作债务案件。原告仅将涉及未付债券和租金的诉讼归为"债务赔付"。若诉讼案涉及的是要收取账目和期票相关的债务时，会被归为"侵权案件赔付"（actions of trespass on the case，在法庭记录书中有时会称"案件赔付"）。"侵权案件赔付"和"案件赔付"都是法律赔偿的类别，这些类别中的案件也有可能与债务无关，基于对更详细的记录的研究，我们了解到 90% 的"案件赔付"与债务相关。其他类型的法律赔付（如账户赔付、契约赔付或承诺赔付）案件也可能间接涉及债务，但我并未将它们归入债务案件。[①]

---

① 关于起诉债务的"侵权案件诉讼"的运用，参见 Simon Middleton, "Private Credit in Eighteenth-Century New York City: The Mayor's Court Papers, 1681–1776," *Journal of Early American History* 2 (2012): 154–55.

依据上述假设，表 A-1 和表 A-2 分别列出来萨福克郡和纽波特郡中级民事法庭每一期开庭审理案件的总数，以及债务案件在其中的所占比例。巧合的是，在我抽取的样本中，萨福克郡和纽波特郡审理的案件总计数量相同。

表 A-1　纽波特郡中级民事法庭案件

年份	案件总数（起）	债务案件占比（％）	其他类型案件占比（％）	未知类型案件占比（％）
1731	153	77	9	14
1741	223	76	22	2
1751	430	78	21	1
1761	262	69	31	0
1771	362	78	21	1
1781	167	64	34	2
1791	217	68	38	4

资料来源：罗得岛州最高法庭司法记录中心纽波特郡中级民事法庭的法庭记录书、案卷与个案记录。

注：由于取近似值，百分比总和可能不等于100。

表 A-2　萨福克郡中级民事法庭案件

年份	案件总数（起）	债务案件占比（％）	其他类型案件占比（％）	未知类型案件占比（％）
1730	401	80	14	6
1740	579	76	14	10
1750	223	80	20	0
1760	131	81	18	1
1770	138	86	12	2
1780	37	62	30	8

年份	案件总数（起）	债务案件占比（%）	其他类型案件占比（%）	未知类型案件占比（%）
1790	305	56	26	18

资料来源：马萨诸塞州档案馆萨福克郡中级民事法庭的法庭记录书和卷宗；《1756—1776 年萨福克郡中级民事法庭案件索引》，线上数据库，美国先辈，新英格兰历史家谱协会网站。

我还创建了一个补充数据库，其中包括所有涉及女诉讼人的债务案件，目的是对女性的特征（如婚姻状况，身为遗产管理者或遗嘱执行人、女原告的案件判决结果或女被告的案件判决结果）进行更详细的定量分析。对于萨福克郡，我研究了以下庭审期内所有女诉讼人的债务案件：1730 年、1740 年和 1750 年 7 月；1760 年和 1770 年 1 月、7 月和 10 月；以及 1780 年和 1790 年 7 月（正如我对债务诉讼案做整体分析时一样，在对女人提起诉讼的案件判决结果进行分析时，也将 1760 年和 1770 年排除在外）。对于纽波特郡，我使用的是每十年第一年度所有女诉讼人提起的债务案件，从 1731 年开始，到 1791 年为止。

文章来源

..............§..............

第一类来源

18 世纪的新英格兰人在很大程度上依赖法律机构来执行个人信用和债务关系。法庭及其他郡市级机构由此产生了大量的档案资料，这些档案资料成为我们研究该地区政治经济中的性别关系以及该地区妇女如何从事金融、法律劳动的宝贵的切入途径。从总体上分析，法庭记录揭示了信用经济与法庭系统的整体运作情况。与此同时，个案还让我们得以窥探新英格兰的男子与女子所展开的日常实践活动，这些实践活动在别处极少有机会被记录下来。

各郡的中级民事法庭对涉及 40 先令以上的所有民事案件拥有原始管辖权，不满中级判决的诉讼当事人可向该郡高级民事法庭提出上诉。对于殖民时期的研究，研究人员必然会查阅这些机构的记录底稿和缩微胶片记录（美国革命拉开帷幕前，报纸只会对少部分民事诉讼进行报道，而法学家还不会发表法律报告）。各级法庭的记录包括案卷（列出每个案件的原告和被告）和法庭记录书（一段很长的案件摘要）。案件卷宗档案保存着诉讼期间法院存档的所有文件，对于债务案件来说，通常卷宗档案最起码要包括 3 份文件：传唤被告出庭的法庭传令、原告陈述其起诉内容的诉状，以及记录争议债务的金融文件记录。案件卷宗档案还可能包含其他蕴含大量案件信息的文件，包括反驳原告主张的应诉状、证人传票和证词。案卷和法庭记录书为研究人员确认女诉讼人并追踪案件的审理过程提供了切入途径，研究人员可以从卷宗档案里获得案卷和法庭记录书无法提供的丰富的案件细节。在找寻妇女开展金融和法律活动的证据时，尤为如此，因为法庭书记员会在案卷和记录书中遵循男权制度和"有夫之妇的法律身份"的原则，将所有法律行为记在男家主的名下。

纽波特郡法庭的记录都是原稿，存放在罗得岛州波塔基特市的罗得岛州最高法庭司法记录中心。相较于其他殖民时期郡级法律文件资料，罗得岛州最高法庭司法记录中心的记录非常完整。萨福克郡法庭的记录保存在马萨诸塞州波士顿市的马萨诸塞州档案馆内。对该郡中级民事法庭卷宗感兴趣的研究人员必须查阅原始记录，而该郡大部分的法庭记录都是微缩胶片。萨福克郡的案件卷宗档案包括高级法庭的案件卷宗档案和各种法律记录文件。在现存记录中，研究人员无法找到 1756 年至 1776 年的萨福克郡中级民事法庭记录书，但法庭根据留存下来的卷宗建立了索引。我们可以在新英格兰历史家谱协会的网站上查询到这个索引。

各式各样的人曾向马萨诸塞州和罗得岛州的立法机构请愿。这些请愿者中包括要求重新审理债务案件的诉讼人，以及希望免受"有夫之妇的法律身份"原则或继承法律限制的妇女。我查阅了向罗得岛州议会提交的请愿书（保存在罗得岛州普罗维登斯市的罗得岛州档案馆内），以及向马萨诸塞州议会提交的请愿书（存于马萨诸塞州档案馆内的《马萨诸塞州档案集》中）。不管是罗得岛州还是马萨诸塞州，请愿书都可以查阅原件和微缩胶片。罗得岛州档案馆里还保存着殖民地衡平法庭的记录，该法庭仅存在于 1741 年至 1744 年。

遗嘱认证记录会记录死者离世时的遗产概况，包括所有尚未偿还的经济债务。殖民地时期纽波特市议会（该议会行使遗嘱认证法庭的职责）的遗嘱认证记录原稿保存在罗得岛州的纽波特历史学

文章来源

会。萨福克郡遗嘱认证法庭的记录保存在马萨诸塞州档案馆内，既可以查阅原稿，也可以查阅微缩胶片。马萨诸塞州的许多关键法律记录文件被数字化，并放到网站上，其中包括萨福克郡的案件卷宗档案，马萨诸塞州档案及萨福克郡遗嘱认证法庭记录。

大多数图书馆和档案馆都收藏有家族文件。通过这些文件我们可以深入研究中产和精英家庭的金融实践。在这些文献资料中，妇女开展经济活动的证据无处不在，尽管有时通过分类目录和搜索工具来查找会有所遗漏。从家庭往来信函和财务记录中，我们可以窥探到信用关系的状况，包括如何分担财务责任，身为劳动者和消费者的妇女如何使用信用，以及在某些情况下他们如何管理生意。位于波士顿的马萨诸塞州历史学会所收藏的家族文件里蕴含着极其丰富的关于妇女金融活动的证据。马萨诸塞州伍斯特镇的美国古文物学会也保存着其他特别有价值的藏品，包括格林家族文件和索尔兹伯里家族文件，马萨诸塞州剑桥镇的哈佛大学霍顿图书馆里保存着帕尔弗里家族文件。

律师的文件（包括与客户的往来书信和记录着所提供服务的财务记录）让我可以就律师与客户关系的演变及其性别维度展开探索。保存着马萨诸塞州和罗得岛州律师文件档案的机构有美国古文物学会（位于马萨诸塞州伍斯特镇）、贝克图书馆（位于马萨诸塞州剑桥镇）、霍顿图书馆（位于马萨诸塞州剑桥镇）、马萨诸塞州历史学会（位于波士顿市）、纽波特历史学会（位于罗得岛州纽波特市）和罗得岛州历史学会（位于普罗维登斯市）。以下手稿资料对我的研究也十分有价值：马萨诸塞州历史学会收藏的奥蒂斯家族文件、纽波特历史学会收藏的威廉·钱宁和威廉·埃勒里文件，以及罗得岛州历史学会收藏的亨利·马钱特文件。已出版的律师文件集有：《罗伯特·特里特·佩因的文件集》，第 5 卷（弗吉尼亚大学出版社，2005—2020 年），以及由"亚当斯文件编辑项目"出版的约翰·亚当斯的日记、信函与法律文件。这些文献资料除了记录马萨诸塞州著名律师的从业实践，还有大量关于罗伯特·特里特·佩因与萨拉·科布·佩因的婚姻、约翰·亚当斯与阿比盖尔·史密斯·亚当斯的婚姻的宝贵资料。马萨诸塞州历史学会还制作了数字版本，可在网站上查询到。

印刷资料既能揭示个人的金融活动，又能让我们了解到订阅人的性别情况。当时的报纸（包括《波士顿晚报》《波士顿公报》《波士顿邮差报》《新闻周报》和《纽波特水星报》）每期用多达一半的版面刊登广告和通知，其中许多广告通知都与信用经济的运行有关。最后，我还查阅了法律专著、写信指南和商业手册，以了解它们是如何影响男人与女人的金融、法律实践，并企图使之标准化的。这些文献资料在英属大西洋世界广泛传播，在包括波士顿和纽波特在内的大港口城市（即有大量书商和订阅它们的图书馆的地方）随处可见。虽然 18 世纪的报纸和书籍大多可在网上找到，但我有幸在费城图书馆公司查阅了许多报纸和书籍，该公司的大量收藏有助于我找寻相关的重要佐证资料。

二手资料来源

本书对 18 世纪波士顿和纽波特性别化的金融劳动展开研究，这项研究连接了经济、文化、法律和性别的历史。关于英属北美地区和大西洋世界经济发展的学术研究为我的研究提供了一个有用的起点。关键的概述性文献包括：约翰·麦克马斯克和罗素·梅纳德，《英属美洲地区的经济状况，1607—1789 年》，（北卡罗来纳大学出版社，1985 年）；斯蒂芬·英尼斯主编的《美国早期的工作与劳动》（教堂山：北卡罗来纳大学出版社，1988 年）；凯茜·马特森主编的《美国早期经济：历史角度和新视角》（帕克：宾夕法尼亚州立大学，2006 年）；艾玛·哈特的《交易空间：殖民美洲资本主义的市场与基础》（芝加哥：芝加哥大学出版社，2019 年）。强调商人在经济发展中的中心地位的文献包括：托马斯·多尔夫林格的《生机勃勃的企业精神：美国革命时期费城的商人与经济发展》（教堂山：北卡罗来纳大学出版社，1986 年）；大卫·汉考克的《世界公民：伦敦商人与英属大西洋共同体一体化：1735—1785 年》（剑桥：剑桥大学出版社，1995 年）；凯茜·马特森的《商人与帝国：殖民时期纽约的交易》（巴尔的摩：约翰霍普金斯大学出版社，1998 年）。关于消费者实践改变的文献，可重点参见理查德·布什曼的《美国式优雅：人、房子与城市》（纽约：克诺普夫出版社，1992 年）；布林的《美国革命时期的市场：消费者政治如何塑造美国独立》（纽约：牛津大学出版社，2004 年）；简·得·弗里斯的《工业革命：消费者行为和家庭经济：从 1650 年至今》（剑桥：剑桥大学出版社，2008 年）。

一直以来，殖民时期的新英格兰地区一直是学术研究的活跃领域。关于新英格兰地区社会和经济发展的研究，包括伯纳德·贝林的《17 世纪的新英格兰商人》（马萨诸塞州剑桥镇：哈佛大学出版社，1955 年）；丹尼尔·维克斯、法默斯和费舍曼合著的《马萨诸塞州埃塞克斯郡的两个世纪：1630—1850 年》（教堂山：北卡罗来纳大学出版社，1994 年）；斯蒂芬·英尼斯的《创建联邦：新英格兰清教徒的经济文化》（纽约：诺顿出版社，1995 年）；玛格丽特·埃伦·纽厄尔的《从依赖到独立：殖民时期新英格兰的经济革命》（纽约伊萨卡：康内尔大学出版社，1998 年）；丹尼尔·维克斯和文斯·沃尔什合著的《年轻人与海：扬帆时代的美国海员》（康涅狄格州纽黑文：耶鲁大学出版社，2005 年）；巴里·利维的《小镇出身：新英格兰的政治经济：从成立到革命》（费城：宾夕法尼亚大学出版社，2009 年）。关于波士顿和纽波特的情况，可参见伊莱恩·福曼·克兰的《依赖之民：美国革命时期罗得岛州的纽波特》（纽约：福特汉姆大学出版社，1985年）；盖里·纳什的《城市熔炉：社会变革、政治意识和美国革命的起源》（马萨诸塞州剑桥镇：哈佛大学出版社，1979年）；本杰明·卡普的《起义：城市与美国革命》（英国牛津镇：牛津大学出版社，2007年）；马克·彼得森的《波士顿的城市状况：大西洋力量的崛起与陨落：1630—1865年》（新泽西州普林斯顿镇：普林斯顿大学出版社，2019年）。

对信用与债务的日益依赖支撑着英属北美地区的经济发展，同时也刺激了债务诉讼的增加。关于新英格兰地区这些相互关联的法律和经济变化最主要的文献是布鲁斯·曼恩的《邻居与陌生人：康涅狄格早期的法律与社区》（教堂山：北卡罗来纳大学出版社，1987年）。一个世纪前，英国也发生了类似的转变，克雷格·穆德鲁的《义务经济：近代英国早期的信用文化和社会关系》（纽约：圣马丁出版公司，1998年）对这些转变做了有益的分析。关于英属大西洋世界的信用、债务与诉讼，还可参见玛丽·史怀哲的《习俗与合约：殖民时期宾夕法尼亚州的家庭、政府与经济》（纽约：哥伦比亚大学出版社，1987年）；托比·迪茨发表于《美国历史期刊》的论文《频发不断的海船事故还是遭受威胁的男性气概：18世纪费城的商业失败案例与绅士表现》（第81卷，第1期，1994年6月，51~80页）；西蒙·米德尔顿发表于《美国早期历史期刊》的论文《18世纪纽约的私人信用：1681—1776年的市长法庭文件》（第2卷，第2期，2012年，150~177页）；丹尼尔·维克斯发表于《经济历史评论》的论文《没有考虑在内的错误：新英格兰乡村的信用文化，1750—1800年》（第63卷，第4期，2010年11月，1032~1057页）；陶尼·保罗的《灾难时期的贫穷：18世纪英国的债务与不安全》（剑桥：剑桥大学出版社，2019年）。

关于新英格兰法律制度的转变和律师职业的发展，可参见杰拉尔德·加沃尔特的《权利的承诺：1760—1840 年马萨诸塞州律师执业的兴起》（康涅狄格州韦斯特波特镇：格林伍德出版社，1979年）；约翰·姆林发表于《殖民时期的美国：关于政治与社会发展的论文》（第三版）（纽约：克诺普夫出版社，1983年，斯坦利·卡茨和约翰·姆林主编）一书中的文章《法律变革：18 世纪马萨诸塞州的律师协会》（540~571 页）；玛丽·莎拉·比尔德的《跨大西洋宪章：殖民法律文化与帝国》（马萨诸塞州剑桥镇：哈佛大学出版社，2004 年）和玛莎·麦克纳马拉的《从酒馆到法院：1658—1860 年美国法律中的建筑与仪式》（巴尔的摩：约翰霍普金斯大学出版社，2004 年）。关于 19 世纪美国法律和社会的学术研究蓬勃发展，也为研究 19 世纪之前的相关内容提供了借鉴。参见阿雷拉·格罗斯的《双重角色：南北战争前南方法庭的奴隶制度与奴隶统治》（新泽西州普林斯顿镇：普林斯顿大学出版社，2000 年）；劳拉·爱德华的《人民与和平：美国革命后期南方的法律文化与不平等的转变》（教堂山：北卡罗来纳大学出版社，2009 年）；玛莎·琼斯的《出生权公民：美国南北战争前的种族与权利史》（纽约：剑桥大学出版社，2018 年）。

尽管传统的法律经济发展史往往忽略女性，但性别史学家已经做了重要的工作，以揭示性别化的劳动模式与法律制度。关于白人女性，重点参见劳拉·撒切尔·乌尔里奇的《贤妻：1650—1750 年新英格兰北部妇女的生活写照与现实》（纽约：克诺普夫出版社，1982 年）；玛丽琳·萨尔曼的《美国早期的妇女与财产法》（教堂山：北卡罗来纳大学出版社，1986 年）；珍妮·博伊兹顿的《家庭与工作：美国早期的家务、工资和劳动理念》（英国牛津：牛津大学出版社，1990 年）；劳拉·撒切尔·乌尔里奇的《助产士的故事：1785—1812 年玛莎·巴拉德日记中的生活》（纽约：兰顿出版社，

1990 年）；玛丽·贝丝·诺顿的《建国的父母辈：性别力量与美国社会的形成》（美国：克诺普夫出版社，1996 年）；玛拉·米勒的《纠缠不清的生活：马萨诸塞州乡村的劳动、生计与景观变化》（巴尔的摩：约翰霍普金斯大学，2019 年）。重点研究未婚女性、水手妻子和寡妇独特地位的文献包括：丽莎·诺林的《阿哈船长有个妻子：1720—1870 年新英格兰妇女与威尔士渔夫》（教堂山：北卡罗来纳大学出版社，2000 年）；卡琳·伍尔夫的《并非全是妻子：殖民时期费城的妇女》（纽约伊萨卡：康内尔大学出版社，2000 年）；琳达·斯图茨的《她的权利范围之内：殖民时期美国的有产妇女》（纽约：老特里奇出版社，2002 年）；薇薇安·布鲁斯·康格的《寡妇的权利：英属北美早期的寡妇与性别》（纽约：纽约大学出版社，2009 年）。

最近的研究作品对黑人妇女开展的市场活动进行了重要的交叉分析，其中包括玛丽莎·富恩特斯的《被剥夺的生活：被奴役的妇女、暴力和档案》（费城：宾夕法尼亚大学出版社，2016 年）；贾斯廷·希尔在期刊《企业与社会》发表的论文《恶贯满盈的交易：1787—1860 年南卡罗来纳州奴隶经济的法律文化和商业实践》（第 18 卷，第 4 期，2017 年 12 月，772~783 页）；肖娜·斯威尼在《威廉与玛丽季刊》上发表的论文《马隆市场：1781—1834 年逃亡妇女与牙买加的内部人贩市场》（第三系列，第 76 卷，第 2 期，2019 年 4 月，197~222 页）；艾琳·特拉希在《威廉与玛丽季刊》上发表的论文《亲属之中：牙买加有色人种自由妇女的遗产》（第三系列，第 76 卷，第 2 期，2019 年 4 月，257~288 页）；杰西卡·玛丽·约翰逊的《邪恶的肉体：大西洋世界的黑人女性、亲密关系和自由》（费城：宾夕法尼亚大学出版社，2020 年）。

对于研究英属北美地区的学者来说，大西洋地区开展的其他研究提供了富有成效的参照基点和概念框架。这些强调家庭与家族构建了现代早期商业网络的著作认为，女性的劳动、资本和关系对现代早期性别化的经济运行至关重要。参见玛格丽特·亨特的《中间阶层：英国的商业、性别与家庭》（伯克利：加州大学出版社，1996 年）；朱莉·哈德韦克的《男权制度的实践：近代法国早期家庭权力中的性别与政治》（费城：宾夕法尼亚大学出版社，1998 年）；简·曼根的《交易角色：殖民时期波托西的性别、种族和城市经济》（北卡罗来纳州杜伦镇：杜克大学出版社，2005 年）；朱莉·哈德韦克的《家庭生意：近代法国早期日常生活中的诉讼与政治经济》（英国牛津：牛津大学出版社，2009 年）；苏珊娜·肖·罗姆尼的《新荷兰的联系：17 世纪美国的亲密网络和大西洋纽带》（教堂山：北卡罗来纳大学出版社，2014 年）；亚历山德拉·谢巴德的《自我核算：近代英国早期的价值、地位和社会秩序》（英国牛津：牛津大学出版社，2015 年）；玛丽亚·阿昂格伦的《谋生并有所作为：近代欧洲早期社会中的性别与工作》（英国牛津：牛津大学出版社，2016 年）；艾米·弗罗德的《沉默的伙伴：1690—1750 年英国金融革命期间的女公共投资人》（英国牛津：牛津大学出版社，2016 年）。

　　最后要说的是，本书内容建立在对美国早期妇女涉足经济法律交织的生活领域的研究之上。这些研究为我指明了方向，也是我在研究过程中的试金石。认为"17 至 18 世纪女性经济法律权威有所削弱"这一颇有影响力的论点可参见科妮莉亚·休斯·代顿的《律师面前的女性：康涅狄格州的性别、法律和社会》（教堂山：北卡罗来纳大学出版社，1995 年）和伊莱恩·福曼·克兰的《新英格兰退潮：1630—1800 年妇女、海港和社会变迁》（波士顿：西北大学出版社，1998 年）。重点研究女性对 18 世纪港口经济的广泛贡献的作品包括帕特丽夏·克莱里的《伊丽莎白·默里：18 世纪美国妇女对独立的追求》（阿默斯特：马萨诸塞大学出版社，2000 年）；

埃伦·哈蒂甘 – 奥康纳的《购买的纽带：美国革命时期的妇女与商业》（费城：宾夕法尼亚大学，2009年）；塞雷娜·扎宾的《危险的经济：帝国纽约的地位与商业》（费城：宾夕法尼亚大学出版社，2009年）。

注释

············ § ············

绪论

1. George Fisher, *The American Instructor: or, Young Man's Best Companion*, 9th ed.（Philadelphia: B. Franklin & D. Hall, 1748）, LCP, Am 1748 Fis Api 748.

2. Fisher, *American Instructor*, iv, 375, 376.

3. 费城图书馆公司保存着14本带有莫里斯女士题字的书，主要是将18世纪的商业描绘成男子专属领域的作品，包括Thomas Doerflinger, *A Vigorous Spirit of Enterprise: Merchants and Economic Development in Revolutionary Philadelphia*（Chapel Hill: University of North Carolina Press, 1986）; David Hancock, *Citizens of the World: London Merchants and the Integration of the British Atlantic Community, 1735-1785*（Cambridge: Cambridge University Press, 1995）; David Hancock, *Oceans of Wine: Madeira and the Emergence of Atlantic Trade and Taste*（New Haven, CT: Yale University Press, 2009）. 还有强调18世纪女性经济权威不断削弱的研究，包括Cornelia Hughes Dayton, *Women Before the Bar: Gender, Law, and Society in Connecticut, 1639-1789*（Chapel Hill: University of North Carolina Press, 1995）; Deborah Rosen, *Courts and Commerce: Gender, Law and the Market Economy in Colonial New York*（Columbus: Ohio State University Press, 1997）; Elaine Forman Crane, *Ebb Tide in New England: Women, Seaports, and Social Change, 1630-1800*（Boston: Northeastern University Press, 1998）.

4. 关于德博拉·莫里斯，参见Elizabeth Jones-Minsinger, "Out of the Shadows: Uncovering Women's Productive and Consuming Labor in the Mid-Atlantic, 1750-1815"（PhD diss., University of Delaware, 2017）, esp. 27, 45-48, 212-16, 191-92, 201-2, 212, 222-32. 关于宾夕法尼亚州未婚女子的经济活动，参见Karin Wulf, *Not All Wives: Women of Colonial Philadelphia*（Ithaca, NY: Cornell University Press, 2000）.

5. Fisher, *American Instructor*, iv.

6. Fisher, *American Instructor*, 153.

7. Fisher, *American Instructor*, 376.

8. Fisher, *American Instructor*, v. 还参见Eve Tavor Bannet, *Empire of Letters: Letter Manuals and Transatlantic Correspondence, 1688-1820*（Cambridge: Cambridge University Press, 2005）, 191-92.

9. 关于美国早期经济概况，参见Stephen Innes, ed., *Work and Labor in Early America* （Chapel Hill: University of North Carolina Press, 1988）; John J. McCusker and Russell R. Menard, *The Economy of British America, 1607-1789*（Chapel Hill: University of North Carolina Press, 1985）; Cathy Matson, ed., *The Economy of Early America: Historical Perspectives and New Directions*（University Park: Pennsylvania State University Press, 2006）. 关于市场与交易网络的变革，参见Emma Hart, *Trading Spaces: The Colonial Marketplace and the Foundations of American Capitalism*（Chicago: University of Chicago Press, 2019）; Sheryllynne Haggerty, *The British-Atlantic Trading Community, 1760-1810: Men, Women, and the Distribution of Goods*（Leiden, Neth.: Brill, 2006）. 关于新英格兰，重点参见Daniel Vickers, *Farmers & Fishermen: Two Centuries of Work in Essex County, Massachusetts, 1630-1850*（Chapel Hill: University of North Carolina Press, 1994）; Margaret Ellen Newell, *From Dependency to Independence: Economic Revolution in Colonial New England*（Ithaca, NY: Cornell University Press, 1998）; Virginia Dejohn Anderson, "Thomas Minor's World: Agrarian Life in Seventeenth–Century New England," *Agricultural History* 82, no. 4（Fall 2008）: 496–518. 关于改变消费者的实践活动，参见Richard Bushman, *The Refinement of America: Persons, Houses, Cities*（New York: Knopf, 1992）; T. H. Breen, *The Marketplace of Revolution: How Consumer Politics Shaped American Independence*（New York: Oxford University Press, 2004）; Amanda Vickery and John Styles, eds., *Gender, Taste, and Material Culture in Britain and North America, 1700-1830*（New Haven, CT: Yale University Press, 2006）; Jan de Vries, *The Industrious Revolution: Consumer Behavior and the Household Economy, 1650 to the Present*（Cambridge: Cambridge University Press, 2008）; Ann Smart Martin, *Buying into the World of Goods: Early Consumers in Backcountry Virginia*（Baltimore: Johns Hopkins University Press, 2009）.

10. 关于港口，参见Elaine Forman Crane, *A Dependent People: Newport, Rhode Island in the Revolutionary Era*（New York: Fordham University Press, 1985）; Gary B. Nash, *The Urban Crucible: Social Change, Political Consciousness, and the Origins of the American Revolution*（Cambridge, MA: Harvard University Press, 1979）; Ellen Hartigan–O'Connor, *The Ties that Buy: Women and Commerce in Revolutionary America*（Philadelphia: University of Pennsylvania Press, 2009）; Serena Zabin, *Dangerous Economies: Status and Commerce in Imperial New York*（Philadelphia: University of Pennsylvania Press, 2009）; Emma Hart, *Building Charleston: Town and Society in the Eighteenth-Century British Atlantic World*（Charlottesville: University of Virginia Press, 2010）; Mark Peterson, *The City-State of Boston: The Rise and Fall of an Atlantic Power, 1630-1865*（Princeton, NJ: Princeton University Press, 2019）.

11. Bruce Mann, *Neighbors and Strangers: Law and Community in Early Connecticut*（Chapel Hill: University of North Carolina Press, 1987）; Mary M. Schweitzer, *Custom and Contract: Household, Government, and the Economy in Colonial Pennsylvania*（New

York: Columbia University Press, 1987）; Craig Muldrew, *The Economy of Obligation: The Culture of Credit and Social Relations in Early Modern England*（New York: St. Martin's, 1998）; Mary Poovey, *Genres of the Credit Economy: Mediating Value in Eighteenth-and Nineteenth-Century Britain*（Chicago: University of Chicago Press, 2008）; Simon Middleton, "Private Credit in Eighteenth−Century New York City: The Mayor's Court Papers, 1681–1776," *Journal of Early American History* 2, no. 2（2012）: 150–77; Simon Middleton, *From Privileges to Rights: Work and Politics in Colonial New York City*（Philadelphia: University of Pennsylvania Press, 2006）; Hartigan−O'Connor, *Ties that Buy*, 69–100; Zabin, *Dangerous Economies*, 10–31. 关于美国早期存在的各种货币和非货币经济关系，参见Laurel Thatcher Ulrich, *A Midwife's Tale: The Life of Martha Ballard, Based on her Diary, 1785-1812*（New York: Random House, 1990）; Daniel Vickers, "Errors Excepted: The Culture of Credit in Rural New England, 1750– 1800," *Economic History Review* 63, no. 4（Nov. 2010）: 1032–57. 关于纸币，参见 B. L. Anderson, "Money and the Structure of Credit in the Eighteenth Century," *Business History* 12, no. 2（July 1970）: 85–101; Hartigan−O'Connor, *Ties that Buy,* 101–28; Katherine Smoak, "The Weight of Necessity: Counterfeit Coins in the British Atlantic World, circa 1760–1800," *WMQ* 74, no. 3（July 2017）: 471–76.

12. Mann, *Neighbors and Strangers*; Dayton, *Women Before the Bar*, 69–104; Claire Priest, "Currency Policies and the Nature of Litigation in Colonial New England"（PhD diss., Yale University, 2003）; Rosen, *Courts and Commerce*; Schweitzer, *Custom and Contract*; Middleton, *From Privileges to Rights*; Middleton, "Private Credit." 一个世纪前英国的债务诉讼也出现了类似的增长，参见Muldrew, *Economy of Obligation.* 关于律师行业，重点参见Gerald W. Gawalt, *The Promise of Power: The Emergence of the Legal Profession in Massachusetts, 1760-1840*（Westport, CT: Greenwood Press, 1979）; John M. Murrin, "The Legal Transformation: The Bench and the Bar of Eighteenth−Century Massachusetts," in *Colonial America: Essays in Politics and Social Development*, 3rd ed., ed. Stanley N. Katz and John M. Murrin（New York: Alfred A. Knopf, 1983）, 540– 71; A. G. Roeber, *Faithful Magistrates and Republican Lawyers: The Creation of Virginia Legal Culture, 1680-1810*（Chapel Hill: University of North Carolina Press, 1981）; Mary Sarah Bilder, *The Transatlantic Constitution: Colonial Legal Culture and the Empire*（Cambridge, MA: Harvard University Press, 2004）; Martha G. McNamara, *From Tavern to Courthouse: Architecture and Ritual in American Law, 1658-1860*（Baltimore: Johns Hopkins University Press, 2004）.

13. Toby L. Ditz, "Shipwrecked; or, Masculinity Imperiled: Mercantile Representations of Failure and the Gendered Self in Eighteenth−Century Philadelphia," *Journal of American History* 81, no. 1（June 1994）: 51–80; Muldrew, *Economy of Obligation*; Tawny Paul, *The Poverty of Disaster: Debt and Insecurity in Eighteenth-Century England*（Cambridge: Cambridge University Press, 2019）.

信用女士：18 世纪新英格兰城市的妇女、金融和法律

14. 关于政治经济关系的有益讨论，参见 "Forum: Rethinking Mercantilism," *WMQ* 69, no. 1（Jan. 2012）: 3–70; Newell, *Dependency to Independence*, 8; Peterson, *City-State of Boston*, 87. 关于性别在政治经济中的中心地位，参见Ellen Hartigan–O'Connor, "The Personal Is Political Economy," *Journal of the Early Republic* 36, no. 2（Summer 2016）: 335–41.

15. 尽管本研究分析了个人（在卷宗记录里认定为男人或女人）如何通过经济实践塑造性别关系的方式，可18世纪的新英格兰人对此拥有各种各样的自我理解方式。关于性别乃是一种 "外部认可" 的方式，参见Jen Manion, *Female Husbands: A Trans History*（Cambridge: Cambridge University Press, 2020）, esp. 11–12.

16. 近期对商人的研究同样重构了常规的实践活动，证明这种问题可以取得有意义的成果，参见Cathy Matson, "Putting the Lydia to Sea: The Material Economy of Shipping in Colonial Philadelphia," *WMQ* 74, no. 2（Apr. 2017）: 303–32; Emma Hart and Cathy Matson, "Situating Merchants in Late Eighteenth–Century British Atlantic Port Cities," *Early American Studies* 15, no. 4（Fall 2015）: 660–82.

17. 其他历史学家正在做重要的研究，找出社会下层妇女、原住民妇女和黑人妇女（无论身为自由人还是奴隶）在正式与非正式的经济、法律制度中的地位。关于社会下层妇女和黑人妇女在大西洋经济中的地位，重点参见Robert Olwell, Masters, *Slaves & Subjects: The Culture of Power in the South Carolina Low Country*（Ithaca, NY: Cornell University Press, 1998）, 141–80; Zabin, *Dangerous Economies*, 57–80; Hartigan–O'Connor, *Ties that Buy*, 53–55, 165–67; Nancy Christie, "Merchant and Plebeian Commercial Knowledge in Montreal and Quebec, 1760–1820," *Early American Studies* 13, no. 4（Fall 2015）: 856–80; Marisa J. Fuentes, *Dispossessed Lives: Enslaved Women, Violence, and the Archive*（Philadelphia: University of Pennsylvania Press, 2016）, 44, 64–69; Justene Hill, "Felonious Transactions: Legal Culture and Business Practices of Slave Economies in South Carolina, 1787–1860," *Enterprise and Society* 18, no. 4（Dec. 2017）: 772–83; Erin Trahey, "Among Her Kinswomen: Legacies of Free Women of Color in Jamaica," *WMQ* 76, no. 2（Apr. 2019）: 257–88; Shauna J. Sweeney, "Market Marronage: Fugitive Women and the Internal Marketing System in Jamaica, 1781–1834," *WMQ* 76, no. 2（Apr. 2019）: 197–222; Jessica Marie Johnson, *Wicked Flesh: Black Women, Intimacy, and Freedom in the Atlantic World*（Philadelphia: University of Pennsylvania Press, 2020）. 关于19世纪，参见Brian P. Luskey and Wendy A. Woloson, eds., *Capitalism by Gaslight: Illuminating the Economy of Nineteenth Century America*（Philadelphia: University of Pennsylvania Press, 2015）. 关于奴隶制与白人妇女经济活动的关系，参见Stephanie Jones–Rogers, *They Were Her Property: White Women as Slaveholders in the American South*（New Haven, CT: Yale University Press, 2019）; Christine Walker, *Jamaica Ladies: Female Slaveholders and the Creation of Britain's Atlantic Empire*（Chapel Hill: University of North Carolina Press, 2020）.

18. Nash, *Urban Crucible*, 112, 313; Lynne Withey, *Urban Growth in Colonial Rhode Island:*

Newport and Providence in the Eighteenth Century （Albany: State University of New York Press, 1984）, 115.

19. Crane, *Dependent People*; Stephen Innes, *Creating the Commonwealth: The Economic Culture of Puritan New England* （New York: W. W. Norton, 1995）; Newell, *From Dependency to Independence*; Barry Levy, *Town Born: The Political Economy of New England from its Founding to the Revolution* （Philadelphia: University of Pennsylvania Press, 2009）; Peterson, *City-State of Boston*.

20. 关于研究自由妇女和受奴役妇女的生产劳动和再生产劳动的例子，参见Laurel Thatcher Ulrich, *Good Wives: Image and Reality in the Lives of Women in Northern New England, 1650-1750* （New York: Alfred A. Knopf, 1982）; Jeanne Boydston, *Home and Work: Housework, Wages, and the Ideology of Labor in the Early Republic* （Oxford, UK: Oxford University Press, 1990）; Ulrich, Midwife's Tale; Gloria L. Main, "Gender, Work, and Wages in Colonial New England," *WMQ* 51, no. 1 （Jan. 1994）: 39–66; Jennifer L. Morgan, *Laboring Women: Reproduction and Gender in New World Slavery* （Philadelphia: University of Pennsylvania Press, 2004）. 近期研究为分析妇女工作提出了更广阔的框架，包括Maria Ågren, ed., *Making a Living, Making a Difference: Gender and Work in Early Modern European Society* （Oxford, UK: Oxford University Press, 2016）; Maria Ågren, *The State as Master: Gender, State Formation and Commercialization in Urban Sweden, 1650-1780* （Manchester, UK: Manchester University Press, 2017）.

21. 关于男商人的重要研究包括Doerflinger, *Vigorous Spirit of Enterprise*; Hancock, *Citizens of the World*; Cathy Matson, *Merchants & Empire: Trading in Colonial New York* （Baltimore: Johns Hopkins University Press, 1998）; Hancock, *Oceans of Wine.* 更多关于殖民经济的研究，参见Cathy Matson, ed., "Ligaments: Everyday Connections of Colonial Economies," special issue, Early *American Studies* 13, no. 4 （Fall 2015）.

22. 关于妇女作为城市经济和跨大西洋网络的积极参与者，重点参见Hartigan–O'Connor, *Ties that Buy*; Zabin, *Dangerous Economies*; Susanah Shaw Romney, *New Netherland Connections: Intimate Networks and Atlantic Ties in Seventeenth-Century America* （Chapel Hill: University of North Carolina Press, 2014）. 关于家庭与亲属网络，参见Naomi R. Lamoreaux, *Insider Lending: Banks, Personal Connections, and Economic Development in Industrial New England* （Cambridge: Cambridge University Press, 1994）; Richard Grassby, *Kinship and Capitalism: Marriage, Family and Business in the English-Speaking World, 1580-1720* （Cambridge: Cambridge University Press, 2001）; Julie Hardwick, Sarah M. S. Pearsall, and Karin Wulf, "Introduction: Centering Families in Atlantic Histories," *WMQ* 70, no. 2 （Apr. 2013）: 205–22. 关于女投资人，参见Robert E. Wright, "Women and Finance in the Early National U.S.," *Essays in History* 42 （2000）; Margaret Hunt, "Women and the Fiscal–Imperial State in the Late Seventeenth and Early Eighteenth Centuries," in *A New Imperial History: Culture, Identity, and Modernity in Britain and the Empire, 1660-1840*, ed. Kathleen Wilson （Cambridge:

Cambridge University Press, 2004）, 29–47; Woody Holton, "Abigail Adams, Bond Speculator," *WMQ* 64, no. 4 （Oct. 2007）: 821–38; Anne Laurence, Josephine Maltby, and Janette Rutherford, eds., *Women and their Money, 1700-1950* （London: Routledge, 2009）; Amy M. Froide, *Silent Partners: Women as Public Investors during Britain's Financial Revolution, 1690-1750* （Oxford, UK: Oxford University Press, 2016）; Misha Ewen, "Women Investors and the Virginia Company in the Early Seventeenth Century," *Historical Journal* （2019）: 1–22. 关于女生意人，重点参见Patricia Cleary, *Elizabeth Murray: A Woman's Pursuit of Independence in Eighteenth-Century America* （Amherst: University of Massachusetts Press, 2000）; Douglas Catterall and Jodi Campbell, eds., *Women in Port: Gendering Communities, Economies, and Social Networks in Atlantic Port Cities, 1500-1800* （Leiden, Neth.: Brill, 2012）. 关于家居经济与家族生意，重点参见 Margaret R. Hunt, *The Middling Sort: Commerce, Gender and the Family in England, 1680-1780* （Berkeley: University of California Press, 1996）; Julie Hardwick, *Family Business: Litigation and the Political Economies of Daily Life in Early Modern France* （Oxford, UK: Oxford University Press, 2009）; Alexandra Shepard, *Accounting for Oneself: Worth, Status, and the Social Order in Early Modern England* （Oxford, UK: Oxford University Press, 2015）; Jones–Minsinger, "Out of the Shadows."

23. 近期关于这些问题的文章，参见Seth Rockman, "What Makes the History of Capitalism Newsworthy?," *Journal of the Early Republic* 34, no. 3 （Fall 2014）: 439–64; Alexandra Shepard, "Crediting Women in the Early Modern English Economy," *History Workshop Journal* 79, no. 1 （2015）: 1–24; Hartigan–O'Connor, "Personal Is Political Economy"; Amy Dru Stanley, "Histories of Capitalism and Sex Difference," *Journal of the Early Republic* 36, no. 2 （Summer 2016）: 343–50.

24. Paula R. Backscheider, "Defoe's Lady Credit," *Huntington Library Quarterly* 44, no. 2 （Spring 1981）: 89–100; Carl Wennerlind, *Casualties of Credit: The English Financial Revolution*, 1620–1720 （Cambridge, MA: Harvard University Press, 2011）, 186–88, 191–93; Hartigan–O'Connor, *Ties that Buy*, 70.

25. Mary Beth Norton, "Gender and Defamation in Seventeenth–Century Maryland," *WMQ* 44, no 1. （Jan. 1987）: 3–39; Laura Gowing, *Domestic Dangers: Women, Words, and Sex in Early Modern London* （Oxford, UK: Clarendon Press, 1996）; Catherine Ingrassia, *Authorship, Commerce, and Gender in Early Eighteenth-Century England: A Culture of Paper Credit* （Cambridge: Cambridge University Press, 1998）; Liz Bellamy, *Commerce, Morality, and the Eighteenth-Century Novel* （Cambridge; Cambridge University Press, 1998）; Ditz, "Shipwrecked"; Alexandra Shepard, "Manhood, Credit, and Patriarchy in Early Modern England, c. 1560–1640," *Past and Present* 167, no. 1 （May 2000）: 75–106; Toby L. Ditz, "Secret Selves, Credible Personas: The Problematics of Trust and Public Display in the Writing of Eighteenth–Century Philadelphia Merchants," in *Possible Pasts: Becoming Colonial in Early America*, ed. Robert Blair St. George （Ithaca, NY:

Cornell University Press, 2000）: 219–42; Donna Merwick, "A Genre of Their Own: Kiliaen van Rensselaer as a Guide to the Reading and Writing Practices of Early Modern Businessmen," *WMQ* 64, no. 4（Oct. 2008）: 669–712; Clare Crowston, *Credit, Fashion, Sex: Economies of Regard in Old Regime France*（Durham, NC: Duke University Press, 2013）; Paul, *Poverty of Disaster*.

26. 关于公共与私人的范畴，重点参见Mary Beth Norton, *Founding Mothers & Fathers: Gendered Power and the Forming of an American Society*（New York: Alfred A. Knopf, 1996）; Mary Beth Norton, *Separated by their Sex: Women in Public and Private in the Colonial Atlantic* World（Ithaca, NY: Cornell University Press, 2011）. 关于家庭空间与非家庭空间里的性别划分，参见Ulrich, *Good Wives*; Ulrich, *Midwife's Tale*.

27. Laura Gowing, *Domestic Dangers: Women, Words, and Sex in Early Modern London*（Oxford, UK: Clarendon Press, 1996）; Julie Hardwick, *The Practice of Patriarchy: Gender and the Politics of Household Authority in Early Modern France*（Philadelphia: University of Pennsylvania Press, 1998）; Laura Gowing, *Common Bodies: Women, Touch, and Power in Seventeenth-Century England*（New Haven, CT: Yale University Press, 2003）; Hartigan–O'Connor, *Ties that Buy*; Hardwick, *Family Business*; Amanda Vickery, *Behind Closed Doors: At Home in Georgian England*（New Haven, CT: Yale University Press, 2010）; Emma Hart, *Building Charleston: Town and Society in the Eighteenth-Century British Atlantic World*（Charlottesville: University of Virginia Press, 2010）, 98–129; Sonya Lipsett–Rivera, *Gender and the Negotiation of Daily Life in Mexico*, 1750–1856（Lincoln: University of Nebraska Press, 2012）; Caylin Carbonell, "Fraught Labor, Fragile Authority: Households in Motion in Early New England"（PhD diss., William & Mary, 2020）.

28. 强调早期北美地区独身妇人独特社会地位的作品，包括Suzanne Lebsock, *The Free Women of Petersburg: Status and Culture in a Southern Town*（New York: W. W. Norton, 1984）; *Lisa Wilson, Life after Death: Widows in Pennsylvania, 1750-1850*（Philadelphia: Temple University Press, 1992）; Wulf, *Not All Wives*; Linda L. Sturtz, *Within Her Power: Propertied Women in Colonial America*（New York: Routledge, 2002）; Vivian Bruce Conger, *The Widow's Might: Widowhood and Gender in Early British America*（New York: New York University Press, 2009）. 关于现代早期英格兰，重点参见Judith M. Bennett and Amy M. Froide, eds., *Single Women in the European Past, 1250-1850*（Philadelphia: University of Pennsylvania Press, 1999）; Amy M. Froide, *Never Married: Singlewomen in Early Modern Europe*（Oxford, UK: Oxford University Press, 2005）.

29. Ulrich, *Good Wives*, 9, 36.

30. 关于财产法，重点参见Marylynn Salmon, *Women and the Law of Property in Early America*（Chapel Hill: University of North Carolina Press, 1986）. 关于"有夫之妇的法律身份"及其限制，参见Margot Finn, "Women, Consumption, and Coverture in England,

1760–1860," *Historical Journal* 39, no. 3（Sept. 1996）: 703–22; Craig Muldrew, "'A Mutual Assent of Her Mind'? Women, Debt, Litigation, and Contract in Early Modern England," *History Workshop Journal* 55（2003）: 47–71; Nicola Phillips, *Women in Business, 1700-1850*（Woodbridge, UK: Boydell, 2006）, 23–47; Holly Brewer, "The Transformation of Domestic Law," in *The Cambridge History of Law in America*, vol. 1, Early America, ed. Michael Grossberg and Christopher Tomlins（Cambridge: Cambridge University Press, 2008）, 288–323; Alexandra Shepard, "Minding Their Own Business: Married Women and Credit in Early Eighteenth–Century London," *Transactions of the Royal Historical Society* 25（2015）: 53–74.

31. Ross W. Beales and E. Jennifer Monaghan, "Literacy and Schoolbooks," in *A History of the Book in America*, vol. 1, *The Colonial Book in the Atlantic World*, ed. Hugh Amory and David D. Hall（New York: Cambridge University Press, 2000）, 380.还参见Kenneth A. Lockridge, *Literacy in Colonial New England: An Enquiry into the Social Context of Literacy in the Early Modern West*（New York: W. W. Norton, 1974）; Gloria Main, "An Inquiry into When and Why Women Learned to Write in Colonial New England," *Journal of Social History* 24, no. 3（Spring 1991）: 579–89.

32. 关于新英格兰独特的宗教文化，参见David D. Hall, *Worlds of Wonder, Days of Judgment: Popular Religious Belief in Early New England*（Cambridge, MA: Harvard University Press, 1990）.关于美洲殖民时期的读写情况，重点参见Lockridge, *Literacy in Colonial New England*; Main, "An Inquiry"; Beales and Monaghan, "Literacy and Schoolbooks," 380–87; E. Jennifer Monaghan, *Learning to Read and Write in Colonial America*（Amherst: University of Massachusetts Press, 2005）; Konstantin Dierks, *In My Power: Letter Writing and Communications in Early America*（Philadelphia: University of Pennsylvania Press, 2009）, 141–88.

33. 关于识字与算术，参见Monaghan, *Learning to Read*; Patricia Cline Cohen, *A Calculating People: The Spread of Numeracy in Early America*（Chicago: University of Chicago Press, 1982）.关于法律素养乃是一项技能，参见Tim Stretton, "Women, Legal Records, and the Problem of the Lawyer's Hand," *Journal of British Studies* 58, no. 4（Oct. 2019）: 684–700; Mary Bilder, "The Lost Lawyers: Early American Legal Literates and the Transatlantic Legal Culture," *Yale Journal of Law and the Humanities* 11, no. 1（1999）: 47–117.关于非专业普通人涉足科学与医学的情况，参见Christopher M. Parsons, *A Not-So-New World: Empire and Environment in French Colonial North America*（Philadelphia: University of Pennsylvania Press, 2018）; Cameron Strange, *Frontiers of Science: Imperialism and Natural Knowledge in the Gulf South Borderlands, 1500-1850*（Chapel Hill: University of North Carolina Press, 2018）; Sarah Knott, "The Patient's Case," *WMQ* 67, no. 4（Oct. 2010）, 634–76; Susan Scott Parrish, *American Curiosity: Cultures of Natural History in the Colonial British Atlantic World*（Chapel Hill: University of North Carolina Press, 2006）.

注释

34. 参见Carole Shammas, "Anglo-American Household Government in Comparative Perspective," *WMQ* 52, no. 1（Jan. 1995）: 104–44; Kathleen M. Brown, *Good Wives, Nasty Wenches, and Anxious Patriarchs: Gender, Race, and Power in Colonial Virginia*（Chapel Hill: University of North Carolina Press, 1996）, 4–5.

35. 关于"正规机构的发展导致北美殖民地妇女地位下降"最具影响力的研究是Dayton, *Women Before the Bar*. 代顿认为：自18世纪20年代起，妇女参与信用经济和债务诉讼的程度开始下降，这是法律与信用关系正规化的必然结果。本研究对此观点提出挑战。不过，本研究的结果与代顿以下观点一致：18世纪末，精英阶层的女性越来越远离金融实践，同时经济法律的变革促使共和国早期的公民生活被重新定义，成为男性的专属舞台。还参见Rosen, *Courts and Commerce*; Crane, *Ebb Tide*.

36. 强调文化与政治变迁的研究有：Martha Howell, *Women, Production, and Patriarchy in Late Medieval Cities*（Chicago: University of Chicago Press, 1986）; Martha Howell, *The Marriage Exchange: Property, Social Place, and Gender in the Cities of the Low Countries*（Chicago: University of Chicago Press, 1998）. 关于革命时代的广泛影响，参见Rachel Weil, *Political Passions: Gender, the Family, and Political Argument in England, 1680-1714*（Manchester, UK: Manchester University Press, 1999）; Sarah C. Chambers, *From Subjects to Citizens: Honor, Gender, and Politics in Arequipa, Peru, 1780-1854*（University Park: Pennsylvania State University Press, 1999）; Linda Kerber, *No Constitutional Right to Be Ladies: Women and the Obligations of Citizenship*（New York: Hill & Wang, 2001）; Arlene J. Díaz, *Female Citizens, Patriarchs, and the Law in Venezuela, 1786-1904*（Lincoln: University of Nebraska Press, 2004）; *Mary P. Ryan, Mysteries of Sex: Tracing Women and Men through American History*（Chapel Hill: University of North Carolina Press, 2006）, 147–201; Christopher Tomlins, *Freedom Bound: Law, Labor, and Civic Identity in Colonial English America, 1580-1865*（Cambridge: Cambridge University Press, 2010）.

37. 关于贸易的情况，参见Bernard Bailyn, *New England Merchants in the Seventeenth Century*（Cambridge, MA: Harvard University Press, 1955）; Crane, *Dependent People*; Nash, *Urban Crucible*; Newell, *From Dependency to Independence*; Levy, *Town Born*; James W. Roberts, "'Yankey Dodle Will Do Verry Well Here': New England Traders in the Caribbean, 1713 to circa 1812"（PhD diss., Johns Hopkins University, 2011）; Peterson, *City-State of Boston*. 关于纽波特介入奴隶贸易的情况，参见Jay Coughtry, *The Notorious Triangle: Rhode Island and the African Slave Trade, 1700-1807*（Philadelphia: Temple University Press, 1981）; Rachel Chernos Lin, "The Rhode Island Slave Traders: Butchers, Bakers, and Candlestick Makers," *Slavery and Abolition* 23, no. 3（Dec. 2002）: 21–38; Gregory E. O'Malley, "Beyond the Middle Passage: Slave Migration from the Caribbean to North America, 1619–1807," *WMQ* 66, no. 1（Jan. 2009）: 159–65; Christy Clark-Pujara, *Dark Work: The Business of Slavery in Rhode Island*（New York: New York University Press, 2016）.

38. 关于波士顿和纽波特的整体经济，参见Crane, *Dependent People*; Nash, *Urban Crucible*; Newell, *Dependency to Independence*; Levy, *Town Born*; Peterson, *City-State of Boston*. 关于妇女对新英格兰港口经济所做的贡献，还参见Cleary, *Elizabeth Murray*; Ellen Hartigan-O'Connor, "'She Said She Did Not Know Money': Urban Women and Atlantic Markets in the Revolutionary Era," *Early American Studies* 4, no. 2（Fall 2006）: 322–52; Hartigan-O'Connor, *Ties that Buy*, 39–68; Conger, *The Widow's Might*. 关于与其他港口城市的比较，参见Wulf, *Not All Wives*; Sheryllynne Haggerty, "'Miss Fan can tun her han!': Female Traders in Eighteenth-Century British American Atlantic Port Cities," *Atlantic Studies* 6, no. 1（Apr. 2009）: 29–42; Zabin, *Dangerous Economies*; Sophie White, "'A Baser Commerce': Retailing, Class, and Gender in French Colonial New Orleans," *WMQ* 63, no. 3（July 2006）, 517–70; Catterall and Campbell, eds., *Women in Port*.

39. 关于波士顿和纽波特的人口状况，参见Crane, *Ebb Tide*, 11–12, 14–16. 关于航海社会，参见Crane, *Dependent People*, 69–75; Ruth Wallis Herndon, "The Domestic Cost of Seafaring: Town Leaders and Seamen's Families in Eighteenth-Century Rhode Island," in *Iron Men, Wooden Women: Gender and Seafaring in the Atlantic World, 1700-1920*, ed. Margaret S. Creighton and Lisa Norling（Baltimore: Johns Hopkins University Press, 1996）, 55–69; Lisa Norling, *Captain Ahab Had a Wife: New England Women and the Whalefishery, 1720-1870*（Chapel Hill: University of North Carolina Press, 2000）; Daniel Vickers, with Vince Walsh, *Young Men and the Sea: Yankee Seafarers in the Age of Sail*（New Haven, CT: Yale University Press, 2005）. 关于其他港口城市的寡妇与独身女人，参见Froide, *Never Married*; Wulf, *Not All Wives*.

40. Nash, *Urban Crucible*, 166; Hunt, "Women and the Fiscal-Imperial State"; Hartigan-O'Connor, *Ties that Buy*.

41. Crane, *Dependent People*; Nash, *Urban Crucible*; Catherine A. Brekus, *Sarah Osborn's World: The Rise of Evangelical Christianity in Early America*（New Haven, CT: Yale University Press, 2013）, 198.

42. Newell, *Dependency to Independence*, 107–236, esp. 128–29, 186–87, 197–98, 232; Christine Desan, *Making Money: Coin, Currency, and the Coming of Capitalism*（Oxford, UK: Oxford University Press, 2015）; Peterson, *City-State of Boston*, esp. 85–88.

43. Nash, *Urban Crucible*, 61–63, 112–15, 174, 316–19.

44. Nash, *Urban Crucible*, 115, 317–18; Claire Priest, "Currency Policies and the Nature of Litigation in Colonial New England"（PhD diss., Yale University, 2003）; Claire Priest, "Currency Policies and the Nature of Litigation in Colonial New England," *Journal of Economic History* 64, no. 2（June 2004）: 563–69.

45. Gawalt, *Promise of Power*, 313–58; Murrin, "Legal Transformation"; Charles McKirdy, "Massachusetts Lawyers on the Eve of the American Revolution: The State of the Profession," in *Law in Colonial Massachusetts, 1630-1800*, ed. Daniel R. Coquillette（Boston: Colonial Society of Massachusetts, 1984）; McNamara, *From Tavern to Courthouse*;

Bilder, *Transatlantic Constitution*. 关于庭审日，还参见Roeber, *Faithful Magistrates*.

46. 关于印刷与书籍贸易，重点参见Amory and Hall, eds., *A History of the Book in America*, vol. 1.

47. Crane, *Dependent People*, 49–52; Withey, *Urban Growth*, 115; Benjamin Carp, *Rebels Rising: Cities and the American Revolution* （Oxford, UK: Oxford University Press, 2007），25, 27–28; Hartigan-O'Connor, *Ties that Buy*, 15–23.

48. Withey, *Urban Growth*, 130; Nash, *Urban Crucible*, 194; Sharon V. Salinger and Charles Wetherell, "Wealth and Renting in Prerevolutionary Philadelphia," *Journal of American History* 71, no. 4 （Mar. 1985）: 829; Edward A. Chappell, "Housing a Nation: The Transformation of Living Standards in Early America," in *Of Consuming Interests: The Style of Life in the Eighteenth Century*, ed. Cary Carson, Ronald Hoffman, and Peter J. Albert （Charlottesville: University Press of Virginia, 1994），186–90; Hartigan-O'Connor, *Ties that Buy*, 13–38.

49. 关于新英格兰乡村的妇女经济活动，重点参见Ulrich, *Good Wives*; Ulrich, *Midwife's Tale*; Marla R. Miller, *Entangled Lives: Labor, Livelihood, and Landscape in Rural Massachusetts* （Baltimore: Johns Hopkins University Press, 2019）.

50. 通过比较荷兰、法国和西班牙的法律制度，分辨英国法律制度的特征，包括"有夫之妇的法律身份"和公证制度的缺失。通过公证制度，私人交易可获得国家批准。关于英国法律制度的独特性，参见Amy Louise Erickson, "Coverture and Capitalism," *History Workshop Journal* 59 （Spring 2005）: 1–16. 与其他欧洲国家的比较，参见Hardwick, *Practice of Patriarchy*; Jane E. Mangan, *Trading Roles: Gender, Ethnicity, and the Urban Economy in Colonial Potosí* （Durham, NC: Duke University Press, 2005）; Hardwick, *Family Business*; Catterall and Campbell, eds, *Women in Port*; Romney, *New Netherland Connections*. 与英属加勒比海地区的比较，参见Christine Walker, "Pursuing Her Profits: Women in Jamaica, Atlantic Slavery and a Globalising Market, 1700–60," *Gender & History* 26, no. 3 （Nov. 2014）: 478–501; Erin Trahey, "Free Women and the Making of Colonial Jamaican Economy and Society" （PhD diss., University of Cambridge, 2018）. 关于英格兰和英属北美地区的比较，参见Lindsay R. Moore, *Women Before the Court: Law and Patriarchy in the Anglo-American World, 1600-1800* （Manchester, UK: Manchester University Press, 2019）.

51. 重点参见Dayton, *Women Before the Bar*; Rosen, *Courts and Commerce*. 其他大量依赖法庭记录的研究有：Hartigan-O'Connor, *Ties that Buy*; Zabin, *Dangerous Economies*.

52. 关于"法律琐事"，参见Tom Johnson, "Legal Ephemera in the Ecclesiastical Courts of Medieval England," *Open Library of Humanities* 5, no. 1 （Feb. 2019）.

53. Fuentes, *Dispossessed Lives*, 2.

54. 虽然奴隶制是整个英属殖民美洲社会等级制度的核心，可新英格兰城市参与奴隶贸易并没有导致它们比其他城市或周边城镇拥有更多奴隶人口。在波士顿和纽波特的人口中，奴隶所占比例与其他北美港口的比值相当，不过相比周边在农业与乳品业使用奴隶劳动的马萨诸塞州和罗得岛州城镇，这两个城市的奴隶人口比例较低。参见Crane, *Dependent People*, 57, 75–83; Withey, *Urban Growth*, 71–2; William D. Pierson, *Black Yankees: The Development of an Afro-American Subculture in Eighteenth-Century New England*（Amherst: University of Massachusetts Press, 1988）, 13–22; Nash, *Urban Crucible*, 107, 320; Hartigan–O'Connor, *Ties that Buy*, 19–20, 202–313; Jared Hardesty, "'The Negro at the Gate': Enslaved Labor in Colonial Boston," *New England Quarterly* 87, no. 1（Mar. 2014）: 72–98; Jared Hardesty, *Unfreedom: Slavery and Dependence in Eighteenth-Century Boston*（New York: New York University Press, 2016）.

55. Nash, "Urban Wealth and Poverty," 112–13, 125, 128, 161–97, 246–64, 313–15; Benjamin Carp, *Defiance of the Patriots: The Boston Tea Party and the Making of America*（New Haven, CT: Yale University Press, 2010）, 32–33; Brekus, *Sarah Osborn's World*, 191–247.

56. 根据纽波特1774年所做的人口普查，该市18%的人口为黑人、混血或原住民；其中自由黑人占人口比例为1.7%。波士顿大约8%的居民为奴隶，该市总人口中10%为有色人种。参见Crane, *Dependent People*, 82; Ellen Hartigan–O'Connor, *The Measure of the Market: Women's Economic Lives in Charleston, SC and Newport, RI, 1750-1820*（PhD diss., University of Michigan, 2003）, 32–33.

57. John Wood Sweet, *Bodies Politic: Negotiating Race in the American North, 1730-1830*（Baltimore: Johns Hopkins University Press, 2003）; Beverley Lemire, *The Business of Everyday Life: Gender and Social Politics in England, c. 1600-1900*（Manchester, UK: Manchester University Press, 2005）, 56–109; Seth Rockman, *Scraping By: Wage Labor, Slavery, and Survival in Early Baltimore*（Baltimore: Johns Hopkins University Press, 2008）, 158–93; Zabin, *Dangerous Economies*, 57–80.

58. 《安·基斯遗产管理账目》，1745年1月7日，纽波特市议会记录，vol. 9, 100, 纽波特历史学会，罗得岛州纽波特市。还参见《佩兴丝·威廉斯遗产管理账目》中的条目："向黑人妇女赫尔太太"付款，1757年3月27日，纽波特市议会记录，vol. 12, 161, 纽波特历史学会，罗得岛州纽波特市; 玛莎·索尔兹伯里账簿中"黛娜"与店主玛莎·索尔兹伯里的账目，1753—1773年, 索尔兹伯里家族文件, octavo vol. 4, 美国古董学会。黛娜的账目是玛莎·索尔兹伯里唯一没有记录姓氏的条目，这一细节有力表明她要么是个自由的黑人妇女，要么是个黑人女奴。关于纽波特奴隶凯撒·林登保存的金融文件，参见Tara Bynum, "Cesar Lyndon's Lists, Letters, and a Pig Roast: A Sundry Account Book," *Early American Literature* 53, no. 3（Fall 2018）: 839–49.

59. 弗里曼–伊斯顿诉讼案，纽波特郡中级民事法庭，1746年5月，罗得岛州最高法庭司法记录中心，罗得岛州波塔基特市。这张期票中只有伊斯顿因"收到的价值"承诺向弗里曼付款的标准措辞。

60. Daniel Vickers, "The First Whalemen of Nantucket," *WMQ* 40, no. 4（Oct. 1983）: 560–83; Jean M. O'Brien, *Dispossession by Degrees: Indian Land and Identity in Natick, Massachusetts, 1650-1790*（Cambridge: Cambridge University Press, 1997）, 132–43;

David J. Silverman, "The Impact of Indentured Servitude on the Society and Culture of Southern New England Indians, 1680–1810," *New England Quarterly* 74, no. 4（Dec. 2001）: 622–66; Sweet, *Bodies Politic*, 36–43; Margaret Newell, *Brethren by Nature: Indians, Colonists, and the Origins of American Slavery*（Ithaca, NY: Cornell University Press, 2015）; Linford D. Fisher, "'Why Shall Wee Have Peace to Bee Made Slaves': Indian Surrenders during and after King Philip's War," *Ethnohistory* 64, no. 1（Jan. 2017）: 91–114. 关于奴隶与契约奴役之间的模糊界限，参见Sweet, *Bodies Politic*, 83–87, 225–67. 关于契约奴役劳动制度与奴隶劳动制度，参见Tomlins, *Freedom Bound*.

第一章

1. 塞缪尔·韦尔什的证词（"错误的"），大卫·摩尔的证词（"当着好几个人的面""大街上"），约翰·劳伦斯的证词和乔布·贝内特的证词，格兰特-波特诉讼案，纽波特郡中级民事法庭，1746年5月，第87号，罗得岛州最高法庭司法记录中心，罗得岛州波塔基特市。关于针对妇女的诽谤言论，参见Mary Beth Norton, "Gender and Defamation in Seventeenth-Century Maryland," *WMQ* 44, no 1.（Jan. 1987）: 3–39; Kathleen M. Brown, *Good Wives, Nasty Wenches, and Anxious Patriarchs: Gender, Race, and Power in Colonial Virginia*（Chapel Hill: University of North Carolina Press, 1996）, 306–18; Laura Gowing, *Domestic Dangers: Women, Words, and Sex in Early Modern London*（Oxford, UK: Clarendon Press, 1996）; Bernard Capp, *When Gossips Meet: Women, Family, and Neighborhood in Early Modern England*（Oxford, UK: Oxford University Press, 2003）.

2. 关于酒馆与咖啡馆乃公共空间，参见David W. Conroy, *In Public Houses: Drink and the Revolution of Authority in Colonial Massachusetts*（Chapel Hill: University of North Carolina Press, 1995）; David Shields, *Civil Tongues and Polite Letters in British America*（Chapel Hill: University of North Carolina Press, 1997）, 55–98; Sharon V. Salinger, *Taverns and Drinking in Early America*（Baltimore: Johns Hopkins University Press, 2002）; Bryan Cowan, *The Social Life of Coffee: The Emergence of the British Coffeehouse*（New Haven, CT: Yale University Press, 2005）; Benjamin Carp, *Rebels Rising: Cities and the American Revolution*（Oxford, UK: Oxford University Press, 2007）, 62–98.

3. 格兰特-波特诉讼案，纽波特郡中级民事法庭，1746年5月，第87号，罗得岛州最高法庭司法记录中心，罗得岛州波塔基特市。

4. 关于寡妇的情况，参见Lisa Wilson, *Life after Death: Widows in Pennsylvania, 1750-1850*（Philadelphia: Temple University Press, 1992）; Linda L. Sturtz, *Within Her Power: Propertied Women in Colonial America*（New York: Routledge, 2002）; Vivian Bruce Conger, *The Widow's Might: Widowhood and Gender in Early British America*（New

York: New York University Press, 2009）. 关于从未婚嫁的妇女，参见Karin Wulf, *Not All Wives: Women of Colonial Philadelphia*（Ithaca, NY: Cornell University Press, 2000）; Amy M. Froide, *Never Married: Singlewomen in Early Modern Europe*（Oxford, UK: Oxford University Press, 2005）.

5. 关于波士顿和纽波特，重点参见Elaine Forman Crane, *A Dependent People: Newport, Rhode Island in the Revolutionary Era*（New York: Fordham University Press, 1985）; Gary B. Nash, *The Urban Crucible: Social Change, Political Consciousness, and the Origins of the American Revolution*（Cambridge, MA: Harvard University Press, 1979）; Elaine Forman Crane, *Ebb Tide in New England: Women, Seaports, and Social Change, 1600-1800*（Boston: Northeastern University Press, 1998）; Mark Peterson, *The City-State of Boston: The Rise and Fall of an Atlantic Power, 1630-1865*（Princeton, NJ: Princeton University Press, 2019）. 关于航海社会，参见Daniel Vickers, with Vince Walsh, *Young Men and the Sea: Yankee Seafarers in the Age of Sail*（New Haven, CT: Yale University Press, 2005）; Lisa Norling, *Captain Ahab Had a Wife: New England Women and the Whalefishery, 1720-1870*（Chapel Hill: University of North Carolina Press, 2000）.

6. Crane, *Ebb Tide*, 9–20.

7. 关于妇女的网络，参见Laurel Thatcher Ulrich, *Good Wives: Image and Reality in the Lives of Women in Northern New England, 1650-1750*（New York: Alfred A. Knopf, 1982）; Laurel Thatcher Ulrich, *A Midwife's Tale: The Life of Martha Ballard, Based on Her Diary, 1785-1812*（New York: Random House, 1990）; Beverly Lemire, *The Business of Everyday Life: Gender, Practice and Social Politics in England, c. 1600-1900*（Manchester, UK: Manchester University Press, 2005）, 16–55.

8. 关于英属殖民美洲的性别关系概述，参见Mary Beth Norton, *Founding Mothers & Fathers: Gendered Power and the Forming of American Society*（New York: Vintage Books, 1996）.

9. 约瑟夫·普林斯的请愿书，《马萨诸塞州档案集》，vol. 43，461–63，马萨诸塞州档案馆，马萨诸塞州波士顿市；麦克丹尼尔-弗赖伊诉讼案，纽波特郡中级民事法庭，1741年5月，第132号，罗得岛州最高法庭司法记录中心，罗得岛州波塔基特市。

10. Marylynn Salmon, *Women and the Law of Property in Early America*（Chapel Hill: University of North Carolina Press, 1986）; Lindsay R. Moore, *Women Before the Court: Law and Patriarchy in the Anglo-American World, 1600-1800*（Manchester, UK: Manchester University Press, 2019）, 21–38. 关于性别与档案中掩盖的情况，参见Marisa J. Fuentes, *Dispossessed Lives: Enslaved Women, Violence, and the Archive*（Philadelphia: University of Pennsylvania Press, 2016）.

11. William Blackstone, *Commentaries on the Laws of England*, vol. 1（Oxford, UK: Clarendon Press, 1765）, 430.

12. Craig Muldrew, "'A Mutual Assent of Her Mind'? Women, Debt, Litigation, and Contract in Early Modern England," *History Workshop Journal* 55（2003）: 47–71;

Nicola Phillips, *Women in Business, 1700-1850* （Woodbridge, UK: Boydell, 2006）, 23–47; Holly Brewer, "The Transformation of Domestic Law," in *The Cambridge History of Law in America*, vol. 1, *Early America*, ed. Michael Grossberg and Christopher Tomlins （Cambridge: Cambridge University Press, 2008）, 288–323.

13. [John Barnard], *A Present for an Apprentice: Or, a Sure Guide to gain both Esteem and Estate*, 4th ed. （Philadelphia: B. Franklin & D. Hall, 1749）,（"whole happiness"）86,（"fair wife"）91. 还参见Margaret R. Hunt, *The Middling Sort: Commerce, Gender, and the Family in England, 1680-1780* （Berkeley: University of California Press, 1996）.

14. 约瑟夫·尼科尔斯的证词，格兰特–班纳特诉讼案，纽波特郡中级民事法庭， 1741 年5月， 第134号，罗得岛州最高法庭司法记录中心，罗得岛州波塔基特市。

15. David Hancock, *Citizens of the World: London Merchants and the Integration of the British Atlantic Community, 1735-1785* （Cambridge: Cambridge University Press, 1995）; Margaret R. Hunt, *The Middling Sort: Commerce, Gender, and the Family in England, 1680-1780* （Berkeley: University of California Press, 1996）; Julie Hardwick, *The Practice of Patriarchy: Gender and the Politics of Household Authority in Early Modern France* （Philadelphia: University of Pennsylvania Press, 1998）; Peter Mathias, "Risk, Credit, and Kinship in Early Modern Enterprise," in *The Early Modern Atlantic Economy*, ed. John J. McCusker and Kenneth Morgan （Cambridge: Cambridge University Press, 2000）, 15–35; Richard Grassby, *Kinship and Capitalism: Marriage, Family, and Business in the English-Speaking World, 1580-1720* （Cambridge: Cambridge University Press, 2001）; Julie Hardwick, *Family Business: Litigation and the Political Economies of Daily Life in Early Modern France* （Oxford, UK: Oxford University Press, 2009）; Ellen Hartigan–O'Connor, *The Ties that Buy: Women and Commerce in Revolutionary America* （Philadelphia: University of Pennsylvania Press, 2009）, 69–100; Lindsay Mitchell Keiter, "Uniting Interests: The Economic Function of Marriage in America, 1750–1860" （PhD diss., College of William and Mary, 2016）. 关于大西洋世界家庭的重要性，还参见 Sarah M. S. Pearsall, *Atlantic Families: Lives and Letters in the Later Eighteenth Century* （Oxford, UK: Oxford University Press, 2008）; Julie Hardwick, Sarah M. S. Pearsall, and Karin Wulf, "Introduction: Centering Families in Atlantic Histories," *WMQ* 70, no. 2 （Apr. 2013）: 205–24; Jane E. Mangan, *Creating the Bonds of Family in Conquest-Era Peru and Spain* （Oxford, UK: Oxford University Press, 2015）.

16. "Reply to a Piece of Advice," *Pennsylvania Gazette*, Mar. 4, 1734/1735.

17. Cotton Mather, *Ornaments for the Daughters of Zion* （Cambridge, MA: S. G. & B. G., 1692）, 82–83; *Reflections on Courtship and Marriage [. . .]* （Philadelphia: B. Franklin, 1746）, 46; [Barnard], *A Present for an Apprentice*, 89–90; [Mary Wray, or Richard Steele and George Berkeley?], *The Ladies Library*, 6th ed. （London: J. & R. Tonson & S. Draper, 1751）, vol. 1: 95–97; [George Savile], *The Lady's New-year's Gift*; or, *Advice to a Daughter* （London: T. Caxton, 1758）, 31–33; [William Kenrick], *The Whole Duty of*

Woman [...] （London, repr. Boston: Fowle & Draper, 1761），33, 43.

18. Benjamin Franklin, *Autobiography of Benjamin Franklin*, in *The Life of Benjamin Franklin*, vol. 1, ed. John Bigelow （Philadelphia: J. B. Lippincott, 1875），205. 还参见 Joseph M. Adelman, *Revolutionary Networks: The Business and Politics of Printing the News* （Baltimore: Johns Hopkins University Press, 2019），22–26.

19. Hartigan–O'Connor, *Ties that Buy*, 69–100, 129–60.

20. 阿比盖尔·弗赖伊的应诉状，麦克丹尼尔–弗赖伊诉讼案，纽波特郡中级民事法庭，1741年5月，第132号，罗得岛州最高法庭司法记录中心，罗得岛州波塔基特市。还参见Nash, *Urban Crucible*, esp. 16, 19, 63–64, 115; Crane, *Dependent People*, 63–68; Billy G. Smith, *The "Lower Sort": Philadelphia's Laboring People, 1750-1800* （Ithaca, NY: Cornell University Press, 1990），4, 113–14; Daniel Vickers, *Farmers & Fishermen: Two Centuries of Work in Essex County, Massachusetts, 1630-1850* （Chapel Hill: University of North Carolina Press, 1994），184–88; Margaret Hunt, "Women and the Fiscal–Imperial State in the Late Seventeenth and Early Eighteenth Centuries," in *A New Imperial History: Culture, Identity, and Modernity in Britain and the Empire, 1660-1840*, ed. Kathleen Wilson （Cambridge: Cambridge University Press, 2004），29–47; Vickers, *Young Men and the Sea*, esp. 107, 117.

21. Salmon, *Women and the Law of Property*, 58–80; Crane, *Ebb Tide*, 190–96; Clare Lyons, *Sex among the Rabble: An Intimate History of Gender and Power in the Age of Revolution* （Chapel Hill: University of North Carolina Press, 2006），14–58.

22. 关于生活必需品的法律，参见Margot Finn, "Women, Consumption, and Coverture in England, 1760–1860," *Historical Journal* 39, no. 3（Sept. 1996）: 709–14; Muldrew, "Mutual Assent," 60–64; Hartigan–O'Connor, *Ties that Buy*, 137. 关于质押，参见Jane E. Mangan, *Trading Roles: Gender, Ethnicity, and the Urban Economy in Colonial Potosi* （Durham, NC: Duke University Press, 2005），119–26; Hartigan–O'Connor, *Ties that Buy*, 93–94, 114, 137–38, 167; Serena Zabin, *Dangerous Economies: Status and Commerce in Imperial New York* （Philadelphia: University of Pennsylvania Press, 2009），73–75. 关于麦克丹尼尔家的物品，参见麦克丹尼尔–弗赖伊诉讼案，纽波特郡中级民事法庭，1741年5月，第132号，罗得岛州最高法庭司法记录中心，罗得岛州波塔基特市。

23. 约瑟夫·普林斯的请愿书，《马萨诸塞州档案集》，vol. 43, 461–63, 马萨诸塞州档案馆，马萨诸塞州波士顿市；约翰·惠尔赖特的应诉状，《马萨诸塞州档案集》，vol. 43，466–67，马萨诸塞州档案馆，马萨诸塞州波士顿市。

24. 《给丈夫离家且音信全无长达3年的妻子授予必要的管理权的法案》（1711年）和《议会批准进一步扩大……丈夫离家且音信全无长达3年的妻子的权限……的法案》（1717年），*Acts and Laws of His Majesties Colony of Rhode-Island, and Providence–Plantations in America* （Boston: John Allen, 1719），67–68, 81–83. 手水妻子的请愿书，包括弗朗西斯·蔡尔德向罗得岛州议会提交的请愿书（1748年），

vol. 7, 17，罗得岛州档案馆，罗得岛州普罗维登斯市；玛丽·森特向罗得岛州议会提交的请愿书（1757年），vol. 9, 195，罗得岛州档案馆，罗得岛州普罗维登斯市；玛莎·索尔兹伯里向罗得岛州议会提交的请愿书（1768年），vol. 13, 28，罗得岛州档案馆，罗得岛州普罗维登斯市。参见Ruth Wallis Herndon, "The Domestic Cost of Seafaring: Town Leaders and Seamen's Families in Eighteenth−Century Rhode Island," in *Iron Men, Wooden Women: Gender and Seafaring in the Atlantic World, 1700-1920*, ed. Margaret S. Creighton and Lisa Norling（Baltimore: Johns Hopkins University Press, 1996），55−69；Norling, *Captain Ahab Had a Wife*, 15−50.

25. Nash, *Urban Crucible*, 169−72, 242−43; Crane, *Ebb Tide*, 12, 14; Peterson, *City-State of Boston*, 247−93.

26. Nash, *Urban Crucible*, 172, 245; Crane, *Ebb Tide*, 13−17; Hunt, "Women and the Fiscal−Imperial State."

27. Nash, *Urban Crucible*, 184−97.

28. 约瑟夫·普林斯的请愿书，《马萨诸塞州档案集》，vol. 43, 461−63，马萨诸塞州档案馆，马萨诸塞州波士顿市。

29. 麦克丹尼尔−弗赖伊诉讼案，纽波特郡中级民事法庭，1741年5月，第132号，罗得岛州最高法庭司法记录中心，罗得岛州波塔基特市。

30. 布赖恩·麦克丹尼尔的书面声明，麦克丹尼尔−弗赖伊诉讼案，纽波特郡中级民事法庭，1741年5月，第132号，罗得岛州最高法庭司法记录中心，罗得岛州波塔基特市；阿比盖尔·弗赖伊的应诉状和阿比盖尔·弗赖伊记录的布赖恩·麦克丹尼尔的账目，麦克丹尼尔−弗赖伊诉讼案，纽波特郡中级民事法庭，1741年5月，第132号，罗得岛州最高法庭司法记录中心，罗得岛州波塔基特市。

31. 阿比盖尔·弗赖伊的应诉状，麦克丹尼尔−弗赖伊诉讼案，纽波特郡中级民事法庭，1741年5月，第132号，罗得岛州最高法庭司法记录中心，罗得岛州波塔基特市。

32. 普林斯−惠尔赖特诉讼案（1748年），萨福克郡案件卷宗档案，64, 887，马萨诸塞州档案馆，马萨诸塞州波士顿市。

33. 约瑟夫·普林斯的请愿书，《马萨诸塞州档案集》，vol. 43, 461−63，马萨诸塞州档案馆，马萨诸塞州波士顿市。

34. 约翰·惠尔赖特的应诉状，《马萨诸塞州档案集》，vol. 43, 466−67，马萨诸塞州档案馆，马萨诸塞州波士顿市。

35. 乔布·劳顿的应诉状，查普曼−劳顿诉讼案，纽波特郡高级法庭，1733年9月，罗得岛州最高法庭司法记录中心，罗得岛州波塔基特市。

36. Crane, *Ebb Tide*, 168−69.

37. 判决书，麦克丹尼尔−弗赖伊诉讼案，纽波特郡中级民事法庭，1741年5月，第132号，罗得岛州最高法庭司法记录中心，罗得岛州波塔基特市。

38. 约瑟夫·普林斯请愿书中的诉讼，《马萨诸塞州档案集》，vol. 43, 468，马萨诸塞州档案馆，马萨诸塞州波士顿市。

39. Finn, "Women, Consumption, and Coverture," 707.

40. 关于格兰特家的房子情况，参见Hoke P. Kimball and Bruce Henson, *Governor's Houses and State Houses in Colonial America, 1607-1783: An Historical, Architectural, and Archeological Survey*（Jefferson, NC: Macfarland, 2017），203.

41. 关于爆炸的情况，参见 "Newport, Sept. 21"（"sorrowful accident"），*Boston Gazette*, Sept. 25, 1744, [2]; "Newport, Rhode-Island, September 21," *American Weekly Mercury*, Oct. 4, 1744, [2]; "Newport, Rhode-Island, September 14," *Pennsylvania Journal, or Weekly Advertiser*, Oct. 4, 1744, [2]. For Grant's death, see "Newport, Sept. 28," *Boston Evening Post*, Oct. 1, 1744, [1–2]. 关于格兰特先生去世前 "弗雷德里克" 号最终返回纽波特港的情况，参见 "New-Port, Sept. 14th 1744," *Boston Weekly Post-Boy*, Sept. 17, 1744, [2]. 关于私掠巡航，参见Nash, *Urban Crucible*, 165–69.

42. 坦佩伦丝和帕特里克·格兰特-乔布·卡斯韦尔诉讼案，1751年11月，卷宗，波特郡中级民事法庭，vol. E, 778, 罗得岛州最高法庭司法记录中心，罗得岛州波塔基特市；坦佩伦丝·格兰特管理苏尔顿·格兰特先生的遗产管理账目，1764年5月18日，纽波特市议会记录，vol. 14, 33, 纽波特历史学会，罗得岛州纽波特市。

43. Toby L. Ditz, *Property and Kinship: Inheritance in Early Connecticut, 1750-1820*（Princeton, NJ: Princeton University Press, 1986），146–47; David E. Narrett, *Inheritance and Family Life in Colonial New York City*（Ithaca, NY: Cornell University Press, 1992），106; Wilson, *Life after Death*, 112–13.

44. 《遗嘱认证及授予遗产管理权法案》（1662年），*Acts and Laws of His Majesties Colony of Rhode-Island, and Providence-Plantations in America*（Boston: John Allen, 1719），13–14;《清算和分配无遗嘱者遗产的法案》（1692年），*Acts and Laws of Her Majesties Province of the Massachusetts Bay in New England*（Boston: B. Green, 1714），2–4.

45. 1740年至1741年，50%的遗产管理人（总数为64）为妇女；1750年至1751年，此比例为38%（总数为53）；1760年至1761年，此比例为39%（总数为78）；1770年至1771年，此比例为45%（总数为104），参见纽波特市议会记录，vols. 8–16，纽波特历史学会，罗得岛州纽波特市。

46. 在女遗产管理人或女遗嘱执行人与死者关系已知的案例中，84%的女遗产管理人和女遗嘱执行人为管理亡夫遗产的寡妇。其余的女遗产管理人和女遗嘱执行人是因自身的身份地位而被指定为遗产管理人和遗嘱执行人的女生意人，抑或是为朋友或家人担当遗嘱执行人的妇女，其中许多为单身女性。参见纽波特市议会记录，vols. 8–16，纽波特历史学会，罗得岛州纽波特市。关于联合遗产管理人，参见Sara T. Damiano, "'To Well and Truly Administer': Female Administrators and Estate Settlement in Newport, Rhode Island, 1730–1776," *New England Quarterly* 86, no. 1（Mar. 2013）: 93.

47. Elaine Forman Crane, *The Poison Plot: A Tale of Adultery and Murder in Colonial Newport*（Ithaca, NY: Cornell University Press, 2018），123–24, 141–42; 1735年10月21

日坦佩伦丝·格兰特写给苏尔顿·格兰特的信，格兰特·钱普林·梅森家族文件，127号盒，未标记信封，纽波特历史学会，罗得岛州纽波特市，reproduced in Crane, *Poison Plot*, 141.

48. Daniel Defoe, *The complete English Tradesman, in familiar letters; directing him in the several parts and progressions of the trade*, vol. 1（London: Charles Rivington, 1725）, 291.

49. 坦佩伦丝·格兰特管理苏尔顿·格兰特先生的遗产管理账目，1764年5月18日，纽波特市议会记录，vol. 14, 33，纽波特历史学会，罗得岛州纽波特市。帕特里克·格兰特于1756年去世。关于帕特里克·格兰特的财产清单，1756年2月2日，纽波特市议会记录，vol. 12, 13–14，纽波特历史学会，罗得岛州纽波特市。

50. 此比例乃基于1731年至1779年每十年第一、二年度纽波特郡所有男子出庭做证的样本（总数10151人）。

51. 在纽波特郡的债务案件样本（总数213）中，38%的女诉讼人为遗产管理人；71%为非遗产管理人。在萨福克郡的债务案件样本（总数154）中，32%的女诉讼人为遗产管理人；68%为非遗产管理人。由于有些妇女既以遗产管理人的身份又以非遗产管理人的身份出庭，所以纽波特郡的总比例超过100%。关于取样的情况，参见附件。

52. 罗得岛州沃里克镇的一位名为芭芭拉·格林的寡妇兼遗产管理人抱怨说，为满足亡夫一名债主的要求，她"被迫将床和床单交给警长"，因为他的遗产本就少之又少。另一位寡妇兼遗产管理人黛娜·卡洪表示担心，债主会没收丈夫的遗产，并以"远低于真实价值"的价格售卖，从而让家里的遗产所剩无几。参见芭芭拉·格林向罗得岛州议会提交的请愿书（1782年），vol. 19, 71，罗得岛州档案馆，罗得岛州普罗维登斯市；Crane, *Ebb Tide*, 162.

53. 格兰特–波特诉讼案，纽波特郡中级民事法庭，1746年5月，第87号，罗得岛州最高法庭司法记录中心，罗得岛州波塔基特市。关于新英格兰女店主，重点参见 Patricia Cleary, *Elizabeth Murray: A Woman's Pursuit of Independence in Eighteenth-Century America*（Amherst: University of Massachusetts Press, 2000）; Conger, *The Widow's Might*; Hartigan-O'Connor, *Ties that Buy*, 39–68.

54. Nash, *Urban Crucible*, 166; Vickers, *Young Men and the Sea*, 131–62; Susanah Shaw Romney, *New Netherland Connections: Intimate Networks and Atlantic Ties in Seventeenth-Century America*（Chapel Hill: University of North Carolina Press, 2014）, 30–40.

55. Hunt, "Women and the Fiscal-Imperial State"; Ellen Hartigan-O'Connor, "'She Said She Did Not Know Money': Urban Women and Atlantic Markets in the Revolutionary Era," *Early American Studies* 4, no. 2（Fall 2006）: 327–30; Romney, *New Netherland Connections*, 26–65.

56. 赫齐卡亚·厄舍的证词，约翰·贝津的证词和约翰·克拉克的证词，格兰特–波特诉讼案，纽波特郡中级民事法庭，1746年5月，第87号，罗得岛州最高法庭司法记录中心，罗得岛州波塔基特市。

57. 我的分析不包括遗产管理人和遗嘱执行人管理账目上所列的债务，比如丧葬费，以及与财产清算相关的管理费。

58. 整体来说，出现在遗嘱认证文件中的死者比普通人年龄更大，且拥有更多财富。

59. 在这些经过法庭认证的男子遗产中，总共涉及1026起债务。这些数据基于1735—1776年纽波特男子的遗产管理目录（来自纽波特历史学会保存的纽波特市议会记录第8~18卷）。这份样本由52个账目组成，共包含1026笔在遗产管理期间未达成清算协议的债务。

60. 在这些经过法庭认证的妇女遗产中总共涉及143起债务。这些数据基于1735—1776年纽波特每一份清晰的妇女遗产管理目录（来自纽波特历史学会保存的纽波特市议会记录第8~18卷）。这份样本由21个账目组成，共包含143笔在遗产管理期间未达成清算协议的债务。

61. 关于将经济网络描述为男子专属领域的研究例子，参见Thomas Doerflinger, *A Vigorous Spirit of Enterprise: Merchants and Economic Development in Revolutionary Philadelphia*（Chapel Hill: University of North Carolina Press, 1986）；David Hancock, *Citizens of the World: London Merchants and the Integration of the British Atlantic Community, 1735-1785*（Cambridge: Cambridge University Press, 1995）；Cathy Matson, "Putting the Lydia to Sea: The Material Economy of Shipping in Colonial Philadelphia," *WMQ* 74, no. 2（Apr. 2017）: 303–32. 关于妇女的网络，参见Ulrich, *Good Wives*, 51–67; Ulrich, *Midwife's Tale*, 29–30, 72–101. 许多妇女间的交易并没有记录在遗嘱认证记录中，因为它们要么是面对面的易货交易或不成文的"记忆经济"，要么是遗嘱认证记录将已婚妇女的交易归到其丈夫的名下。

62. 西米恩·波特向罗得岛州议会提交的请愿书（1749年），vol. 7, 61，罗得岛州档案馆，罗得岛州普罗维登斯市。

63. 坦佩伦丝·格兰特的书面声明，格兰特-波特诉讼案，纽波特郡中级民事法庭，1746年5月，第87号，罗得岛州最高法庭司法记录中心，罗得岛州波塔基特市；塞缪尔·韦尔什的证词，格兰特-波特诉讼案，纽波特郡中级民事法庭，1746年5月，第87号，罗得岛州最高法庭司法记录中心，罗得岛州波塔基特市。

64. 赫齐卡亚·厄舍的证词，约翰·贝津的证词和约翰·克拉克的证词，格兰特-波特诉讼案，纽波特郡中级民事法庭，1746年5月，第87号，罗得岛州最高法庭司法记录中心，罗得岛州波塔基特市。

65. 塞缪尔·韦尔什的证词，格兰特-波特诉讼案，纽波特郡中级民事法庭，1746年5月，第87号，罗得岛州最高法庭司法记录中心，罗得岛州波塔基特市。

66. Defoe, *The complete English Tradesman*, vol. 1, 274–92（quotations, 275）；Daniel Defoe, *The complete English Tradesman*, vol. 2, part 1（London: Charles Rivington, 1727）, 256–98. 还参见*Debtor and Creditor: Or a Discourse on the following Words: Have Patience with me, and I will pay thee all*（Boston: B. Mecom, 1762）；Cotton Mather, *Fair Dealing Between Creditor and Debtor*（Boston: B. Green, 1716）, 25–26. 关于信用手段，参见Craig Muldrew, *The Economy of Obligation: The Culture of Credit and Social Relations in Early Modern England*（New York: St. Martin's, 1998）.

67. 坦佩伦丝·格兰特的书面声明，格兰特–波特诉讼案，纽波特郡中级民事法庭，1746年5月，第87号，罗得岛州最高法庭司法记录中心，罗得岛州波塔基市；Norton, "Gender and Defamation." 这是一个女贸易商因性别受到人身攻击的罕见例子，参见Zabin, *Dangerous Economies*, 52–56.

68. 坦佩伦丝·格兰特的书面声明，格兰特–波特诉讼案，纽波特郡中级民事法庭，1746年5月，第87号，罗得岛州最高法庭司法记录中心，罗得岛州波塔基市；Norton, "Gender and Defamation." 关于个人信用与金融机构缺失的关系，重点参见Bruce Mann, *Neighbors and Strangers: Law and Community in Early Connecticut*（Chapel Hill: University of North Carolina Press, 1987）; Hardwick, *Practice of Patriarchy; Muldrew, Economy of Obligation*; Hardwick, *Family Business*.

69. 坦佩伦丝·格兰特的书面声明，格兰特–波特诉讼案，纽波特郡中级民事法庭，1746年5月，第87号，罗得岛州最高法庭司法记录中心，罗得岛州波塔基特市。

70. 坦佩伦丝·格兰特的书面声明，格兰特–波特诉讼案，纽波特郡中级民事法庭，1746年5月，第87号，罗得岛州最高法庭司法记录中心，罗得岛州波塔基特市；Defoe, *The complete English Tradesman*, vol. 1, 152.

71. Conger, *The Widow's Might*; 坦佩伦丝·格兰特的书面声明，格兰特–波特诉讼案，纽波特郡中级民事法庭，1746年5月，第87号，罗得岛州最高法庭司法记录中心，罗得岛州波塔基特市。苏尔顿·格兰特去世47年后，坦佩伦丝·格兰特的讣告指出：火药爆炸事件"至今仍是这个小镇上许多人的痛苦回忆"。参见 "Died, on Thursday morning last," *Newport Herald*, May 21, 1791, [3].

72. 坦佩伦丝·格兰特的书面声明，格兰特–波特诉讼案，纽波特郡中级民事法庭，1746年5月，第87号，罗得岛州最高法庭司法记录中心，罗得岛州波塔基特市。

73. Norton, "Gender and Defamation"; Toby L. Ditz, "Shipwrecked; or, Masculinity Imperiled: Mercantile Representations of Failure and the Gendered Self in Eighteenth-Century Philadelphia," *Journal of American History* 81, no. 1（June 1994）: 51–80.

74. 坦佩伦丝·格兰特的书面声明，格兰特–波特诉讼案，纽波特郡中级民事法庭，1746年5月，第87号，罗得岛州最高法庭司法记录中心，罗得岛州波塔基特市；波特–格兰特诉讼案，卷宗，波特郡中级民事法庭，vol. B, 800，罗得岛州最高法庭司法记录中心，罗得岛州波塔基特市；波特–格兰特诉讼案，卷宗，波特郡高级法庭，vol. C, 446，罗得岛州最高法庭司法记录中心，罗得岛州波塔基特市。

75. 关于坦佩伦丝·格兰特拥有的奴隶情况，参见布雷特–格兰特诉讼案，波特郡高级法庭，1756年3月，罗得岛州最高法庭司法记录中心，罗得岛州波塔基特市。数十年里坦佩伦丝·格兰特继续向水手销售商品，1764年，她管理着3名贫穷水手的财产，因为她是这些财产的最大债权人。参见约翰·考尔德，托马斯·乔利和约翰·约翰逊的遗产管理目录，1764年，纽波特市议会记录，vol. 14, 37，纽波特历史学会，罗得岛州纽波特市。格兰特关于发生在她店里的对话的证词，参见坦佩伦丝·格兰特的证词，格兰特和弗农–劳顿诉讼案，波特郡高级法庭，第1755号，罗得岛州最高法庭司法记录中心，罗得岛州波塔基特市。关于她的债务诉讼，参见格兰特–卡斯韦尔诉讼案，纽波特郡中级民事法庭，1751年11月，第186号，罗得岛州最高法庭司法记录中心，罗得岛州波塔基特市；格兰特–戴维斯诉讼案，纽波特郡中级民事法庭，1751年11月，第183号，罗得岛州最高法庭司法记录中心，罗得岛州波塔基特市；格兰特–卡斯韦尔诉讼案，纽波特郡中级民事法庭，1751年11月，第249号，罗得岛州最高法庭司法记录中心，罗得岛州波塔基特市；格兰特–卡斯韦尔诉讼案，纽波特郡中级民事法庭，1751年11月，第264号，罗得岛州最高法庭司法记录中心，罗得岛州波塔基特市，格兰特–威尔逊诉讼案，纽波特郡中级民事法庭，1751年11月，第32号，罗得岛州最高法庭司法记录中心，罗得岛州波塔基特市。关于坦佩伦丝·格兰特的死亡，参见 "Died, on Thursday morning last," *Newport Herald*, May 21, 1791, [3].

76. Alfred F. Young, "George Robert Twelves Hewes （1742–1840）: A Boston Shoemaker and the Memory of the Revolution," *WMQ* 34, no. 4 （Oct. 1981）: 572–73. 乔治·罗伯特·特韦尔韦斯·休斯是乔治与阿比盖尔·休斯的儿子。

77. 关于起初的合作伙伴关系，参见邦德和纳撒尼尔·坎宁安–乔治和罗伯特·休斯诉讼案，1634年1月16日，萨福克郡档案，38，576，马萨诸塞州档案馆，马萨诸塞州波士顿市；纳撒尼尔·坎宁安与乔治和罗伯特·休斯的协议条款（1734年1月16日），萨福克郡档案，38，587，马萨诸塞州档案馆，马萨诸塞州波士顿市。关于额外的贷款，参见邦德、乔治和罗伯特·休斯–纳撒尼尔·坎宁安诉讼案，1734年12月10日，萨福克郡档案，49，424，马萨诸塞州档案馆，马萨诸塞州波士顿市；邦德、乔治和罗伯特·休斯–纳撒尼尔·坎宁安诉讼案，1735年6月12日，萨福克郡档案，50，187，马萨诸塞州档案馆，马萨诸塞州波士顿市；法庭记录，坎宁安–休斯诉讼案（1739年10月2日），萨福克郡档案，50，281，马萨诸塞州档案馆，马萨诸塞州波士顿市。关于皮革匠，参见Smith, *The Lower Sort*, 5. 关于商人与工匠之间的信用关系，参见Nash, *Urban Crucible*, 316–18.

78. 关于这场争端中产生的第一个诉讼，参见乔治和罗伯特·休斯的传票（1740年1月26日），萨福克郡档案，54，128，马萨诸塞州档案馆，马萨诸塞州波士顿市。

79. 关于双方向立法机构提交的多份请愿书，参见《马萨诸塞州档案集》，vol. 41, 425, 562; vol. 42, 147, 153, 158, 448, 805; vol. 43, 373，马萨诸塞州档案馆，马萨诸塞州波士顿市。马萨诸塞州档案馆的萨福克郡档案包含大量法律案件的文件。关于休斯与坎宁安的纠纷，只强调阶级冲突而不讨论妇女参与商业活动的陈述，参见Alfred F. Young, *The Shoemaker and the Tea Party: Memory and the American Revolution* （Boston: Beacon, 1999），17–18; Young, "George Robert Twelves Hewes," 572–75.

80. Nash, *Urban Crucible*, 102–28; 罗伯特·休斯的答辩状，《马萨诸塞州档案集》，vol. 43, 377–78，马萨诸塞州档案馆，马萨诸塞州波士顿市。

81. Nash, *Urban Crucible*, 127; Ditz, "Shipwrecked."

82. "These are to inform all Merchants," *Boston Weekly News-Letter*, Sept. 1, 1737, [2].

83. "纳撒尼尔·坎宁安附加的杂货清单，"《马萨诸塞州档案集》，vol. 41, 429，马萨诸塞州档案馆，马萨诸塞州波士顿市；"All sorts of the best Tann'd

and Curried Leather," *Boston Weekly News-Letter*, Mar. 25, 1736, [2]; "Choice good hard and soft Soap," *Boston Evening Post*, Apr. 11, 1737, [2]; "These are to inform all Merchants," *Boston Weekly News-Letter*, Sept. 1, 1737, [2]; "This is to inform all Gentlemen," *New England Weekly Journal*, Mar. 10, 1741, [2].

84. 约翰·布莱克的证词（1740年8月）和约翰·斯特林格的证词（1740年9月3日），萨福克郡档案，52，392，马萨诸塞州档案馆，马萨诸塞州波士顿市；伊丽莎白·戈达德和埃丝特·布莱尔的证词（1739年1月），约翰·拉塞尔和约翰·斯特林格的证词（1739年2月22日），萨福克郡档案，51，228，马萨诸塞州档案馆，马萨诸塞州波士顿市。休斯兄弟后来起诉坎宁安及其同伙非法夺取皮革厂的财产。参见休斯–坎宁安，罗亚尔和尼科尔斯诉讼案的法庭传令（1739年6月15日），萨福克郡档案，49，467，马萨诸塞州档案馆，马萨诸塞州波士顿市；休斯–坎宁安和巴克诉讼案的法庭传令（1740年4月3日），萨福克郡档案，52，392，马萨诸塞州档案馆，马萨诸塞州波士顿市。

85. 约翰·霍金斯的证词（1739年5月23日），萨福克郡档案，49，424，马萨诸塞州档案馆，马萨诸塞州波士顿市；大卫·芒罗的证词（1739年4月20日），萨福克郡档案，51，228，马萨诸塞州档案馆，马萨诸塞州波士顿市。

86. 阿比盖尔·塞弗、伊丽莎白·戈达德和埃丝特·布莱尔的证词（1739年1月），萨福克郡档案，51，228，马萨诸塞州档案馆，马萨诸塞州波士顿市；露丝·洛林的证词（1740年8月22日和1740年9月3日），萨福克郡档案，52，392，马萨诸塞州档案馆，马萨诸塞州波士顿市。

87. 伊丽莎白·戈达德的证词（1739年1月），巴塞洛缪·艾伦和约翰·斯奎尔的证词（1739年1月），萨福克郡档案，50，767，马萨诸塞州档案馆，马萨诸塞州波士顿市。这份档案里没有具体说明9月时乔治·休斯是否仍被监禁。休斯后来起诉坎宁安及其同伙在4月和9月非法夺取皮革厂的财产。参见休斯–坎宁安，罗亚尔和尼科洛斯诉讼案的法庭传令（1739年6月15日），萨福克郡档案，49，467，马萨诸塞州档案馆，马萨诸塞州波士顿市；休斯–坎宁安和巴克诉讼案的法庭传令（1740年4月30日），萨福克郡档案，52，392，马萨诸塞州档案馆，马萨诸塞州波士顿市。

88. 引用大卫·芒罗证词（1739年4月20日）中的句子，萨福克郡档案，51，228，马萨诸塞州档案馆，马萨诸塞州波士顿市。也参见约翰·霍金斯的证词（1739年5月23日），萨福克郡档案，49，424，马萨诸塞州档案馆，马萨诸塞州波士顿市。

89. 露丝·洛林的证词（1740年8月22日），萨福克郡档案，52，392，马萨诸塞州档案馆，马萨诸塞州波士顿市。

90. 阿比盖尔·塞弗的证词（"野蛮行径""她和孩子们""过日子"，1739年1月），萨福克郡档案，51，228，马萨诸塞州档案馆，马萨诸塞州波士顿市；露丝·洛林的证词（"没人"，1740年8月22日），萨福克郡档案，52，392，马萨诸塞州档案馆，马萨诸塞州波士顿市；伊丽莎白·戈达德的证词（"吵"，1739年1月），萨福克郡档案，51，228，马萨诸塞州档案馆，马萨诸塞州波士顿市。

91. 伊丽莎白·戈达德的证词（"应当搬"）和阿比盖尔·塞弗的证词（1739年1月），

萨福克郡档案，51，228，马萨诸塞州档案馆，马萨诸塞州波士顿市；露丝·洛林（1740年8月22日），萨福克郡档案，52，392，马萨诸塞州档案馆，马萨诸塞州波士顿市。

92. 阿比盖尔·塞弗，伊丽莎白·戈达德和埃丝特·布莱尔的证词（1739年1月），萨福克郡档案，51，228，马萨诸塞州档案馆，马萨诸塞州波士顿市；露丝·洛林的证词（1740年8月22日），萨福克郡档案，52，392，马萨诸塞州档案馆，马萨诸塞州波士顿市。Laura Gowing, *Common Bodies: Women, Touch, and Power in Seventeenth-Century England* （New Haven, CT: Yale University Press, 2003）；149–76（quotation, 151）. 也参见Ulrich, *Midwife's Tale*, 61–62; Adrian Wilson, *The Making of Man-Midwifery: Childbirth in England, 1660-1770* （London: University College London Press, 1995），1, 25; David Cressy, *Birth, Marriage, and Death: Ritual, Religion, and the Life-Cycle in Tudor and Stuart England* （New York: Oxford University Press, 1997），16, 84.

93. 阿比盖尔·塞弗的证词（1739年1月），萨福克郡档案，51，228，马萨诸塞州档案馆，马萨诸塞州波士顿市。

94. 露丝·洛林的证词（1740年8月22日），萨福克郡档案，52，392，马萨诸塞州档案馆，马萨诸塞州波士顿市。

95. 伊丽莎白·戈达德宣称"6月18日纳撒尼尔·坎宁安先生进入乔治·休斯家"，可她没有解释为什么他会这样做。戈达德和埃丝特·布莱尔宣称6月22日"坎宁安进入房子"，然后，当戈达德告诉他"她状况不好，没法走出卧室下楼来"的时候，他"上楼来到休斯太太的卧室"。参见伊丽莎白·戈达德和埃丝特·布莱尔的证词（所有引用来自布莱尔的证词，1739年1月），萨福克郡档案，51，228，马萨诸塞州档案馆，马萨诸塞州波士顿市。

96. 纳撒尼尔·坎宁安的传票（1740年4月2日），萨福克郡档案，52，392，马萨诸塞州档案馆，马萨诸塞州波士顿市。

97. Barbara Duden, *The Woman Beneath the Skin: A Doctor's Patients in Eighteenth-Century Germany*, trans. Thomas Dunlap （Cambridge, MA: Harvard University Press, 1991），107–9, 140–49, 157–70; Cressy, *Birth, Marriage and Death*, 45, 87; Gowing, *Common Bodies*, 22, 122–38.

98. 一起涉及债务的诉讼案，参见休斯–坎宁安诉讼案的法庭传令（1739年2月28日），萨福克郡档案，41，430，马萨诸塞州档案馆，马萨诸塞州波士顿市。一起涉及奴隶的诉讼案，休斯–坎宁安诉讼案的法庭传令（1739年9月15日），萨福克郡档案，50，127，马萨诸塞州档案馆，马萨诸塞州波士顿市。

99. Ulrich, *Midwife's Tale*, 102–33; Cornelia Hughes Dayton, "Taking the Trade: Abortion and Gender Relations in an Eighteenth–Century New England Village," *WMQ* 48, no. 1 （Jan. 1991）: 19–49; Kathleen Brown, "'Changed . . . into the Fashion of Man': The Politics of Sexual Difference in a Seventeenth–Century Anglo–American Settlement," *Journal of the History of Sexuality* 6, no. 2 （Oct. 1995）: 171–93; Gowing, *Domestic Dangers*; Norton, *Founding Mothers and Fathers*, 183–97; Gowing, *Common Bodies*; Sharon Block,

Rape and Sexual Power in Early America（Chapel Hill: University of North Carolina Press, 2006），88–125.

100. *An Abridgement of Burn's Justice of the Peace and Parish Officer*（Boston: Joseph Greenleaf, 1773），125.

101. 阿比盖尔·塞弗，伊丽莎白·戈达德（"大为吃惊"）和埃丝特·布莱尔的证词（1739年1月），萨福克郡档案，51，228，马萨诸塞州档案馆，马萨诸塞州波士顿市；约翰·洛林的证词（"柔弱女子""好"和"顺利"，1740年8月），露丝·洛林的证词（"冷静自持""被吓得'连奶都没了'"，1740年8月22日和1740年9月3日），简·肖的证词（"坎宁安的恫吓""如此情绪低落、身体虚弱的境地""情况很糟糕"，1740年8月），萨福克郡档案，52，392，马萨诸塞州档案馆，马萨诸塞州波士顿市。塞弗、戈达德、布莱尔和肖着重描述了坎宁安对阿比盖尔·休斯十分苛刻，强调了产妇与孩子健康状况很差。约翰和露丝·洛林（不是夫妇，不过可能是亲属关系）则抗议称坎宁安没有恫吓休斯，她总的来说身体状况还好，碰到的困难与其之前生孩子时碰到的问题相似。关于证人提供证词时阿比盖尔·休斯在现场的情况，参见露丝·洛林的证词（1740年8月22日），萨福克郡档案，52，392，马萨诸塞州档案馆，马萨诸塞州波士顿市。

102. 与那个时期的典型情况一样，法庭记录没有解释这一判决背后的理由。参见上诉理由，坎宁安–休斯诉讼案（1739年2月），萨福克郡档案，51，228，马萨诸塞州档案馆，马萨诸塞州波士顿市；纳撒尼尔·坎宁安的传票（1740年4月2日），萨福克郡档案，52，392，马萨诸塞州档案馆，马萨诸塞州波士顿市；最高法庭记录（1740年8月），萨福克郡档案，54，128，马萨诸塞州档案馆，马萨诸塞州波士顿市；坎宁安–休斯诉讼案的执行令（1741年2月18日），萨福克郡档案，56，164，马萨诸塞州档案馆，马萨诸塞州波士顿市。

103. 小纳撒尼尔·坎宁安的请愿书（1750年2月7日）《马萨诸塞州档案集》，vol. 43，373–376，马萨诸塞州档案馆，马萨诸塞州波士顿市。

第二章

1. 关于改变消费者的实践活动，重点参见Richard Bushman, *The Refinement of America: Persons, Houses, Cities*（New York: Knopf, 1992）；T. H. Breen, *The Marketplace of Revolution: How Consumer Politics Shaped American Independence*（New York: Oxford University Press, 2004）；Jan de Vries, *The Industrious Revolution: Consumer Behavior and the Household Economy, 1650 to the Present*（Cambridge: Cambridge University Press, 2008）；Ann Smart Martin, *Buying into the World of Goods: Early Consumers in Backcountry Virginia*（Baltimore: Johns Hopkins University Press, 2009）.

2. 约翰·斯莱克的请愿书（1755年）《马萨诸塞州档案集》，vol. 19A，278，马萨诸塞州档案馆，马萨诸塞州波士顿市；书面声明，朗赖尔–斯普纳诉讼案，波特郡中级民事法庭，1746年11月，第108号，罗得岛州最高法庭司法记录中心，罗得岛州波塔基特市；安·基斯的遗产管理账目（1745年），纽波特市议会记录，vol. 9, 100, 纽波特历史学会，罗得岛州纽波特市。

3. Bruce Mann, "The Transformation of Law and Economy in Early America," in *The Cambridge History of Law in America*, vol. 1, *Early America*, ed. Michael Grossberg and Christopher Tomlins（Cambridge: Cambridge University Press, 2008），389; Serena Zabin, *Dangerous Economies: Status and Commerce in Imperial New York*（Philadelphia: University of Pennsylvania Press, 2009），12–14.

4. Bruce Mann, *Neighbors and Strangers: Law and Community in Early Connecticut*（Chapel Hill: University of North Carolina Press, 1987），11–45; Cornelia Hughes Dayton, *Women Before the Bar: Gender, Law, and Society in Connecticut, 1639-1789*（Chapel Hill: University of North Carolina Press, 1995），78–79.

5. 相较于地产，妇女更偏爱及更容易获得流动资产，参见Amy Erickson, *Women and Property in Early Modern England*（London: Routledge, 1993），61–78; Beverly Lemire, *The Business of Everyday Life: Gender, Practice and Social Politics in England, c. 1600-1900*（Manchester, UK: Manchester University Press, 2005），16–55; Woody Holton, "Abigail Adams, Bond Speculator," *WMQ* 64, no. 4（Oct. 2007）: 821–38. 关于唯有男子才能使用信用文件的情况，参见Cornelia Hughes Dayton, *Women Before the Bar: Gender, Law and Society in Connecticut, 1639-1789*（Chapel Hill: University of North Carolina Press, 1995），77–79; Deborah A. Rosen, *Courts and Commerce: Gender, Law, and the Market Economy in Colonial New York*（Columbus: Ohio State University Press, 1997），95–110.

6. 此比例基于1731年、1741年、1751年、1761年、1771年、1781年和1791年所有纽波特郡中级民事法庭女原告或女被告与期票（共121起）和债券（共65起）有关的债务案件。参见法庭记录书与卷宗，波特郡中级民事法庭，罗得岛州最高法庭司法记录中心，罗得岛州波塔基特市。

7. 此比例基于1730年、1740年和1750年7月；1760年和1770年1月、7月和10月；以及1780年和1790年7月所有萨福克郡中级民事法庭女原告或女被告与期票（共34起）和债券（共38起）有关的债务案件。参见法庭记录书与卷宗，萨福克郡中级民事法庭，马萨诸塞州档案馆，马萨诸塞州波士顿市。

8. 在纽波特郡涉及账目的诉讼案中，53%的原告为妇女；在萨福克郡涉及账目的诉讼案中，此比例为50%。在纽波特郡，此比例是基于1731年、1741年、1751年、1761年、1771年、1781年和1791年该郡中级民事法庭审理的原告或被告为妇女且涉及账目的诉讼案（总计129起）；在纽波特郡，此比例是基于1731年、1741年、1751年、1761年、1771年、1781年和1791年该郡中级民事法庭审理的原告或被告为妇女且涉及账目的诉讼案（总计129起）；在萨福克郡，该郡中级民事法庭审理的诉讼人为妇女且涉及账目的诉讼案样本（总计48起）来自以下庭审期：1730年7月、1740年7月和1750年7月；1760年和1770年1月、7月和10月；1780年和1790年7月。参见法庭记录书与卷宗，纽波特郡中级民事法庭，罗得岛州最高法庭司法记录中

心，罗得岛州波塔基特市；参见法庭记录书与卷宗，萨福克郡中级民事法庭，马萨
诸塞州档案馆，马萨诸塞州波士顿市。

9. "Newport, Rhode Island, April 18," *Boston Weekly Post-Boy*, Apr. 21, 1740, [3]; 安·凯
遗产清单（1740年），纽波特市议会记录，vol. 8, 91，纽波特历史学会，罗得岛州纽
波特市；《安·凯遗产管理账目》（1746年），纽波特市议会记录，vol. 8, 154，纽
波特历史学会，罗得岛州纽波特市。

10. 安·查洛纳遗产清单（1770年），纽波特市议会记录，vol. 16, 109，纽波特历史学
会，罗得岛州纽波特市。

11. 《安·凯遗产管理账目》（1746年），纽波特市议会记录，vol. 10, 118，纽波特历史
学会，罗得岛州纽波特市；安·凯遗产清单（1740年），纽波特市议会记录，vol.
8, 91，纽波特历史学会，罗得岛州纽波特市。

12. 《佩兴丝·雷德伍德遗产管理账目》（1747年），纽波特市议会记录，vol. 9, 290，
纽波特历史学会，罗得岛州纽波特市。

13. 芭芭拉·特罗特遗产清单（1740年），纽波特市议会记录，vol. 8, 85，纽波特历史学
会，罗得岛州纽波特市。

14. 《芭芭拉·特罗特遗产管理账目》（1748年），纽波特市议会记录，vol. 10, 179，纽
波特历史学会，罗得岛州纽波特市。

15. 《西尔维娅·伍德曼遗产管理账目》（1746年），纽波特市议会记录，vol. 10, 133，
纽波特历史学会，罗得岛州纽波特市。

16. 伊丽莎白·杜普洛伊斯遗产清单（1747年），纽波特市议会记录，vol. 9, 295，纽波
特历史学会，罗得岛州纽波特市。

17. "A choice parcel," *New England Weekly Journal*, Apr. 24, 1732, [2]; Vivian Bruce
Conger, *The Widow's Might: Widowhood and Gender in Early British America* （New
York: New York University Press, 2009），150–51；丽贝卡·艾默里的收据簿，艾默里
家族文件，马萨诸塞州历史学会，马萨诸塞州波士顿市。

18. 1767年2月20日、1767年9月21日、1768年6月20日、1768年10月7日、1769年2月9
日、1769年8月31日和1773年4月1日，莱恩·桑和弗雷泽写给玛莎·索尔兹伯里的
信，索尔兹伯里家族文件，美国古董学会，马萨诸塞州伍斯特镇；玛莎·索尔兹伯
里账簿，1753年至1773年，索尔兹伯里家族文件，octavo vol. 4，美国古董学会，
马萨诸塞州伍斯特镇。

19. Ellen Hartigan-O'Connor, *The Ties that Buy: Women and Commerce in Revolutionary
America* （Philadelphia: University of Pennsylvania Press, 2009），129–60; Christina
J. Hodge, "Widow Pratt's World of Goods: Implications of Consumer Choice in Colonial
Newport, RI,"*Early American Studies* 8, no. 2 （Spring 2010）: 217–34; Kate Haulman,
The Politics of Fashion in Eighteenth-Century America （Chapel Hill: University of North
Carolina Press, 2011）.

20. Margaretta Lovell, *Art in a Season of Revolution: Painters, Artisans, and Patrons in Early
America* （Philadelphia: University of Pennsylvania Press, 2005），ch. 7.

21. 玛丽·布朗的证词，戈达德-哈泽德诉讼案，纽波特郡高级法庭，1763年11月，罗得岛州最高法庭司法记录中心，罗得岛州波塔基特市。

22. 苏珊娜·哈泽德和丹尼尔·斯宾塞的证词，戈达德-哈泽德诉讼案，纽波特郡高级法庭，1763年11月，罗得岛州最高法庭司法记录中心，罗得岛州波塔基特市。还参见Jennifer L. Anderson, *Mahogany: The Costs of Luxury in Early America* （Cambridge, MA: Harvard University Press, 2012）。

23. 约翰·哈泽德的证词（"问布里斯托太太"）和约翰·布里斯托给凯瑟琳·布里斯托的授权书（1742年1月1日），布里斯托-菲利普斯诉讼案，纽波特郡高级法庭，1754年8月，罗得岛州最高法庭司法记录中心，罗得岛州波塔基特市。关于利用"乐于助人女仆号"帆船进行沿海贸易的情况，参见彼得·菲利普斯的应诉状和阿布纳·科芬的证词，布里斯托-菲利普斯诉讼案，纽波特郡高级法庭，1754年8月，罗得岛州最高法庭司法记录中心，罗得岛州波塔基特市。

24. 本杰明·梅森的证词（"布里斯托太太……的"）和皮莱格·瑟斯顿的证词（"他太太"），纽波特郡高级法庭，1754年8月，罗得岛州最高法庭司法记录中心，罗得岛州波塔基特市。

25. 安·阿斯顿的证词（"拒绝"）和查尔斯·加勒德的证词（"重大会议"），卡德-弗里伯恩诉讼案，纽波特郡中级民事法庭，1741年5月（卷宗没有标号），罗得岛州最高法庭司法记录中心，罗得岛州波塔基特市。这个案子的卷宗文件里从未提及伊莱沙·卡德妻子的名字。

26. 戈达德-哈泽德诉讼案，纽波特郡高级法庭，1763年11月，罗得岛州最高法庭司法记录中心，罗得岛州波塔基特市；布里斯托-菲利普斯诉讼案，纽波特郡高级法庭，1754年8月，罗得岛州最高法庭司法记录中心，罗得岛州波塔基特市；卡德-弗里伯恩诉讼案，纽波特郡中级民事法庭，1741年5月（卷宗没有标号），罗得岛州最高法庭司法记录中心，罗得岛州波塔基特市。

27. 关于书面证据的重要性，参见Mann, *Neighbors and Strangers*. 关于男子描述撰写文件的代表性例子，参见赫齐卡亚·比尔丁的证词（1754年）中关于西尔维纳斯·巴罗斯请愿（1753年）的情况，《马萨诸塞州档案集》，vol. 43, 783，马萨诸塞州档案馆，马萨诸塞州波士顿市；诺亚·史密斯、以斯拉·戴和塞缪尔·戴的证词（1764）中关于吉迪恩·康奈尔等人请愿（1764年）的情况，向罗得岛州议会提交的请愿书，vol. 11, 188，罗得岛州档案馆，罗得岛州普罗维登斯市。

28. William Bradford, comp., *The Secretary's Guide, or Young Man's Companion* （Philadelphia: Andrew Bradford, 1737）, 126. 还参见John Mair, *Book-keeping Methodiz'd: or, a Methodical Treatise of Merchant-Accompts, According to the Italian Form* （Dublin: Isaac Jackson, 1750）, 2; George Fisher, *The American Instructor, or Young Man's Best Companion*, 9th ed. （Philadelphia: B. Franklin & D. Hall, 1748）, 153.

29. Toby L. Ditz, "Secret Selves, Credible Personas: The Problematics of Trust and Public Display in the Writing of Eighteenth-Century Philadelphia Merchants," in *Possible Pasts: Becoming Colonial in Early America*, ed. Robert Blair St. George （Ithaca, NY: Cornell

University Press, 2000）, 223.

30. Naomi R. Lamoreaux, "Rethinking the Transition to Capitalism in the Early American Northeast," *Journal of American History* 90, no. 2 （Sept. 2003）: 440–45; Daniel Vickers, "Errors Excepted: The Culture of Credit in Rural New England, 1750–1800," *Economic History Review* 63, no. 4 （Nov. 2010）: 1032–57.

31. John Vernon, *The Compleat Compting-house* （Dublin: George Grierson, 1741）, 22.

32. 我能找到的第一张印刷期票来自1791年。参见平琼–格里德利诉讼案，萨福克郡中级民事法庭，1791年4月，第66号，马萨诸塞州档案馆，马萨诸塞州波士顿市。

33. 斯通曼–威克姆诉讼案中的期票，纽波特郡中级民事法庭，1770年11月，第97号，罗得岛州最高法庭司法记录中心，罗得岛州波塔基特市。

34. 安德伍德–坎贝尔诉讼案中的期票，纽波特郡中级民事法庭，1754年11月，第597号，罗得岛州最高法庭司法记录中心，罗得岛州波塔基特市；安东尼–基恩诉讼案中的期票，纽波特郡中级民事法庭，1761年5月，第201号，罗得岛州最高法庭司法记录中心，罗得岛州波塔基特市。"旧币"是指罗得岛州1740年前发行的货币，1740年该州发行了一套"新币"。18世纪中期，罗得岛州的居民继续同时使用新旧货币。

35. 阿比盖尔·塞耶的证词（1753年）中关于西尔维纳斯·巴罗斯请愿（1753年）的情况，《马萨诸塞州档案集》，vol. 43, 481–82，马萨诸塞州档案馆，马萨诸塞州波士顿市；露丝·贝西的证词，比尔热–伦纳德诉讼案（1760年4月），萨福克郡案件卷宗档案，80, 630，马萨诸塞州档案馆，马萨诸塞州波士顿市；乔治·劳顿的证词，劳顿–杜菲诉讼案，纽波特郡中级民事法庭，1761年5月，第64号，罗得岛州最高法庭司法记录中心，罗得岛州波塔基特市。

36. 关于妇女提供的拥有两种笔记的期票，参见约翰逊–西蒙诉讼案的期票，纽波特郡中级民事法庭，1771年5月，第130号，罗得岛州最高法庭司法记录中心，罗得岛州波塔基特市；罗兹–怀康特诉讼案的期票，萨福克郡中级民事法庭，1760年1月，第157号，马萨诸塞州档案馆，马萨诸塞州波士顿市。关于女债务人以画押方式签字的期票，参见布朗–克拉克诉讼案（1740年8月），萨福克郡案件卷宗档案，53, 988。关于一张女债权人在背面记录付款情况并在上面签名的期票，参见安德伍德–坎贝尔诉讼案，纽波特郡中级民事法庭，1754年5月，第597号，罗得岛州最高法庭司法记录中心，罗得岛州波塔基特市。

37. 关于公证广告，参见Richard Jennys, "Notice is hereby given," *Boston Gazette*, Aug. 15, 1763, [2]. 关于印刷债券的广告，参见"BLANKS," *Providence Gazette*, June 16, 1770, 102; "To be sold by Knight Dexter," *Boston Post-Boy*, Sept. 24, 1759, [4]; "Bibles, large and small," *Boston Evening Post*, Dec. 19, 1748, [4]; "All gentlemen," *Weekly Rehearsal*, July 9, 1733, [2]. 关于销售空白表格的印刷商，参见Joseph M. Adelman, *Revolutionary Networks: The Business and Politics of Printing the News* （Baltimore: Johns Hopkins University Press, 2019）, 32–33.

38. "To the Publishers of the Boston Evening Post," *Boston Evening Post*, May 18, 1767, [1].

39. 约翰·芒福德出具给莎拉·兰卡斯特的债券，布尔斯-芒福德诉讼案，纽波特郡中级民事法庭，1741年5月，第97号，罗得岛州最高法庭司法记录中心，罗得岛州波塔基特市。

40. 朗赖尔-卡尔诉讼案中的账目，纽波特郡中级民事法庭，1751年5月，第207号，罗得岛州最高法庭司法记录中心，罗得岛州波塔基特市。朗赖尔最初自己记账，但后来训练她的三个儿子帮她记账。参见Hartigan-O'Connor, *Ties that Buy*, 61.

41. 莉迪娅·巴纳德记录的与约翰·利迪亚德交易的账目，巴纳德-利迪亚德诉讼案，萨福克郡中级民事法庭，1751年4月，第131号，马萨诸塞州档案馆，马萨诸塞州波士顿市。其他的例子，参见科尔特-沃兹诉讼案，萨福克郡中级民事法庭，1766年4月，第99号，马萨诸塞州档案馆，马萨诸塞州波士顿市；艾伦-巴雷尔诉讼案，萨福克郡中级民事法庭，1770年10月，第275号，马萨诸塞州档案馆，马萨诸塞州波士顿市；利文·洛夫的证词（1762年）中关于玛格丽特·特里请愿（1760年9月）的情况，向罗得岛州议会提交的请愿书，vol. 11.2, 19, 罗得岛州档案馆，罗得岛州普罗维登斯市。

42. Vernon, *Compleat Compting-house*; Mair, *Book-keeping Methodiz'd;* William Webster, *Essay on Book-keeping*（London, 1759）; Mary Poovey, *A History of the Modern Fact: Problems of Knowledge in the Sciences of Wealth and Society*（Chicago: University of Chicago Press, 1998）, 29–91.

43. 玛莎·索尔兹伯里的账目簿，1753年至1773年，索尔兹伯里家族文件，octavo vol. 4, 美国古董学会，马萨诸塞州伍斯特镇。

44. 伊丽莎白·（默里）·史密斯写给多莉·默里的信（1762年2月17日），伊丽莎白·（默里）·史密斯写给罗太太的信（1770年4月24日）以及伊丽莎白·（默里）·史密斯写给德布卢瓦太太（1770年4月13日）的信，Patricia Cleary曾引用。*Elizabeth Murray: A Woman's Pursuit of Independence in Eighteenth-Century America*（Amherst: University of Massachusetts Press, 2000）, 96, 127, 128. 关于默里介入侄女教育的情况，参见Cleary, *Elizabeth Murray*, 93–97, 125–33, 142–48.

45. 关于雇用记账员的广告，参见 "A young Man," *Newport Mercury*, May 23, 1763, [3]; "If any Gentleman or Merchant," *Boston Gazette*, June 12, 1744, [3]; "This is to Notify," *New England Weekly Journal*, Apr. 4, 1733, [2].

46. 尼古拉斯·威廉斯的请愿书和丹尼尔·巴拉德的应诉书（"记账" "没有账"，1741年），《马萨诸塞州档案集》，vol. 41, 773–77, 马萨诸塞州档案馆，马萨诸塞州波士顿市。关于类似的例子，参见莎拉·格林曼和索思科特·兰沃西的证词中关于杰里迈亚·蔡尔德请愿（1764年）的情况，向罗得岛州议会提交的请愿书，vol. 11.2, 78, 罗得岛州档案馆，罗得岛州普罗维登斯市；理查德·史密斯的请愿书（1754年），《马萨诸塞州档案集》，vol. 105, 482–83, 马萨诸塞州档案馆，马萨诸塞州波士顿市；戴维斯-汤姆森诉讼案的账目，纽波特郡中级民事法庭，1736年5月，第5号，罗得岛州最高法庭司法记录中心，罗得岛州波塔基特市；汉密尔顿-拉塞尔诉讼案的账目，纽波特郡中级民事法庭，1766年5月，第379号，罗得岛州最高法庭司法记录中心，罗得岛州波塔基特市。

47. 遗嘱认证文件上的遗产清单会列出各种家庭物品，其中还包括信用文件，从中我们可以推断出妇女们保存这些文件的地点。在其他清单中，最后也会列出信用文件，以及其他最具流动性和价值的资产，包括衣物和奴隶。相关例子参见威洛比·海登的遗产清单（1747年），纽波特市议会记录，vol. 10, 88，纽波特历史学会，罗得岛州纽波特；伊丽莎白·科吉歇尔的遗产清单（1748年），纽波特市议会记录，vol. 10, 167，纽波特历史学会，罗得岛州纽波特；玛丽·戈德斯皮德的遗产清单（1756），纽波特市议会记录，vol. 12, 57，纽波特历史学会，罗得岛州纽波特市。关于列在清单后面的信用文件、衣物和女奴，参见伊丽莎白·阿尔米（1770年），纽波特市议会记录，vol. 16, 152，纽波特历史学会，罗得岛州纽波特。

48. 佩兴丝·泰勒的遗产清单（1765年），纽波特市议会记录，vol. 14, 75，纽波特历史学会，罗得岛州纽波特。还参见Ellen Hartigan-O'Connor, "'She Said She did not Know Money': Urban Women and Atlantic Markets in the Revolutionary Era," *Early American Studies* 4, no. 2（Fall 2006），322–23; Esther Jameson, "Lost, On Saturday," Essex Journal, May 24, 1776, [3].

49. 芭芭拉·特罗特的遗产清单（1740年），纽波特市议会记录，vol. 8, 85，纽波特历史学会，罗得岛州纽波特市；玛丽·布雷顿的遗产清单（1755年），纽波特市议会记录，vol. 11, 249，纽波特历史学会，罗得岛州纽波特市；乔安娜·丹尼斯的遗产清单（1766年），纽波特市议会记录，vol. 15, 27，纽波特历史学会，罗得岛州纽波特市。

50. 关于将金融文件列在餐具中的情况，参见玛丽·科吉歇尔的遗产清单（1747年），纽波特市议会记录，vol. 9, 216，纽波特历史学会，罗得岛州纽波特市。关于保存在卧室的金融文件，参见乔安娜·丹尼斯的遗产清单（1766年），纽波特市议会记录，vol. 15, 27，纽波特历史学会，罗得岛州纽波特市；安·查洛纳的遗产清单（1770年），纽波特市议会记录，vol. 16, 109，纽波特历史学会，罗得岛州纽波特市。

51. Margaret Hazly, "Lost the latter End of January last," *Boston News-Letter*, Mar. 17, 1763, [3]. 关于男子发布的类似广告，参见 "Lost on Saturday last," *Boston Gazette*, Nov. 6, 1744, [3]; "Lost in Boston on the 27th of August last," *Boston Gazette*, Oct. 8, 1745, [4]; "Lost on Saturday the 27th of February last," *Boston News-Letter*, Mar. 3, 1748, [2]. 关于费城的类似广告，参见Dierks, *In My Power*, 94–95.

52. Margaret Hazly, "Lost, the Latter End of January last," *Boston News-Letter*, Mar. 17, 1763, [3]. 关于哈特造船厂的位置（远离林恩街，靠近渡口），参见Mercy Copeland, "To be Sold," *Boston Gazette*, Aug. 11, 1766, [supplement 2]. 关于男子发布的类似广告，参见 "Lost on Saturday last," *Boston Gazette*, Nov. 6, 1744, [3]; "Lost in Boston on the 27th of August last," *Boston Gazette*, Oct. 8, 1745, [4]; "Lost on Saturday the 27th of February last," *Boston News-Letter*, Mar. 3, 1748, [2].

53. 通过关键词对马萨诸塞州和罗得岛州的数据化报纸进行搜索，我找到了1730年至1776年发布的169则涉及丢失物品（包括文件、钱包和笔记本等）的广告，并对它们进行了仔细研究。其中6则广告里丢失物品的主人为女性。除了玛格丽特·黑兹利的广告，参见 "Lost on the 26th of August," *Boston Evening Post*, Sept. 22, 1746, [3]; "Lost on the 4th of January," *Boston Gazette*, Jan. 17, 1763, [3]; "Lost last Monday," *Boston News-Letter*, Sept. 12, 1771, [2]; Esther Jameson, "Lost, on Saturday the 18th," *Essex Journal*, May 24, 1776, [3]; Mary Chapman, "Lost on the second," *Boston Evening* Post, Nov. 18, 1745, [3].

54. Daniel Defoe, *The complete English Tradesman, in familiar letters; directing him in the several parts and progressions of the trade*, vol. 1 （London: Charles Rivington, 1725）, 279.

55. 关于男债务人自愿与债权人清算的例子，参见塞思·斯普纳和塞缪尔·格雷的证词中关于罗伯特·班纳特向罗得岛州议会提交的请愿书（1749年），vol. 7, 80，罗得岛州档案馆，罗得岛州普罗维登斯市；凯莱布·科里的请愿书（1752年），向罗得岛州议会提交的请愿书，vol. 9.2, 32，罗得岛州档案馆，罗得岛州普罗维登斯市；塞缪尔·希克斯的证词，威尔科克斯-万顿诉讼案，纽波特郡中级民事法庭，1761年5月，第244号，罗得岛州最高法庭司法记录中心，罗得岛州波塔基特市；托马斯·霍兰德的证词，温-西森诉讼案，纽波特郡中级民事法庭，1756年11月，第98号，罗得岛州最高法庭司法记录中心，罗得岛州波塔基特市。关于男债权人向债务人催收债务的情况，参见威廉·鲍恩的证词，比林斯-霍尔诉讼案，萨福克郡高级法庭（1751年2月），萨福克郡案件卷宗档案，67, 741，马萨诸塞州档案馆，马萨诸塞州波士顿市；本杰明·福勒的证词，海沃德-福勒诉讼案，萨福克郡高级法庭（1730年8月），萨福克郡案件卷宗档案，29, 855，马萨诸塞州档案馆，马萨诸塞州波士顿市；伊丽莎白·金博尔、莎拉和多尔卡丝·福勒的证词，海沃德-福勒诉讼案，萨福克郡高级法庭（1730年8月），萨福克郡案件卷宗档案，29, 918，马萨诸塞州档案馆，马萨诸塞州波士顿市；梅杰·费尔柴尔德的证词，伯特-波特诉讼案，纽波特郡中级民事法庭，1731年5月，第21号，罗得岛州最高法庭司法记录中心，罗得岛州波塔基特市。

56. William Blackstone, *Commentaries on the Laws of England*, vol. 2 （Oxford, UK: Clarendon Press, 1766）, 477-78. 还参见Daniel Defoe, *The complete English Tradesman*, vol. 1, 197-225; Julian Hoppit, *Risk and Failure in English Business, 1700-1800* （Cambridge: Cambridge University Press, 1987）, 30; Ditz, "Secret Selves," 224.

57. 史密斯-巴亚德诉讼案的账目，萨福克郡中级民事法庭，1760年10月，第188号，马萨诸塞州档案馆，马萨诸塞州波士顿市。在此处讨论的事件从发生到诉讼日之间的几个月里，伊丽莎白·（默里）·史密斯·坎贝尔再婚了，于是她的新丈夫詹姆斯·史密斯便成了这次诉讼案的当事人。

58. 关于坎贝尔在1759年10月19日当天的行程，参见史密斯-巴亚德诉讼案的法庭传令，萨福克郡中级民事法庭，1760年10月，第188号，马萨诸塞州档案馆，马萨诸塞州波士顿市。关于伊丽莎白和詹姆斯·坎贝尔在生意上的责任分工，参见Cleary, *Elizabeth Murray*, 70-71. 关于坎贝尔的住所，参见*Elizabeth Campbell*, "Imported in the last Ships," *Boston Gazette, and Country Journal*, Apr. 30, 1759, [2]. 关于米哈布尔·巴亚德父亲巴尔塔扎尔·巴亚德在"布鲁姆菲尔德巷"的住所，参见"To be sold by Public Auction," *Boston Gazette*, June 13, 1763, [2]. 关于马尔堡区布鲁姆菲尔德巷的位置，参见Samuel Blodget, *Boston Evening Post*, July 21, 1760, [1].

59. 史密斯-巴亚德诉讼案的法庭传令，萨福克郡中级民事法庭，1760年10月，第188号，马萨诸塞州档案馆，马萨诸塞州波士顿市。关于米哈布尔·巴亚德嫁给弗雷德里克·波特的情况，参见*The New England Historical and Genealogical Register*, vol. 11（Boston: Samuel G. Drake, 1857），43. 关于1761年弗雷德里克·波特去世时在罗克斯伯里镇的住宅，参见"Boston," *Boston Evening Post*, Jan. 5, 1761, [4].

60. 关于富勒的绰号"爱尔兰佩吉"，参见查尔斯·史密斯、塞缪尔·斯内尔以及约翰和佩兴丝·奥斯本的证词，富勒-豪斯诉讼案，纽波特郡高级法庭（1731年），罗得岛州最高法庭司法记录中心，罗得岛州波塔基特市。关于富勒与豪斯的协议，富勒-豪斯诉讼案，纽波特郡高级法庭（1731年），罗得岛州最高法庭司法记录中心，罗得岛州波塔基特市。关于富勒乘船到纽波特的情况，参见詹姆斯·米勒的证词，纽波特郡高级法庭（1731年），罗得岛州最高法庭司法记录中心，罗得岛州波塔基特市。现存记录中并没有指出纽波特郡高级法庭何时开庭审理富勒-豪斯案件。这个案件一开始是1730年12月在普罗维登斯市中级民事法庭审理的，因此纽波特郡高级法庭很可能是在1731年案子上诉时开庭审理了这个案件。

61. 詹姆斯·米勒，查尔斯·史密斯、塞缪尔·斯内尔以及约翰和佩兴丝·奥斯本的证词，富勒-豪斯诉讼案，纽波特郡高级法庭（1731年），罗得岛州最高法庭司法记录中心，罗得岛州波塔基特市。

62. 关于妇女到相邻城镇收债的情况，参见谢菲尔德-威斯特诉讼案，纽波特郡高级法庭，1733年4月，罗得岛州最高法庭司法记录中心，罗得岛州波塔基特市；科普-罗兹诉讼案，纽波特郡高级法庭，1739年，罗得岛州最高法庭司法记录中心，罗得岛州波塔基特市；威尔基-曼彻斯特诉讼案，纽波特郡中级民事法庭，1761年5月，续卷宗，罗得岛州最高法庭司法记录中心，罗得岛州波塔基特市。

63. Daniel Defoe, *The complete English Tradesman*, vol. 1, 350.

64. 关于男子登门拜访女遗产管理人清算账目的情况，参见迈克尔·道尔顿的陈词（1753年9月1日），《马萨诸塞州档案集》，vol. 43, 737, 马萨诸塞州档案馆，马萨诸塞州波士顿市；詹姆斯·霍尼伍德的证词，威尔逊-巴尔福诉讼案，纽波特郡高级法庭，1734年9月，罗得岛州最高法庭司法记录中心，罗得岛州波塔基特市。

65. Jane Carter, "All Persons who have any Demands," *Boston Gazette*, June 11, 1745, [4]; Jane Hunting, "All Persons having any Demands," *Boston Evening Post*, Sept. 22, 1755, [3]; 还参见Martha, Rufus, and Benjamin Greene, "All Persons that are indebted," *Boston Gazette*, Aug. 15, 1763, [2]; Catherine Mellens, "All Persons having any Demands," *Boston Evening Post*, Oct. 27, 1755, [2]; Mary Sweetser, "All Persons Indebted," *Boston Gazette*, Sept. 24, 1745, [5].

66. Jane Brown et al., "Notice is hereby given," *Newport Mercury*, Jan. 23, 1764, [4]; Rebecca Briggs, "Notice is hereby given," *Newport Mercury*, July 13, 1772, [3]. 少数女性以企业

家的身份发布类似的广告，敦促债权人和债务人在关闭企业或搬迁之前清算债务。相关例子参见Jane Eustis, "Jane Eustis Will embark for England," *Boston Evening Post*, Nov. 20, 1769, [4]; Sarah Goddard, "The Subscriber proposing," *Providence Gazette*, Oct. 8, 1768, [4]; Abigail Stoneman, "To Be Sold," *Newport Mercury*, Sept. 12, 1774, [4].

67. 关于额外的讨论，参见Sara T. Damiano, " 'To Well and Truly Administer': Female Administrators and Estate Settlement in Newport, Rhode Island, 1730–1776," *New England Quarterly* 86, no. 1（Mar. 2013）：110–12. 关于性别与打广告的情况，参见Carl Robert Keyes, "Early American Advertising: Marketing and Consumer Culture in Eighteenth-Century Philadelphia"（PhD diss., Johns Hopkins University, 2008），181–240.

68. 露丝·兰德尔的证词（1749年），萨福克郡案件卷宗档案，66，332，马萨诸塞州档案馆，马萨诸塞州波士顿市；大卫·克拉普和福勒·托里的证词（1749年），萨福克郡案件卷宗档案，66，132，马萨诸塞州档案馆，马萨诸塞州波士顿市；罗伯特·巴克、约书亚·林肯和乔纳森·梅里特的证词（1748年），萨福克郡案件卷宗档案，64，172，马萨诸塞州档案馆，马萨诸塞州波士顿市。关于塔克起诉对手的情况，参见塔克–斯图特森诉讼案的法庭传令（1748年5月30日），萨福克郡案件卷宗档案，64，172，马萨诸塞州档案馆，马萨诸塞州波士顿市。这个案子经过几轮上诉，各级法庭轮流做出有利于塔克或斯图特森的判决。当最高法庭判塔克胜诉之后，他的对手向立法机构提起请愿，要求进行重新审判。本案的卷宗没有包括本次重现审理的判决结果。参见约瑟夫·斯图特森的请愿书（1749年），《马萨诸塞州档案集》，vol. 42，808，马萨诸塞州档案馆，马萨诸塞州波士顿市；斯图特森–塔克诉讼案的法庭传令（1749年10月5日），萨福克郡案件卷宗档案，66，332，马萨诸塞州档案馆，马萨诸塞州波士顿市。

69. 法庭记录显示玛丽·谢菲尔德的先夫约瑟夫的称谓是"绅士"和"自由民"，表明他可能拥有土地。而彼得·威斯特仅被称为"自耕民"。参见谢菲尔德–威斯特诉讼案的法庭传令和债券，纽波特郡高级法庭，1733年9月，罗得岛州最高法庭司法记录中心，罗得岛州波塔基特市。

70. 约瑟夫·韦特（"是否""回答是的"），伊丽莎白·韦特、玛丽·凯茜和约翰·沃恩（"像他的笔迹"）的证词，谢菲尔德–威斯特诉讼案，纽波特郡高级法庭，1733年9月，罗得岛州最高法庭司法记录中心，罗得岛州波塔基特市。

71. 谢菲尔德在中级民事法庭和高级法庭都输掉了官司。尽管如此，这场争议所产生的详细记录证明了这位女债权人深谙法律，并在法庭之外采取了强有力的问讯手段。参见中级民事法庭记录和高级法庭判决书，谢菲尔德–威斯特诉讼案，纽波特郡高级法庭，1733年9月，罗得岛州最高法庭司法记录中心，罗得岛州波塔基特市。

72. Grace Gardner, "All Persons indebted to Mrs. Grace Gardner," *Boston Post-Boy*, Apr. 3, 1758, [3]. 关于"七年战争"期间物资匮乏的情况，参见Catherine A. Brekus, *Sarah Osborn's World: The Rise of Evangelical Christianity in Early America*（New Haven, CT: Yale University Press, 2013），198.

73. 詹姆斯·刘易斯记录的与托马斯·罗杰斯交易的账目，刘易斯–罗杰斯诉讼案，纽波特郡中级民事法庭，1766年11月，第262号，罗得岛州最高法庭司法记录中心，罗得岛州波塔基特市。关于其他事例，参见威瑟里德–普赖斯诉讼案，萨福克郡中级民事法庭，1760年1月，第180号，马萨诸塞州档案馆，马萨诸塞州波士顿市；佩里–奥斯本诉讼案，纽波特郡高级法庭，1731年，罗得岛州最高法庭司法记录中心，罗得岛州波塔基特市。

74. 关于男债主拒收女债务人付款的情况，参见威廉·卡朋特的证词，科普–罗兹诉讼案，纽波特郡高级法庭，1739年，罗得岛州最高法庭司法记录中心，罗得岛州波塔基特市。

75. 关于布朗与克拉克的会面，参见玛丽·克拉克、约翰·梅特卡夫、艾萨克·亚当斯和约瑟夫·亚当斯的证词，布朗–克拉克诉讼案，萨福克郡高级法庭（1741年8月），萨福克郡案件卷宗档案，53，988，马萨诸塞州档案馆，马萨诸塞州波士顿市。关于克拉克拥有的有限物品，参见布朗–克拉克诉讼案的法庭传令，萨福克郡高级法庭（1741年8月），萨福克郡案件卷宗档案，53，988，马萨诸塞州档案馆，马萨诸塞州波士顿市。关于清算过程中的账目审查，参见Ditz, "Secret Selves." 见证账目清算过程的证人通常描述说，他们看到桌面上摆放着账簿供双方审查。参见乔治·加德纳的证词，罗兹–谢菲尔德诉讼案，纽波特郡中级民事法庭，1761年5月，第231号，罗得岛州最高法庭司法记录中心，罗得岛州波塔基特市；塞缪尔·希克斯的证词，威尔科克斯–万顿诉讼案，纽波特郡中级民事法庭，1761年5月，第244号，罗得岛州最高法庭司法记录中心，罗得岛州波塔基特市。

76. 玛丽·克拉克、约翰·梅特卡夫、艾萨克·亚当斯和约瑟夫·亚当斯的证词，布朗–克拉克诉讼案，萨福克郡高级法庭（1741年8月），萨福克郡案件卷宗档案，53，988，马萨诸塞州档案馆，马萨诸塞州波士顿市。

77. 中级民事法庭的陪审团判克拉克胜诉。然后布朗上诉到高级法庭，法庭记录没有记录判决结果。中级民事法庭记录（1741年6月），布朗–克拉克诉讼案，萨福克郡高级法庭（1741年8月），萨福克郡案件卷宗档案，53，988，马萨诸塞州档案馆，马萨诸塞州波士顿市。

78. 杰里迈亚·康迪写给罗伯特·特里特·佩因的信（1764年1月10日），罗伯特·特里特·佩因的文件，马萨诸塞州历史学会，马萨诸塞州波士顿市。关于丈夫和妻子共同决定拖延还债，参见约翰·安德鲁斯的证词中关于托马斯·安吉尔请愿（1773年）的情况，向罗得岛州议会提交的请愿书，vol. 15，45，罗得岛州档案馆，罗得岛州普罗维登斯市。

79. 鲁斯写给詹姆斯·奥蒂斯的信（1732年5月27日），奥蒂斯家族文件，马萨诸塞州历史学会，马萨诸塞州波士顿市；罗伯特·特里特·佩因写给詹姆斯·弗里曼的信（1757年1月24日）, in Stephen T. Riley and Edward W. Hanson, eds., *The Papers of Robert Treat Paine*, vol. 2（Boston: Massachusetts Historical Society, 1992），6–7. 关于其他妻子与女儿还债的情况，参见约翰·费尔塞维斯的答辩状，《马萨诸塞州档案集》，vol. 42，472–74，马萨诸塞州档案馆，马萨诸塞州波士顿市；约瑟夫·普林斯的请愿书（1751年），《马萨诸塞州档案集》，vol. 43，461–63，马萨诸塞州档案馆，马萨诸塞州波士顿市；约翰·马丁的请愿书（1757年），向罗得岛州议会提交的请愿书，vol. 10, 11，罗得岛州档案馆，罗得岛州普罗维登斯市。

80. 威廉·雷德伍德写给威廉·埃勒里的信（1774年5月21日），钱宁的文件，纽波特历史学会，罗得岛州纽波特市。

81. 詹姆斯·米勒（"老狗""戒指"）、查尔斯·史密斯、约翰和佩兴丝·奥斯本，以及玛丽·史密斯的证词，富勒–豪斯诉讼案，纽波特郡高级法庭（1731年），罗得岛州最高法庭司法记录中心，罗得岛州波塔基特市。

82. 中级民事法庭记录，富勒–豪斯诉讼案，纽波特郡高级法庭（1731年），罗得岛州最高法庭司法记录中心，罗得岛州波塔基特市。托马斯·豪斯上诉到高级法庭，可留存下来的文件并没有记录案件的结果。

83. 爱德华·里士满和乔安娜·查普曼的证词，理查德–劳顿诉讼案，纽波特郡中级民事法庭，1731年11月，第19号，罗得岛州最高法庭司法记录中心，罗得岛州波塔基特市。

84. 贝西娅·诺顿写给詹姆斯·奥蒂斯的信，1758年2月18日，奥蒂斯家族文件，马萨诸塞州历史学会，马萨诸塞州波士顿市。

85. 诺亚·斯普拉格写给詹姆斯·奥蒂斯的信，1768年11月12日，奥蒂斯家族文件，马萨诸塞州历史学会，马萨诸塞州波士顿市。斯普拉格描述了"哈蒙德姐妹"拒绝向纽波特的埃尔纳森·哈蒙德支付一笔"据说"的债务。信中没有提到斯普拉格这位姐妹的名字或住址。

86. 伊丽莎白·巴恩斯开具给丽贝卡·艾默里的收据，1732年9月17日，丽贝卡·艾默里收据簿，艾默里家族文件，马萨诸塞州历史学会，马萨诸塞州波士顿市。伊丽莎白·巴恩斯去世时，拥有位于波士顿灯塔街的"一栋双层大房子"，参见John Arbuthnott, "To Be Sold," *Boston Evening Post*, Feb. 6, 1744. [2].

87. 汉娜·威拉德开具给丽贝卡·艾默里的收据，1732年12月9日，丽贝卡·艾默里收据簿，艾默里家族文件，马萨诸塞州历史学会，马萨诸塞州波士顿市；玛丽·法纳尔开具给丽贝卡·艾默里的收据，1737年4月28日，丽贝卡·艾默里的收据簿，艾默里家族文件，马萨诸塞州历史学会，马萨诸塞州波士顿市；玛丽·希尔开具给丽贝卡·艾默里的收据，1738年7月13日，丽贝卡·艾默里的收据簿，艾默里家族文件，马萨诸塞州历史学会，马萨诸塞州波士顿市。

88. 安·梅勒姆记录的与安·德雷克交易的账目，以及安·德雷克开具给安·梅勒姆的收据，1742年2月4日，里德–梅勒姆诉讼案，纽波特郡中级民事法庭，1743年5月，第280号，罗得岛州最高法庭司法记录中心，罗得岛州波塔基特市。关于另一个例子，参见玛丽·马尔登写给丽贝卡·艾默里的信，1734年7月24日，丽贝卡·艾默里的收据簿，艾默里家族文件，马萨诸塞州历史学会，马萨诸塞州波士顿市。

89. 伊乐莎白（伊丽莎白）开具给诺埃尔的收据，1734年7月3日，丽贝卡·艾默里收据簿，艾默里家族文件，马萨诸塞州历史学会，马萨诸塞州波士顿市。

90. 关于男子代表其他男子开具的收据，参见小托马斯·斯蒂尔开具给丽贝卡·艾默里的收据，1733年1月10日，丽贝卡·艾默里收据簿，艾默里家族文件，马萨诸塞州历史学会，马萨诸塞州波士顿市；理查德·凯里开具给丽贝卡·艾默里的收据，1734年7月20日，丽贝卡·艾默里的收据簿，艾默里家族文件，马萨诸塞州历史学会，马萨诸塞州波士顿市。

91. 收到期票的收据，卡尔–费尔柴尔德诉讼案，纽波特郡中级民事法庭，1731年5月，141，罗得岛州最高法庭司法记录中心，罗得岛州波塔基特市；玛格达莱妮·弗莱伊开具给丽贝卡·艾默里的收据，1733年8月15日，丽贝卡·艾默里的收据簿，艾默里家族文件，马萨诸塞州历史学会，马萨诸塞州波士顿市。

92. 德博拉·尤斯帝斯开具给丽贝卡·艾默里的收据，1735年12月26日，丽贝卡·艾默里的收据簿，艾默里家族文件，马萨诸塞州历史学会，马萨诸塞州波士顿市；莎拉·牛顿开具给安·梅勒姆的收据，1742年10月30日，里德–梅勒姆诉讼案，纽波特郡中级民事法庭，1743年5月，280，罗得岛州最高法庭司法记录中心，罗得岛州波塔基特市。

93. 德博拉·约翰逊的请愿书（"人""信用"，1743年），向罗得岛州议会提交，vol. 5, 47，罗得岛州档案馆，罗得岛州普罗维登斯市。相关文件参见约翰·沃尔顿–德博拉·约翰逊诉讼案，1743年10月庭审，罗得岛州衡平法庭卷宗文件，vol. 6，罗得岛州档案馆，罗得岛州普罗维登斯市。

94. 丽贝卡·艾默里收据簿，艾默里家族文件，马萨诸塞州历史学会，马萨诸塞州波士顿市。关于艾默里的收据簿，还参见Conger, *The Widow's Might*, 150–51. 虽然艾默里频繁使用收据簿，可其中的纸张都以非常简单的方式装订在一起。一个本子满了以后，她或其他家庭成员就会将它装帧得更华丽一些，与其内容的重要性相称。为了统一，大小不一的纸张经过了剪裁，还加上了绿色皮革的封面和华丽的金扣，既起到了装饰的作用，也起到了保护的作用。

95. 伊丽莎白·阿博恩写给托马斯·沃顿和威廉·波拉德的信，1768年10月5日，沃顿家族文件，宾夕法尼亚州历史学会，宾夕法尼亚州费城。关于约瑟夫·阿博恩的记账情况，参见 "Just Imported from England," *Newport Mercury*, Mar. 12, 1764, [1].

96. 对于"公共"与"私人"的理解，参见Mary Beth Norton, *Separated by their Sex: Women in Public and Private in the Colonial Atlantic World*（Ithaca, NY: Cornell University Press, 2011）.

第三章

1. 关于萨福特郡和纽波特郡法庭的案件数量情况，参见附件。关于新英格兰其他地方的这些转变，参见Bruce H. Mann, *Neighbors and Strangers: Law and Community in Early Connecticut*（Chapel Hill: University of North Carolina Press, 1987）; Cornelia Hughes Dayton, *Women Before the Bar: Gender, Law, and Society in Connecticut, 1639-1789*（Chapel Hill: University of North Carolina Press, 1995）; Claire Priest, "Currency Policies and the Nature of Litigation in Colonial New England"（PhD diss., Yale University, 2003）. 关于律师的专业化，重点参见Gerald W. Gawalt, *The Promise of*

Power: The Emergence of the Legal Profession in Massachusetts, 1760-1840 （Westport, CT: Greenwood Press, 1979）; John M. Murrin, "The Legal Transformation: The Bench and the Bar of Eighteenth-Century Massachusetts," in *Colonial America: Essays in Politics and Social Development*, 3rd ed., ed. Stanley N. Katz and John M. Murrin （New York: Alfred A. Knopf, 1983）, 540-71; Martha G. McNamara, *From Tavern to Courthouse: Architecture and Ritual in American Law, 1658-1860* （Baltimore: Johns Hopkins University Press, 2004）.

2. Penelope Stelle, "All Persons indebted," *Newport Mercury*, June 10, 1765, [3]. 斯特尔在1765年6月17日、7月1日、7月8日和7月15日又刊登了这则广告。关于斯特尔之前的广告，参见Penelope Stelle, "All Persons who have any Demands," *Newport Mercury*, June 20, 1763, [3]. 这则广告还在763年6月27日、7月4日和7月18日刊登过。斯特尔的第一则广告称自己的丈夫艾萨克·斯特尔为"船长"，第二则广告则将他描述成"商人"。艾萨克和佩内洛普·斯特尔还经营着其他生意，包括一家面包房。参见Elaine Forman Crane, *Ebb Tide in New England: Women, Seaports, and Social Change, 1630-1800* （Boston: Northeastern University Press, 1998）, 125.

3. Mary Tillinghast, "All persons indebted"（"麻烦"）, *Newport Mercury*, Jan. 23, 1764, [4]; Bathiah Oliver, "All Persons that have any Demands"（"把"）*Boston Gazette*, Jan. 28, 1760, [3]; Mehitable Buttolph, "All Persons who are Indebted"（"谁也不能例外"）, *Boston Gazette*, Sept. 15-22, 1740, [4].

4. 斯特尔–科尔诉讼案，纽波特郡中级民事法庭，1765年11月，92，罗得岛州最高法庭司法记录中心，罗得岛州波塔基特市；斯特尔–利利布里奇诉讼案，纽波特郡中级民事法庭，1765年11月，123，罗得岛州最高法庭司法记录中心，罗得岛州波塔基特市；斯特尔–加维特诉讼案，纽波特郡中级民事法庭，1765年11月，194，罗得岛州最高法庭司法记录中心，罗得岛州波塔基特市；斯特尔–罗宾逊诉讼案，纽波特郡中级民事法庭，1765年11月，248，罗得岛州最高法庭司法记录中心，罗得岛州波塔基特市；斯特尔–斯特尔诉讼案，纽波特郡中级民事法庭，1765年11月，268，罗得岛州最高法庭司法记录中心，罗得岛州波塔基特市；斯特尔–埃蒙斯诉讼案，纽波特郡中级民事法庭，1766年11月，275，罗得岛州最高法庭司法记录中心，罗得岛州波塔基特市；斯特尔–莫德斯利诉讼案，纽波特郡中级民事法庭，1766年11月，275，罗得岛州最高法庭司法记录中心，罗得岛州波塔基特市。

5. 重点参见Dayton, *Women Before the Bar*. 还参见Crane, *Ebb Tide*; Deborah Rosen, *Courts and Commerce: Gender, Law, and the Market Economy in Colonial New York* （Columbus: Ohio State University Press, 1997）.

6. 关于债务的法律史，包括Mann, *Neighbors and Strangers*; Mary M. Schweitzer, *Custom and Contract: Household, Government, and the Economy in Colonial Pennsylvania* （New York: Columbia University Press, 1987）; Rosen, *Courts and Commerce*; Priest, "Currency Policies."

7. 萨福克郡案件总数1472起；纽波特郡案件总数1430起。关于取样参见附件。

8. 萨福克郡案件总数1160起；纽波特郡案件总数1084起。关于取样参见附件。

9. 萨福克郡案件总数153起；纽波特郡案件总数252起。关于取样参见附件。

10. 参见Ellen Hartigan–O'Connor, *The Ties that Buy: Women and Commerce in Revolutionary America*（Philadelphia: University of Pennsylvania Press, 2009）, 72–73; Sara T. Damiano, "Gendering the Work of Debt Collection: Women, Law, and the Credit Economy in New England, 1730–1790"（PhD diss., Johns Hopkins University, 2015）, 64–66; Lindsay R. Moore, *Women Before the Court: Law and Patriarchy in the Anglo-American World, 1600-1800*（Manchester, UK: Manchester University Press, 2019）, 133–58.

11. 萨福克郡案件数共153起；纽波特郡案件数共252起。关于取样参见附件。

12. Dayton, *Women Before the Bar*, 94, 100.

13. 亨利·马钱特写给普丽西拉·卡德的信，1773年12月7日，亨利·马钱特信函集，1772—1792年，亨利·马钱特文件，罗得岛州历史学会，罗得岛州普罗维登斯市。在1772年纽波特纳税评估中列出的约1210名纳税人中，亨利·马钱特位列纳税额最高的纳税人第37位。参见Elaine Crane, *A Dependent People: Newport, Rhode Island in the Revolutionary Era*（New York: Fordham University Press, 1985）, 25–29.

14. 在萨福克郡，男原告赢得了83%（总数为892起）债务诉讼案，而其中98%的胜诉是由于被告没有应诉。女原告赢得了77%（总数为44起）债务诉讼案，而其中64%的胜诉是由于被告没有应诉。在纽波特郡，男原告赢得了83%（总数为1009起）债务诉讼案，而其中97%的胜诉是由于被告没有应诉。女原告赢得了78%（总数为163起）债务诉讼案，而其中88%的胜诉是由于被告没有应诉。参见附件。

15. 关于无争议的债务诉讼，参见Mann, *Neighbors and Strangers*; Turk McCleskey and James C. Squire, "Knowing When to Fold: Litigation on a Writ of Debt in Mid–Eighteenth Century Virginia," *WMQ* 76, no. 3（July 2019）: 509–44.

16. 伯林顿–麦康伯诉讼案，纽波特郡中级民事法庭，1771年11月，172，罗得岛州最高法庭司法记录中心，罗得岛州波塔基特市。伯林顿还针对麦康伯提了另外两起诉讼，但是麦康伯并没有对那两起案件提出质疑。参见伯林顿–麦康伯诉讼案，纽波特郡中级民事法庭，1771年5月，168，罗得岛州最高法庭司法记录中心，罗得岛州波塔基特市；伯林顿–麦康伯诉讼案，纽波特郡中级民事法庭，1771年11月，249，罗得岛州最高法庭司法记录中心，罗得岛州波塔基特市；法庭记录书，纽波特郡中级民事法庭，vol. H, 726，罗得岛州最高法庭司法记录中心，罗得岛州波塔基特市。关于伯林顿的其他诉讼案，参见案卷，纽波特郡中级民事法庭，1770年5月至1774年5月，罗得岛州最高法庭司法记录中心，罗得岛州波塔基特市。关于罗伯特·伯林顿的遗产清单，参见杜菲–伯林顿诉讼案，纽波特郡中级民事法庭，1773年5月，399，罗得岛州最高法庭司法记录中心，罗得岛州波塔基特市。

17. William Pynchon, *The Diary of William Pynchon of Salem*, ed. Fitch Edward Oliver（Boston: Houghton Mifflin, 1890）, 216, quoted in McNamara, *From Tavern to Courthouse*, 40.

18. McNamara, *From Tavern to Courthouse*, 45–46, 49; 凯瑟琳·坎宁安的请愿书（1740年），

《马萨诸塞州档案集》，vol. 41, 737，马萨诸塞州档案馆，马萨诸塞州波士顿市。

19. 关于波士顿和纽波特法庭开庭的地点，参见Norman Morrison Isham, "The Colony House at Newport, Rhode Island," *Bulletin of the Society for the Preservation of New England Antiquities* 8, no. 2 （December 1917）: 7–14; Antoinette F. Downing and Vincent J. Scully, Jr., *The Architectural Heritage of Newport Rhode Island 1640-1915* （New York: Clarkson N. Potter, 1967）, 60–65; McNamara, *From Tavern to Courthouse*, 14–20, 29–31, 46–53. Hartigan-O'Connor, *The Ties That Buy*, 15. 关于因债务而被监禁的情况，参见Mann, *Republic of Debtors*, 16, 24–31.

20. 斯温纳顿–哈里斯诉讼案的法庭传令与期票，纽波特郡中级民事法庭，1751年5月，170，罗得岛州最高法庭司法记录中心，罗得岛州波塔基特市。

21. Robert A. Feer, "Imprisonment for Debt in Massachusetts before 1800," *Mississippi Valley Historical Review* 48, no. 2 （Sept. 1961）: 252–69; Laurel Thatcher Ulrich, *A Midwife's Tale: The Life of Martha Ballard, Based on her Diary, 1785-1812* （New York: Alfred A. Knopf, 1990）, 262–85; Mann, *Republic of Debtors*, 79–81; James Roberts, "'Such Scandalous Fellows': Aaron Lopez and the Trevett Affair of 1773–74," *Rhode Island Jewish Historical Notes* 15, no. 3 （2009）: 406–16.

22. 约瑟夫·西比的证词，布雷顿–乔治诉讼案，纽波特郡中级民事法庭，1761年5月，31，罗得岛州最高法庭司法记录中心，罗得岛州波塔基特市。法庭记录将福勒·布雷顿描述为水手，可他家拥有房产，后来汉娜·布雷顿发布过出售或出租房产的广告。参见Hannah Brayton, "To Be Sold," *Newport Mercury*, Aug. 15, 1763, [4]. 关于因女债权人的诉讼而被监禁的男债务人，参见钱普林–克里斯蒂等人的诉讼案，纽波特郡中级民事法庭，1776年5月，14，罗得岛州最高法庭司法记录中心，罗得岛州波塔基特市。

23. 在萨福克郡，男被告（912人）输掉了83% 的债务诉讼，其中98%是因不应诉而败诉。女被告（25人）输掉了76% 的债务诉讼，其中80%是因不应诉而败诉。在纽波特郡，男被告输掉了83% 的债务诉讼（1048起），其中96%是因不应诉而败诉。女被告输掉了75% 的债务诉讼（92起），其中84%是因不应诉而败诉。取样情况参见附件。

24. 布朗–克拉克诉讼案的法庭传令，萨福克郡高级法庭（1741年8月），萨福克郡案件卷宗档案，53988，马萨诸塞州档案馆，马萨诸塞州波士顿市。

25. 关于扣押西蒙的家具与家的情况，参见亨利·马钱特写给约翰·克纳普的信，1771年3月24日和1771年6月18日，亨利·马钱特信函集，1769—1772年，232，302，亨利·马钱特文件，罗得岛州历史学会，罗得岛州普罗维登斯市。关于起诉阿比盖尔·西蒙的案件，参见约翰逊–西蒙诉讼案，1771年5月，书记员法庭记录书，纽波特郡中级民事法庭，vol. H, 702，罗得岛州最高法庭司法记录中心，罗得岛州波塔基特市；巴克–西蒙诉讼案，1771年5月，书记员法庭记录书，纽波特郡中级民事法庭，vol. H, 717，罗得岛州最高法庭司法记录中心，罗得岛州波塔基特市；奥斯本–西蒙诉讼案，1771年5月，书记员法庭记录书，纽波特郡中级民事法庭，

vol. H, 721, 罗得岛州最高法庭司法记录中心, 罗得岛州波塔基特市; 弗农－西蒙诉讼案, 1771年11月, 书记员法庭记录书, 纽波特郡中级民事法庭, vol. I, 53, 罗得岛州最高法庭司法记录中心, 罗得岛州波塔基特市。阿比盖尔·西蒙的丈夫彼得·西蒙于1768去世。他的丰厚遗产价值288英镑19先令, 相当于将近7513旧币。参见彼得·西蒙的遗产清单（1768年6月8日）, 纽波特市议会记录, vol. 15, 199, 纽波特历史学会, 罗得岛州纽波特市。

26. Feer, "Imprisonment for Debt," 257–60.

27. 莎拉·亨特的请愿（1757年）, 《马萨诸塞州档案集》, vol. 44, 350, 马萨诸塞州档案馆, 马萨诸塞州波士顿市。关于莎拉·亨特的丈夫理查德·亨特的死亡, 参见莎拉·亨特, "All Persons Indebted," *New England Weekly Journal*, Apr. 1, 1740, [2]. 关于莎拉·亨特的商业活动, 参见John Salmon and Sarah Hunt, "To be sold," *Boston Evening Post*, Mar. 26, 1753, [2]; John Salmon and Sarah Hunt, "To be sold," *Boston Evening Post*, Aug. 20, 1753, [4]. 关于亨特对合作伙伴关系的描述, 参见莎拉·亨特的请愿书（1757年）, 《马萨诸塞州档案集》, vol. 44, 350, 马萨诸塞州档案馆, 马萨诸塞州波士顿市。关于收到破产公司债权人索赔委员会所发布的广告, 参见Richard Bill, John Winslow, and Thomas Gray, "All Persons indebted," *Boston Evening Post*, Dec. 23, 1754, [2]. 关于莎拉·亨特75岁去世的情况, 参见 "Died. Mrs. Sarah Hunt," *Boston Evening Post*, Jan. 27, 1772, [3]. 关于妇女因债务而被监禁的例子, 参见安妮·克拉克向罗得岛州议会提交的请愿书（1755年）, vol. 9, 76, 173, 罗得岛州档案馆, 罗得岛州普罗维斯市; 凯瑟琳·坎宁安的请愿书（1740年）, 《马萨诸塞州档案集》, vol. 41, 737, 马萨诸塞州档案馆, 马萨诸塞州波士顿市; Hartigan-O'Connor, *Ties that Buy*, 89. 关于妇女害怕因债务而被监禁的例子, 参见阿比盖尔·雷明顿向罗得岛州议会提交的请愿书（1760年）, vol. 10, 139, 罗得岛州档案馆, 罗得岛州普罗维登斯市; 汉娜·诺顿向罗得岛州议会提交的请愿书（1750年）, vol. 7, 79, 罗得岛州档案馆, 罗得岛州普罗维登斯市。

28. 关于败诉的标准陈述, 参见Toby L. Ditz, "Shipwrecked; or, Masculinity Imperiled: Mercantile Representations of Failure and the Gendered Self in Eighteenth-Century Philadelphia," *Journal of American History* 81, no. 1（June 1994）: 51–80, esp. 58–61. 关于资不抵债的情况, 参见Mann, *Republic of Debtors*.

29. 莎拉·亨特的请愿书（1757年）, 《马萨诸塞州档案集》, vol. 44, 350, 马萨诸塞州档案馆, 马萨诸塞州波士顿市; Feer, "Imprisonment for Debt," 260.

30. 相关事例参见Jean H. Quataert, "The Shaping of Women's Work in Manufacturing: Guilds, Households, and the State in Central Europe, 1648–1870," *American Historical Review* 90, no. 5（Dec. 1985）: 1122–48; Martha Howell, *Women, Production, and Patriarchy in Late Medieval Cities*（Chicago: University of Chicago Press, 1986）; Ulrich, *Midwife's Tale*, 36–71, 235–61; Judith Bennett, *History Matters: Patriarchy and the Challenge of Feminism*（Philadelphia: University of Pennsylvania Press, 2006）, 72–79.

31. Murrin, "Legal Transformation," 541–47; Mann, *Neighbors and Strangers*, 81–85, 93–

100; Dayton, *Women Before the Bar*, 47–48; Mary Sarah Bilder, "The Lost Lawyers: Early American Legal Literates and Transatlantic Legal Culture," *Yale Journal of Law and the Humanities* 11, no. 1 （Winter 1999）: 57–67; McNamara, *From Tavern to Courthouse*, 28–29.

32. Charles McKirdy, "Massachusetts Lawyers on the Eve of the American Revolution: The State of the Profession," in *Law in Colonial Massachusetts, 1630-1800*, ed. Daniel R. Coquillette （Boston: Colonial Society of Massachusetts, 1984）, 316; Richard Brown, *Knowledge Is Power: The Diffusion of Information in Early America, 1700-1865* （New York: Oxford University Press, 1989）, 85–86, 88; Mary Sarah Bilder, *The Transatlantic Constitution: Colonial Legal Culture and the Empire* （Cambridge, MA: Harvard University Press, 2004）, 117–20; McNamara, *From Tavern to Courthouse*, 28–29.

33. 美国革命前萨福克郡和纽波特郡从业律师人数的估测各有不同。据查尔斯·麦基迪计算，1775年萨福克郡有16位从业律师。参见McKirdy, "Massachusetts Lawyers," 337. 1770年1月，13名律师出席了萨福克郡律师协会的第一次会议。1770年至1775年，又有11名律师参加了该协会的会议，或正式获准在中级民事法庭或高级法庭执业。参见George Dexter, ed., "Record Book of the Suffolk Bar," *Proceedings of the Massachusetts Historical Society*, 1st ser., 19 （Dec. 1881）: 147–52. 关于纽波特郡律师的情况，参见案卷，纽波特郡中级民事法庭，罗得岛州最高法庭司法记录中心，罗得岛波塔基特市，卷宗集清楚地记录着每个案件中所涉及的律师。

34. 有些历史学家声称萨福克郡律师协会成立于1770年，因为这是该组织有定期会议记录的第一年，不过有人从律师的个人文件中找到了这个律师协会更早期的活动证据。参见Gawalt, *Promise of Power*, 10, 13, 17, 19; McKirdy, "Massachusetts Lawyers, 323; Bilder, *Transatlantic Constitution*, 118–20; McNamara, *From Tavern to Courthouse*, 36–37.

35. 在18世纪萨福克郡和纽波特郡的案件卷宗里，法律文件始终带着律师的签名，并指明诉讼当事人使用了律师。关于18世纪的律师，参见Mann, *Neighbors and Strangers*, 93–100; Dayton, *Women Before the Bar*, 47–53; Robert Blair St. George, "Massacred Language: Courtroom Performances in Eighteenth–Century Boston," in *Possible Pasts: Becoming Colonial in Early America*, ed. Robert Blair St. George （Ithaca, NY: Cornell University Press, 2000）, 327–56; Bilder, *Transatlantic Constitution*, 26–28.

36. 约翰·亚当斯（1759年3月14日，"频繁拜访"），The Adams Papers, *Diary and Autobiography of John Adams*, vol. 1, 1755–1770, ed. L. H. Butterfield （Cambridge, MA: Harvard University Press, 1961）, 78; L. Kinvin Wroth and Hiller B. Zobel, introduction to *Legal Papers of John Adams*, vol. 1, ed. L. Kinvin Wroth and Hiller B. Zobel （Cambridge, MA: Belknap Press of Harvard University Press, 1965）, lxix–lxxiv.关于律师的业务实践，参见Charles McKirdy, "Before the Storm: The Working Lawyer in Pre-Revolutionary Massachusetts," *Suffolk University Law Review* 11 （1976）: 46–60; Brown, *Knowledge Is Power*, 93; Sally Hadden, "DeSaussure and Ford: A Charleston Law Firm of the

1790s," in *Transformations in American Legal History: Essays in Honor of Professor Morton J. Horwitz*, ed. Daniel W. Hamilton and Alfred L. Brophy （Cambridge, MA: Harvard University Press, 2009）, 85–108.

37.　"New-Port, September 5"（"彬彬有礼，言辞温和"）, *New York Gazette*, Sept. 19, 1774, [2]; Abigail Stoneman, "The Merchants Coffee House"（"绅士"）, *Newport Mercury*, July 1, 1767, [1]. 关于斯特曼发布的其他广告，参见 Abigail Stoneman, "The Royal Exchange Tavern," *Boston Evening Post*, Dec. 10, 1770, [3]; Abigail Stoneman, "Abigail Stoneman," *Newport Mercury*, May 3, 1773, [4]; Abigail Stoneman, "Abigail Stoneman," *Newport Mercury*, Nov. 15, 1773, [1]; Abigail Stoneman, "Abigail Stoneman," *Newport Mercury*, May 30, 1774, [4]. 关于斯特曼的形象，参见斯特曼-布卢吉特诉讼案，纽波特郡中级民事法庭，1772年5月，302，罗得岛州最高法庭司法记录中心，罗得岛州波塔基特市。关于律师访问斯特曼皮革厂的情况，参见斯特曼-约翰斯顿诉讼案，纽波特郡中级民事法庭，1769年11月，140，罗得岛州最高法庭司法记录中心，罗得岛州波塔基特市；斯特曼-赫尔姆诉讼案，纽波特郡中级民事法庭，1770年5月，183，罗得岛州最高法庭司法记录中心，罗得岛州波塔基特市。关于精英社交的地点，重点参见David S. Shields, *Civil Tongues and Polite Letters in British America*（Chapel Hill: University of North Carolina Press, 1997）.

38.　阿比盖尔·斯通曼的账目，William Ellery Journal, 121，纽波特历史学会，罗得岛州纽波特市。关于潘趣酒的价格，参见斯特曼-赫尔姆诉讼案，纽波特郡中级民事法庭，1770年5月，183，罗得岛州最高法庭司法记录中心，罗得岛州波塔基特市。关于住宿的价格，参见斯特曼-布卢吉特诉讼案，纽波特郡中级民事法庭，1772年5月，302，罗得岛州最高法庭司法记录中心，罗得岛州波塔基特市。

39.　玛丽·西林的账目，William Ellery Journal, 122，纽波特历史学会，罗得岛州纽波特市。关于西林的商业活动，参见Hartigan-O'Connor, *Ties that Buy*, 89.

40.　亨利·马钱特写给莎拉·帕金斯的信，1771年4月1日，亨利·马钱特信函集，1769—1772年，242，亨利·马钱特文件，罗得岛州历史学会，罗得岛州普罗维登斯市。

41.　伊丽莎白·托马斯写给詹姆斯·奥蒂斯的信，1746年12月1日，奥蒂斯家族文件，马萨诸塞州历史学会，马萨诸塞州波士顿市。

42.　安·梅勒姆向罗得岛州议会提交的请愿书（1744年9月）， vol. 6, 13，罗得岛州档案馆，罗得岛州普罗维登斯市。

43.　关于律师以家庭与家庭生意开展业务，参见Hadden, "DeSaussure and Ford," 95–96.

44.　亨利·马钱特写给弗朗西娜·缪尔的信，1774年6月16日，亨利·马钱特信函集，1772—1792年，130，亨利·马钱特文件，罗得岛州历史学会，罗得岛州普罗维登斯市。

45.　亨利·马钱特写给弗朗西娜·缪尔的信，1774年6月16日，亨利·马钱特信函集，1772—1792年，130，亨利·马钱特文件，罗得岛州历史学会，罗得岛州普罗维登斯市。关于马钱特与男客户早期通信的代表性例子，参见哈福德和鲍威尔写给亨利·马钱特的信，1770年3月10日，以及丹尼尔·罗伯多写给亨利·马钱特的信，1782年4月20日，亨利·马钱特文件，罗得岛州历史学会，罗得岛州普罗维登斯市；亨利·马钱特写给约翰·温德尔的信，1771年1月3日，以及亨利·马钱特写给哈福德和鲍威尔的信，1770年10月4日，亨利·马钱特信函集，1769—1772年，151，178，亨利·马钱特文件，罗得岛州历史学会，罗得岛州普罗维登斯市。

46. 约翰斯顿–霍姆斯诉讼案的账目，纽波特郡中级民事法庭，1755年11月，262，罗得岛州最高法庭司法记录中心，罗得岛州波塔基特市。约翰斯顿承认10英镑的费用是他自己认为的，并用括号插入"理所应当的"一词。关于律师为女客户提供记录账目服务的例子，参见理查兹–福雷斯特诉讼案的账目，纽波特郡中级民事法庭，1746年5月，248，罗得岛州最高法庭司法记录中心，罗得岛州波塔基特市；沃德–平尼加诉讼案的账目，纽波特郡中级民事法庭，1749年11月，1，罗得岛州最高法庭司法记录中心，罗得岛州波塔基特市；理查兹–布里格斯诉讼案的账目，纽波特郡中级民事法庭，1754年5月，480，罗得岛州最高法庭司法记录中心，罗得岛州波塔基特市；马钱特–格林诉讼案的账目，纽波特郡中级民事法庭，1757年5月，69，罗得岛州最高法庭司法记录中心，罗得岛州波塔基特市。

47. 约翰斯顿–霍姆斯诉讼案的账目，纽波特郡中级民事法庭，1755年11月，#262，罗得岛州最高法庭司法记录中心，罗得岛州波塔基特市。

48. 玛格丽特·埃利奥特的请愿书（1755年），《马萨诸塞州档案集》，vol. 44，147，马萨诸塞州档案馆，马萨诸塞州波士顿市。

49. 玛格丽特·埃利奥特的请愿书（1755年），《马萨诸塞州档案集》，vol. 44，147，马萨诸塞州档案馆，马萨诸塞州波士顿市。

50. 玛格丽特·埃利奥特的请愿书（1755年），《马萨诸塞州档案集》，vol. 44，147，马萨诸塞州档案馆，马萨诸塞州波士顿市。

51. 玛莎·帕克写给詹姆斯·奥蒂斯的信，1757年7月1日，奥蒂斯家族文件，马萨诸塞州历史学会，马萨诸塞州波士顿市。关于已婚妇女聘用律师的其他证据，参见艾萨克·利特尔写给詹姆斯·奥蒂斯的信，1757年4月30日，奥蒂斯家族文件，马萨诸塞州历史学会，马萨诸塞州波士顿市；伊查博德和安妮·约翰逊写给詹姆斯·奥蒂斯的信，1766年10月30日，奥蒂斯家族文件，马萨诸塞州历史学会，马萨诸塞州波士顿市。

52. 约翰·伍德布里奇写给詹姆斯·奥蒂斯的信，1754年5月21日，奥蒂斯家族文件，马萨诸塞州历史学会，马萨诸塞州波士顿市。

53. 奥森布理齐·撒切尔写给罗伯特·特里特·佩因的信，1763年8月23日，罗伯特·特里特·佩因文件，马萨诸塞州历史学会，马萨诸塞州波士顿市。

54. 理查德·博兰的陈述（1741年），卡明斯–琼斯诉讼案，《马萨诸塞州档案集》，vol. 41，593，马萨诸塞州档案馆，马萨诸塞州波士顿市。当身为水手的丈夫不在时，妻子提起请愿的债务案件为此类女性与律师的合作提供了更多证据。参见玛丽·豪斯向罗得岛州议会提交的请愿书（1730年），vol. 2，28，罗得岛州档案馆，罗得岛州普罗维登斯市；莉迪娅·曼彻斯特向罗得岛州议会提交的请愿书（1769

年），vol. 13.2，166，罗得岛州档案馆，罗得岛州普罗维登斯市；伊丽莎白·赫弗南为杰里迈亚·赫弗南向罗得岛州议会提交的请愿书（1776年），vol. 12，42，罗得岛州档案馆，罗得岛州普罗维登斯市；莎拉·塔尔为理查德·塔尔提交的请愿书（1741年），《马萨诸塞州档案集》，vol. 41，730，马萨诸塞州档案馆，马萨诸塞州波士顿市；简·史蒂芬的请愿书（1743年），《马萨诸塞州档案集》，vol. 42，247，马萨诸塞州档案馆，马萨诸塞州波士顿市。

55. 关于现代早期商业中的代理人，重点参见Thomas M. Doerflinger, *A Vigorous Spirit of Enterprise: Merchants and Economic Development in Revolutionary Philadelphia* （Chapel Hill: University of North Carolina Press, 1986）; David Hancock, "The Trouble with Networks: Managing the Scots'Early−Modern Madeira Trade," *Business History Review* 79, no. 3 （Autumn 2005）: 467−91; David Hancock, "The Triumphs of Mercury: Connection and Control in the Emerging Atlantic Economy," in *Soundings in Atlantic History: Latent Structures and Intellectual Currents, 1500-1830*, ed. Bernard Bailyn and Patricia L. Denault （Cambridge, MA: Harvard University Press, 2009）, 112−40; Sheryllynne Haggerty, "Merely for Money"? *Business Culture in the British Atlantic, 1750-1815* （Liverpool, UK: Liverpool University Press, 2012）. 关于丈夫与妻子，参见Sara T. Damiano, "Agents at Home: Wives, Lawyers, and Financial Competence in Eighteenth−Century New England Port Cities," *Early American Studies* 13, no. 4 （Fall 2015）: 808−35; Sara T. Damiano, "Writing Women's History through the Revolution: Family Finances, Letter Writing, and Conceptions of Marriage," *WMQ* 74, no. 4 （Oct. 2017）: 697−728. 关于信函书写手册中委托人和代理人之间的信函样本，参见William Bradford, comp., *The Secretary's Guide, or Young Man's Companion* （Philadelphia: Andrew Bradford, 1737）, 65, 71−72, 75; John Hill, *The Young Secretary's Guide, or, a Speedy Help to Learning* （Boston: Thomas Fleet, 1750）, 42, 43. 关于信函书写，重点参见Toby L. Ditz, "Formative Ventures: Mercantile Letters and the Articulation of Experience," in *Epistolary Selves: Letters and Letter-Writers, 1600-1945*, ed. Rebecca Earle （Aldershot, UK: Ashgate, 1999）, 59−78; Eve Tavor Bannet, *Empire of Letters: Letter Manuals and Transatlantic Correspondence, 1680-1820* （Cambridge: Cambridge University Press, 2006）; Sarah M. S. Pearsall, *Atlantic Families: Lives and Letters in the Later Eighteenth Century* （New York: Oxford University Press, 2008）; Konstantin Dierks, *In My Power: Letter Writing and Communications in Early America* （Philadelphia: University of Pennsylvania Press, 2009）.

56. 玛莎·帕克写给詹姆斯·奥蒂斯的信，1757年8月18日和1761年8月5日，奥蒂斯家族文件，马萨诸塞州历史学会，马萨诸塞州波士顿市。关于客户指导律师提起诉讼的其他例子，参见莎拉·朗赖尔写给詹姆斯·奥蒂斯的信，1746年3月21日；福勒·哈蒙德写给詹姆斯·奥蒂斯的信，1756年4月15日；以及佩雷斯·蒂尔森写给詹姆斯·奥蒂斯的信，1760年1月26日，奥蒂斯家族文件，马萨诸塞州历史学会，马萨诸塞州波士顿市。亚伦·洛佩兹写给罗伯特·特里特·佩因的信，1763年8月

29日，罗伯特·特里特·佩因文件，马萨诸塞州历史学会，马萨诸塞州波士顿市。

57. 玛莎·帕克写给詹姆斯·奥蒂斯的信，1761年8月5日，奥蒂斯家族文件，马萨诸塞州历史学会，马萨诸塞州波士顿市。关于客户指导律师对诉讼案作出回应的其他例子，参见塞缪尔·撒切尔写给詹姆斯·奥蒂斯的信，1742年4月27日，以及伊丽莎白·托马斯写给詹姆斯·奥蒂斯的信，1746年12月1日，奥蒂斯家族文件，马萨诸塞州历史学会，马萨诸塞州波士顿市；詹姆斯·斯旺写给约翰·罗威的信，1776年9月21日，约翰·罗威文件，霍顿；丹尼尔·罗德曼写给威廉·钱宁的信，1783年10月29日，钱宁文件，纽波特历史学会，罗得岛州纽波特市。

58. 玛莎·帕克写给詹姆斯·奥蒂斯的信，1757年8月18日（"尽快"）和1757年12月3日（"越快越好"），奥蒂斯家族文件，马萨诸塞州历史学会，马萨诸塞州波士顿市。关于客户敦促律师迅速行动的其他例子，参见塞缪尔·诺尔斯写给詹姆斯·奥蒂斯的信，1734年9月24日；约翰·特雷尔写给詹姆斯·奥蒂斯的信，1748年2月24日；福勒·哈蒙德写给詹姆斯·奥蒂斯的信，1756年4月15日；以及简·萨维尔写给詹姆斯·奥蒂斯的信，1757年11月3日，奥蒂斯家族文件，马萨诸塞州历史学会，马萨诸塞州波士顿市。玛丽·沃德写给罗伯特·特里特·佩因的信，1762年8月5日；詹姆斯·普特南写给罗伯特·特里特·佩因的信，1763年1月8日；约翰·福斯特写给罗伯特·特里特·佩因的信，1764年1月10日；托马斯·布朗写给罗伯特·特里特·佩因的信，1764年2月10日；以及约翰·弗里伯迪写给罗伯特·特里特·佩因的信，1770年3月6日，罗伯特·特里特·佩因文件，马萨诸塞州历史学会，马萨诸塞州波士顿市。

59. 萨拉·布拉德福写给詹姆斯·奥蒂斯的信，1747年2月8日（"若您认为这是最好的办法"）；威廉·塔博尔写给詹姆斯·奥蒂斯的信，1753年5月12日（"以您认为合适的方式"）；以及伊查博德和安妮·约翰逊写给詹姆斯·奥蒂斯的信，1766年10月30日（"最恰当"），奥蒂斯家族文件，马萨诸塞州历史学会，马萨诸塞州波士顿市。凯莱布·菲利普写给詹姆斯·奥蒂斯的信，1742年7月3日，以及安·梅勒姆写给詹姆斯·奥蒂斯的信，1745年10月23日，奥蒂斯家族文件，马萨诸塞州历史学会，马萨诸塞州波士顿市。约瑟夫·格林利夫写给罗伯特·特里特·佩因的信，1762年9月30日；托马斯·史密斯写给罗伯特·特里特·佩因的信，1766年3月4日，罗伯特·特里特·佩因文件，马萨诸塞州历史学会，马萨诸塞州波士顿市。

60. 玛莎·帕克写给詹姆斯·奥蒂斯的信，1757年12月3日，奥蒂斯家族文件，马萨诸塞州历史学会，马萨诸塞州波士顿市。

61. 威廉·塞缪尔·约翰逊写给丽贝卡·吉本斯的信，1766年4月2日，信函集XII，威廉·塞缪尔·约翰逊文件，康涅狄格历史学会，康涅狄格州哈特福德镇。亨利·马钱特写给安妮·戴维斯米的信，1769年2月20日，亨利·马钱特信函集，1769—1772年，7，亨利·马钱特文件，罗得岛州历史学会，罗得岛州普罗维登斯市。关于律师写给男客户的类似信函，参见亨利·马钱特写给沃尔特·富兰克林的信，1769年10月14日，亨利·马钱特信函集，1769—1772年，46，亨利·马钱特文件，罗得岛州历史学会，罗得岛州普罗维登斯市。

62. 威廉·塞缪尔·约翰逊写给丽贝卡·吉本斯的信，1766年4月2日，信函集Ⅻ，威廉·塞缪尔·约翰逊文件，康涅狄格历史学会，康涅狄格州哈特福德镇；亨利·马钱特写给莎拉·帕金斯的信，1771年4月1日，亨利·马钱特信函集，1769—1772年，242，亨利·马钱特文件，罗得岛州历史学会，罗得岛州普罗维登斯市；亨利·马钱特写给弗朗西娜·缪尔的信，1774年6月16日，亨利·马钱特信函集，1772—1792年，130，亨利·马钱特文件，罗得岛州历史学会，罗得岛州普罗维登斯市。

63. 相关例子，参见詹姆斯·奥蒂斯写给沃尔特·蔡斯的信，1750年7月23日，奥蒂斯家族文件，马萨诸塞州历史学会，马萨诸塞州波士顿市；亨利·马钱特写给塞缪尔·布鲁姆和康珀尼的信，1770年2月3日，亨利·马钱特信函集，1769—1772年，71，亨利·马钱特文件，罗得岛州历史学会，罗得岛州普罗维登斯市；亨利·马钱特写给约翰·默里的信，1770年4月19日，亨利·马钱特信函集，1769—1772年，90，亨利·马钱特文件，罗得岛州历史学会，罗得岛州普罗维登斯市。

64. 莎拉·朗赖尔写给詹姆斯·奥蒂斯的信，1746年3月21日，奥蒂斯家族文件，马萨诸塞州历史学会，马萨诸塞州波士顿市。

65. Hartigan–O'Connor, *Ties that Buy*, 61, 91; Marian Mathison Desrosiers, *John Banister of Newport: The Life and Accounts of a Colonial Merchant*（Jefferson, NC: McFarland, 2017），82–83.若朗赖尔请人帮助撰写这封信函，此举只是她采取的多种策略之一，即聘请一些文书人员来帮助自己处理业务（见第2章）。

66. 伊丽莎白·托马斯写给詹姆斯·奥蒂斯的信，1746年12月1日（"恳求""祈求"），奥蒂斯家族文件，马萨诸塞州历史学会，马萨诸塞州波士顿市；伊丽莎白·哈蒙德写给詹姆斯·奥蒂斯的信，1749年2月6日（"乞求"），奥蒂斯家族文件，马萨诸塞州历史学会，马萨诸塞州波士顿市。

67. 费布·欣克利写给詹姆斯·奥蒂斯的信，1762年4月29日，奥蒂斯家族文件，马萨诸塞州历史学会，马萨诸塞州波士顿市。从欣克利信中近似发音的错误拼写看来，信件出自她本人之手，因为信中内容与签名的笔迹为同一人。

68. 艾萨克·多恩写给詹姆斯·奥蒂斯的信，1739年1月1日，奥蒂斯家族文件，马萨诸塞州历史学会，马萨诸塞州波士顿市。

69. 汉娜·诺顿写给詹姆斯·奥蒂斯的信，1756年3月；伊丽莎白·哈蒙德写给詹姆斯·奥蒂斯的信，1749年2月6日；以及安妮·约翰逊写给詹姆斯·奥蒂斯的信，1766年10月30日，奥蒂斯家族文件，马萨诸塞州历史学会，马萨诸塞州波士顿市。"女妖"是商人在谈及信用和债务的信函中常见的比喻。参见Ditz, "Shipwrecked," 51, 54, 60–61.

70. 在男人之间信用纠纷中，因送达法庭传令而发生争议的情况，参见Elaine Forman Crane, *Witches, Wife Beaters, and Whores: Common Law and Common Folk in Early America*（Ithaca, NY: Cornell University Press, 2011），ch. 5.19世纪当地人接触法律一直非常重要，参见Laura F. Edwards, *The People and Their Peace: Legal Culture and the Transformation of Inequality in the Post-Revolutionary South*（Chapel Hill: University of

North Carolina Press, 2009）.

71. 莎拉·皮尔斯的证词，哈特–斯塔尔诉讼案，萨福克郡中级民事法庭，1766年4月，286，马萨诸塞州档案馆，马萨诸塞州波士顿市。

72. 相关例子，参见法庭传令（1739年9月15日）和威廉·尼科尔斯的陈述（1739年6月20日），休斯–坎宁安诉讼案，萨福克郡案件卷宗档案，51，228，马萨诸塞州档案馆，马萨诸塞州波士顿市。

73. 莎拉·皮尔斯的证词，哈特–斯塔尔诉讼案，萨福克郡中级民事法庭，1766年4月，286，马萨诸塞州档案馆，马萨诸塞州波士顿市。关于警员的义务，参见 *Conductor Generalis: or, the Office, Duty, and Authority of Justices of the Peace*, 2nd ed.（Philadelphia: B. Franklin & D. Hall, 1750），333–61. 关于起诉警长与警员的案件，参见简·史蒂芬斯的请愿书（1743年），《马萨诸塞州档案集》，vol. 42，247，马萨诸塞州档案馆，马萨诸塞州波士顿市；约西亚·昆西的请愿书（1752年），《马萨诸塞州档案集》，vol. 43，575，马萨诸塞州档案馆，马萨诸塞州波士顿市；沃伦–布伦顿诉讼案，纽波特郡中级民事法庭，1765年11月，177，罗得岛州最高法庭司法记录中心，罗得岛州波塔基特市。

74. Mann, *Republic of Debtors*, 21, 23. 关于非专业普通人了解法庭截止日期的例子，参见斯蒂芬·诺伍德的请愿书（1748年），《马萨诸塞州档案集》，vol. 42，747，马萨诸塞州档案馆，马萨诸塞州波士顿市。诺伍德抱怨说，他错过了高级法庭的听证会，因为他"想当然地"认为法庭将在"通常规定的时间"开庭审理，但开庭时间改变了。诺伍德还补充说，他"查阅了自己的年历"，核实法庭何时开庭，从中我们可以了解到非专业的普通人是如何得知开庭日期的。

75. 约瑟夫·哈里斯向罗得岛州议会提交的请愿书（1770年），vol. 14，43，罗得岛州档案馆，罗得岛州普罗维登斯市。

76. 莎拉·皮尔斯的证词，哈特–斯塔尔诉讼案，萨福克郡中级民事法庭，1766年4月，286，马萨诸塞州档案馆，马萨诸塞州波士顿市。关于法庭传令被送到妻子手里的其他例子，参见布朗–曼彻斯特诉讼案，普罗维登斯市高级法庭，1769年9月，罗得岛州最高法庭司法记录中心，罗得岛州波塔基特市；杰弗斯–伊萨克斯诉讼案，纽波特郡高级法庭，1769年9月，罗得岛州最高法庭司法记录中心，罗得岛州波塔基特市。

77. 莎拉·皮尔斯的证词，哈特–斯塔尔诉讼案，萨福克郡中级民事法庭，1766年4月，286，马萨诸塞州档案馆，马萨诸塞州波士顿市。

78. 莎拉·皮尔斯的证词，哈特–斯塔尔诉讼案，萨福克郡中级民事法庭，1766年4月，286，马萨诸塞州档案馆，马萨诸塞州波士顿市。关于另一个被告和当地官员之间谈判的例子，参见罗素–哈利特诉讼案，萨福克郡中级民事法庭，1756年4月，290，马萨诸塞州档案馆，马萨诸塞州波士顿市。

79. 莎拉·皮尔斯的证词，哈特–斯塔尔诉讼案，萨福克郡中级民事法庭，1766年4月，286，马萨诸塞州档案馆，马萨诸塞州波士顿市。

80. 法律文本中的相关例子，参见 *Conductor Generalis*, 25, 143, 227, 369, 439. 关于冲突

过程中发出的警告，参见大卫·门罗的证词（1739年4月20日）；科尼利厄斯·坎贝尔、詹姆斯·布朗和简·布莱克的证词（1739年9月30日）；丹尼尔·布里奇斯、伊弗雷姆·贝克和科尼利厄斯·坎贝尔的证词（1739年2月18日）；以及乔治·休斯的证词（1739年2月）。休斯–坎宁安诉讼案，萨福克郡案件卷宗档案，51，228，马萨诸塞州档案馆，马萨诸塞州波士顿市；约翰·霍金斯的证词（1739年5月13日），休斯–坎宁安诉讼案，萨福克郡案件卷宗档案，49，424，马萨诸塞州档案馆，马萨诸塞州波士顿市；阿莫斯·霍维的诉讼案（1739年7月），休斯–坎宁安诉讼案，萨福克郡案件卷宗档案，49，536，马萨诸塞州档案馆，马萨诸塞州波士顿市；约翰·加德纳的证词（1742年3月），休斯–坎宁安诉讼案，萨福克郡案件卷宗档案，56，824，马萨诸塞州档案馆，马萨诸塞州波士顿市，Crane, *Witches, Wifebeaters, and Whores*, 150, 168.

81. 莎拉·皮尔斯的证词，哈特–斯塔尔诉讼案，萨福克郡中级民事法庭，1766年4月，286，马萨诸塞州档案馆，马萨诸塞州波士顿市。

82. *Conductor Generalis*, 338.

83. 丹尼尔·布里奇斯、伊弗雷姆·贝克和科尼利厄斯·坎贝尔的证词（1739年2月18日），以及乔治·休斯的证词（1739年2月），休斯–坎宁安诉讼案，萨福克郡案件卷宗档案，51，228，马萨诸塞州档案馆，马萨诸塞州波士顿市。

84. *Conductor Generalis*, 338; Julian Hoppit, *Risk and Failure in English Business, 1700-1800*（Cambridge: Cambridge University Press, 1987），30；巴索罗缪·艾伦和约翰·斯奎尔的证词（1739年1月），休斯–坎宁安诉讼案，萨福克郡案件卷宗档案，50767，马萨诸塞州档案馆，马萨诸塞州波士顿市；露丝·洛林的证词（1740年9月3日）；休斯–坎宁安诉讼案，萨福克郡案件卷宗档案，52，392，马萨诸塞州档案馆，马萨诸塞州波士顿市。还参见伊曼纽尔·诺瑟普向罗得岛州议会提交的请愿书（1765年）中塞缪尔·桑顿的证词，vol. 12, 18，罗得岛州档案馆，罗得岛州普罗维登斯市。

85. *Conductor Generalis*, 338-39；莎拉·皮尔斯的证词，哈特–斯塔尔诉讼案，萨福克郡中级民事法庭，1766年4月，286，马萨诸塞州档案馆，马萨诸塞州波士顿市。马萨诸塞州法律禁止非白人的仆人和奴隶在晚上9点之后未经家主批准离开住所，并允许守夜人在晚上10点之后盘问任何可疑人员。参见 "An Act to Prevent Disorders in the Night," （Boston: Secretary of the Commonwealth, 1703）；"An Act for Explanation, and in Addition to the Act for Keeping of Watches in Towns [. . .]"（Boston: Secretary of the Commonwealth, 1712）。

86. 关于红木，参见Jennifer L. Anderson, *Mahogany: The Costs of Luxury in Early America*（Cambridge, MA: Harvard University Press, 2012）。

87. 莎拉·皮尔斯的证词和法院传令，哈特–斯塔尔诉讼案，萨福克郡中级民事法庭，1766年4月，286，马萨诸塞州档案馆，马萨诸塞州波士顿市。

88. Joan R. Gunderson, *To Be Useful to the World: Women in Revolutionary America, 1740-1790*, rev. ed.（Chapel Hill: University of North Carolina Press, 2006），82. 关

于出租的情况，参见Gary B. Nash, "Urban Wealth and Poverty in Pre-Revolutionary America," *Journal of Interdisciplinary History* 6, no. 4 （Spring 1976）: 550; Sharon V. Salinger and Charles Wetherell, "Wealth and Renting in Prerevolutionary Philadelphia," *Journal of American History* 71, no. 4 （Mar. 1985）: 829; Ellen Hartigan-O'Connor, " 'She Said She did not know Money' : Urban Women and Atlantic Markets in the Revolutionary Era," *Early American Studies* 4, no. 2 （Fall 2006）: 327-30; Cornelia H. Dayton and Sharon V. Salinger, *Robert Love's Warning: Searching for Strangers in Colonial Boston* （Philadelphia: University of Pennsylvania Press, 2014）, 95-115.

89. 桑德斯-斯托克贝里诉讼案的法庭传令，纽波特郡高级法庭，1754年，罗得岛州最高法庭司法记录中心，罗得岛州波塔基特市。

90. 莎拉·皮尔斯的证词，哈特-斯塔尔诉讼案，萨福克郡中级民事法庭，1766年4月，286，马萨诸塞州档案馆，马萨诸塞州波士顿市。

91. 关于查普曼要求对方为她提供的服务支付费用的诉讼，查普曼-劳顿诉讼案，纽波特郡高级法庭，1733年，罗得岛州最高法庭司法记录中心，罗得岛州波塔基特市。

92. 亚当·亨特、约瑟夫·沃德和塞缪尔·柯林斯的证词，劳顿-查普曼诉讼案，纽波特郡高级法庭，1733年，罗得岛州最高法庭司法记录中心，罗得岛州波塔基特市。

93. 劳顿-查普曼诉讼案，纽波特郡高级法庭，1733年，罗得岛州最高法庭司法记录中心，罗得岛州波塔基特市。关于查普曼出席纽波特市议会的情况，参见纽波特市议会记录（1732年12月5日），纽波特历史学会，罗得岛州纽波特市；劳顿-查普曼诉讼案，纽波特郡高级法庭，1733年，罗得岛州最高法庭司法记录中心，罗得岛州波塔基特市。

94. 相关例子，参见罗素-哈利特诉讼案，萨福克郡中级民事法庭，1756年4月，290，马萨诸塞州档案馆，马萨诸塞州波士顿市。

95. 判决报告，哈特-斯塔尔诉讼案，萨福克郡中级民事法庭，1766年4月，286，马萨诸塞州档案馆，马萨诸塞州波士顿市。

第四章

1. 玛丽·阿斯滕的证词，谢菲尔德-威斯特诉讼案，纽波特郡高级法庭，1733年，罗得岛州最高法庭司法记录中心，罗得岛州波塔基特市。与前几章相比，本章所关注的区域扩大了，除了这些城市本身，还包括波士顿和新港周边的城镇。如此便表明，见证信用交易的实践活动发生在港口城市及其周边地区。住所远离郡级法庭的证人经常在开庭前到治安官面前做证，治安官会把记录下来的证词放进卷宗里。相反，当证人出庭口头做证时（波士顿和纽波特的居民通常这样做），法官却不会对他们的陈述留下书面记录。关于其他地方的类似做法，参见Cornelia Hughes Dayton, *Women Before the Bar: Gender, Law, and Society in Connecticut, 1639-1789* （Chapel Hill: University of North Carolina Press, 1995）, 5-6.

2. 玛丽·阿斯滕的证词，谢菲尔德-威斯特诉讼案，纽波特郡高级法庭，1733年，罗得岛州最高法庭司法记录中心，罗得岛州波塔基特市。正是玛丽·谢菲尔德（威斯特债主的遗孀）后来想去收债，并最终起诉了威斯特。关于玛丽·谢菲尔德作为遗产管理人所开展的活动的讨论，参见第二章。

3. Bruce Mann, *Neighbors and Strangers: Law and Community in Early Connecticut* （Chapel Hill: University of North Carolina Press, 1987）; David D. Hall, *Worlds of Wonder, Days of Judgment: Popular Religious Belief in Early New England* （Cambridge, MA: Harvard University Press, 1990）; Dayton, *Women Before the Bar*, 8–11, 29–31, 59–60, 70, 80–81. 巫术审判中的证人证词说明，17世纪时法律、宗教与魔法是交织在一起的。参见Carol F. Karlsen, *The Devil in the Shape of a Woman: Witchcraft in Colonial New England* （New York: W. W. Norton, 1998）; Mary Beth Norton, *In the Devil's Snare: The Salem Witchcraft Crisis of 1692* （New York: Alfred A. Knopf, 2002）; Richard Godbeer, *Escaping Salem: The Other Witch Hunt of 1692* （New York: Oxford University Press, 2005）.

4. Phyllis Mack, *Visionary Women: Ecstatic Prophecy in Seventeenth-Century England* （Berkeley: University of California Press, 1992）; Susan Juster, *Disorderly Women: Sexual Politics and Evangelicalism in Revolutionary New England* （Ithaca, NY: Cornell University Press, 1994）; Catherine A. Brekus, *Strangers and Pilgrims: Female Preaching in America, 1740-1845* （Chapel Hill: University of North Carolina Press, 1998）; Susan Juster, *Doomsayers: Anglo-American Prophecy in the Age of Revolution* （Philadelphia: University of Pennsylvania Press, 2003）; Sarah Rivett, *The Science of the Soul in Colonial New England* （Chapel Hill: University of North Carolina Press, 2011）; Catherine A. Brekus, *Sarah Osborn's World: The Rise of Evangelical Christianity in Early America* （New Haven, CT: Yale University Press, 2013）.

5. Steven Shapin, *A Social History of Truth: Civility and Science in Seventeenth-Century England* （Chicago: University of Chicago Press, 1994）; Joyce E. Chaplin, *Benjamin Franklin and the Pursuit of Genius* （New York: Basic Books, 2006）; Susan Scott Parrish, *American Curiosity: Cultures of Natural History in the Colonial British Atlantic World* （Chapel Hill: University of North Carolina Press, 2006）; Andrew J. Lewis, *A Democracy of Facts: Natural History in the Early Republic* （Philadelphia: University of Pennsylvania Press, 2011）; Steven Shapin and Simon Shaffer, *Leviathan and the Air Pump: Hobbes, Boyle, and the Experimental Life* （Princeton, NJ: Princeton University Press, 2011）.

6. Sarah Knott, "The Patient's Case: Sentimental Empiricism and Knowledge in the Early American Republic," *WMQ* 67, no. 4 （Oct. 2010）, 634–76.

7. 纽波特郡的数据是基于以下样本：1731年11月的庭审文件以及1736年、1741年、1746年、1751年、1756年、1761年、1766年、1771年和1776年5月的庭审文件——提交给纽波特郡中级民事法庭作为证据的金融文件上所有证人的签名（共1454个）。我之所以使用1731年11月的庭审文件，是因为这一年5月的文件不完整。萨福克郡的数据则是基于以下样本：1736年、1741年、1746年、1751年、1756年、

1761年、1766年、1771年和1776年4月的庭审文件——提交给萨福克郡中级民事法庭作为证据的金融文件上所有证人的签名（共408个）。由于1741年4月的庭审文件不完整，我在样本中又加入了1741年7月的庭审文件。

8. 这些数据包括样本庭审期内在纽波特郡和萨福克郡中级民事法庭债务案件中做证的所有证人（纽波特郡中级民事法庭共207人，萨福克郡中级民事法庭共45人）。因为书记员只会记录在治安官面前做证的证人证词，不会记录在法庭上做证的证人证词，所以现存证词所提供的证人信息是不完整的。于是我结合证词、传票与法庭费用账目来识别男证人与女证人。关于庭审期样本，参见注7。

9. Laura Gowing, *Domestic Dangers: Women, Words, and Sex in Early Modern London*（Oxford UK: Clarendon Press, 1996），11–12, 49–50; Julie Hardwick, *Family Business: Litigation and the Political Economies of Daily Life in Early Modern France*（Oxford, UK: Oxford University Press, 2009），98.

10. 参见第三章。

11. 在提到特定地点的证人（共207位）证词中，69%的证人描述了发生在家里的事件。其余的143位证人在证词中没有提及确切的地点。证人证词样本包括系统抽样中涵盖的所有年份的证词（见注7），以及我在对纽波特郡和萨福克郡法院以及马萨诸塞州和罗得岛州立法机构1730年至1776年的法庭文件进行研究时，所看到的其他证人的证词。

12. 塞缪尔·希克斯的证词，威尔科克斯–万顿诉讼案，纽波特郡中级民事法庭，1761年5月，244，罗得岛州最高法庭司法记录中心，罗得岛州波塔基特市；帕特里夏·康奈尔的证词，劳顿–兰沃西诉讼案，纽波特郡中级民事法庭，1736年5月，103，罗得岛州最高法庭司法记录中心，罗得岛州波塔基特市；凯瑟琳·韦斯特的证词，克罗辛–查德威克诉讼案，纽波特郡高级法庭，1756年，罗得岛州最高法庭司法记录中心，罗得岛州波塔基特市；莎拉·格林曼的证词，索思科特·兰沃西的证词，以及西尔瓦努斯·格林曼向罗得岛州议会提交的请愿书（1764年），vol. 11.2, 78，罗得岛州档案馆，罗得岛州普罗维登斯市。

13. 艾丽斯·古尔德的证词，鲍尔斯–巴格诺尔诉讼案，纽波特郡高级法庭，1755年，罗得岛州最高法庭司法记录中心，罗得岛州波塔基特市；坦佩伦丝·格兰特的证词，劳顿–格兰特和弗农诉讼案，纽波特郡高级法庭，1755年，罗得岛州最高法庭司法记录中心，罗得岛州波塔基特市；玛丽·布朗和苏珊娜·哈泽德的证词，戈达德–哈泽德诉讼案，纽波特郡高级法庭，1763年，罗得岛州最高法庭司法记录中心，罗得岛州波塔基特市。玛丽·布朗和苏珊娜·哈泽德联合参与到消费实践中，这是18世纪港口城市的常见现象。参见Ellen Hartigan-O'Connor, "Collaborative Consumption and the Politics of Choice in Early American Port Cities," in *Gender, Taste, and Material Culture in Britain and North America, 1700-1830*, ed. Amanda Vickery and John Styles（New Haven, CT: Yale University Press, 2006），125–50.

14. 蒂莫西和弗朗西斯·怀廷的证词，巴尼斯特和佩勒姆–帕里诉讼案，纽波特郡中级民事法庭，1741年5月，60，罗得岛州最高法庭司法记录中心，罗得岛州波塔基特市；伊丽莎白·菲利普斯的证词，布雷顿–麦卡林诉讼案，纽波特郡高级法庭，1766年，罗得岛州最高法庭司法记录中心，罗得岛州波塔基特市。

15. 在纽波特郡，提交到中级民事法庭的金融文件里出现的女证人中（共130人），24%是与姓氏相同的男子一起签名的，看起来应该是妻子与丈夫一同签的字。在萨福克郡，提交到中级民事法庭的金融文件里出现的女证人中（共39人），26%是与姓氏相同的男子一起签名的，同样应该是妻子与丈夫一同签的字。关于庭审期样本，参见注7。

16. 谢菲尔德–威斯特诉讼案，纽波特郡高级法庭，1733年，罗得岛州最高法庭司法记录中心，罗得岛州波塔基特市。

17. 伊丽莎白·金博尔、莎拉和多尔卡丝福勒的证词，海沃德–福勒诉讼案，萨福克郡高级法庭（1730年8月），萨福克郡案件卷宗档案，29，918，马萨诸塞州档案馆，马萨诸塞州波士顿市；伊丽莎白和尤妮斯·布朗的证词，布朗–鲍登诉讼案，萨福克郡高级法庭（1750年至1751年2月，1750年至1751年3月），萨福克郡案件卷宗档案，67，695，67，704，67，755，马萨诸塞州档案馆，马萨诸塞州波士顿市；安·鲍尔斯的证词，鲍尔斯–巴格诺尔诉讼案，纽波特郡高级法庭，1755年，罗得岛州最高法庭司法记录中心，罗得岛州波塔基特市。关于女儿作为证人的情况，参见米哈布尔·唐斯的证词，斯托达德–斯通曼诉讼案，纽波特郡中级民事法庭，1767年11月，185，罗得岛州最高法庭司法记录中心，罗得岛州波塔基特市；露丝·贝西的证词，伯奇–伦纳德诉讼案，萨福克郡高级法庭（1760年4月），萨福克郡案件卷宗档案，80，630，马萨诸塞州档案馆，马萨诸塞州波士顿市；伊丽莎白·博斯沃思和汉娜·法尔斯的证词，佩因–贝利诉讼案，纽波特郡高级法庭，1766年，罗得岛州最高法庭司法记录中心，罗得岛州波塔基特市；玛丽·蒂里赫斯特的证词，蒂林赫斯特–谢尔顿诉讼案，纽波特郡高级法庭，1734年，罗得岛州最高法庭司法记录中心，罗得岛州波塔基特市。

18. Patricia Cleary, *Elizabeth Murray: A Woman's Pursuit of Independence in Eighteenth-Century America* （Amherst: University of Massachusetts Press, 2000）; Daniel Vickers, *Farmers & Fishermen: Two Centuries of Work in Essex County, Massachusetts, 1630-1850* （Chapel Hill: University of North Carolina Press, 1994）; Margaret R. Hunt, *The Middling Sort: Commerce, Gender, and the Family in England, 1680-1780* （Berkeley: University of California Press, 1996）; Laurel Thatcher Ulrich, "Martha Ballard and Her Girls: Women's Work in Eighteenth–Century Maine," in *Work and Labor in Early America*, ed. Stephen Innes （Chapel Hill: University of North Carolina Press, 1988）, 70–105.

19. 伊丽莎白·金博尔、莎拉和多尔卡丝福勒的证词，海沃德–福勒诉讼案，萨福克郡高级法庭（1730年8月），萨福克郡案件卷宗档案，29，918，马萨诸塞州档案馆，马萨诸塞州波士顿市；安·鲍尔斯的证词，鲍尔斯–巴格诺尔诉讼案，纽波特郡高级法庭，1755年，罗得岛州最高法庭司法记录中心，罗得岛州波塔基特市。

20. 玛丽·波特的证词，温–科吉歇尔诉讼案，纽波特郡高级法庭，1736年，罗得岛州最高法庭司法记录中心，罗得岛州波塔基特市；露丝·洛林的证词（1740年8月21

日），萨福克郡案件卷宗档案，52，393，马萨诸塞州档案馆，马萨诸塞州波士顿市；伊丽莎白·戈达德的证词（1739年1月），萨福克郡案件卷宗档案，51，228，马萨诸塞州档案馆，马萨诸塞州波士顿市。关于将仆人列为证人的宾夕法尼亚精英女性，参见Elizabeth Jones-Minsinger, "Out of the Shadows: Uncovering Women's Productive and Consuming Labor in the Mid-Atlantic, 1750-1815"（PhD diss., University of Delaware, 2017），34-35.

21. 在提交给纽波特郡中级民事法庭的金融文件样本中，有10%的女证人（130人）是以画押的方式签名的。而在提交给萨福克郡中级民事法庭的金融文件样本中，有20%的女证人（39人）是以画押的方式签名的。关于样本，参见注7。

22. 此数据基于我在研究过程中找到的所有女证人（共67人）留下的证词。这组证人的证词包括在萨福克郡和纽波特郡中级民事法庭和高级法庭的债务诉讼案中做证的证人证词，或在马萨诸塞州和罗得岛州立法机构的债务请愿案件听证会上做证的证人证词。其中不仅包含我系统取样的庭审期的案件，还包括我在研究过程中看到的其他案件。

23. 在18世纪初的新英格兰地区，大约45%的白人女性可以签署自己的名字。参见Ross W. Beales and E. Jennifer Monaghan, "Literacy and Schoolbooks," in *A History of the Book in America*, vol. 1, *The Colonial Book in the Atlantic World*, ed. Hugh Amory and David D. Hall （New York: Cambridge University Press, 2000），380. 还参见Gloria Main, "An Inquiry into When and Why Women Learned to Write in Colonial New England," *Journal of Social History* 24, no. 3（Spring 1991）: 579-89.

24. 塞缪尔沃恩和摩西·泰勒的答辩状（1749年），《马萨诸塞州档案集》，vol. 43，36-39，马萨诸塞州档案馆，马萨诸塞州波士顿市；罗亚尔·皮尔斯的证词（1751年），巴尼斯特-库克诉讼案，纽波特郡中级民事法庭，1751年5月，141，罗得岛州最高法庭司法记录中心，罗得岛州波塔基特市。关于商人进行商业活动的空间，参见Thomas Doerflinger, *A Vigorous Spirit of Enterprise: Merchants and Economic Development in Revolutionary Philadelphia*（Chapel Hill: University of North Carolina Press, 1986）; David Hancock, *Citizens of the World: London and the Integration of the British Atlantic Community, 1735-1785*（Cambridge: Cambridge University Press, 1995）; Toby L. Ditz, "Secret Selves, Credible Personas: The Problematics of Trust and Public Display in the Writing of Eighteenth-Century Philadelphia Merchants," in *Possible Pasts: Becoming Colonial in Early America*, ed. Robert Blair St. George（Ithaca, NY: Cornell University Press, 2000），219-43; Cathy Matson, "Putting the Lydia to Sea: The Material Economy of Shipping in Colonial Philadelphia," *WMQ* 74, no. 2（Apr. 2017）: 301-32.

25. 我采用的男证人证词样本（共242份）包括我系统取样所有年份的证词（见注7），以及我对1730—1776年纽波特和萨福克郡级法院以及马萨诸塞和罗得岛州立法机构的记录进行研究时看到的其他证词。

26. 大卫·丹尼尔斯的证词（1750年），《马萨诸塞州档案集》，vol. 43，261-62，马萨诸塞州档案馆，马萨诸塞州波士顿市；雅各布·理查森向罗得岛州议会提交的请愿书中的证词（1770年），vol. 14，8，罗得岛州档案馆，罗得岛州普罗维登斯市。

27. 关于撰写文件，可参见乔治·劳顿的证词（1761年），劳顿-杜菲诉讼案，纽波特郡中级民事法庭，1761年5月，64，罗得岛州最高法庭司法记录中心，罗得岛州波塔基特市。关于调解员的活动，参见约瑟夫·克兰德尔和杰迪亚·奥斯汀的证词（1765年），向罗得岛州议会提交的请愿书，vol. 11.2，134，罗得岛州档案馆，罗得岛州普罗维登斯市。关于仲裁，参见Harold J. Berman, *Law and Revolution: The Formation of the Western Legal Tradition*（Cambridge, MA: Harvard University Press, 1983），347; Bruce L. Benson, "Justice without Government: The Merchant Courts of Medieval Europe and Their Modern Counterparts," in *The Voluntary City: Choice, Community, and Civil Society*, ed. David T. Beito, Peter Gordon, and Alexander Tabarrok（Ann Arbor: University of Michigan Press, 2002）; Sally E. Hadden, "The Business of Justice: Merchants in the Charleston Chamber of Commerce and Arbitration in the 1780s and 1790s," in *The Southern Middle Class in the Long Nineteenth Century*, ed. Jonathan Wells and Jennifer R. Green（Baton Rouge: Louisiana State University Press, 2011），17–18, 30.

28. 苏珊娜·布劳尔内、约翰·布劳尔内、亚伦·威尔伯和托马斯·鲍兰德的证词，帕尔默-布劳尔内诉讼案，纽波特郡中级民事法庭，1766年5月，346，罗得岛州最高法庭司法记录中心，罗得岛州波塔基特市。对于从一群旁观者（其中也有女人）中选出男子来做签字人，参见玛丽·阿斯滕和爱丽丝·威斯特的证词，谢菲尔德-威斯特诉讼案，纽波特郡高级法庭，1733年，罗得岛州最高法庭司法记录中心，罗得岛州波塔基特市。

29. Lindsay R. Moore, *Women Before the Court: Law and Patriarchy in the Anglo-American World, 1600-1800*（Manchester, UK: Manchester University Press, 2019），63–64. 我没有找到原住民、自由黑人或混血儿（不管是男人还是女人）提供证词或签署金融文件的债务案件。鉴于法庭记录在描述证人时，通常只有姓名和住址，所以原住民和自由黑人也很有可能偶尔承担这些法律角色。与此同时，从法庭记录不明确提及此类证人的情况看来，尽管自由黑人和原住民已经融入城市经济，可在绝大多数情况下，白人殖民者还是会请其他白人来做证，承担正式的法律责任，从而强化种族等级制度。

30. 关于奴隶证词在揭发所谓的奴隶叛乱中所起的作用，参见Jill Lepore, *New York Burning: Liberty, Slavery, and Conspiracy in Eighteenth-Century Manhattan*（New York: Random House, 2005）; Richard Bond, "Shaping a Conspiracy: Black Testimony in the 1741 New York Plot," *Early American Studies* 5, no. 1（Spring 2007）: 63–94; Jason Sharples, "Discovering Slave Conspiracies: New Fear of Rebellion and Old Paradigms of Plotting in Seventeenth-Century Barbados," *American Historical Review* 120, no. 3（June 2015）: 811–43. 关于南部的奴隶制度与法律，还参见Robert Owlell, *Masters, Slaves, and Subjects: The Culture of Power in the South Carolina Low Country, 1740-1790*（Ithaca, NY: Cornell University Press, 1998）; Ariela J. Gross, *Double Character: Slavery and Mastery in the Antebellum Southern Courtroom*（Princeton, NJ: Princeton

University Press, 2000）；Sally E. Hadden, *Slave Patrols: Law and Violence in Virginia and the Carolinas*（Cambridge, MA: Harvard University Press, 2001）；Laura F. Edwards, *The People and Their Peace: Law and the Transformation of Inequality in the Post-Revolutionary South*（Chapel Hill: University of North Carolina Press, 2009）.

31. 关于波士顿和纽波特家庭中的奴隶，重点参见Elaine Forman Crane, *A Dependent People: Newport, Rhode Island in the Revolutionary Era*（New York: Fordham University Press, 1985）, 76–83; Ellen Hartigan–O'Connor, *The Ties that Buy: Women and Commerce in Revolutionary America*（Philadelphia: University of Pennsylvania Press, 2009）, 19–23; Gloria McCahon Whiting, "Power, Patriarchy, and Provision: African Families Negotiate Gender and Slavery in New England," *Journal of American History* 103, no. 3（Dec. 2016）: 586–87. 关于奴隶主的职业，参见Jared Ross Hardesty, *Unfreedom: Slavery and Dependence in Eighteenth-Century Boston*（New York: New York University Press, 2016）, 50.

32. 布雷特–格兰特诉讼案，纽波特郡高级法庭，1756年3月，罗得岛州最高法庭司法记录中心，罗得岛州波塔基特市。关于显示纽波特寡妇的店里和家里有男奴隶的类似纠纷，参见米契尔–罗宾逊诉讼案，纽波特郡高级法庭，1748年8月，罗得岛州最高法庭司法记录中心，罗得岛州波塔基特市；卡尔–朗赖尔诉讼案，纽波特郡高级法庭，1763年3月，罗得岛州最高法庭司法记录中心，罗得岛州波塔基特市。后来玛丽·布雷特为黑人儿童创建了一所学校，这表明，她可能是为莫尔和凯托的所有权而起诉的，因为她想改善他们的处境。参见"Notice is hereby given," *Newport Mercury*, Aug. 3, 1772, [3]; "Whereas a school was established," *Newport Mercury*, May 3, 1773, [1]. 关于女奴隶主，参见Stephanie Jones–Rogers, *They Were Her Property: White Women as Slaveholders in the American South*（New Haven, CT: Yale University Press, 2019）; Christine Walker, *Jamaica Ladies: Female Slaveholders and the Creation of Britain's Atlantic Empire*（Chapel Hill: University of North Carolina Press, 2020）.

33. 关于女奴为城市经济的参与者，参见Olwell, Masters, *Slaves & Subjects*, 141–80; Hartigan–O'Connor, *Ties that Buy*; Serena Zabin, *Dangerous Economies: Status and Commerce in Imperial New York*（Philadelphia: University of Pennsylvania Press, 2009）; Marisa J. Fuentes, *Dispossessed Lives: Enslaved Women, Violence, and the Archive*（Philadelphia: University of Pennsylvania Press, 2016）; Justene Hill, "Felonious Transactions: Legal Culture and Business Practices of Slave Economies in South Carolina, 1787–1860," *Enterprise and Society* 18, no. 4（Dec. 2017）: 772–83; Shauna J. Sweeney, "Market Marronage: Fugitive Women and the Internal Marketing System in Jamaica, 1781–1834," *WMQ* 76, no. 2（Apr. 2019）: 197–222.

34. 格兰特–波特诉讼案，纽波特郡中级民事法庭，1746年5月，87，罗得岛州最高法庭司法记录中心，罗得岛州波塔基特市。还参见Fuentes, *Dispossessed Lives*; Sophie White, *Voices of the Enslaved: Love, Labor, and Longing in French Louisiana*（Chapel Hill: University of North Carolina Press, 2019）.

35.　Holly Brewer, *By Birth or Consent: Children, Law, and the Anglo-American Revolution in Authority*（Chapel Hill: University of North Carolina Press, 2005）, 150–80.

36.　*An Abridgement of Burn's Justice of the Peace and Parish Officer*（Boston: Joseph Greenleaf, 1773）, 124–25; Matthew Hale, *Historia Placitorum Cornonæ: The History of the Pleas of the Crown*, vol. 2（London: E. & R. Nutt, & R. Gosling, 1736）, 276–80; Geoffrey Gilbert, *The Law of Evidence*（London: Henry Lintot, 1756）, 121–47.

37.　普通法通过禁止妻子做证指控丈夫，从而确认男人的权威，同时极大地限制了妻子起诉对其身体施暴或实施性暴力的丈夫的能力。妻子只能在遭受丈夫严重虐待（譬如男人强迫女人嫁给他们时，或丈夫与其他人一起合谋强奸妻子时）的诉讼中做证。参见*Abridgement of Burn's Justice*, 125. 还参见William Nelson, *The Office and Authority of a Justice of Peace*（London: E. & R. Nutt, & R. Gosling, 1729）, 268; George Webb, *The Office and Authority of a Justice of the Peace*（Williamsburg, VA: William Parks, 1736）, 135; Hale, *Historia Placitorum Cornonæ*, 279; *Conductor Generalis: or, The office, duty, and authority of justices of the peace*（Philadelphia: B. Franklin & D. Hall, 1750）, 67. 在17世纪的康涅狄格州，妻子可在民事诉讼中为丈夫做证，这似乎只是该州的特殊做法。然而到了18世纪，情况已不再如此。参见Dayton, *Women Before the Bar*, 80.

38.　马修·黑尔列举了一系列有助于提高证人可信度的因素，包括证人的"素质、举止、年龄、条件、教育程度和活动场所"，但他没有提及性别。参见Matthew Hale, *History of the Common Law of England*（London: E. & R. Nutt, & R. Gosling, 1739）, 253–57 [quotations（"称出……重量""可信度"）, 257]; Gilbert, *Law of Evidence*, 147–61 [quotation（"理由和陈述"）, 158]; Matthew Hale, *The Primitive Origination of Mankind, Considered and Examined According to the Light of Nature*（London: William Godbid, 1677）, 129. 关于启蒙运动与法律证据标准的关系，参见Barbara J. Shapiro, *Probability and Certainty in Seventeenth-Century England: A Study of the Relationships between Natural Science, Religion, History, Law, and Literature*（Princeton, NJ: Princeton University Press, 1983）; Barbara J. Shapiro, *A Culture of Fact: England, 1550-1720*（Ithaca, NY: Cornell University Press, 2000）; Andrea Frisch, *The Invention of the Eyewitness: Witnessing and Testimony in Early Modern France*（Chapel Hill: University of North Carolina Press, 2004）; Brewer, *By Birth or Consent*, 161–80. 关于新英格兰法庭的英化，重点参见John M. Murrin, "The Legal Transformation: The Bench and the Bar of Eighteenth-Century Massachusetts," in *Colonial America: Essays in Politics and Social Development*, 3rd ed., ed. Stanley N. Katz and John M. Murrin（New York: Alfred A. Knopf, 1983）, 540–71; Mann, *Neighbors and Strangers*; Dayton, *Women Before the Bar*.

39.　John Hill, *The Young Secretary's Guide, or, a Speedy Help to Learning*（Boston: Thomas Fleet, 1750）, 93; George Fisher, *The American Instructor, or Young Man's Best Companion*, 9th ed.（Philadelphia: B. Franklin & D. Hall, 1748）, 166; William Bradford, comp., *The Secretary's Guide, or Young Man's Companion*（Philadelphia: Andrew Bradford, 1737）, 167.

40. 关于带有证人姓名首字母的表格，参见*The Attorney's Compleat Pocket-Book*（London: Henry Lintot, 1756）; Fisher, *American Instructor*. 关于不带证人姓名的表格，参见*Attorney's Compleat Pocket-Book*; Fisher, *American Instructor*; Hill, *Young Secretary's Guide*; Bradford, *Secretary's Guide*.

41. 关于指南手册在商业和法律活动标准化中的作用，Konstantin Dierks, *In My Power: Letter Writing and Communications in Early America*（Philadelphia: University of Pennsylvania Press, 2009）, 52–99; Eve Tavor Bannet, *Empire of Letters: Letter Manuals and Transatlantic Correspondence, 1688-1810*（Cambridge: Cambridge University Press, 2005）.

42. 与The Attorney's Compleat Pocket-Book中的宣誓书不一样，新英格兰人的请愿书不指明缺席证人的性别或职业，而是总称为"重要证人"。相关例子参见约翰·休利特向罗得岛州议会提交的请愿书（1751年），vol. 8, 13, 罗得岛州档案馆，罗得岛州普罗维登斯市。其他例子，参见弗朗西斯·鲍曼的请愿书（1747年），《马萨诸塞州档案集》，vol. 42, 505-7, 马萨诸塞州档案馆，马萨诸塞州波士顿市；约瑟夫·阿诺德向罗得岛州议会提交的请愿书（1747年），vol. 5, 128, 罗得岛州档案馆，罗得岛州普罗维登斯市；詹姆斯·艾伦的请愿书（1748年），《马萨诸塞州档案集》，vol. 42, 634-38, 马萨诸塞州档案馆，马萨诸塞州波士顿市。

43. *Attorney's Compleat Pocket-Book*, 16.

44. 帕特里夏·康奈尔的证词，劳顿–兰沃西诉讼案，纽波特郡中级民事法庭，1736年5月, 103, 罗得岛州最高法庭司法记录中心，罗得岛州波塔基特市；Freelove Tweedy 的证词，鲍尔斯–巴格诺尔诉讼案，纽波特郡高级法庭，1755年，罗得岛州最高法庭司法记录中心，罗得岛州波塔基特市。

45. 关于指南手册与金融教育，参见Daniel Defoe, *The complete English Tradesman, in familiar letters; directing him in the several parts and progressions of the trade*, vol. 1（London: Charles Rivington, 1725）; *The Secretary's Guide, or Young Man's Companion*（quotation, 169）; Bannet, *Empire of Letters*, 140–49; A Lady, "A New Method"（"全技能"）, *Boston Gazette*, Mar. 24, 1740, [1]. 关于男女教育的差异，参见Laurel Thatcher Ulrich, *Good Wives: Image and Reality in the Lives of Women in Northern New England, 1650-1750*（New York: Alfred A. Knopf, 1980）, 43–44; Mary Beth Norton, *Liberty's Daughters: The Revolutionary Experience of American Women, 1750-1800*（Boston: Little, Brown, 1980）, 256–63; Linda Kerber, *Women of the Republic: Intellect and Ideology in Revolutionary America*（Chapel Hill: University of North Carolina Press, 1980）, 191–193; Patricia Cline Cohen, *A Calculating People: The Spread of Numeracy in Early America*（Chicago: University of Chicago Press, 1982）; Patricia Cleary, " 'Who shall say we have not equal abilitys with the Men when Girls of 18 years of age discover such great capacitys?' Women of Commerce in Boston, 1750–1776," in *Entrepreneurs: The Boston Business Community, 1700-1850*, ed. Conrad Edick Wright and Katheryn P.

Viens,（Boston: Northeastern University Press, 1997），39–62; Cleary, *Elizabeth Murray*, 96, 125; Mary Kelly, *Learning to Stand and Speak: Women, Education, and Public Life in America's Republic*（Chapel Hill: University of North Carolina Press, 2006），34–47.

46. 露丝·贝西的证词，比尔热–伦纳德诉讼案（1760年4月），萨福克郡案件卷宗档案，80，630，马萨诸塞州档案馆，马萨诸塞州波士顿市。

47. 伊丽莎白·金博尔、莎拉和多尔卡丝福勒的证词（1730年8月7日），海沃德–福勒诉讼案，萨福克郡案件卷宗档案，29，918，马萨诸塞州档案馆，马萨诸塞州波士顿市。

48. 利文·洛夫的证词（1762年2月22日），向罗得岛州议会提交的请愿书，vol. 11.2，19，罗得岛州档案馆，罗得岛州普罗维登斯市。对此事件的另一种解读表明，特里可能是合法的债权人，但没有最初的书面文件。

49. 塞缪尔·米丽娅姆和尼古拉斯·沃森的证词（1750年10月16日），向罗得岛州议会提交的请愿书，vol. 7，98，罗得岛州档案馆，罗得岛州普罗维登斯市；爱德华·斯洛克姆向罗得岛州议会提交的请愿书（1750年），vol. 7，98，罗得岛州档案馆，罗得岛州普罗维登斯市。

50. 殖民地的人经常把保兑期票和期票都称为"票据"，而且这两种票据在法律上的作用确实相似，尽管只有保兑期票需要证人。参见Mann, *Neighbors and Strangers*, 29.

51. 证人的一个重要法律职能是确保文件是合法的，且未经修改。当金融文件明显有插入或删除的内容时，当事人会指出证人是在做出此类更改后才签字的。可参见阿尔米–加德纳和哈蒙德诉讼案，纽波特郡中级民事法庭，1776年5月，218，罗得岛州最高法庭司法记录中心，罗得岛州波塔基特市。

52. 威廉·托马斯、大卫·西尔斯、阿比盖尔·塞耶和赫齐卡亚·比尔丁的证词（1753年），《马萨诸塞州档案集》，vol. 43，776–83，马萨诸塞州档案馆，马萨诸塞州波士顿市。

53. 伊丽莎白·菲利普斯的证词，布雷顿–麦奎伦诉讼案，纽波特郡高级法庭，1766年，罗得岛州最高法庭司法记录中心，罗得岛州波塔基特市。

54. 相关例子参见玛丽·阿斯滕的证词，谢菲尔德–威斯特诉讼案，纽波特郡高级法庭，1733年，罗得岛州最高法庭司法记录中心，罗得岛州波塔基特市。

55. 阿比盖尔·塞耶的证词（1753年），《马萨诸塞州档案集》，vol. 43，781–82，马萨诸塞州档案馆，马萨诸塞州波士顿市。

56. 伊丽莎白·菲利普斯的证词和迈克尔·菲利普斯的证词，布雷顿–麦奎伦诉讼案，纽波特郡高级法庭，1766年，罗得岛州最高法庭司法记录中心，罗得岛州波塔基特市。

57. 霍珀–约翰斯顿诉讼案，纽波特郡中级民事法庭，1761年5月，没有标号，罗得岛州最高法庭司法记录中心，罗得岛州波塔基特市；格兰特–米切纳诉讼案，纽波特郡中级民事法庭，1761年5月，53，罗得岛州最高法庭司法记录中心，罗得岛州波塔基特市。

58. 参见，Zara Anishanslin, *Portrait of a Woman in Silk: Hidden Histories of the British Atlantic*

World（New Haven, CT: Yale University Press, 2016），176–77, 185–87. 关于殖民地的人积极建立家庭关系，还参见Karin Wulf, "Bible, King, and Common Law: Genealogical Literacies and Family History Practices in British America," *Early American Studies* 10, no. 3（Fall 2012）：467–502.

59. 史密斯–科吉歇尔诉讼案，纽波特郡中级民事法庭，1751年5月，24，罗得岛州最高法庭司法记录中心，罗得岛州波塔基特市；蒂林赫斯特–布利奥德诉讼案，纽波特郡中级民事法庭，1751年5月，38，罗得岛州最高法庭司法记录中心，罗得岛州波塔基特市；霍姆斯–伊斯顿诉讼案，纽波特郡中级民事法庭，1751年5月，227，罗得岛州最高法庭司法记录中心，罗得岛州波塔基特市；罗杰斯–巴利诉讼案，纽波特郡中级民事法庭，1751年5月，238，罗得岛州最高法庭司法记录中心，罗得岛州波塔基特市；克拉克–卡尔诉讼案，纽波特郡中级民事法庭，1751年5月，322，罗得岛州最高法庭司法记录中心，罗得岛州波塔基特市。从玛丽·林登签署债券的行为可以看出，乔赛亚斯·林登的亲属中有很多人识字会算。凯撒·林登乃林登家中的奴隶，他也识字，会在日记中记录金融交易和各种备忘录。参见Tara Bynum, "Cesar Lyndon's Lists, Letters, and a Pig Roast: A Sundry Account Book," *Early American Literature* 53, no. 3（Fall 2018）：839–49.

60. 关于一份带有约瑟夫和苏珊娜·福克斯签名的租约，参见斯特曼–斯托达德诉讼案，纽波特郡中级民事法庭，1767年11月，85，罗得岛州最高法庭司法记录中心，罗得岛州波塔基特市。关于带有约瑟夫和阿比盖尔·福克斯签名的债券，参见，布朗和吉德利–希尔诉讼案，纽波特郡中级民事法庭，1746年5月，99，罗得岛州最高法庭司法记录中心，罗得岛州波塔基特市；阿尔米–加德纳诉讼案，纽波特郡中级民事法庭，1766年5月，218，罗得岛州最高法庭司法记录中心，罗得岛州波塔基特市；尼科尔斯–哈萨德诉讼案，纽波特郡中级民事法庭，1766年5月，225，罗得岛州最高法庭司法记录中心，罗得岛州波塔基特市。关于约瑟夫·福克斯承担代写人的工作，参见福克斯–菲利普斯诉讼案，纽波特郡中级民事法庭，1756年5月，143，罗得岛州最高法庭司法记录中心，罗得岛州波塔基特市；罗宾逊–特里普和斯宾塞诉讼案，纽波特郡中级民事法庭，1761年11月，239，罗得岛州最高法庭司法记录中心，罗得岛州波塔基特市；波洛克–埃利泽诉讼案，纽波特郡高级法庭，1766年3月，罗得岛州最高法庭司法记录中心，罗得岛州波塔基特市。

61. Julie Hardwick, *The Practice of Patriarchy: Gender and the Politics of Household Authority in Early Modern France*（Philadelphia: University of Pennsylvania Press, 1998）（quotation, 18）. 还参见Donna Merwick, *Death of a Notary: Conquest and Change in Colonial New York*（Ithaca, NY: Cornell University Press, 2002）.

62. 在现代早期的法国，做证是件"公共的、发生在邻里之间的事"，类似论点参见Hardwick, *Family Business*, 72.

63. 许多案件的卷宗里都有证人的传票。不论被传唤的证人是男是女，这些传票的形式都是一样的。关于男女证人的代表性传票，分别参见迪勒–比尔诉讼案，纽波特郡中级民事法庭，1741年5月，187，罗得岛州最高法庭司法记录中心，罗得岛州波塔基特市；斯宾塞–尼克森诉讼案，纽波特郡中级民事法庭，1741年5月，247，罗得岛州最高法庭司法记录中心，罗得岛州波塔基特市。

64.　"An Act for Taking Depositions Out of Court"（1718），*Acts and Laws of His Majesties Colony of Rhode-Island, and Providence-Plantations in America*（Boston: John Allen, 1719），98–99; "An Act for Taking Affadavits out of Court"（1695），*Acts and Laws of His Majesty's Province of the Massachusetts-Bay in New-England*（Boston: Samuel Kneeland, 1759），64. 普通法更看重口头证词，这种接纳庭外证词的举动与普通法的精神背离，因为普通法认为出庭做证的证词会比书面证词得到更全面的评估。参见 Hale, *History of the Common Law*, 254–55; Gilbert, *Law of Evidence*, 60.

65.　Nelson, *Office and Authority*, 500.

66.　证人的书面证词记载了记录证词的治安官的姓名及其记录证词的时间和地点。关于多名证人在诉讼相对方在场的情况下在治安官家中做证的例子，参见伯特–波特诉讼案，纽波特郡中级民事法庭，1731年5月，21，罗得岛州最高法庭司法记录中心，罗得岛州波塔基特市。关于这一过程的概述，可参见 *Abridgement of Burn's Justice*, 127–29; *Conductor Generalis*, 162–73; William Simpson, *The Practical Justice of the Peace and Parish-Officer of His Majesty's Province of South Carolina*（Charleston, SC: Robert Wells, 1761），100–101; Webb, *Office and Authority*, 137.

67.　莎拉和安·巴斯写给詹姆斯·奥蒂斯的信，1762年4月16日，奥蒂斯家族文件，马萨诸塞州历史学会，马萨诸塞州波士顿市。

68.　"An Act Establishing and Regulating Fees"（1767），*Acts and Laws of the English Colony of Rhode-Island, and Providence-Plantations in New-England, in America*（Newport, RI: Samuel Hall, 1767），98; "An Act for Regulating Trials of Civil Causes"（1701），*Acts and Laws of His Majesty's Province of the Massachusetts-Bay in New-England*（Boston: Samuel Kneeland, 1759），133. 18世纪罗得岛州和马萨诸塞州都曾多次调整证人费用。

69.　Sharon V. Salinger, "To serve well and faithfully": *Labor and Indentured Servants in Pennsylvania, 1682-1800*（Cambridge: Cambridge University Press, 1987），151; Billy G. Smith, *The"Lower Sort": Philadelphia's Laboring People, 1750-1800*（Ithaca, NY: Cornell University Press, 1990），92–93, 108–24, 233. 证人的每日报酬标准始终低于政府任命的首席官员，譬如司法部部长。相关例子，参见 "An Act Establishing and Regulating Fees"（1767），96–98; "An Act for the Establishing and Regulating of Fees"（1666），*Acts and Laws of His Majesties Colony of Rhode-Island, and Providence-Plantations in America*（Boston: John Allen, 1719），21.

70.　*Abridgement of Burn's Justice*, 127. 指南手册谴责对证人缺乏补偿，尤其是在刑事案件的审理过程中。另一个关于传唤不必要证人的例子，参见 "An Act for Discouraging Vexatious and Unjust Suits in Law"（1718），*Acts and Laws of His Majesty's Colony of Rhode-Island and Providence-Plantations, in New England, in America*（Newport: Ann Franklin, 1745），75–76.

71. 关于女人与男人的薪酬，参见Crane, *Ebb Tide*, 106–8; Smith, *The "Lower Sort"*, 112; Karin Wulf, *Not All Wives: Women of Colonial Philadelphia*（Ithaca, NY: Cornell University Press, 2000），141. 关于证人的报酬，还参见Hardwick, *Practice of Patriarchy*, 102–3.

72. 尤妮斯·希尔的证词，英格拉哈姆–库克诉讼案，萨福克郡高级法庭（1762年2月），萨福克郡案件卷宗档案，82，635，马萨诸塞州档案馆，马萨诸塞州波士顿市；佩兴丝·麦康伯的证词，佩卡姆–克兰德尔诉讼案，纽波特郡中级民事法庭，1791年5月，66，罗得岛州最高法庭司法记录中心，罗得岛州波塔基特市。

73. 这家供膳宿舍位于牛奶街，离波士顿主干道只有一个街区的距离。参见布朗–鲍登诉讼案，萨福克郡高级法庭（1750年至1751年2月，1750年至1751年3月），萨福克郡案件卷宗档案，67，695，67，704，67，755，马萨诸塞州档案馆，马萨诸塞州波士顿市。

74. 我研究证人证词的策略是基于其他历史学家分析法律来源的方法，尤其是娜塔莉·泽蒙·戴维斯对现代早期法国赦免请愿书的诠释方法。参见Natalie Zemon Davis, *Fiction in the Archives: Pardon Tales and Their Tellers in Sixteenth-Century France*（Stanford, CA: Stanford University Press, 1987）. 关于第一人称的书面证词，参见格兰特–贝内特诉讼案，纽波特郡中级民事法庭，1741年5月，134，罗得岛州最高法庭司法记录中心，罗得岛州波塔基特市。关于第三人称的书面政策，参见赫克瑟姆–古尔德诉讼案，纽波特郡中级民事法庭，1741年5月，104，罗得岛州最高法庭司法记录中心，罗得岛州波塔基特市。关于在第一人称和第三人称之间切换的证词，参见伯特–波特诉讼案，纽波特郡中级民事法庭，17311年5月，21，罗得岛州最高法庭司法记录中心，罗得岛州波塔基特市。

75. 我的研究是基于311份证人的证词（69份来自女证人，242份来自男证人）。证人证词样本包括系统抽样中所涵盖的所有年份的证词（见注7），还有我在对纽波特郡和萨福克郡法院以及马萨诸塞州和罗得岛州立法机构1730年至1776年的法庭文件进行研究时所见到的其他证人证词。

76. Gilbert, *Law of Evidence*, 158.

77. Gilbert, *Law of Evidence*, 150–51.

78. Gilbert, *Law of Evidence*, 152–53. 还参见Elaine Forman Crane, *Killed Strangely: The Death of Rebecca Cornell*（Ithaca, NY: Cornell University Press, 2002），50.

79. Shapin, *Social History of Truth*; Mary Poovey, *A History of the Modern Fact: Problems of Knowledge in the Sciences of Wealth and Society*（Chicago: University of Chicago Press, 1998）; Parrish, *American Curiosity*; Shapin and Shaffer, *Leviathan and the Air Pump*; James Delbourgo, *A Most Amazing Scene of Wonders*（Cambridge, MA: Harvard University Press, 2006）.

80. 安·阿斯顿的证词，卡德–弗里伯恩诉讼案，1741年5月，未标卷宗号，罗得岛州最高法庭司法记录中心，罗得岛州波塔基特市；塞思·亚当斯的证词（1747年7月26日），萨福克郡案件卷宗档案，63，764；塞缪尔卡尔的证词，伯特–波特诉讼案，

注释

纽波特郡中级民事法庭，1731年5月，#21，罗得岛州最高法庭司法记录中心，罗得岛州波塔基特市。

81. 乔纳森·福斯特、露丝·弗里曼和亚历山大·克莱顿的证词（1747年及1748年），《马萨诸塞州档案集》，vol. 42，623–24，马萨诸塞州档案馆，马萨诸塞州波士顿市；约瑟夫和福勒·谢菲尔德的证词，黑文斯–谢菲尔德诉讼案，纽波特郡中级民事法庭，1761年5月，231，罗得岛州最高法庭司法记录中，罗得岛州波塔基特市。

82. 阿比盖尔·塞耶的证词（1753年），《马萨诸塞州档案集》，vol. 43，781–82，马萨诸塞州档案馆，马萨诸塞州波士顿市；所罗门·希克斯的证词，威尔科克斯–万顿诉讼案，纽波特郡中级民事法庭，1761年5月，15，罗得岛州最高法庭司法记录中心，罗得岛州波塔基特市；乔治·加德纳的证词，黑文斯–谢菲尔德诉讼案，纽波特郡中级民事法庭，1761年5月，231，罗得岛州最高法庭司法记录中心，罗得岛州波塔基特市。

83. 塞迪斯·威尔茅斯的证词（1756年），向罗得岛州议会提交的请愿书，vol. 9.2，108，罗得岛州档案馆，罗得岛州普罗维登斯市；阿萨·迈纳的证词（1766年），向罗得岛州议会提交的请愿书，vol. 12，60，罗得岛州档案馆，罗得岛州普罗维登斯市；大卫·丹尼尔斯的证词（1750年），《马萨诸塞州档案集》，vol. 43，261–62，马萨诸塞州档案馆，马萨诸塞州波士顿市；莎拉和多尔卡丝福勒的证词（1730年），萨福克郡案件卷宗档案，29，855，马萨诸塞州档案馆，马萨诸塞州波士顿市；尤妮斯·希尔的证词（1762年），萨福克郡案件卷宗档案，82，635，马萨诸塞州档案馆，马萨诸塞州波士顿市。

84. 威廉·托马斯、大卫·希尔斯和阿比盖尔·塞耶的证词（1753年），《马萨诸塞州档案集》，vol. 43，776，779–82，马萨诸塞州档案馆，马萨诸塞州波士顿市。

85. 米哈布尔·唐斯、托马斯·布伦顿和爱丽莎·诺顿的证词（1767年），斯托达德–斯通曼诉讼案，纽波特郡中级民事法庭，1767年11月，185，罗得岛州最高法庭司法记录中心，罗得岛州波塔基特市。

86. 福勒·惠普尔的证词［日期不全（1767年？）］，向罗得岛州议会提交的请愿书，vol. 13.2，181，罗得岛州档案馆，罗得岛州普罗维登斯市；皮莱格·斯宾塞的证词，格兰特–贝内特诉讼案，纽波特郡中级民事法庭，1741年5月，134，罗得岛州最高法庭司法记录中心，罗得岛州波塔基特市。

87. 玛格丽特·柯蒂洛的证词，伯特–波特诉讼案，纽波特郡中级民事法庭，1731年5月，21，罗得岛州最高法庭司法记录中心，罗得岛州波塔基特市；莎拉·库克的证词（1762年），萨福克郡案件卷宗档案，82，635，马萨诸塞州档案馆，马萨诸塞州波士顿市。

88. 相关例子参见伊诺克和露西·金杨的证词（1766年），杰弗斯–伊萨克斯诉讼案，纽波特郡高级法庭，1769年9月，罗得岛州最高法庭司法记录中心，罗得岛州波塔基特市。我找到了11个妻子与丈夫一同做证的案件。在其中7个案例中，妻子只是发誓宣称丈夫的证词准确无误。虽然样本量不够大，不足以具有统计学意义，但还是表明，只记录丈夫的全部证词是一种普遍的做法，但也不是每个案件都是如此。

89. 坦克夫·汤普森的证词，钱普林-巴布科克诉讼案，纽波特郡高级法庭，1755年，罗得岛州最高法庭司法记录中心，罗得岛州波塔基特市。

90. 证人在发誓称其他证人的证词准确无误的同时，偶尔也会指出一些小的分歧之处，可见他们在整个诉讼过程中都仔细倾听。相关例子参见玛丽·史密斯的证词，富勒-豪斯诉讼案，纽波特郡高级法庭，1730年，罗得岛州最高法庭司法记录中心，罗得岛州波塔基特市；爱丽丝·威斯特的证词，谢菲尔德-威斯特诉讼案，纽波特郡高级法庭，1733年，罗得岛州最高法庭司法记录中心，罗得岛州波塔基特市。

第五章

1. Margaret Ellen Newell, *From Dependency to Independence: Economic Revolution in Colonial New England*（Ithaca, NY: Cornell University Press, 1998）; Gary B. Nash, *The Urban Crucible: Social Change, Political Consciousness, and the Origins of the American Revolution*（Cambridge, MA: Harvard University Press, 1979）; Bruce H. Mann, *Republic of Debtors: Bankruptcy in the Age of American Independence*（Cambridge, MA: Harvard University Press, 2002）.

2. 关于罗得岛州请愿的情况，参见向罗得岛州议会提交的请愿书，vols. 2–16 和25.2，罗得岛州档案馆，罗得岛州普罗维登斯市。关于马萨诸塞州请愿的情况，《马萨诸塞州档案集》，vols. 17–19B，41–44，105，303，马萨诸塞州档案馆，马萨诸塞州波士顿市。

3. 关于对守寡的理解，参见Vivian Bruce Conger, *The Widow's Might: Widowhood and Gender in Early British America*（New York: New York University Press, 2009）, 23–42, 116–18; Sandra Cavallo and Lyndan Warner, eds., *Widowhood in Medieval and Early Modern Europe*（New York: Routledge, 2014）.

4. 关于英属大西洋地区的请愿，参见Raymond C. Bailey, *Popular Influence on Public Policy: Petitioning in Eighteenth-Century Virginia*（Westport, CT: Greenwood Press, 1979）; Alison G. Olson, "Eighteenth–Century Colonial Legislatures and Their Constituents," *Journal of American History* 79, no. 2（Sept. 1992）: 543–67; David Zaret, *Origins of Democratic Culture: Printing, Petitions, and the Public Sphere in Early-Modern England*（Princeton, NJ: Princeton University Press, 2000）. 关于近期蓬勃发展的黑人与原住民请愿的学术研究，参见José Carlos de la Puente Luna, *Andean Cosmopolitans: Seeking Justice and Reward at the Spanish Royal Court*（Austin: University of Texas Press, 2018）; Brian P. Owensby and Richard J. Ross, eds., *Justice in a New World: Negotiating Legal Intelligibility in British, Iberian, and Indigenous America*（New York: New York University Press, 2018）; Bradley J. Dixon, "'His one Netev ples': The Chowans and the Politics of Native Petitions in the Colonial South," *WMQ* 76, no. 1（Jan. 2019）: 41–74; Norah L. A. Gharala, *Taxing Blackness: Free Afromexican Tribute in Bourbon New Spain*（Tuscaloosa: University of Alabama Press, 2019）. 关于妇

女请愿的情况，参见Mary Beth Norton "Eighteenth-Century American Women in Peace and War: The Case of the Loyalists," *WMQ* 33, no. 3（July 1976）: 386–409; Linda K. Kerber, *Women of the Republic: Intellect and Ideology in Revolutionary America*（Chapel Hill: University of North Carolina Press, 1980）, 85–99; Cynthia A. Kierner, *Southern Women in Revolution, 1776-1800: Personal and Political Narratives*（Columbia: University of South Carolina Press, 1998）; Susan Zaeske, *Signatures of Citizenship: Petitioning, Antislavery, and Women's Political Identity*（Chapel Hill: University of North Carolina Press, 2003）.

5. 安·梅勒姆，"All persons that have any Demands," *Boston Post-Boy*, May 24, 1742, [4]; 安·梅勒姆，"All persons that have any Demands," *Boston Post-Boy*, May 31, 1742, [4].

6. 安·梅勒姆（娘家姓"洛"）是巴林顿的富豪地主塞缪尔·洛三个子女中的老大。关于她的出生情况没有留存的文件，不过塞缪尔的第二个孩子是1701年3月19日出生的。参见梅勒姆家的家用圣经，纽波特历史学会，罗得岛州纽波特市；塞缪尔文件资料，布里斯托尔郡的遗嘱认证记录，vol. 6，71–72，马萨诸塞州档案馆，马萨诸塞州波士顿市；*Sibley's Harvard Graduates: Biographical Sketches of Those Who Attended Harvard College*, vol. 6, 1713–1721（Boston: Massachusetts Historical Society, 1942），96–98；萨福克郡遗嘱认证记录，vol. 31，279–81，马萨诸塞州档案馆，马萨诸塞州波士顿市。

7. Lawrence C. Wroth, "John Maylem: Poet and Warrior," *Publications of the Colonial Society of Massachusetts* 32（Boston: The Society, 1937），92n3；梅勒姆家的家用圣经，纽波特历史学会，罗得岛州纽波特市。

8. 关于梅勒姆撰写并带有其签名的信件，参见1746年8月8日、1746年9月6日、1746年9月8日和1746年9月9日安·梅勒姆写给詹姆斯·奥蒂斯的信，奥蒂斯家族文件，马萨诸塞州历史学会，马萨诸塞州波士顿市。关于由他人撰写可带有梅勒姆签名的信件，参见1745年10月23日和1746年7月31日安·梅勒姆写给詹姆斯·奥蒂斯的信，奥蒂斯家族文件，马萨诸塞州历史学会，马萨诸塞州波士顿市。关于在金融文件和梅勒姆1744年8月请愿书上的同一签名，参见萨福克郡案件卷宗档案，169，641，马萨诸塞州档案馆，马萨诸塞州波士顿市。

9. 租约，约翰·梅勒姆写给托马斯·佩因的信，1739年10月17日，罗伯特·特里特·佩因文件，马萨诸塞州历史学会，马萨诸塞州波士顿市；安·梅勒姆，对不公正过程的尖锐叙述（纽波特郡：安·富兰克林，1742年）；里德–梅勒姆诉讼案纽波特郡中级民事法庭，1743年5月，280，罗得岛州最高法庭司法记录中心，罗得岛州波塔基特市。关于酿制朗姆酒，参见Elaine Forman Crane, *A Dependent People: Newport, Rhode Island in the Revolutionary Era*（New York: Fordham University Press, 1985），9–15, 39; Jordan B. Smith, "The Invention of Rum"（PhD diss., Georgetown University, 2018）.

10. 关于约翰·梅勒姆的死亡，参见"New-Port, March 19," *Boston Post-Boy*, Mar. 22, 1742, [3]. 关于安·梅勒姆宣布自己为遗产管理人的情况，参见Ann Maylem, "All

persons that have any Demands," *Boston Post-Boy*, May 24, 1742, [4]; Ann Maylem, "All persons that have any Demands," *Boston Post-Boy*, May 31, 1742, [4]; Ann Maylem, "All persons that have any Demands," *Boston Post-Boy*, June 21, 1742, [4]. 关于梅勒姆夫妇孩子的出生，参见梅勒姆家族文件，纽波特历史学会，罗得岛州纽波特市。

11. 根据安·梅勒姆在1743年提交的遗产管理账目（其中列出了总计521英镑的债务），约翰·梅勒姆的遗产似乎是有偿付能力的。然而，从约翰的债权人后来提出的诉讼看来，其中有几位债权人只从安那里收到部分还款。参见里德–梅勒姆诉讼案中的遗产清单和遗产管理账目，纽波特郡中级民事法庭，1743年5月，280，罗得岛州最高法庭司法记录中心，罗得岛州波塔基特市；德雷珀–梅勒姆诉讼案，纽波特郡中级民事法庭，1743年5月，402，罗得岛州最高法庭司法记录中心，罗得岛州波塔基特市；埃勒里–梅勒姆诉讼案，法庭记录书，纽波特郡中级民事法庭，vol. B，416，罗得岛州最高法庭司法记录中心，罗得岛州波塔基特市；英格拉哈姆–梅勒姆诉讼案，纽波特郡中级民事法庭，1744年5月，220，罗得岛州最高法庭司法记录中心，罗得岛州波塔基特市。

12. Marylynn Salmon, *Women and the Law of Property in Early America* （Chapel Hill: University of North Carolina Press, 1986）, 140.

13. 罗得岛州1718年颁布的法令在1728年前一直生效，但法令的废除并没有给殖民地围绕遗产管理的法律实践带来显著变化。参见Elaine Forman Crane, *Ebb Tide in New England: Women, Seaports, and Social Change, 1630-1800* （Boston: Northeastern University Press, 1998）, 157–64. 关于整个英属北美地区的趋势，参见Salmon, *Women and the Law of Property*, 141–68.

14. Mann, *Republic of Debtors*, 36–53.

15. Mann, *Republic of Debtors*, 53–60; Peter J. Coleman, "The Insolvent Debtor in Rhode Island, 1745–1828," *WMQ* 22, no. 3 （July 1965）: 413–34; "An Act of the Equal Distribution of Insolvent Estates" （June 1758）, *Acts and Laws of the English Colony of Rhode-Island, and Providence-Plantations in New-England, in America* （Newport: Samuel Hall, 1767）, 154–57.

16. 安·梅勒姆声称是她自己雇用加德纳来蒸馏糖蜜的。其他证人则称是梅勒姆和亡夫的合作伙伴乔纳森·戴曼共同雇用了加德纳。参见梅勒姆的简述，雅各布·德汉的证词（1744年9月20日）和纳撒尼尔·科吉歇尔的证词（1745年3月12日），萨福克郡案件卷宗档案，169，641，马萨诸塞州档案馆，马萨诸塞州波士顿市。

17. Smith, "Invention of Rum," 184–207.

18. 安·梅勒姆后来在声讨文中解释，一开始是1739年乔治·加德纳给约翰·梅勒姆开具了一份《废约条件保证书》，后来因为加德纳欠乔治·古尔丁债，所以在1740年，这份保证书就转给了古尔丁。其他文件表明《废约条件保证书》是约翰·梅勒姆、乔纳森·戴曼和古尔丁在1740年达成的一项新协议的产物。参见梅勒姆的简述，梅勒姆–戴曼诉讼案，纽波特中级民事法庭，1744年11月，198，罗得岛州最高法庭司法记录中心，罗得岛州波塔基特市；安·梅勒姆向罗得岛州议会提交的请愿书（1744年9月），vol. 6，13，罗得岛州档案馆，罗得岛州普罗维登斯市；安·梅勒姆向罗得岛州议会提交的请愿书（1748年8月），vol. 6，149，罗得岛州档案馆，罗得岛州普罗维登斯市。

19. 安·梅勒姆声称乔纳森·戴曼于1742年3月16日从她那里拿到了一份《废约条件保证书》，而纳撒尼尔·科吉歇尔和雅各布·德汉指出，在约翰·梅勒姆去世后"不久"，他们就协助梅勒姆和戴曼清算了账目。参见梅勒姆–戴曼诉讼案，纽波特郡中级民事法庭，1744年11月，198，罗得岛州最高法庭司法记录中心，罗得岛州波塔基特市；雅各布·德汉的证词（1744年9月20日）和纳撒尼尔·科吉歇尔的证词（1745年3月12日），萨福克郡案件卷宗档案，169，641，马萨诸塞州档案馆，马萨诸塞州波士顿市。

20. 梅勒姆的简述；伊齐基尔·伯勒斯和乔治·加德纳的证词（没有日期），萨福克郡案件卷宗档案，169，641，马萨诸塞州档案馆，马萨诸塞州波士顿市。

21. 梅勒姆的简述；梅勒姆–戴曼诉讼案，纽波特郡中级民事法庭，1744年11月，198，罗得岛州最高法庭司法记录中心，罗得岛州波塔基特市；纳撒尼尔·科吉歇尔和约瑟夫·蒂林赫斯特的证词（1744年9月20日），萨福克郡案件卷宗档案，169，336，马萨诸塞州档案馆，马萨诸塞州波士顿市；伊齐基尔·伯勒斯和乔治·加德纳的证词（没有日期），萨福克郡案件卷宗档案，169，641，马萨诸塞州档案馆，马萨诸塞州波士顿市。

22. 梅勒姆的简述；伊齐基尔·伯勒斯的证词和乔治·加德纳的证词（没有日期），萨福克郡案件卷宗档案，169，641，马萨诸塞州档案馆，马萨诸塞州波士顿市。

23. 梅勒姆的简述；梅勒姆–戴曼诉讼案，纽波特郡中级民事法庭，1744年11月，198，罗得岛州最高法庭司法记录中心，罗得岛州波塔基特市；梅勒姆–加德纳诉讼案，列入案卷之中，纽波特郡中级民事法庭，1743年11月，罗得岛州最高法庭司法记录中心，罗得岛州波塔基特市；梅勒姆–加德纳诉讼案，纽波特郡中级民事法庭，1744年5月，207，罗得岛州最高法庭司法记录中心，罗得岛州波塔基特市；梅勒姆–加德纳诉讼案，纽波特郡中级民事法庭，1745年11月，1，罗得岛州最高法庭司法记录中心，罗得岛州波塔基特市；安·梅勒姆的请愿书（1744年9月），向罗得岛州议会提交的请愿书，vol. 6，13，罗得岛州档案馆，罗得岛州普罗维登斯市；安·梅勒姆的请愿书（1748年8月），向罗得岛州议会提交的请愿书，vol. 6，149，罗得岛州档案馆，罗得岛州普罗维登斯市；安·梅勒姆的请愿书（1744年8月20日和1745年2月），萨福克郡案件卷宗档案，169，641，马萨诸塞州档案馆，马萨诸塞州波士顿市；市议会会议记录，1743年2月6日，纽波特市议会记录，vol. 9，14，纽波特历史学会，罗得岛州纽波特市。

24. 里德–梅勒姆诉讼案中的遗产管理目录，纽波特郡中级民事法庭，1743年5月，280，罗得岛州最高法庭司法记录中心，罗得岛州波塔基特市。关于参见Crane, *Ebb Tide*, 159.

25. 福勒·埃勒里的保证书（1742年10月18日），梅勒姆–埃勒里诉讼案，1743年9月，衡平法案件，vol. 6，PartⅡ，49–51，罗得岛州档案馆，罗得岛州普罗维登斯市。

26.　关于最初的诉讼案，参见里德-梅勒姆诉讼案，纽波特郡中级民事法庭，1743年5月，280，罗得岛州最高法庭司法记录中心，罗得岛州波塔基特市；德雷珀-梅勒姆诉讼案，纽波特郡中级民事法庭，1743年5月，402，罗得岛州最高法庭司法记录中心，罗得岛州波塔基特市；埃勒里-梅勒姆诉讼案，法庭记录书，纽波特郡中级民事法庭，vol. B，416，罗得岛州最高法庭司法记录中心，罗得岛州波塔基特市；英格拉哈姆-梅勒姆诉讼案，纽波特郡中级民事法庭，1744年5月，220，罗得岛州最高法庭司法记录中心，罗得岛州波塔基特市。关于梅勒姆的上诉情况，参见梅勒姆-里德诉讼案，1743年9月，衡平法案件，vol. 6，PartⅡ，44-46，罗得岛州档案馆，罗得岛州普罗维登斯市；梅勒姆-德雷珀诉讼案，1743年9月，衡平法案件，vol. 6，Part Ⅱ，47-48，罗得岛州档案馆，罗得岛州普罗维登斯市；梅勒姆-埃勒里诉讼案，1743年9月，衡平法案件，vol. 6，Part Ⅱ，49-51，罗得岛州档案馆，罗得岛州普罗维登斯市。

27.　到了1745年，安·梅勒姆同时寻求其他收入来源，包括向马萨诸塞州的债务人催收欠款，以及从已故父亲的遗产中索取额外的土地。后一种策略具有优势，因为当安·梅勒姆从已故父亲的遗产中获得地产后，她便成了这些地产的唯一所有者；而约翰·梅勒姆的债主是不能对安独立拥有的地产提出诉求的。参见1745年10月23日安·梅勒姆写给詹姆斯·奥蒂斯的信，奥蒂斯家族文件，马萨诸塞州历史学会，马萨诸塞州波士顿市；安·梅勒姆控诉纳撒尼尔·哈伯德的请愿书（没有日期），塞缪尔·洛归档文件，布里斯托尔郡遗嘱认证法庭归档文件，vol. 6，171-72，马萨诸塞州档案馆，马萨诸塞州波士顿市。

28.　关于安·富兰克林，参见Margaret Lane Ford, "A Widow's Work: Ann Franklin of Newport, RI," *Printing History* 12 （1990）: 15-26. 关于女印刷商和印刷的声讨文，还参见Joseph M. Adelman, *Revolutionary Networks: The Business and Politics of Printing the News, 1763-1789* （Baltimore: Johns Hopkins University Press, 2019），25-26, 32-33.

29.　议会会议记录，1743年2月6日，纽波特市议会记录，vol. 9，14，纽波特历史学会，罗得岛州纽波特市；1746年7月31日安·梅勒姆写给詹姆斯·奥蒂斯的信以及1746年8月8日塞缪尔·洛写给詹姆斯·奥蒂斯的信，奥蒂斯家族文件，马萨诸塞州历史学会，马萨诸塞州波士顿市。

30.　关于女作者的发表作品，参见Catherine A. Brekus, *Sarah Osborn's World: The Rise of Evangelical Christianity in Early America* （New Haven, CT: Yale University Press, 2013），171-73, 175-80, 184. 关于Sarah Osborn的发表作品，参见*The Nature, Certainty, and Evidence of True Christianity* （Boston: Samuel Kneeland, 1755）.还参见Karen A. Weyler, *Empowering Words: Outsiders and Authorship in Early America* （Athens: University of Georgia Press, 2013）.

31.　梅勒姆的简述。关于男子在纠纷事端中使用印刷物的例子，参见William Fletcher, *The State of Action Brought by William Fletcher against William Vassall, for Defaming Him: Tried In the Superior Court At Boston, August Term, A.D. 1752 and now Pending by Appeal to His Majesty in Council* （Boston, 1753）; "Boston, July 10," *Boston Gazette*, July 14, 1755, [1]; John Hunt, "Watertown, July 22d 1755," *Boston Gazette*, July 18, 1755, [1]; Thomas Forsey, "To the Public," *Newport Mercury*, Aug. 29, 1763, [3]; Thomas Forsey, "To the Public," *Newport Mercury*, Sept. 19, 1763, [1]; Waddell Cunningham, "From the New–York Gazette of September 1," *Newport Mercury*, Sept. 19, 1763, [1]. 关于男商人在纠纷中使用印刷物的例子，还参见Toby L. Ditz, "Formative Ventures: Eighteenth–Century Commercial Letters and the Articulation of Experience," in *Epistolary Selves: Letters and Letter-Writers, 1600-1945*, ed. Rebecca Earle （Aldershot, UK: Ashgate, 1999）, 70–73.

32. 梅勒姆的简述；Patricia Cline Cohen, *A Calculating People: The Spread of Numeracy in Early America* （Chicago: University of Chicago Press, 1982）; Mary Poovey, *A History of the Modern Fact: Problems of Knowledge in the Sciences of Wealth and Society* （Chicago: University of Chicago Press, 1998）; Miles Ogborn, *India Ink: Script and Print in the Making of the English East India Company* （Chicago: University of Chicago Press, 2007）.

33. 梅勒姆的简述。

34. 关于非法占有，参见William Blackstone, *Commentaries on the Laws of England*, vol. 3 （Oxford, UK: Clarendon Press, 1768）, 146, 151.

35. 梅勒姆–戴曼诉讼案，纽波特郡中级民事法庭，1744年11月，198，罗得岛州最高法庭司法记录中心，罗得岛州波塔基特市。

36. 梅勒姆–加德纳诉讼案，列入案卷之中，纽波特郡中级民事法庭，1743年11月，罗得岛州最高法庭司法记录中心，罗得岛州波塔基特市；梅勒姆–加德纳诉讼案，纽波特郡中级民事法庭，1744年5月，207，罗得岛州最高法庭司法记录中心，罗得岛州波塔基特市；梅勒姆–加德纳诉讼案，纽波特郡中级民事法庭，1745年11月，1，罗得岛州最高法庭司法记录中心，罗得岛州波塔基特市。关于请求清算的诉讼，参见Giles Jacob, *The Common Law Common-Plac'd* （London: E. & R. Nutt, & R. Gosling, 1733）, 4–5.

37. 立法会记录中包含一些签过字的原始请愿书和其他书记员记录的副本。书记员记录的副本中会悉数记录请愿书的内容，包括请愿人的签名。关于梅勒姆在请愿书上的签字，参见安·梅勒姆的请愿书（1744年8月20日），萨福克郡案件卷宗档案，169，641，马萨诸塞州档案馆，马萨诸塞州波士顿市；安·梅勒姆的请愿书（1744年9月），向罗得岛州议会提交的请愿书，vol. 6, 13，罗得岛州档案馆，罗得岛州普罗维登斯市。关于缺少梅勒姆签字的请愿书，参见安·梅勒姆的请愿书（1745年2月），萨福克郡案件卷宗档案，169，641，马萨诸塞州档案馆，马萨诸塞州波士顿市；安·梅勒姆的请愿书（1748年8月），向罗得岛州议会提交的请愿书，vol. 6, 149，罗得岛州档案馆，罗得岛州普罗维登斯市。

38. 安·梅勒姆的请愿书（"痛苦""毁掉"，1744年8月20日），萨福克郡案件卷宗档案，169，641，马萨诸塞州档案馆，马萨诸塞州波士顿市；安·梅勒姆的请愿书（"痛苦""毁掉"，1744年9月），向罗得岛州议会提交的请愿书，vol. 6, 13，罗得岛州档案馆，罗得岛州普罗维登斯市；安·梅勒姆的请愿书（"共谋者""歹毒""欺诈"，1745年2月），萨福克郡案件卷宗档案，169，641，马萨诸塞州档案馆，马萨诸塞州波士顿市；安·梅勒姆的请愿书（"痛苦""歹毒"，1748年8月），向罗得岛州议会提交的请愿书，vol. 6，149，罗得岛州档案馆，罗得岛州普罗维登斯市。

39. 安·梅勒姆的请愿书（1744年9月），向罗得岛州议会提交的请愿书，vol. 6，13，罗得岛州档案馆，罗得岛州普罗维登斯市。

40. 安·梅勒姆的请愿书（1748年8月），向罗得岛州议会提交的请愿书，vol. 6，149，罗得岛州档案馆，罗得岛州普罗维登斯市。

41. 1745年10月23日和1746年7月31日安·梅勒姆写给詹姆斯·奥蒂斯的信，奥蒂斯家族文件，马萨诸塞州历史学会，马萨诸塞州波士顿市。

42. 1746年8月8日、1746年9月6日、1746年9月8日（两封）和1746年9月9日安·梅勒姆写给詹姆斯·奥蒂斯的信，奥蒂斯家族文件，马萨诸塞州历史学会，马萨诸塞州波士顿市。

43. 1746年7月31日安·梅勒姆写给詹姆斯·奥蒂斯的信，奥蒂斯家族文件，马萨诸塞州历史学会，马萨诸塞州波士顿市。

44. 安·梅勒姆写给詹姆斯·奥蒂斯的信，1746年8月8日（"诉讼案""危如累卵"），1746年9月6日（"赶快来"），1746年9月8日（"仓促""不安的危难"），1746年9月8日（"我一刻都不得安宁"）和1746年9月9日，奥蒂斯家族文件，马萨诸塞州历史学会，马萨诸塞州波士顿市。9月8日梅勒姆给奥蒂斯写了两封信。

45. 安·梅勒姆写给詹姆斯·奥蒂斯的信，1745年10月23日、1746年8月8日、1746年9月6日（"上了法庭""竭尽全力"）、1746年9月8日和1746年9月9日，奥蒂斯家族文件，马萨诸塞州历史学会，马萨诸塞州波士顿市。

46. 梅勒姆的简述。

47. 安·梅勒姆的请愿书（1744年8月20日），萨福克郡案件卷宗档案，169，641，马萨诸塞州档案馆，马萨诸塞州波士顿市；安·梅勒姆向罗得岛州议会提交的请愿书（1744年9月），vol. 6，13，罗得岛州档案馆，罗得岛州普罗维登斯市；安·梅勒姆的请愿书（1748年8月），vol. 6，149，罗得岛州档案馆，罗得岛州普罗维登斯市。

48. 梅勒姆的简述；梅勒姆-戴曼诉讼案，纽波特郡中级民事法庭，1744年11月，198，罗得岛州最高法庭司法记录中心，罗得岛州波塔基特市；梅勒姆-加德纳诉讼案，列入案卷之中，纽波特郡中级民事法庭，1743年11月，罗得岛州最高法庭司法记录中心，罗得岛州波塔基特市；梅勒姆-加德纳诉讼案，纽波特郡中级民事法庭，1744年5月，207，罗得岛州最高法庭司法记录中心，罗得岛州波塔基特市；梅勒姆-加德纳诉讼案，纽波特郡中级民事法庭，1745年11月，1，罗得岛州最高法庭司法记录中心，罗得岛州波塔基特市；安·梅勒姆向罗得岛州议会提交的请愿书（1744年9月），vol. 6，13，罗得岛州档案馆，罗得岛州普罗维登斯市；安·梅勒姆向罗得岛州议会提交的请愿书（1748年8月），vol. 6，149，罗得岛州档案馆，罗得岛州普罗维登斯市；安·梅勒姆的请愿书（1744年8月20日和1745年2月），萨福克郡案件卷宗档案，169，641，马萨诸塞州档案馆，马萨诸塞州波士顿市；议会会议记录，1743年2月6日，纽波特市议会记录，vol. 9，14，纽波特历史学会，罗得岛州纽波特市。

49. 关于把请愿书当作历史研究的资料，重点参见Natalie Zemon Davis, *Fiction in the Archives: Pardon Tales and Their Tellers in Sixteenth-Century France*（Stanford, CA: Stanford University Press, 1987）; Lex Heerma van Voss, ed., *Petitions in Social History*（Cambridge: Press Syndicate of the University of Cambridge, 2002）.

50. 此比例基于1730年至1776年向罗得岛州和马萨诸塞州立法机构提交的所有现存的请求重新审理债务案件的请愿书（罗得岛州的请愿书386份；马萨诸塞州的请愿书134份）。罗得岛州的请愿书涵盖了1730年至1776年的所有年份，而马萨诸塞州的请愿书仅涵盖1730年至1757年。关于向罗得岛州议会提交的请愿书，参见vols. 2–16 and 25.2，罗得岛州档案馆，罗得岛州普罗维登斯市。关于马萨诸塞州的请愿书，参见《马萨诸塞州档案集》，vols. 17–19B，41–44，105，303，马萨诸塞州档案馆，马萨诸塞州波士顿市。

51. 此数据基于1730年至1776年向罗得岛州和马萨诸塞州立法机构提交的所有现存的请求重新审理债务案件的请愿书（罗得岛州的请愿书386份；马萨诸塞州的请愿书134份）。罗得岛州的请愿书涵盖了1730年至1776年的所有年份，而马萨诸塞州的请愿书仅涵盖1730年至1757年。

52. 苏珊娜·胡德的请愿书与詹姆斯·艾伦的答辩状（1748年），《马萨诸塞州档案集》，vol. 42，647–53，马萨诸塞州档案馆，马萨诸塞州波士顿市；伊丽莎白·蒂法妮向罗得岛州议会提交的请愿书（1748年），vol. 7，8，罗得岛州普罗维登斯市。

53. Mary Sarah Bilder, "The Origin of the Appeal in America," *Hastings Law Journal* 48（July 1997）: 913–68; Blackstone, *Commentaries*, vol. 3, 317, 382–391, 422–23.

54. 彼得·卢斯的请愿书（"没有疏忽"，1740年），《马萨诸塞州档案集》，vol. 303，24，马萨诸塞州档案馆，马萨诸塞州波士顿市；塞缪尔·兰切尔的答辩状（"利用"，1755年），《马萨诸塞州档案集》，vol. 44，193，马萨诸塞州档案馆，马萨诸塞州波士顿市；巴塞洛缪·契弗的答辩状（"疏忽和错误"，1749年），《马萨诸塞州档案集》，vol. 18，402，马萨诸塞州档案馆，马萨诸塞州波士顿市。

55. 福勒·特罗特针对雅各布·谢菲请愿书的答辩状（1739年），《马萨诸塞州档案集》，vol. 41，267，马萨诸塞州档案馆，马萨诸塞州波士顿市。

56. 赛拉斯·托尔曼向罗得岛州议会提交的请愿书（1746年8月18日），vol. 5，113，罗得岛州档案馆，罗得岛州普罗维登斯市；贝西娅·赫奇向罗得岛州议会提交的请愿书（1738年2月19日），vol. 3，136，罗得岛州档案馆，罗得岛州普罗维登斯市。

57. 德博拉·约翰逊向罗得岛州议会提交的请愿书（1743年），vol. 5，47，罗得岛州档案馆，罗得岛州普罗维登斯市。

58. 玛丽·卡尔的请愿书（"无视"，1742年6月），向罗得岛州议会提交的请愿书，

vol. 4，150，罗得岛州档案馆，罗得岛州普罗维登斯市；玛丽·卡尔的请愿书（"无视"，1750年5月），向罗得岛州议会提交的请愿书，vol. 7，129，罗得岛州档案馆，罗得岛州普罗维登斯市；玛丽·惠普尔的请愿书（"记错"，1785年8月），向罗得岛州议会提交的请愿书，vol. 22，46，罗得岛州档案馆，罗得岛州普罗维登斯市；苏珊娜·瓦尔多的请愿书（"须"，1742年11月21日），《马萨诸塞州档案集》，vol. 18，84，马萨诸塞州档案馆，马萨诸塞州波士顿市；佩兴丝·斯宾塞的请愿书（"生病了"，1747年10月），向罗得岛州议会提交的请愿书，vol. 6，132，罗得岛州档案馆，罗得岛州普罗维登斯市；玛莎·哈特的请愿书（"天气太恶劣了"，1750年6月），向罗得岛州议会提交的请愿书，vol. 7，164，罗得岛州档案馆，罗得岛州普罗维登斯市；玛莎·哈特的请愿书（"远"，1748年8月），向罗得岛州议会提交的请愿书，vol. 7，16，罗得岛州档案馆，罗得岛州普罗维登斯市。

59. 塞缪尔·布恩的请愿书（"天气"，1768年），向罗得岛州议会提交的请愿书，vol. 13，69，罗得岛州档案馆，罗得岛州普罗维登斯市；埃比尼泽·豪的请愿书（"病了""不可能"，1742年），《马萨诸塞州档案集》，vol. 42，115，马萨诸塞州档案馆，马萨诸塞州波士顿市；彼得·万顿的请愿书（"非公务"，1758年8月），向罗得岛州议会提交的请愿书，vol. 10，67，罗得岛州档案馆，罗得岛州普罗维登斯市；威廉·科尔斯的请愿书（"同一天"，1751年4月），《马萨诸塞州档案集》，vol. 43，297，马萨诸塞州档案馆，马萨诸塞州波士顿市；约瑟夫·格林和尼古拉斯·博伊尔斯顿的请愿书（"看错"，1756年9月），《马萨诸塞州档案集》，vol. 44，306，马萨诸塞州档案馆，马萨诸塞州波士顿市；约翰·沙利文的请愿书（"繁多"，1750年），《马萨诸塞州档案集》，vol. 42，241，马萨诸塞州档案馆，马萨诸塞州波士顿市。

60. 玛丽·卡尔向罗得岛州议会提交的请愿书（1742年6月），vol. 4，150，罗得岛州档案馆，罗得岛州普罗维登斯市；约翰·康登向罗得岛州议会提交的请愿书（1762年10月），vol. 11，61，罗得岛州档案馆，罗得岛州普罗维登斯市。

61. 苏珊娜·瓦尔多的请愿书和塞缪尔·沃尔多的答辩状（1742年），《马萨诸塞州档案集》，vol. 41，267，马萨诸塞州档案馆，马萨诸塞州波士顿市。

62. 关于由忽略了客户案件的律师亲自撰写的请愿书，参见简·史蒂芬斯的请愿书（1743年），《马萨诸塞州档案集》，vol. 42，245，马萨诸塞州档案馆，马萨诸塞州波士顿市；威廉·科尔斯的请愿书（1751年），《马萨诸塞州档案集》，vol. 43，297，马萨诸塞州档案馆，马萨诸塞州波士顿市；艾萨克·波洛克的请愿书（1745年），向罗得岛州议会提交的请愿书，vol. 6，58，罗得岛州档案馆，罗得岛州普罗维登斯市；艾萨克·霍布豪斯的请愿书（1743年），《马萨诸塞州档案集》，vol. 42，204，马萨诸塞州档案馆，马萨诸塞州波士顿市；约瑟夫·格林和尼古拉斯·博伊尔斯顿的请愿书（1756年），《马萨诸塞州档案集》，vol. 44，306，马萨诸塞州档案馆，马萨诸塞州波士顿市。

63. 约翰·班尼斯特的请愿书（1747年6月），向罗得岛州议会提交的请愿书，vol. 6，142，罗得岛州档案馆，罗得岛州普罗维登斯市。

注释

64. 詹姆斯·芒福德的请愿书（1768年6月），向罗得岛州议会提交的请愿书，vol. 13，33，罗得岛州档案馆，罗得岛州普罗维登斯市。

65. 塞缪尔·加德纳的请愿书（"紧急事务"，1767年6月），向罗得岛州议会提交的请愿书，vol. 12，94，罗得岛州档案馆，罗得岛州普罗维登斯市；爱德华·斯洛克姆的请愿书（"捕鱼"，1756年2月），向罗得岛州议会提交的请愿书，vol. 9，59，罗得岛州档案馆，罗得岛州普罗维登斯市；纳撒尼尔·理查森的请愿书（"公干"，1749年6月），《马萨诸塞州档案集》，vol. 42，840，马萨诸塞州档案馆，马萨诸塞州波士顿市；小安德鲁·霍尔的请愿书（"海"，1750年4月），《马萨诸塞州档案集》，vol. 43，161，马萨诸塞州档案馆，马萨诸塞州波士顿市。关于男人"生意"的其他信息，参见艾萨克·霍布豪斯的请愿书（1743年4月），《马萨诸塞州档案集》，vol. 42，204，马萨诸塞州档案馆，马萨诸塞州波士顿市；罗伯特·克鲁克的请愿书（1759年2月），向罗得岛州议会提交的请愿书，vol. 10，63，罗得岛州档案馆，罗得岛州普罗维登斯市；福勒·贝尔纳普的请愿书（1765年10月），向罗得岛州议会提交的请愿书，vol. 11.2，158，罗得岛州档案馆，罗得岛州普罗维登斯市；约翰·班尼斯特的请愿书（1769年6月），向罗得岛州议会提交的请愿书，vol. 13.2，148，罗得岛州档案馆，罗得岛州普罗维登斯市。

66. 简·史蒂芬斯的请愿书（"被迫"，1743年5月），《马萨诸塞州档案集》，vol. 42，247，马萨诸塞州档案馆，马萨诸塞州波士顿市；莎拉·哈里斯的请愿书（"不想"，1756年3月），向罗得岛州议会提交的请愿书，vol. 9.2，2，罗得岛州档案馆，罗得岛州普罗维登斯市。

67. 简·史蒂芬斯的请愿书（1743年5月），《马萨诸塞州档案集》，vol. 42，247，马萨诸塞州档案馆，马萨诸塞州波士顿市；莎拉·哈里斯的请愿书（1756年3月），向罗得岛州议会提交的请愿书，vol. 9.2，2，罗得岛州档案馆，罗得岛州普罗维登斯市。

68. 莉迪娅·曼彻斯特的请愿书（1769年10月），向罗得岛州议会提交的请愿书，vol. 13.2，166，罗得岛州档案馆，罗得岛州普罗维登斯市。还参见安·卡尔向罗得岛州议会提交的请愿书（1749年2月和1750年5月），vol. 7，129，罗得岛州档案馆，罗得岛州普罗维登斯市；莎拉·霍普金斯向罗得岛州议会提交的请愿书（1746年5月），vol. 5，103，罗得岛州档案馆，罗得岛州普罗维登斯市。

69. 莉迪娅·曼彻斯特向罗得岛州议会提交的请愿书（1769年10月），vol. 13.2，166，罗得岛州档案馆，罗得岛州普罗维登斯市；简·史蒂芬斯的请愿书（1743年5月），《马萨诸塞州档案集》，vol. 42，247，马萨诸塞州档案馆，马萨诸塞州波士顿市。

70. 关于男子在离家前先与债主结算的情况，参见莎拉·哈里斯向罗得岛州议会提交的请愿书（1756年3月），vol. 9.2，2，罗得岛州档案馆，罗得岛州普罗维登斯市；杰里迈亚·霍金斯向罗得岛州议会提交的请愿书（1761年10月），vol. 10，166，罗得岛州档案馆，罗得岛州普罗维登斯市；塞缪尔·加德纳向罗得岛州议会提交的请愿书（1767年6月），vol. 12，94，罗得岛州档案馆，罗得岛州普罗维登斯市。关于男子在离家前先雇用律师的情况，参见简·史蒂芬斯的请愿书（1743年5月），《马萨诸塞州档案集》，vol. 42，247，马萨诸塞州档案馆，马萨诸塞州波士顿市；约西亚·哈奇的请愿书（1743年6月），《马萨诸塞州档案集》，vol. 42，269，马萨诸塞州档案馆，马萨诸塞州波士顿市；小安德鲁·霍尔的请愿书（1750年4月），《马萨诸塞州档案集》，vol. 43，161，马萨诸塞州档案馆，马萨诸塞州波士顿市。

71. 霍普·布朗和约瑟夫·布朗的请愿书（"出现"，1743年），向罗得岛州议会提交的请愿书，vol. 5，35，罗得岛州档案馆，罗得岛州普罗维登斯市；达吕斯·塞申斯的请愿书（"发现"，1767年），向罗得岛州议会提交的请愿书，vol. 12，110，罗得岛州档案馆，罗得岛州普罗维登斯市。关于证人没有出庭的情况，还参见艾萨克·埃弗利思的请愿书（1742年），《马萨诸塞州档案集》，vol. 42，136，马萨诸塞州档案馆，马萨诸塞州波士顿市；莎拉·霍普金斯的请愿书（1746年），向罗得岛州议会提交的请愿书，vol. 5，103，罗得岛州档案馆，罗得岛州普罗维登斯市；塞缪尔·贝尔纳普的请愿书（1750年），《马萨诸塞州档案集》，vol. 43，285，马萨诸塞州档案馆，马萨诸塞州波士顿市；埃比尼泽·克罗斯曼的请愿书（1769年），向罗得岛州议会提交的请愿书，vol. 13，86，罗得岛州档案馆，罗得岛州普罗维登斯市。关于卷宗中遗漏的证据，还参见哈里森·格雷的请愿书（1743年），《马萨诸塞州档案集》，vol. 42，272，马萨诸塞州档案馆，马萨诸塞州波士顿市；福勒·特里普和约翰·马丁的请愿书（1763年），向罗得岛州议会提交的请愿书，vol. 11，109，罗得岛州档案馆，罗得岛州普罗维登斯市；莎拉·克罗辛的请愿书（1780年），向罗得岛州议会提交的请愿书，vol. 18，43，罗得岛州档案馆，罗得岛州普罗维登斯市。关于新证人，还参见霍普·布朗等人的请愿书（1742年），向罗得岛州议会提交的请愿书，vol. 5，15，罗得岛州档案馆，罗得岛州普罗维登斯市；爱丽莎·格林的请愿书（1771年），向罗得岛州议会提交的请愿书，vol. 14，97，罗得岛州档案馆，罗得岛州普罗维登斯市。关于新证据，还参见马丁·布莱克的请愿书（1747年），向罗得岛州议会提交的请愿书，vol. 5，132，罗得岛州档案馆，罗得岛州普罗维登斯市；约瑟夫·阿贝的请愿书（1755年），《马萨诸塞州档案集》，vol. 44，140，马萨诸塞州档案馆，马萨诸塞州波士顿市；玛格丽特·吉福德的请愿书（1765年），向罗得岛州议会提交的请愿书，vol. 11.2，115，罗得岛州档案馆，罗得岛州普罗维登斯市；海沃德·史密斯和詹姆斯·萨宾的请愿书（1768年），向罗得岛州议会提交的请愿书，vol. 13，107，罗得岛州档案馆，罗得岛州普罗维登斯市；莉迪娅·曼彻斯特的请愿书（1769年），向罗得岛州议会提交的请愿书，vol. 13.2，166，罗得岛州档案馆，罗得岛州普罗维登斯市。

72. 塞缪尔·布恩的请愿书（1752年8月），向罗得岛州议会提交的请愿书，vol. 8，94，罗得岛州档案馆，罗得岛州普罗维登斯市。

73. 玛莎·哈特向罗得岛州议会提交的请愿书［1748年8月、1749年5月和1750年6月（两份请愿书）］，vol. 7，16，74，164，罗得岛州档案馆，罗得岛州普罗维登斯市。

74. 莎拉·斯塔尼福特的请愿书，《马萨诸塞州档案集》，vol. 19A，53–55，马萨诸塞州档案馆，马萨诸塞州波士顿市。1754年，约翰·斯塔尼福特的遗产资不抵债，他的一些财物被拍卖。莎拉·斯塔尼福特在1753年提交的请愿书可能是她为避免此类拍卖而做出的部分努力。参见 "These serve to notify," *Boston Gazette*, Feb. 12, 1754, [3], "To be sold by publick Vendue," *Boston Evening Post*, Apr. 8, 1754, [2].

75. 玛莎·哈特向罗得岛州议会提交的请愿书［1748年8月、1749年5月和1750年6月（两份请愿书）］，vol. 7，16，74，164，罗得岛州档案馆，罗得岛州普罗维登斯市；莎拉·斯塔尼福特的请愿书，《马萨诸塞州档案集》，vol. 19A，53–55，马萨诸塞州档案馆，马萨诸塞州波士顿市。还参见汉娜·诺顿向罗得岛州议会提交的请愿书（1750年），vol. 7，79，罗得岛州档案馆，罗得岛州普罗维登斯市；玛格丽特·吉福德向罗得岛州议会提交的请愿书（1765年），vol. 11.2，115，罗得岛州档案馆，罗得岛州普罗维登斯市。

76. 巴蒂–万顿诉讼案，纽波特郡高级法庭，1754年8月，罗得岛州最高法庭司法记录中心，罗得岛州波塔基特市。

77. 玛莎·哈特向罗得岛州议会提交的请愿书［1748年8月、1749年5月和1750年6月（两份请愿书）］，vol. 7，16，74，164，罗得岛州档案馆，罗得岛州普罗维登斯市；莎拉·斯塔尼福特的请愿书，《马萨诸塞州档案集》，vol. 19A，53–55，马萨诸塞州档案馆，马萨诸塞州波士顿市。

78. 在声称"不熟悉法律和不熟悉立法者赖以做出判决的法律"的请愿书（33份）中，73%获得批准。关于研究使用的请愿书信息，参见表5–1。

79. 安妮·克拉克向罗得岛州议会提交的请愿书（1755 年和 1756年），vol. 9，76，173，罗得岛州档案馆，罗得岛州普罗维登斯市；安·卡尔向罗得岛州议会提交的请愿书（1750年），vol. 7，129，罗得岛州档案馆，罗得岛州普罗维登斯市；汉娜·柯蒂斯向罗得岛州议会提交的请愿书（1754年），vol. 8，159，罗得岛州档案馆，罗得岛州普罗维登斯市。关于18世纪80年代采用类似措辞的请愿书，参见莉迪娅·杜菲向罗得岛州议会提交的请愿书（1785年），vol. 22，34，罗得岛州档案馆，罗得岛州普罗维登斯市；伊丽莎白·波特向罗得岛州议会提交的请愿书（1788年），vol. 24，60，罗得岛州档案馆，罗得岛州普罗维登斯市。

80. 在被研究的请愿书中，33份由男子提交的请愿书提到"不熟悉法律"。参见克里斯托弗·阿尔米的请愿书（"不清楚"，1745年），向罗得岛州议会提交的请愿书，vol. 6，56，罗得岛州档案馆，罗得岛州普罗维登斯市；撒迦利亚·马修森的请愿书（"知道"，1747年），向罗得岛州议会提交的请愿书，vol. 5，125，罗得岛州档案馆，罗得岛州普罗维登斯市；威廉·布朗的请愿书［"时间（不）长"，1743年］，《马萨诸塞州档案集》，vol. 42，350，马萨诸塞州档案馆，马萨诸塞州波士顿市；乔治·邓巴的请愿书（"住在""很陌生"，1730年），《马萨诸塞州档案集》，vol. 41，94，马萨诸塞州档案馆，马萨诸塞州波士顿市。

81. 凯莱布·加德纳的请愿书（"无知的傻瓜"，1767年），向罗得岛州议会提交的请愿书，vol. 13.2，94，罗得岛州档案馆，罗得岛州普罗维登斯市；罗伯特·宾尼的请愿书（"水手"，1761年），向罗得岛州议会提交的请愿书，vol. 10，161，罗得岛州档案馆，罗得岛州普罗维登斯市；丹尼尔·斯宾塞的请愿书（"生手"，1757

年），向罗得岛州议会提交的请愿书，vol. 9，191，罗得岛州档案馆，罗得岛州普罗维登斯市。

82. 约翰·考曼的请愿书（1747年），詹姆斯·费尔塞维斯的答辩状以及委员会报告，《马萨诸塞州档案集》，vol. 42，468，471，472，马萨诸塞州档案馆，马萨诸塞州波士顿市。还参见约翰·斯莱克的请愿书和托马斯·斯皮克曼的答辩状（1756年），《马萨诸塞州档案集》，vol. 19A，278，282，马萨诸塞州档案馆，马萨诸塞州波士顿市。

83. 安·梅勒姆的请愿书，（1744年8月20日），萨福克郡案件卷宗档案，169，641，马萨诸塞州档案馆，马萨诸塞州波士顿市。

84. 安·梅勒姆向罗得岛州议会提交的请愿书（1744年9月），vol. 6，13，罗得岛州档案馆，罗得岛州普罗维登斯市。

85. 安·梅勒姆的请愿书（1745年2月），萨福克郡案件卷宗档案，169，641，马萨诸塞州档案馆，马萨诸塞州波士顿市；安·梅勒姆向罗得岛州议会提交的请愿书（1748年8月），vol. 6，149，罗得岛州档案馆，罗得岛州普罗维登斯市。

86. 约翰·梅勒姆的儿子偶尔会在信中提到自己收入不多。参见Wroth，"John Maylem，"94, 107. 梅勒姆的女儿弗朗西斯嫁给了海员威廉·古宾斯，他去世时，只留下价值3英镑的遗产。参见梅勒姆家的家用圣经，纽波特历史学会，罗得岛州纽波特市，以及威廉·古宾斯的遗产清单（1766年12月），纽波特市议会记录，vol. 15，91，纽波特历史学会，罗得岛州纽波特市。梅勒姆的另一个女儿玛丽靠卖东西为生。参见Mary Maylem，"Just Imported，" *Newport Mercury*，May 4, 1767, [4].

87. 梅勒姆–艾丽诉讼案，纽波特郡中级民事法庭，1765年5月，343，罗得岛州最高法庭司法记录中心，罗得岛州波塔基特市；洛–梅勒姆诉讼案，肯特郡中级民事法庭，1767年1月，113，罗得岛州最高法庭司法记录中心，罗得岛州波塔基特市；议会会议记录，1743年6月，纽波特市议会记录，vol. 10，3，6，纽波特历史学会，罗得岛州纽波特市；议会会议记录，1766年7月，纽波特市议会记录，vol. 15，37，纽波特历史学会，罗得岛州纽波特市。

88. 梅勒姆–洛诉讼案，纽波特郡中级民事法庭，1765年5月，197，罗得岛州最高法庭司法记录中心，罗得岛州波塔基特市；胡克·洛向罗得岛州议会提交的请愿书（1768年），vol. 13，80，罗得岛州档案馆，罗得岛州普罗维登斯市。

第六章

1. Gary B. Nash, *The Urban Crucible: Social Change, Political Consciousness, and the Origins of the American Revolution*（Cambridge, MA: Harvard University Press, 1986）; Benjamin Carp, *Rebels Rising: Cities and the American Revolution*（New York: Oxford University Press, 2007.

2. Linda K. Kerber, *Women of the Republic: Intellect and Ideology in Revolutionary America*（Chapel Hill: University of North Carolina Press, 1980）; Mary Beth Norton,

Liberty's Daughters: The Revolutionary Experience of American Women, 1750-1800（Boston: Little, Brown, 1980）; Joan R. Gunderson, *To Be Useful to the World: Women in Revolutionary America, 1740-1790*（New York: Twayne, 1996）; Carol Berkin, *Revolutionary Mothers: Women in the Struggle for America's Independence*（New York: Alfred A. Knopf, 2005）.

3. Kerber, *Women of the Republic; Norton, Liberty's Daughters*; Jeanne Boydston, *Home and Work: Housework, Wages, and the Ideology of Labor in the Early Republic*（Oxford, UK: Oxford University Press, 1990）; Rosemarie Zagarri, *Revolutionary Backlash: Women and Politics in the Early American Republic*（Philadelphia: University of Pennsylvania Press, 2007）; Ellen Hartigan-O'Connor, *The Ties that Buy: Women and Commerce in Revolutionary America*（Philadelphia: University of Pennsylvania Press, 2009）, 181–83, 188–91. 然而，关于共和党法庭的文献反驳说，在共和国早期，一些精英女性一直活跃在公共事务中，促进了政治与社会的联盟。参见Catherine Allgor, *Parlor Politics: In Which the Ladies of Washington Help Build a City and a Government*（Charlottesville: University Press of Virginia, 2000）; Susan Branson, *These Fiery Frenchified Dames: Women and Political Culture in Early National Philadelphia*（Philadelphia: University of Pennsylvania Press, 2001）; "Re-reintroducing the Republican Court," Forum, *Journal of the Early Republic* 35, no. 2（Summer 2015）: 165–301.

4. 关于精英阶层的妇女退出金融事务和法律事务的观点，参见Mary Beth Norton, "Eighteenth-Century American Women in Peace and War: The Case of the Loyalists," *WMQ* 33, no. 3（July 1976）: 386–409; Cornelia Hughes Dayton, *Women Before the Bar: Gender, Law, and Society in Connecticut*, 1639–1789（Chapel Hill: University of North Carolina Press, 1995）, esp. 102–3.

5. Elaine Forman Crane, *A Dependent People: Newport, Rhode Island in the Revolutionary Era*（New York: Fordham University Press, 1985）; Nash, *Urban Crucible*; Carp, *Rebels Rising*; Donald F. Johnson, "Occupied America: Everyday Experience and the Failure of Imperial Authority in Revolutionary Cities under British Rule, 1775–1783"（PhD diss., Northwestern University, 2015）.

6. 关于家庭的分崩离析，重点参见Sarah M. S. Pearsall, *Atlantic Families: Lives and Letters in the Later Eighteenth Century*（Oxford, UK: Oxford University Press, 2008）; Maya Jasanoff, *Liberty's Exiles: American Loyalists in the Revolutionary World*（New York: Alfred A. Knopf, 2011）. 关于帝国危机和美国革命时期女性经历的概述，参见Berkin, *Revolutionary Mothers*; Alfred F. Young, *Liberty Tree: Ordinary People and the Making of the American Revolution*（New York: New York University Press, 2005）, 100–143; Kerber, *Women of the Republic*; Norton, *Liberty's Daughters*.

7. Allan Kulikoff, "The Progress of Inequality in Revolutionary Boston," *WMQ*, vol. 38, no. 3（July 1971）: 393; Catherine A. Brekus, *Sarah Osborn's World: The Rise of Evangelical Christianity in Early America*（New Haven, CT: Yale University Press, 2013）, 293, 295.

8.　Brekus, *Sarah Osborn's World*, 306.

9.　Johnson, "Occupied America"; Donald F. Johnson, "Ambiguous Allegiances: Urban Loyalties during the American Revolution," *Journal of American History* 104, no. 3（Dec. 2017）: 610–31; Serena R. Zabin, *The Boston Massacre: A Family History*（New York: Houghton Mifflin Harcourt, 2020）. 关于一个南部港口的比较，参见Lauren Duval, "Mastering Charleston: Property and Patriarchy in British-Occupied Charleston," *WMQ*, vol. 75, no. 4（Oct. 2018）: 589–622.

10.　Brekus, *Sarah Osborn's World*, 294, 297, 334.

11.　Jill Lepore, *The Book of Ages: The Life and Opinions of Jane Franklin*（New York: Alfred A. Knopf, 2013）, 145–47; 1767年12月1日简·富兰克林·梅科姆写给福勒富兰克林的信，美国哲学学会，费城，as quoted in Lepore, *Book of Ages*, 146.

12.　1776年，卡明姐妹搬到新斯科舍的哈利法克斯继续做她们的生意。参见 "A List of the Names," *Boston Gazette*, Dec. 11, 1769, [2]; Young, *Liberty Tree*, 115–16; Patricia Cleary, *Elizabeth Murray: A Woman's Pursuit of Independence in Eighteenth-Century America*（Amherst: University of Massachusetts Press, 2000）, 132–44, 188–92, 194–95.

13.　1775年4月，列克星敦战役和康科德战役之后，简·梅科姆逃离了波士顿，再也没有回来。参见Lepore, *Book of Ages*, 152, 169–72. 关于城里为英国士兵提供食物和住宿的妇女，参见Johnson, "Occupied America," 84. 关于帝国危机和美国革命时期的女生意人，还参见Susan Hanket Brandt, "Marketing Medicine: Apothecary Elizabeth Weed's Economic Independence during the American Revolution," in *Women and the American Revolution: Gender, Politics, and the Domestic World*, ed. Barbara B. Oberg（Charlottesville: University of Virginia Press, 2019）, 60–79; Kaylan M Stevenson, " 'Until Liberty of Importation is Allowed' : Milliners and Mantuamakers in the Chesapeake on the Eve of Revolution," in *Women and the American Revolution*, ed. Oberg, 39–59; Susan Brandt, " 'Getting into a Little Business' : Margaret Hill Morris and Women's Medical Entrepreneurship during the American Revolution," *Early American Studies* 13, no. 4（Fall 2015）: 774–807; Hartigan-O'Connor, *Ties that Buy*, 56, 179.

14.　Mary Gould Almy, "Journal of the Siege of Rhode Island," Aug. 8, 1778, and Aug. 12, 1778, in Elizabeth Evans, ed., *Weathering the Storm: Women of the American Revolution*（New York: Scribner's, 1975）, 257, 259.

15.　John Gorham Palfrey, "Life of William Palfrey: Paymaster-General in the Army of the Revolution," in *Library of American Biography*, vol. 7, conducted by Jared Sparks（New York: Harper & Brothers, 1848）: 335–448. 关于美国革命期间夫妻通力协作的全面讨论，参见Sara T. Damiano, "Writing Women's History through the Revolution: Family Finances, Letter-Writing, and Conceptions of Marriage, *WMQ* vol. 74, no. 4（Oct. 2017）: 697–728. 还参见Norton, *Liberty's Daughters*, 198–227.

16.　关于苏珊娜·帕尔弗雷购买食物的情况，参见 "帕尔弗雷上校写给贾贝兹·赖斯的信"，账目，1778年9月22日至1779年3月13日，帕尔弗雷家族文件，MS

Am1704.18，霍顿。关于苏珊娜以中间人的身份收债的情况，参见威廉·帕尔弗
雷写给苏珊娜·帕尔弗雷的信，1779年9月23日和29日，帕尔弗雷家族文件，MS
Am1704.4，霍顿。关于私掠巡航船的投资，参见威廉·帕尔弗雷写给苏珊娜·帕尔
弗雷的信，1780年5月23日、6月20日、7月18日、8月15日和8月18日，帕尔弗雷家
族文件，MS Am1704.4，霍顿；1780年5月4日马丁·布里默写给威廉·帕尔弗雷的
信，帕尔弗雷家族文件，MS Am1704.3，霍顿；1780年5月15日约翰·利文斯顿写给
苏珊娜·帕尔弗雷的信，收据，帕尔弗雷家族文件，MS Am1704.18，霍顿；1780年
5月23日威廉·帕尔弗雷写给马丁·布里默的信和1780年6月12日威廉·帕尔弗雷写
给约翰·兰德的信，威廉·帕尔弗雷信函集，帕尔弗雷家族文件，MS Am1704.18，
霍顿；约翰·利文斯顿写给帕尔弗雷太太的信，没有日期，帕尔弗雷家族文件，
MS Am1704.18，霍顿。

17. 1780年8月8日和1780年9月10日威廉·帕尔弗雷写给苏珊娜·帕尔弗雷的信，帕尔
弗雷家族文件，MS Am1704.4，霍顿。

18. 威廉·帕尔弗雷写给苏珊娜·帕尔弗雷的信，没有日期（1776年？），1776 年
4月4日（"送"）和1779年6月1日，帕尔弗雷家族文件，MS Am1704.4，霍顿。
关于妻子当丈夫不在家时处理文件的其他讨论，参见Damiano, "Writing Women's
History," 713–15.

19. Erwin C. Surrency, "The Lawyer and the Revolution," *American Journal of Legal
History* 8, no. 2（Apr. 1964）: 127–33; Charles Robert McKirdy, "Lawyers in Crisis:
The Massachusetts Legal Profession, 1760–1790"（PhD diss., Northwestern University,
1969）, 52–71. 关于等待法律合同最终定下来（因为敲定合同需要使用印花税纸
张）的非专业普通人，参见帕尔默–布劳尔内诉讼案，纽波特郡中级民事法庭，
1766年5月，346，罗得岛州最高法庭司法记录中心，罗得岛州波塔基特市。关于
印花税法案实施期间，弗吉尼亚郡级法庭关闭的情况，参见A. G. Roeber, *Faithful
Magistrates and Republican Lawyers: The Creation of Virginia Legal Culture, 1680-1810*
（Chapel Hill: University of North Carolina Press, 1981）, 161.

20. 法庭记录书，萨福克郡中级民事法庭，1774年至1780年，马萨诸塞州档案馆，马萨
诸塞州波士顿市；法庭记录书，纽波特郡中级民事法庭，1777年至1780年，罗得岛
州最高法庭司法记录中心，罗得岛州波塔基特市。

21. 达德利·科尔曼写给玛丽·科尔曼的信，1776年6月12日，达德利·科尔曼文件，
1771年至1849年，box 1, fol. 2, [2], 马萨诸塞州历史学会，马萨诸塞州波士顿市。

22. 1775年7月16日阿比盖尔·亚当斯写给约翰·亚当斯的信，亚当斯家族文件（电子
版），马萨诸塞州历史学会，马萨诸塞州波士顿市；1776年1月21日萨莉·佩因写
给罗伯特·特里特·佩因的信，vol. 3，132。

23. William B. Norton, "Paper Currency in Massachusetts during the Revolution," *New
England Quarterly* 7, no. 1（Mar. 1934）: 43–69; Ralph Harlow, "Economic Conditions
in Massachusetts during the American Revolution," *Publications of the Colonial Society of
Massachusetts* 20（1917）: 166–67; Oscar Handlin and Mary F. Handlin, "Revolutionary

Economic Policy in Massachusetts," *WMQ* 4, no. 1 （Jan. 1947）: 7–8; James Henretta, "The War for Independence and American Economic Development," in *The Economy of Early America: The Revolutionary Period, 1763-1790*, ed. Ronald Hoffman, John McCusker, Russell Menard, and Peter J. Albert （Charlottesville: University Press of Virginia, 1988）, 79; Margaret Ellen Newell, *From Dependency to Independence: Economic Revolution in Colonial New England* （Ithaca, NY: Cornell University Press, 1998）, 308–11.

24. Woody Holton, "Abigail Adams, Bond Speculator," *WMQ* 64, no. 4 （Oct. 2007）: 821–38.

25. 丽贝卡·鲍德温的陈述，克莱利–鲍德温诉讼案，萨福克郡中级民事法庭，1786年4月，C80，马萨诸塞州档案馆，马萨诸塞州波士顿市。费城兼具贷款功能的志愿机构也出现了类似的复杂情况，机构数量翻了一倍。参见Jessica C. Roney, *Governed by a Spirit of Opposition: The Origins of American Political Practice in Colonial Philadelphia* （Baltimore: Johns Hopkins University Press, 2014）, 120–21.

26. 1776年11月3日萨莉·科布·佩因写给罗伯特·特里特·佩因的信，特里特·佩因，vol. 3, 315；1776年5月22日和1777年8月1日达德利·科尔曼写给玛丽·科尔曼的信，达德利·科尔曼文件，马萨诸塞州历史学会，马萨诸塞州波士顿市。还参见1779年6月8日阿比盖尔·亚当斯写给约翰·亚当斯的信，亚当斯家族文件，[1]，马萨诸塞州历史学会，马萨诸塞州波士顿市；1780年8月1日、1780年8月8日、1780年8月26日、1780年9月10日和1780年9月26日威廉·帕尔弗雷写给苏珊娜·帕尔弗雷的信，帕尔弗雷家族文件，MS Am1704.4，霍顿。

27. Mark Peterson, *The City-State of Boston: The Rise and Fall of an Atlantic Power, 1630-1865* （Princeton, NJ: Princeton University Press, 2019）, 381; Jacqueline Barbara Carr, *After the Siege: A Social History of Boston, 1775-1800* （Boston: Northeastern University Press, 2005）, 151; Lynne Withey, *Urban Growth in Colonial Rhode Island: Newport and Providence in the Eighteenth Century* （Albany: State University of New York Press, 1984）, 115.

28. 在一场战后男人之间的诉讼中，债务人认为债权人的诉讼请求应被驳回，因为交易超出了诉讼时效。关于这场诉讼，参见弗格森–克拉克诉讼案，纽波特郡中级民事法庭，1786年5月，99，罗得岛州最高法庭司法记录中心，罗得岛州波塔基特市。

29. 芒福德–巴尼斯特诉讼案，纽波特郡中级民事法庭，1790年11月，169，罗得岛州最高法庭司法记录中心，罗得岛州波塔基特市；米勒–钱普林诉讼案，纽波特郡中级民事法庭，1796年5月，72，罗得岛州最高法庭司法记录中心，罗得岛州波塔基特市。关于米勒店铺的广告，参见 "Elizabeth Miller," *Newport Mercury*, Aug. 13, 1792, [4]; "Fresh Raisins," *Newport Mercury*, Sept. 13, 1796, [4].

30. 收据，1789年7月28日和1789年8月28日，伊兹–洛布诉讼案，萨福克郡中级民事法庭，1791年4月，C41，马萨诸塞州档案馆，马萨诸塞州波士顿市。关于妇女出租房产或经营供膳宿舍的其他例子，参见特劳普克–帕克诉讼案，萨福克郡中级民事法庭，1786年4月，C81，马萨诸塞州档案馆，马萨诸塞州波士顿市；考利–史蒂文森诉讼案，纽波特郡中级民事法庭，1790年11月，12，罗得岛州最高法庭司法记录中心，罗得岛州波塔基特市。

31. 巴利–肖诉讼案，纽波特郡高级法庭，1791年8月，罗得岛州最高法庭司法记录中心，罗得岛州波塔基特市；古尔丁–班克斯诉讼案，纽波特郡高级法庭，1785年，罗得岛州最高法庭司法记录中心，罗得岛州波塔基特市；弗拉格–富兰克林诉讼案，纽波特郡中级民事法庭，1786年5月，41，罗得岛州最高法庭司法记录中心，罗得岛州波塔基特市；巴克–杜菲诉讼案，纽波特郡高级法庭，1792年3月（巴克–杜菲诉讼案归档，纽波特郡高等法庭，1794年8月），罗得岛州最高法庭司法记录中心，罗得岛州波塔基特市；库克–厄普戴克诉讼案，纽波特郡中级民事法庭，1795年5月，133，罗得岛州最高法庭司法记录中心，罗得岛州波塔基特市；班尼斯特–波特诉讼案，纽波特郡中级民事法庭，1796年3月，罗得岛州最高法庭司法记录中心，罗得岛州波塔基特市。

32. 伊丽莎白·邓纳姆和丹尼尔·沃兹的证词，霍克西–克拉克诉讼案，纽波特郡高级法庭，1784年9月，罗得岛州最高法庭司法记录中心，罗得岛州波塔基特市。另一个关于"夫妻共同经营供膳宿舍，妻子负责记账"的例子，参见巴拉德–瑟斯顿诉讼案，纽波特郡中级民事法庭，1791年5月，99，罗得岛州最高法庭司法记录中心，罗得岛州波塔基特市。关于造船，参见Steven J. J. Pitt, "Building and Outfitting Ships in Colonial Boston," *Early American Studies* 13, no. 4（Fall 2015）: 881–907.

33. 关于这些统计数据的详细讨论，参见附件。

34. 玛丽·惠普尔向罗得岛州议会提交的请愿书（1785年），vol. 22，46，罗得岛州档案馆，罗得岛州普罗维登斯市。还参见莎拉·克罗辛向罗得岛州议会提交的请愿书（1780年），vol. 18，43，罗得岛州档案馆，罗得岛州普罗维登斯市；莉迪娅·杜菲向罗得岛州议会提交的请愿书（1785年），vol. 22，34，107，罗得岛州档案馆，罗得岛州普罗维登斯市；伊丽莎白·波特向罗得岛州议会提交的请愿书（1788年），vol. 24，60，罗得岛州档案馆，罗得岛州普罗维登斯市；玛丽·丹尼森向罗得岛州议会提交的请愿书（1789年），vol. 24，151，罗得岛州档案馆，罗得岛州普罗维登斯市。

35. 伊丽莎白·邓纳姆的证词，霍克西–克拉克诉讼案，纽波特郡高级法庭，1784年9月，罗得岛州最高法庭司法记录中心，罗得岛州波塔基特市。

36. 在萨福克郡，签署债券与期票的证人中，女性占7%；出庭做证的证人中，女性占8%。在纽波特郡，签署债券与期票的证人中，女性占11%；出庭做证的证人中，女性占4%。萨福克郡的数据是基于以下样本：1781年、1786年、1791年、1796年4月间提交给中级民事法庭的金融文件上所有证人的签名（175人），及其间在该法庭做证的所有证人（12人）。纽波特的数据是基于以下样本：1781年、1786年、1791年、1796年5月期间提交给中级民事法庭的金融文件上所有证人的签名（119人），及期间在该法庭做证的所有证人（25人）。因为文书人员会记录在治安官面前做证的证人证词，但不记录在法庭上做证的证人证词，所以现存证词所提供的证人身份是不完整的。我利用证词、传票和法庭费用记录来辨别男女证人。

37.　Boydston, *Home and Work*; Jeanne Boydston, "The Woman Who Wasn't There: Women's Market Labor and the Transition to Capitalism in the United States," *Journal of the Early Republic* 16, no. 2（Summer 1996）: 183–206. 更久远但仍有影响力的作品，包括Mary P. Ryan, *Cradle of the Middle Class: The Family in Oneida County, New York, 1790-1865*（New York: Cambridge University Press, 1981）; Nancy F. Cott, *The Bonds of Womanhood:"Woman's Sphere"in New England, 1780-1835*（New Haven, CT: Yale University Press, 1973）; Barbara Welter, "The Cult of True Womanhood: 1820–1860," *American Quarterly* 18, no. 2（Summer 1966）: 151–74. 关于两位违反19世纪规范的女性的微观史，参见Susan Branson, *Dangerous to Know: Women, Crime, and Notoriety in the Early Republic*（Philadelphia: University of Pennsylvania Press, 2008）.关于英国中产阶级同期出现性别分工的情况，参见Leonore Davidoff and Catherine Hall, *Family Fortunes: Men and Women of the English Middle Class, 1780-1850*（Chicago: University of Chicago Press, 1987）.

38.　Toby L. Ditz, "Shipwrecked; or, Masculinity Imperiled: Mercantile Representations of Failure and the Gendered Self in Eighteenth–Century Philadelphia," *Journal of American History* 81, no. 1（June 1994）: 51–80; Toby L. Ditz, "Formative Ventures: Eighteenth–Century Commercial Letters and the Articulation of Experience," in *Epistolary Selves: Letters and Letter-Writers, 1600-1945*, ed. Rebecca Earle（Aldershot, UK: Ashgate, 1999）, 59–78; Toby L. Ditz, "Secret Selves, Credible Personas: The Problematics of Trust and Public Display in the Writing of Eighteenth–Century Philadelphia Merchants," in *Possible Pasts: Becoming Colonial in Early America*, ed. Robert Blair St. George（Ithaca, NY: Cornell University Press, 2000）, 219–43; Pearsall, *Atlantic Families*; Konstantin Dierks, *In My Power: Letter Writing and Communications in Early America*（Philadelphia: University of Pennsylvania Press, 2009）; Lindsay O'Neill, *The Opened Letter: Networking in the Early Modern British Atlantic World*（Philadelphia: University of Pennsylvania Press, 2015）.

39.　Pearsall, *Atlantic Families*; Dierks, *In My Power*. 关于更早期的情况，参见Ian K. Steele, *The English Atlantic: An Exploration of Communication and Community*（New York: Oxford University Press, 1986）.

40.　关于有价值的概述，参见Bruce H. Mann, "The Transformation of Law and Economy in Early America," in *The Cambridge History of Law in America*, vol. 1, *Early America（1580-1815）*, ed. Michael Grossberg and Christopher Tomlins（Cambridge: Cambridge University Press, 2005）, 391–98; Clare Priest, "Law and Commerce, 1580–1815," in *The Cambridge History of Law in America*, vol. 1, ed. Grossberg and Tomlins, 430–45.

41.　Gerald W. Gawalt, *The Promise of Power: The Emergence of the Legal Profession in Massachusetts, 1760-1840*（Westport, CT: Greenwood Press, 1979）; Martha G. McNamara, *From Tavern to Courthouse: Architecture and Ritual in American Law, 1658-1860*（Baltimore: Johns Hopkins University Press, 2004）; D. Kurt Graham, *To Bring Law*

Home: The Federal Judiciary in Early National Rhode Island （DeKalb: Northern Illinois University Press, 2010）. 关于一家努力发展业务的南方律师事务所，参见Sally E. Hadden, "DeSaussure and Ford: A Charleston Law Firm of the 1790s," in *Transformations in Legal History: Essays in Honor of Professor Morton J. Horwitz*, ed. Daniel W. Hamilton and Alfred L. Brophy （Cambridge, MA: Harvard Law School, 2009）. 关于19世纪早期的商业精英，参见Naomi Lamoreaux, *Insider Lending: Banks, Personal Connections, and Economic Development in Industrial New England* （New York: Cambridge University Press, 1994）; Conrad Edick Wright and Katheryn P. Viens, eds., *Entrepreneurs: The Boston Business Community*, 1700–1850 （Boston: Northeastern University Press, 1997）.

42. 关于熟人信函，参见Keith Stewart, "Toward Defining an Aesthetic for the Familiar Letter in Eighteenth–Century England," *Prose Studies* 5, no. 2 （1982）: 184–89; Ditz, "Formative Ventures"; Eve Tavor Bannet, *Empire of Letters: Letter Manuals and Transatlantic Correspondence, 1688-1820* （Cambridge: Cambridge University Press, 2005）, 43; Pearsall, *Atlantic Families*, 56–80. 关于"朋友"的复杂含义，参见Ditz, "Shipwrecked," 70. 关于异性群体的友谊，还参见Cassandra A. Good, *Founding Friendships: Friendships between Men and Women in the Early American Republic* （Oxford, UK: Oxford University Press, 2015）.

43. 关于威廉·弗莱彻，参见George A. Washburne, *Imperial Control of the Administration of Justice in the Thirteen American Colonies, 1684-1776* （New York: Columbia University, 1923）, 137. 关于经济衰退，越来越多生意失败的情况，参见Nash, *Urban Crucible*; Bruce H. Mann, *Republic of Debtors: Bankruptcy in the Age of American Independence* （Cambridge, MA: Harvard University Press, 2003）, 53–61. 关于威廉和伊丽莎白·弗莱彻夫妇事务的更详细讨论，参见Sara T. Damiano, "Agents at Home: Wives, Lawyers, and Financial Competence in Eighteenth–Century New England Port Cities," *Early American Studies* 13, no. 4 （Fall 2015）: 808–35.

44. 在这起诉讼中，威廉·弗莱彻起诉另一位从事加勒比海贸易的波士顿商人威廉·瓦萨尔，因为他在商人圈里一再侮辱他。此案件经过波士顿各级法庭的审理，最终提交到位于伦敦的英国枢密院。在这场纷争中，为赢得公众的支持，修复自己的声誉，弗莱彻出版了一个小册子。参见William Fletcher, *The State of Action Brought by William Fletcher against William Vassall, for Defaming Him: Tried In the Superior Court At Boston, August Term, A.D. 1752 and now Pending by Appeal to His Majesty in Council* （Boston, 1753）; Washburne, *Imperial Control*, 134–38; 约翰·图多尔与威廉和伊丽莎白·弗莱彻的协议，1761年3月13日，达纳家族文件，马萨诸塞州历史学会，马萨诸塞州波士顿市。

45. 威廉·弗莱彻写给特罗布里奇的信，1756年2月16日，达纳家族文件，马萨诸塞州历史学会，马萨诸塞州波士顿市。还参见威廉·弗莱彻写给特罗布里奇的信，1759年2月20日，达纳家族文件，马萨诸塞州历史学会，马萨诸塞州波士顿市。关于圣尤斯特歇斯港的经济机会，参见Wim Klooster, *Illicit Riches: Dutch Trade*

in the Caribbean, 1648-1795（Leiden, Neth.: KITLV Press, 1998）, 95–97; Andrew Jackson O'Shaughnessy, *An Empire Divided: The American Revolution and the British Caribbean*（Philadelphia: University of Pennsylvania Press, 2000）, 213–37; Wim Klooster, "Inter-349 Imperial Smuggling in the Americas, 1600–1800," in *Soundings in Atlantic History: Latent Structures and Intellectual Currents, 1500-1830*, ed. Bernard Bailyn and Patricia L. Denault（Cambridge, MA: Harvard University Press, 2009）, 171–73.

46. 威廉·弗莱彻的授权书，1755年1月6日和1755年1月10日，达纳家族文件，马萨诸塞州历史学会，马萨诸塞州波士顿市；Marylynn Salmon, *Women and the Law of Property in Early America*（Chapel Hill: University of North Carolina Press, 1986）, 14–18.

47. 埃德蒙·特罗布里奇被历史学家称为"美国革命前最富有、人脉最广的律师之一"，他曾就读于哈佛大学，并于1732年作为马萨诸塞州第一代律师事务所的一员开始从事法律实践。参见Sally Hadden and Patricia Minter, "A Legal Tourist Visits Eighteenth-Century Britain: Henry Marchant's Observations on the British Courts, 1771–1772," *Law and History Review* 29, no. 1（2011）: 132. 还参见Clifford K. Shipton, *Sibley's Harvard Graduates*, vol. 8（Boston: Massachusetts Historical Society, 1951）, 507–20; Charles McKirdy, "Massachusetts Lawyers on the Eve of the American Revolution: The State of the Profession," in *Law in Colonial Massachusetts*, 1630–1800, ed. Daniel R. Coquiellette（Boston: Colonial Society of Massachusetts, 1984）, 355. 关于约翰·库欣，参见L. Kinvin Wroth and Hiller B. Zobel, eds., *Legal Papers of John Adams*, vol. 1（Cambridge, MA: Belknap Press of Harvard University Press, 1965）, xcvii–xcviii.

48. 相关例子，参见1756年2月16日和1756年6月威廉·弗莱彻写给特罗布里奇的信，达纳家族文件，马萨诸塞州历史学会，马萨诸塞州波士顿市。

49. 约翰·图多尔开具给伊丽莎白和威廉·弗莱彻的收据，1757年6月13日，达纳家族文件，马萨诸塞州历史学会，马萨诸塞州波士顿市；约翰·图多尔与威廉和伊丽莎白·弗莱彻达成的协议，1757年6月13日和1761年3月13日，达纳家族文件，马萨诸塞州历史学会，马萨诸塞州波士顿市。

50. 关于埃德蒙·特罗布里奇和约翰·库欣的介入，参见威廉·弗莱彻写给特罗布里奇的信，1756年2月16日、1759年（缺具体日期）和1760年6月1日，达纳家族文件，马萨诸塞州历史学会，马萨诸塞州波士顿市；威廉·弗莱彻写给约翰·库欣的信，1758年8月，威廉·库欣文件，马萨诸塞州历史学会，马萨诸塞州波士顿市。关于伊丽莎白·弗莱彻的介入，参见1756年2月16日和1760年6月1日威廉·弗莱彻写给特罗布里奇的信，达纳家族文件，马萨诸塞州历史学会，马萨诸塞州波士顿市；1757年2月22日威廉·弗莱彻写给约翰·图多尔的信，图多尔家族文件，霍顿；1760年6月1日威廉·弗莱彻写的信（收信人不详，可能是约翰·图多尔），达纳家族文件，马萨诸塞州历史学会，马萨诸塞州波士顿市；约翰·图多尔开具给伊丽莎白和威廉·弗莱彻的收据，1757年6月13日，达纳家族文件，马萨诸塞州历史学会，马萨诸塞州波士顿市；约翰·图多尔与威廉和伊丽莎白·弗莱彻达成的协议，1757年6月13日，达纳家族文件，马萨诸塞州历史学会，马萨诸塞州波士顿市；约翰·图多尔与威廉和伊丽莎白·弗莱彻达成的协议，1761年3月13日，达纳家族文件，马萨诸塞州历史学会，马萨诸塞州波士顿市。

51. Steele, *English Atlantic*, 2; 1755年8月、1758年3月20日、1758年8月22日、1760年6月和1760年8月26日威廉·弗莱彻写给特罗布里奇的信，达纳家族文件，马萨诸塞州历史学会，马萨诸塞州波士顿市。

52. 威廉·弗莱彻写给特罗布里奇的信，1755年8月，达纳家族文件，马萨诸塞州历史学会，马萨诸塞州波士顿市。

53. 1756年2月16日威廉·弗莱彻写给特罗布里奇的信，达纳家族文件，马萨诸塞州历史学会，马萨诸塞州波士顿市；威廉·弗莱彻写给特罗布里奇的信，1756年6月，达纳家族文件，马萨诸塞州历史学会，马萨诸塞州波士顿市。

54. 威廉·弗莱彻写给特罗布里奇的信，1755年8月和1756年6月，达纳家族文件，马萨诸塞州历史学会，马萨诸塞州波士顿市；威廉·弗莱彻写给约翰·库欣的信，1758年8月，威廉·库欣文件，马萨诸塞州历史学会，马萨诸塞州波士顿市；Ditz, "Shipwrecked," 58–59.

55. 1756年2月16日威廉·弗莱彻写给特罗布里奇的信，达纳家族文件，马萨诸塞州历史学会，马萨诸塞州波士顿市；Ditz, "Shipwrecked," 71–3. 还参见Pearsall, *Atlantic Families*, 80–144, 149–78.

56. 伊丽莎白·弗莱彻从圣尤斯特歇斯港发出的第一封信，参见1764年9月7日伊丽莎白·弗莱彻写给埃德蒙·特罗布里奇的信，达纳家族文件，马萨诸塞州历史学会，马萨诸塞州波士顿市。从圣马丁港发出的第一封信是威廉·弗莱彻写给埃德蒙·特罗布里奇的信，1770年1月22日，达纳家族文件，马萨诸塞州历史学会，马萨诸塞州波士顿市。关于儿子约翰和哈里陪伊丽莎白来到加勒比海地区，参见（可能为1783年）7月22日伊丽莎白·弗莱彻写给埃德蒙·特罗布里奇的信，达纳家族文件，马萨诸塞州历史学会，马萨诸塞州波士顿市。

57. 1783年5月25日、1783年11月20日和1784年8月1日威廉·弗莱彻写给特罗布里奇的信，达纳家族文件，马萨诸塞州历史学会，马萨诸塞州波士顿市；1789年7月6日威廉·弗莱彻写给（可能是）特罗布里奇的信，达纳家族文件，马萨诸塞州历史学会，马萨诸塞州波士顿市；（可能是1783年）7月22日伊丽莎白·弗莱彻写给特罗布里奇的信，达纳家族文件，马萨诸塞州历史学会，马萨诸塞州波士顿市。伊丽莎白·弗莱彻为自己糟糕的拼写所做的道歉类似于其他妇女信件中的道歉。参见Lepore, *Book of Ages*, 103–14.

58. （可能是1783年）7月22日伊丽莎白·弗莱彻写给特罗布里奇的信，达纳家族文件，马萨诸塞州历史学会，马萨诸塞州波士顿市。

59. 1764年9月7日和（可能是1783年）7月22日伊丽莎白·弗莱彻写给特罗布里奇的信，达纳家族文件，马萨诸塞州历史学会，马萨诸塞州波士顿市。

60. 1756年2月16日和1755年8月威廉·弗莱彻写给特罗布里奇的信，达纳家族文件，马萨诸塞州历史学会，马萨诸塞州波士顿市。

61. 1764年9月7日和（可能是1783年）7月22日伊丽莎白·弗莱彻写给特罗布里奇的

信，达纳家族文件，马萨诸塞州历史学会，马萨诸塞州波士顿市。

62. 1783年9月17日特罗布里奇写给威廉·弗莱彻的信，达纳家族文件，马萨诸塞州历史学会，马萨诸塞州波士顿市；1783年10月1日埃德蒙·特罗布里奇写给约翰·弗莱彻的信，达纳家族文件，马萨诸塞州历史学会，马萨诸塞州波士顿市。

63. 1784年5月25日威廉·弗莱彻写给特罗布里奇的信，达纳家族文件，马萨诸塞州历史学会，马萨诸塞州波士顿市；1764年9月7日和（可能是1783年）7月22日伊丽莎白·弗莱彻写给特罗布里奇的信，达纳家族文件，马萨诸塞州历史学会，马萨诸塞州波士顿市。

64. 关于圣经中提到上帝是寡妇的保护者，参见《以赛亚书》第54章4~5节［"（你）不再纪念你寡居的羞辱。因为造你的，是你的丈夫。"］和《诗篇》第68章5节（"神在他的圣所作孤儿的父，作寡妇的申冤者"）。18世纪的规范宗教文本经常引用圣经对守寡的这种诠释立场的解释。参见John Edwards, *The Whole Concern of man. Or, what he ought to know and do, in order to eternal salvation* （Boston: S. Kneeland, 1725）, 183; "A Letter to a Widow on the Death of Her Husband," in *William Bradford, The Secretary's Guide, or, Young Man's Companion*, 4th ed., （New York: William Bradford, 1729）, 113. 关于对守寡的理解，参见Vivian Bruce Conger, *The Widow's Might: Widowhood and Gender in Early British America* （New York: New York University Press, 2009）, 23–42, 116–18; Sandra Cavallo and Lyndan Warner, eds., *Widowhood in Medieval and Early Modern Europe* （New York: Routledge, 2014）.

65. 1768年4月5日罗伯特·帕克写给托马斯和塞缪尔·沃顿的信，以及1768年4月6日汉娜·莱科克写给托马斯和塞缪尔·沃顿的信，沃顿家族文件，宾夕法尼亚历史学会，宾夕法尼亚州费城。这几位费城商人先亲自聘用亨利·马钱特，然后通过信函继续合作。1769年5月16日亨利·马钱特写给托马斯·沃顿和威廉·波拉德的信，亨利·马钱特信函集，1769—1772年，9–11，亨利·马钱特文件，罗得岛州历史学会，罗得岛州普罗维登斯市。关于18世纪英国富有女性的情况，参见Amanda Vickery, *The Gentleman's Daughter: Women's Lives in Georgian England* （New Haven, CT: Yale University Press, 1998）.

66. Hadden and Minter, "Legal Tourist," 137–39.

67. 1768年4月5日罗伯特·帕克写给托马斯和塞缪尔·沃顿的信和1768年4月6日汉娜·莱科克写给托马斯和塞缪尔·沃顿的信，沃顿家族文件，宾夕法尼亚历史学会，宾夕法尼亚州费城。

68. 1768年10月19日汉娜·莱科克写给托马斯和塞缪尔·沃顿和威廉·波拉德的信，沃顿家族文件，宾夕法尼亚历史学会，宾夕法尼亚州费城。还参见1769年1月31日、1769年6月3日、1769年7月5日、1769年9月6日和1770年2月7日汉娜·莱科克写给托马斯·沃顿和威廉·波拉德的信，沃顿家族文件，宾夕法尼亚历史学会，宾夕法尼亚州费城。

69. 1769年1月1日汉娜·莱科克写给托马斯和塞缪尔·沃顿和威廉·波拉德的信（"剥削"）；汉娜·莱科克写给托马斯·沃顿和威廉·波拉德的信，1778年1月4日

（"叫人无所适从"），1769年7月4日（"完全没有能力"），沃顿家族文件，宾夕法尼亚历史学会，宾夕法尼亚州费城。还参见1769年7月5日和1769年9月6日汉娜·莱科克写给托马斯·沃顿和威廉·波拉德的信，沃顿家族文件，宾夕法尼亚历史学会，宾夕法尼亚州费城。

70. 1775年2月24日汉娜·莱科克写给托马斯·沃顿的信，沃顿家族文件，宾夕法尼亚历史学会，宾夕法尼亚州费城。还参见1768年4月6日汉娜·莱科克写给托马斯和塞缪尔·沃顿的信，沃顿家族文件，宾夕法尼亚历史学会，宾夕法尼亚州费城。

71. 汉娜·莱科克在一封信中指出，她"快70岁了"，希望在年事已高的日子里，"能从动荡世界的忧虑中获得片刻的喘息机会"。参见1773年1月4日汉娜·莱科克写给托马斯·沃顿的信，沃顿家族文件，宾夕法尼亚历史学会，宾夕法尼亚州费城。

72. 1769年4月1日威廉·波拉德写给托马斯·沃顿的信，沃顿家族文件，宾夕法尼亚历史学会，宾夕法尼亚州费城；1769年10月23日亨利·马钱特写给托马斯·沃顿和威廉·波拉德的信，亨利·马钱特信函集，1769—1772年，52，亨利·马钱特文件，罗得岛州历史学会，罗得岛州普罗维登斯市。

73. 1771年1月8日亨利·马钱特写给托马斯·沃顿和威廉·波拉德的信，亨利·马钱特信函集，1769—1772年，190，亨利·马钱特文件，罗得岛州历史学会，罗得岛州普罗维登斯市。还参见1770年6月8日亨利·马钱特写给托马斯·沃顿和威廉·波拉德的信，亨利·马钱特信函集，1769—1772年，106，亨利·马钱特文件，罗得岛州历史学会，罗得岛州普罗维登斯市；1771年4月29日亨利·马钱特写给托马斯·沃顿和威廉·波拉德的信，亨利·马钱特信函集，1769—1772年，262，亨利·马钱特文件，罗得岛州历史学会，罗得岛州普罗维登斯市。

74. Ditz, "Shipwrecked."

75. 1772年3月26日塞缪尔·阿林·奥蒂斯写给詹姆斯·奥蒂斯的信（"爱"），奥蒂斯家族文件，马萨诸塞州历史学会，马萨诸塞州波士顿市；1763年2月14日托马斯·马歇尔写给詹姆斯·奥蒂斯的信（"微不足道"），奥蒂斯家族文件，马萨诸塞州历史学会，马萨诸塞州波士顿市，1770年8月7日亨利·马钱特写给约翰·默里的信（"上帝"），亨利·马钱特信函集，1769—1772年，128，亨利·马钱特文件，罗得岛州历史学会，罗得岛州普罗维登斯市。马钱特进一步催促了默里，提醒他此事对这位寡妇来说"意义重大"。1770年9月7日亨利·马钱特写给约翰·默里的信，亨利·马钱特信函集，1769—1772年，139，亨利·马钱特文件，罗得岛州历史学会，罗得岛州普罗维登斯市。男商人彼此敦促向妇女还债时也采用类似的策略。相关例子参见1797年12月20日约翰·霍斯金斯写给拉塞尔和斯托利的信，洛厄尔家族文件，霍顿。霍斯金斯写道："能为不幸之人提供服务并令其得到正义是人生最大的乐趣之一。"他要求拉塞尔和斯托利给那位"可怜的寡妇"还钱，使其"得以快速感受到这笔钱带来的好处，这钱对您来说是小数目，但对她来说却是笔大钱"。

76. 1769年4月3日汉娜·莱科克写给托马斯·沃顿和威廉·波拉德的信，沃顿家族文件，宾夕法尼亚历史学会，宾夕法尼亚州费城。

77. 1769年6月3日汉娜·莱科克写给托马斯·沃顿和威廉·波拉德的信，沃顿家族文件，宾夕法尼亚历史学会，宾夕法尼亚州费城。

78. 相关例子，参见玛莎·桑德斯·索尔兹伯里的记录和信函，索尔兹伯里家族文件，美国古董学会，马萨诸塞州伍斯特镇。还参见Woody Holton, *Abigail Adams: A Life*（New York: Atria Books, 2010）; Michael A. Blaakman, "Martha Bradstreet and the 'Epithet of Woman': A Story of Land, Libel, Litigation, and Legitimating 'Unwomanly' Behavior in the Early Republic," *Early American Studies* 13, no. 3（Summer 2015）: 544–85.

79. 玛莎·桑德斯·索尔兹伯里史蒂芬斯，行政债券，1776年9月30日、1780年8月31日和1781年2月14日埃比尼泽·比莱斯写给玛莎·斯蒂芬斯的信，以及未售出土地账目，1785年12月5日，大卫·斯托达德·格里诺家族文件，马萨诸塞州历史学会，马萨诸塞州波士顿市。

80. 查尔斯·丘奇·钱德勒的年龄和背景与汉娜·莱科克的律师亨利·马钱特大致相似。和马钱特一样，他也是通过（在哈佛）上大学，然后回到家里确立了一流律师的地位，并担任各种政治职务，从而树立了自己的精英血统。参见Clifford Shipton, *Sibley's Harvard Graduates: Biographical Sketches of Those Who Attended Harvard College*, vol. 15, 1761–1763（Boston: Massachusetts Historical Society, 1970）, 373–74.

81. 玛莎·史蒂芬斯与埃比尼泽·比莱斯的大量往来信函存于大卫·斯托达德·格里诺家族文件中，马萨诸塞州历史学会，马萨诸塞州波士顿市。信中偶尔提到比莱斯要"辞去职务"，看来他一直受史蒂芬斯委托，替他处理土地相关事务，但是文件中并没有建立这一委托关系的法律文件。参见1782年1月21日玛莎·史蒂芬斯写给埃比尼泽·比莱斯的信，大卫·斯托达德·格里诺家族文件，马萨诸塞州历史学会，马萨诸塞州波士顿市。

82. 1781年2月14日比莱斯写给史蒂芬斯的信，大卫·斯托达德·格里诺家族文件，马萨诸塞州历史学会，马萨诸塞州波士顿市。关于美国革命后经济动荡的概述，参见Jonathan M. Chu, "Debt and Taxes: Public Finance and Private Economic Behavior in Postrevolutionary Massachusetts," in *Entrepreneurs: The Boston Business Community*, ed. Wright and Viens, 121–49; Terry Bouton, *Taming Democracy: 'The People,'the Founders, and the Troubled Ending of the American Revolution*（Oxford, UK: Oxford University Press, 2007）; Woody Holton, *Unruly Americans and the Origin of the Constitution*（New York: Hill & Wang, 2007）.

83. Honor Sachs, *Home Rule: Households, Manhood, and National Expansion on the Eighteenth-Century Kentucky Frontier*（New Haven, CT: Yale University Press, 2015）; Toby L. Ditz, "Manhood and the US Republican Empire," in *The Oxford Handbook of American Women's and Gender History*, ed. Ellen Hartigan–O'Connor and Lisa G. Materson（Oxford, UK: Oxford University Press, 2018）, 43–70.

84. 比莱斯写给史蒂芬斯的信，1781年2月14日（"好多人"）和1782年3月29日（"持续有人非法侵入"），大卫·斯托达德·格里诺家族文件，马萨诸塞州历史学会，马萨诸塞州波士顿市。关于非法侵入者的讨论，参见1779年4月14日、1779年4月17日和1782年6月4日比莱斯写给史蒂芬斯的信，大卫·斯托达德·格里诺家族文件，马萨诸塞州历史学会，马萨诸塞州波士顿市；1782年2月28日和1784年3月4日史蒂芬斯写给比莱斯的信，大卫·斯托达德·格里诺家族文件，马萨诸塞州历史学会，马萨诸塞州波士顿市。

85. 1780年8月31日比莱斯写给史蒂芬斯的信，大卫·斯托达德·格里诺家族文件，马萨诸塞州历史学会，马萨诸塞州波士顿市。还参见1780年7月5日比莱斯写给史蒂芬斯的信，大卫·斯托达德·格里诺家族文件，马萨诸塞州历史学会，马萨诸塞州波士顿市。

86. 1779年12月6日比莱斯写给史蒂芬斯的信，大卫·斯托达德·格里诺家族文件，马萨诸塞州历史学会，马萨诸塞州波士顿市。

87. 史蒂芬斯最起码在波士顿经纪人兼顾问贝尔彻·诺伊斯的帮助下起草了部分信件。然而，可以合理地假设，和其他寻求写信协助的识字女性一样，史蒂芬斯对于信件的内容发挥着重要的作用。关于诺伊斯在撰写信函中发挥作用的证据，参见1780年11月17日玛莎·史蒂芬斯写给埃比尼泽·比莱斯的信，以及1785年7月玛莎·史蒂芬斯与贝尔彻·诺伊斯的账目，大卫·斯托达德·格里诺家族文件，马萨诸塞州历史学会，马萨诸塞州波士顿市。

88. 相关例子，参见1779年8月5日、1781年5月7日、1782年2月28日、1783年4月22日和1784年5月25日史蒂芬斯写给比莱斯的信，大卫·斯托达德·格里诺家族文件，马萨诸塞州历史学会，马萨诸塞州波士顿市。

89. 相关例子，参见1781年5月7日、1783年5月27日和1784年9月13日比莱斯写给史蒂芬斯的信，大卫·斯托达德·格里诺家族文件，马萨诸塞州历史学会，马萨诸塞州波士顿市。

90. 史蒂芬斯写给比莱斯的信，1781年4月9日（"审判世界的主"），以及史蒂芬斯写给约翰·沃辛顿的信，1782年1月15日（"也许"），大卫·斯托达德·格里诺家族文件，马萨诸塞州历史学会，马萨诸塞州波士顿市。

91. 关于友谊的措辞，参见Ditz, "Shipwrecked." 关于律师行业，参见Gawalt, *Promise of Power*; McNamara, *Tavern to Courthouse.* 18世纪末和19世纪初，其他白领和行政人员（包括文员、监督员和经理）获得工资和直接报酬的现象也变得越来越普遍。参见Boydston, *Home and Work*, esp. 66–70; Brian P. Luskey, *On the Make: Clerks and the Quest for Capital in Nineteenth-Century America*（New York: New York University Press, 2010）。

92. 1782年8月31日和1782年5月25日史蒂芬斯写给比莱斯的信，大卫·斯托达德·格里诺家族文件，马萨诸塞州历史学会，马萨诸塞州波士顿市。

93. 1782年9月6日埃比尼泽·比莱斯列给玛莎·史蒂芬斯的账目，以及比莱斯写给史蒂芬斯的信，1782年7月5日（"朋友"）和1784年4月2日（"心怀感激"），大卫·斯托达德·格里诺家族文件，马萨诸塞州历史学会，马萨诸塞州波士顿市。

94. 史蒂芬斯写给比莱斯的信，1782年6月11日（"好多……项目内容"）和1782年2月28日（"充足的"），大卫·斯托达德·格里诺家族文件，马萨诸塞州历史学会，马萨诸塞州波士顿市。

95. 比莱斯写给史蒂芬斯的信，1778年2月19日（"更有能力"），1779年11月4日、1781年2月14日和1781年4月3日，大卫·斯托达德·格里诺家族文件，马萨诸塞州历史学会，马萨诸塞州波士顿市。

96. 史蒂芬斯写给比莱斯的信，1782年1月21日（"不允许""动这个念头"），1781年3月3日（"提起"）和1781年12月24日（"非常拖沓""极少想着"），大卫·斯托达德·格里诺家族文件，马萨诸塞州历史学会，马萨诸塞州波士顿市。关于史蒂芬斯抱怨的其他例子，参见1781年12月1日、1782年4月5日、1783年12月27日、1784年3月4日和1785年6月20日史蒂芬斯写给比莱斯的信，大卫·斯托达德·格里诺家族文件，马萨诸塞州历史学会，马萨诸塞州波士顿市。

97. 1781年3月3日史蒂芬斯写给比莱斯的信，大卫·斯托达德·格里诺家族文件，马萨诸塞州历史学会，马萨诸塞州波士顿市。

98. 关于比莱斯直到1792年还参与的事务，参见1792年12月29日比莱斯写给英克里斯·萨姆纳的信，大卫·斯托达德·格里诺家族文件，马萨诸塞州历史学会，马萨诸塞州波士顿市。

99. 相关例子，参见1782年9月6日埃比尼泽·比莱斯列给玛莎·史蒂芬斯的账目，大卫·斯托达德·格里诺家族文件，马萨诸塞州历史学会，马萨诸塞州波士顿市；1778年3月21日、1778年4月1日、1779年3月17日、1780年6月4日和1781年2月14日比莱斯写给史蒂芬斯的信，大卫·斯托达德·格里诺家族文件，马萨诸塞州历史学会，马萨诸塞州波士顿市。

100. 流水账，玛莎·史蒂芬斯的遗产，1785—1801年，大卫·斯托达德·格里诺家族文件，马萨诸塞州历史学会，马萨诸塞州波士顿市。

101. 关于美国建国初期新兴阶级分化与性别理解的关系，重点参见Clare A. Lyons, *Sex among the Rabble: An Intimate History of Gender & Power in the Age of Revolution, Philadelphia, 1730-1830*（Chapel Hill: University of North Carolina Press, 2006）；Kathleen M. Brown, *Foul Bodies: Cleanliness in Early America*（New Haven, CT: Yale University Press, 2009）. 关于精英女性对待法律态度的改变，参见Dayton, *Women Before the Bar*, esp. 102–3.

102. Boydston, *Home and Work*; Boydston, "Woman Who Wasn't There"; Ruth H. Bloch, "The American Revolution, Wife Beating, and the Emergent Value of Privacy," *Early American Studies* 5, no. 4（Fall 2007）: 223–51; Hartigan-O'Connor, *Ties that Buy*, 181–83, 188–91.

103. Scott Sandage, *Born Losers: A History of Failure in America*（Cambridge, MA: Harvard University Press, 2005）; Jane Kamensky, *The Exchange Artist: A Tale of High-Flying Speculation and America's First Banking Collapse*（New York: Viking, 2008）; Stephen Mihm, *A Nation of Counterfeiters: Capitalists, Con Men, and the Making of the United States*（Cambridge, MA: Harvard University Press, 2007）; Graham, *To Bring Law Home*; Sharon Ann Murphy, *Investing in Life: Insurance in Antebellum America*（Baltimore: Johns Hopkins University Press, 2010）; Jessica Lepler, *The Many Panics of 1837: People,*

Politics, and the Creation of a Transatlantic Financial Crisis （New York: Cambridge University Press, 2013）; Jonathan Levy, *Freaks of Fortune: The Emerging World of Capitalism and Risk in America* （Cambridge, MA: Harvard University Press, 2012）; Hannah Atlee Farber, "Underwritten States: Marine Insurance and the Making of Bodies Politic in America, 1622–1815" （PhD diss., University of California, Berkeley, 2014）; Gautham Rao, *National Duties: Customs Houses and the Making of the American State* （Chicago: University of Chicago Press, 2016）; Sharon Ann Murphy, *Other People's Money: How Banking Worked in the Early American Republic* （Baltimore: Johns Hopkins University Press, 2017）.

104. Lamoreaux, *Insider Lending*, 2; Rachel Tamar Van, "Free Trade and Family Values: Kinship Networks and the Culture of Early American Capitalism" （PhD diss., Columbia University, 2011）, 193.

105. Boydston, *Home and Work*; Lamoreaux, *Insider Lending*; Robert E. Wright, "Women and Finance in the Early National U.S., *Essays in History* [University of Virginia] 42 （2000）; Ellen Hartigan–O'Connor, "The Personal Is Political Economy," *Journal of the Early Republic* 36, no. 2 （Summer 2016）: 335–41.

结论

1. Carole Shammas, "Re–Assessing the Married Women's Property Acts," *Journal of Women's History* 6, no. 1 （Spring 1994）: 9–30; Nancy F. Cott, *Public Vows: A History of Marriage and the Nation* （Cambridge MA: Harvard University Press, 2000）, 52–54; Nancy Marie Robertson and Susan M. Yohn, "Women and Money: The United States," in *Women and Their Money 1700-1950: Essays on Women and Finance*, ed. Anne Laurence, Josephine Maltby, and Janette Rutherford （New York: Routledge, 2009）, 218–20. 还参见Norma Basch, *In the Eyes of the Law: Women, Marriage and Property in Nineteenth-Century New York* （Ithaca, NY: Cornell University Press, 1982）; Hendrik Hartog, *Man and Wife in America: A History* （Cambridge, MA: Harvard University Press, 2000）.

2. Lois Beachy Underhill, *The Woman Who Ran for President: The Many Lives of Victoria Woodhull* （Bridgehampton, NY: Bridgeworks, 1995）, 61–70 （quotation, 63）; Susan M. Yohn, "Crippled Capitalists: The Inscription of Economic Dependence and the Challenge of Female Entrepreneurship in Nineteenth–Century America," *Feminist Economics* 12, no. 1–2 （Jan./Apr. 2006）: 85–97; Amanda Frisken, *Victoria Woodhull's Sexual Revolution: Political Theater and the Popular Press in Nineteenth-Century America* （Philadelphia: University of Pennsylvania Press, 2004）, 1–8.

3. 关于《平等信贷机会法案》，重点参见Louis Hyman, "Ending Discrimination, Legitimating Debt: The Political Economy of Race, Gender, and Credit Access in the 1960s and 1970s," *Enterprise & Society* 12, no. 1 （Mar. 2012）: 200–232. 关于金融部门，

参见World Economic Forum, *Gender Gap Global Report: 2017* （Geneva, Switzerland: World Economic Forum, 2017）, 33; Marianne Bertrand, Claudia Goldin, and Lawrence F. Katz, "Dynamics of the Gender Gap for Young Professionals in the Corporate and Financial Sectors," *American Economic Journal: Applied Economics* 2, no. 3 （July 2010）: 228–55. 关于19世纪末和20年代初金融和企业领域的女性，参见Yohn, "Crippled Capitalists"; Nancy Marie Robertson, " 'The principles of sound banking and financial noblesse oblige: 'Women's Departments in US Banks at the Turn of the Twentieth Century," in *Women and Their Money*, ed. Laurence, Maltby, and Rutherford, 243–53; Susan M. Yohn, " 'Men seem to take delight in cheating women' : Legal Challenges Faced by Businesswomen in the United States, 1880–1920," in *Women and Their Money*, ed. Laurence, Maltby, and Rutherford, 226–42. 关于综合概述，参见Angel Kwolek–Folland, *Incorporating Women: A History of Women in the United States* （New York: Palgrave, 2002）.

4. 关于性别史的变迁与延续，重点参见Judith Bennett, *History Matters: Patriarchy and the Challenge of Feminism* （Philadelphia: University of Pennsylvania Press, 2006）, 54–81.

5. 关于William Blackstone的影响，参见Hugh MacGill and R. Newmeyer, "Legal Education and Legal Thought, 1790–1920," in *The Cambridge History of Law in America*, vol. 2, *The Long Nineteenth Century*, ed. Michael Grossberg and Christopher Tomlins （Cambridge: Cambridge University Press, 2008）, 68–105; Holly Brewer, "The Transformation of Domestic Law," in *The Cambridge History of Law in America*, vol. 1, *Early America*, ed. Michael Grossberg and Christopher Tomlins （Cambridge: Cambridge University Press, 2008）, 288–323; Ellen Holmes Pearson, *Remaking Custom: Law and Identity in the Early Republic* （Charlottesville: University of Virginia Press, 2011）.关于这些争论的概述，参见Mary Beth Norton, *Liberty's Daughters: The Revolutionary Experience of American Women* （Boston: Little, Brown, 1980）, xviii.

6. 与该议题相关的概述，参考Mary Beth Norton, *Liberty's Daughters: The Revolutionary Experience of American Women* (Boston: Little, Brown, 1980) , xviii.